सुषमा गुप्ता

नाम : डॉ. सुषमा गुप्ता

शिक्षा : एम.कॉम, एमबीए, एलएलबी, पीएचडी।

कार्य अनुभव : मानव संस्थान एवं कानून की व्याख्याता (2007-14)

वर्तमान में एक बहुराष्ट्रीय कंपनी में प्रबंध निदेशक

प्रकाशित :

- कविता-संग्रह 'उम्मीद का एक टुकड़ा'
- कहानी संग्रह 'तुम्हारी पीठ पर लिखा मेरा नाम'

सम्मान :

- हरियाणा साहित्य अकादमी सर्वश्रेष्ठ कहानी पुरस्कार 2018
- लिट-ओ-फेस्ट मुंबई का सर्वश्रेष्ठ पांडुलिपि अवार्ड 2019
- साहित्य में दैनिक जागरण वूमेन एचिवर्स अवार्ड 2022

क़ितराह

सुषमा गुप्ता

हिन्द युग्म

ISBN: 978-93-92820-22-9

प्रकाशक :
हिंद युग्म
सी-31, सेक्टर-20, नोएडा (उ.प्र.)-201301
फ़ोन- +91-120-4374046

मुद्रक : मनीपाल टेक्नोलॉजीज लिमिटेड
कला-निर्देशन : विजेन्द्र एस विज

पहला संस्करण : दिसंबर 2022
दूसरा संस्करण : फ़रवरी 2025
मूल्य : ₹299

Qitraah
A novel by *Sushma Gupta*

Published By
Hind Yugm
C-31, Sector-20, Noida (UP)-201301
Phone - +91-120-4374046
Email- sampadak@hindyugm.com
Website- www.hindyugm.com

First Edition: Dec 2022
Second Edition: Feb 2025
Price: ₹299

मेरे उन चार मित्रों के लिए
जिन्होंने इस उपन्यास की यात्रा संभव की!

"We know that it is the search that gives meaning to any find and that one often has to travel a long way in order to arrive at what is near."

– Jose Saramago

ज़िंदगी की कशिश थी,
यह जो मौत पर भारी थी

क़ितारा डायरी

नीली रोशनी में, जड़ दीवारें भी थिरकने का गुमाँ दे रही थीं। रंगीन रोशनी के लुढ़कते लट्टू झूमते पैरों पर गिर, टूटते सितारों-सा समाँ बाँध रहे थे। खिलखिलाती हँसी खिला रही थी सब तरफ़ फूल दिलकश, उसके बावजूद मन की गहरी उदासी सब पर भारी पड़ रही थी। काँच के गिलास में, मॉकटेल में स्ट्रा घुमाते हुए मुझे बार-बार यही ख़याल आ रहा था– ज़िंदगी भी क्या अजीब शय है! कभी उजड़े वीरानों में धूल फाँकती मौत के साए में हाँफ रही थी और आज हज़ारों मील दूर रोशनी के भड़कीले समंदर के बीच यूँ बेफ़िक्री से दुनिया के हर अज़ाब को भूल जाने की अदाकारी में ग़ोते लगा रही है। पर कितना भी हँस कर दिखा लो, ज़ेहन से बार-बार कोई सरपट भाग कर आता और गाली देकर पूरे वजूद पर थूक जाता– बहरूपिनी!

"क्या हुआ क़ितारा? पार्टी में मन नहीं लग रहा?"

आदित्य भाई ने आवाज़ दी, तो मैं चौंक कर बोली, "नहीं भाई, ऐसी तो कोई बात नहीं है।"

"झूठ मत बोलो। साफ़ दिख रहा कि तुम यहाँ होकर भी यहाँ नहीं हो। ऐसे अकेले चुपचाप अलग-थलग रहना सही नहीं है। इतने सारे लोग हैं। मिलो-जुलो, लोगों से बात करो। ज़्यादातर हमारे परिवार के ही हैं। थोड़ा-बहुत तो सबको ही जानती हो तुम! मिल ज़रूर पहली बार रही हो, पर इनमें से कुछ तो तुम्हारे साथ

सोशल मीडिया पर भी जुड़े थे न! इस तरह यूँ कोने में बैठी रहोगी, तो कैसे उस सबसे बाहर आओगी।"

आदित्य भाई की बात पूरी भी नहीं हुई थी कि पीछे से एक चहकती हुई आवाज़ गूँजी, "क़ितारा! यह तुम ही हो न! ओ माई गॉड! कोई इतना ख़ूबसूरत कैसे हो सकता है!"

मैंने आवाज़ की जानिब देखा, तो मोनिका थी। मोनिका... जब मैं बहुत साल पहले हिंदुस्तान आई थी तब वह आदित्य भाई के पड़ोस में रहती थी। तब हम कम वक़्त में ही अच्छे दोस्त बन गए थे। उसके बाद से हम दोनों में ईमेल के ज़रिए बातचीत होती रही। पर जब से मेरे वतन में तबाही शुरू हुई, धीरे-धीरे सब बंद हो गया। मैं कुछ कहती इससे पहले ही उसने आगे बढ़कर मुझे बाँहों में भर लिया। मुझे उसके वहाँ होने की कोई उम्मीद नहीं थी, बल्कि यह कहना ज़्यादा सही होगा कि मोनिका को मैं तक़रीबन भूल ही चुकी थी। मुझे यूँ हैरान देखकर उसने कहा, "ऐसे क्या देख रही हो यार? आदित्य ने बताया कि तुम आई हो। अब इतनी दिल-अज़ीज़ दोस्त ज़िंदगी की इतनी भयानक जंग जीतकर आए और मैं मिलने नहीं आऊँ, यह कैसे हो सकता है!"

"पर तुम लोग तो बहुत साल पहले किसी और शहर चले गए थे न?" जब वह याद आई, तो उससे जुड़ा सब याद आया।

"हाँ, पर जयपुर से दिल्ली दूर ही कितनी है! ऑफ़िस से छुट्टी ली, कार उठाई और पाँच घंटे में यहाँ अपनी इस ख़ूबसूरत प्यारी दोस्त से मिलने।"

"शुक्र है बकर-बकर तुम आ गई हो। अब उम्मीद है कि किशमिश के चेहरे पर कुछ मुस्कान आएगी।" आदित्य भाई ने ख़ुशी ज़ाहिर करते हुए कहा।

"बकर-बकर मैं नहीं करती हूँ। तुम करते हो और तुम्हारी वह अमेरिका वाली गर्लफ्रेंड करती होगी।"

"अरे तुम हमेशा सायशा के पीछे क्यों पड़ी रहती हो?"

"पड़ना तो तुम्हारे पीछे चाहती थी। पर तुम्हारी उस अमेरिकन गर्लफ्रेंड ने मेरे लिए गुंजाइश ही नहीं छोड़ी!"

मोनिका ने इतनी मासूमियत से कहा कि आदित्य भाई खिलखिलाकर हँस पड़े और मैं भी मुस्करा दी। आदित्य भाई ने अपनी ग्रेजुएशन न्यूयॉर्क से की थी। सायशा का घर वहीं है। ग्रेजुएशन के बाद वह हिंदुस्तान वापस आ गए। तब से

उनका यह लॉन्ग डिस्टेंस रिलेशनशिप चल ही रहा है।

"ख़ैर, अब मैं दूसरे मेहमानों को देखता हूँ। तुम आ गई हो तो किशमिश की फ़िक्र नहीं करनी पड़ेगी।"

"हाँ मैं हूँ तुम्हारी किशमिश के साथ। तुम बेफ़िक्र होकर जाओ। हमें बहुत-सी यादें भी ताज़ा करनी है। कितना समय तो हो गया, हमारी कोई बात ही नहीं हो पाई।"

आदित्य भाई चले गए। मोनिका एक बार फिर बहुत प्यार से मेरे गले लगी और मेरे सामने की कुर्सी पर बैठ गई। जाने कौन-सा बचपन का सिरा मोनिका ने पकड़ा और यादों का कारवाँ उस पर सरपट दौड़ा दिया। यूँ तो मैं भी हाँ-ना में सिर हिलाए जा रही थी, पर एक अजीब बात यह थी कि इस सारी खिलखिलाहट और बकबक के बीच भी मेरी निगाहें, न चाहते हुए भी बार-बार किसी और पर अटक रही थीं। कुछ समय बीतते-बीतते यह बात मोनिका ने भी नोटिस कर ली और वह बोल उठी, "उसका नाम त्रिजल है। आर्मी में मेजर है।"

मैं चौंकी। मुझे यह एहसास ही नहीं हुआ, मैं उस शख़्स को इस तरीक़े से देख रही हूँ कि कोई नोटिस भी कर सकता है! मैं झेंप गई।

"किलर लुक्स हैं हीरो के।"

"हाँ हैंडसम तो है।" मैंने भी सादगी से कहा।

"कमाल की बात है यार! बरसों बाद जिगरी से मिलना हो रहा है और उसका ध्यान लड़के की तरफ़ है। अपना तो बैडलक की ख़राब है। जिस लड़के पर दिल आया, उसका दिल किसी और लड़की पर आ गया और जिस दोस्त पर दिल फ़िदा है, वह मेरे होते हुए किसी और लड़के को देख रही है!" मोनिका ने रूठने की अदा से कहा।

"अरे ऐसा कुछ नहीं है। मेरा ज़ेहन बस उसकी किसी बात पर अटका था, वरना तुम्हारा यहाँ यूँ मिल जाना किसी दुआ से कम थोड़े है! अच्छा छोड़ो उसे, अपनी ज़िंदगी का भी तो कुछ बताओ?"

"ठीक ही है सब कुछ। पढ़ाई पूरी कर ली है। जॉब भी मिल गई है। जल्दी ही कहीं-न-कहीं शादी भी हो जाएगी। दिक़्क़त यह है कि तुम्हारे इस भाई के अलावा मुझे आज तक कोई पसंद नहीं आया। पर ऐसा भी नहीं है कि इसके ग़म में कोई मजनू जैसे कपड़े फाड़ने वाला हाल हो। कोई अच्छा लड़का मिले तो

सही, मैं तो शादी को बिल्कुल तैयार हूँ। इतनी-सी है अपनी दास्ताँ तो। ख़ैर, मुझे ख़ुशी है कि आख़िरकार तुम उस अज़ाब से निकल आई हो।"

अज़ाब... ज़िक्र भर से ही मेरे जिस्म में दहशत की लहर दौड़ गई। हम दर्द को छोड़ भी दें, तो दर्द हमें कहाँ छोड़ता है! मेरे बदलते रुख़ को मोनिका ने फ़ौरन भाँप लिया और एकदम बात बदल दी। यक़ीनन वह समझ गई थी कि यह ज़िक्र आना ही नहीं चाहिए।

"अच्छा! यह त्रिजल यहाँ बहुत पॉपुलर है। आओ तुम्हें इंट्रोड्यूस कराऊँ। बहुत अच्छा लड़का है।"

"नहीं! मुझे नहीं मिलना किसी से, और आर्मी वालों से तो मुझे वैसे ही दहशत होती है।" मैं अपनी ख़ौफ़ज़दा तबीयत को सँभालने का जतन करते हुए बोली।

"अरे! त्रिजल को हम बहुत सालों से जानते हैं। वह बहुत अच्छा लड़का है। मैं नहीं जानती तुम्हारे देश के आर्मी वाले कैसे हैं, पर मैं इतना जानती हूँ कि त्रिजल के सीने में तो एक ट्रू जेंटलमैन का दिल है। आओ न, मिलते हैं उससे।"

"नहीं। हम अपनी बातें करते हैं। कितने समय बाद तो हम मिले हैं!"

"ठीक है। जैसा तुम कहो।"

जाने क्या सोचकर उसने भी इरादा बदल दिया और हम फिर से अपने बचपन के क़िस्से-कहानियों में खो गए।

लेकिन, उन एक जोड़ी आँखों में कुछ जादू तो था। कुछ बात भी नहीं थी और बहुत-सी बातें थीं। कोई पहचान भी नहीं थी और यूँ लग रहा था- जैसे सदियों की पहचान हो कोई। हवा में तैरकर क्यों आ रही थी कोई सदा दिल तक!

"यह तो बड़ा दिलचस्प नज़ारा है! हैं तो दोनों खारे समंदर, पर किसी दिलकश एहसास की मीठी नदी मुझे यहाँ पुल बनाती दिख रही है। ध्यान तो त्रिजल का भी तुम्हारी ही तरफ़ है। यह आँखों-आँखों में चल क्या रहा है दोनों तरफ़ से?" मोनिका पूछ ही बैठी थी।

मैं यूँ बौखलाई जैसे कोई चोरी पकड़ी गई।

"अरे तुम कुछ भी सोच रही हो। कुछ भी नहीं चल रहा। मैं तो जानती भी नहीं उसे। नाम भी तुमसे ही सुना है। मैं तो इस जश्न में भी नहीं आना चाहती थी,

पर आदित्य भाई का दिल था। उन्होंने बहुत इसरार करते हुए कहा था कि 'मेरी ज़िंदगी के दो बेशक़ीमती हीरे आज मेरे पास हैं। एक तुम और एक मेरा दोस्त। वह भी मौत के मुँह से वापस लौटा है तो ख़ुशियाँ मनाना तो बनता है।' मैंने यहाँ आकर ही जाना कि वह दोस्त तो यह जनाब हैं, जो आर्मी के किसी मुश्किल ऑपरेशन के बाद अब एक महीने की छुट्टी पर घर आए हैं।"

अब मैं मोनिका को क्या बताती कि बात तो कुछ और ही है, जो मेरी निगाहें बार-बार उस शख़्स की तरफ़ उठ रही हैं। कुछ देर पहले मैंने उसे अपने दोस्तों से कहते सुना था कि वह कल सुबह ही एक बाइक एक्सपीडिशन पर स्पीति जा रहा है। वह भी अकेले। उसकी इसी बात से मेरी तवज्जो उसकी तरफ़ खिंची चली गई थी। मैंने कुछ समय पहले आदित्य भाई का स्पीति का एल्बम और एक वीडियो देखा था। स्पीति की ख़ूबसूरती तब से मेरे ज़ेहन में बसी हुई थी। और बात यह भी थी कि मेरा मन अपने ऊपर टूटी क़यामत से इस क़दर बदहाल था कि मुझे ख़ुद एक अदद सुकून की दरकार थी। मैं ऐसे हर इंसान से दूर भाग जाना चाहती थी जो मेरे बारे में कुछ भी जानता हो।

उधर त्रिजल के दोस्त उसको मनाने की लगातार कोशिश कर रहे थे कि वे भी साथ चलते हैं। उसने साफ़ मना कर दिया था यह कहकर कि उसको निजात चाहिए दुनिया से, दुनिया के लोगों से। ऐसे हर एक शख़्स से जो उसको ज़रा भी जानता हो। जब उसने यह 'निजात चाहिए दुनिया से' बात कही तब से ही मेरा ज़ेहन उसी में अटककर रह गया था। मुझे ऐसा लगा था कि जो मेरा हाल है वही तो उसका भी है!

उसके दोस्त उसको बार-बार समझाते रहे कि मुश्किल सफ़र है, अकेले जाना सही नहीं। तब वह हँसने लगा था कि अब एक फ़ौजी को रास्तों का डर दिखाओगे! फिर भी उसके दोस्त लगे हुए थे समझाने में कि वह यूँ अकेले नहीं जाए। वह भी अपनी बात पर अड़ा रहा कि वह जाएगा तो अकेला ही और कल सुबह ही।

मैं यह बात तो समझ रही थी कि जो आर्मी ऑफ़िसर है, अकेले जाने से या मुश्किल सफ़र से तो वह क्या ही डरेगा, पर मैं यह नहीं समझ पा रही थी कि उसके साथ उस मिलिट्री ऑपरेशन पर आख़िर ऐसा क्या हुआ था! उसके दोस्तों की बातों से इतना तो समझ आ रहा था कि जो कुछ भी हुआ था, बहुत भयावह

था, जिसकी वजह से त्रिजल अभी ज़ेहनी थकान से भरा है। मौत के मंज़र भयानक होते हैं, इतने भयानक कि मौत सब तहस-नहस करके निकल जाती है और हम कभी उबर नहीं पाते उस तबाही से। जैसे मैं इतने समय बाद, अभी तक ठीक नहीं हो पाई हूँ और मैं यह भी जानती हूँ कि कभी ठीक हो भी नहीं सकूँगी। यूँ जीने की जद्दोजहद में रोज़ थोड़ा-थोड़ा मरते जाना भी क्या ख़ूब क़वायद है!

मेरी निगाहें बार-बार त्रिजल की तरफ़ उठ रही हैं, यह शायद उसने भी नोटिस कर लिया था। इसलिए उसका भी ध्यान अब मेरी तरफ़ ही था। सुना तो मैंने यह भी है कि भरी महफ़िल हो, भीड़ हो, रास्ता हो, पर अगर कोई लगातार आपको देख रहा है, तो ज़ेहन में एक इनबिल्ट अलर्ट सिस्टम फ़िक्स होता है, जो बता ही देता है।

"मैं जानती हूँ त्रिजल तुम्हें इस तरह क्यों देख रहा है।" मोनिका के यह कहने पर मैंने चौंककर पूछा, "क्यों?"

"सारे जाने-पहचाने चेहरों में एक तुम्हारा ही चेहरा उसके लिए बिल्कुल अनजान है। और चेहरा भी कोई आम चेहरा नहीं! इतना ख़ूबसूरत, ऐसी मासूमियत से महकता हुआ कि कोई एक बार देख ले, तो ज़िंदगी भर भूल नहीं सकता। यूँ भी पार्टी के अधिकांश लड़के तुम्हें ही देख रहे हैं। ऐसी बेमिसाल ख़ूबसूरती से नज़र हटाना आसान कहाँ मैडम! हाँ, इसमें भी दो राय नहीं है कि पार्टी की अधिकतर लड़कियों का ध्यान भी त्रिजल की तरफ़ ही है। वह आर्मी में मेजर तो है ही, साथ ही इतना हैंडसम और चार्मिंग भी तो है। रेयर कॉम्बो है। पर पता नहीं पार्टियों की जान रहने वाला त्रिजल, आज इतना चुप-चुप..."

मोनिका की बात पूरी भी नहीं हुई थी कि अचानक... जाने कैसे फ़िज़ा में आवाज़ तारी हुई–

'ख़बर आ रही है कि अरसे बाद रेगिस्तान में
बरसात हो रही है
अब कुछ ख़ुशबू भरे चाँद सदक़े में उछाले जाएँगे
दो उजले तारे उस लम्हा
यहाँ चाँदनी के दरिया में डुबकियाँ लगाएँगे
गुलाब की पत्तियों ने ख़ुद को ओक बनाकर
सजा लिया है ओस की आस में

दो नरम लकीरें सुनहरी रेत पर सरसराने को बेताब हैं
ख़ुशबू भरी हवा के इस्तक़बाल को
लो आँखों ने भी बंदनवार टाँग दी है
आज आसमान ने फेंका है नसीब चाँदनी में लपेट के
इस ताकीद के साथ
लो इस नूर में सिमट जाओ
सुना है अरसे से सोए नहीं हो तुम!'

नज़्म पूरी होते ही पूरा हॉल तालियों की गड़गड़ाहट से गूँजने लगा। त्रिजल ऐसे सकपकाया जैसे उसे ख़ुद ही पता नहीं चला हो कि उसके होंठों पर यह नज़्म कब आ बैठी। पर उसने पूरी नज़्म मेरी तरफ़ देखते हुए यूँ सुनाई थी कि अब सब मुझे ही देख रहे थे। हालाँकि नज़्म सुनते हुए उन लफ़्ज़ों का जादू मुझ पर भी पूरी तरह तारी था, पर तालियों की गड़गड़ाहट मुझे महफ़िल में लौटा लाई। सबको अपनी तरफ़ देखता पाकर मैं ख़ुद भी ऐसे सकपकाई कि ज़मीं फट जाए और मैं उसमें समा जाऊँ। तालियों की गूँज से ही शायद उसे भी एहसास हुआ कि वह जाने किस ख़ुमारी में क्या ही कर बैठा है। उसके चेहरे पर भी पसोपेश के मंज़र उभर आए थे।

आदित्य भाई ने भी यह सब देखा और मुस्कराते रहे। इस बात ने मुझे और हैरान किया कि उन्हें यह बात बुरी कैसे नहीं लगी! ख़ैर, थोड़ी ही देर में लोग फिर अपनी मस्ती में डूब गए। जश्न अपनी पूरी रौनक़ में झूम रहा था। त्रिजल को बहुत-सी लड़कियों ने डांस के लिए पूछा, पर उसने मना कर दिया। मुझसे भी आदित्य भाई के कुछ दोस्तों ने बहुत ही शाइस्तगी से डांस की दरख़्वास्त की, पर मेरे हाँ करने का तो सवाल ही नहीं था।

त्रिजल के सारे दोस्त जब डांस फ़्लोर पर थे तब वह उठकर बार काउंटर पर आ बैठा। हम दोनों की निगाहें अब भी बार-बार टकरा रही थीं। रात के बारह बजने लगे, तो धीरे-धीरे सब जाना शुरू हो गए। त्रिजल भी उठकर आदित्य भाई के पास गया, उनको कुछ कहा और बाहर की तरफ़ निकल गया। उसने ठीक दरवाज़े के पास पहुँचकर, पलटकर मेरी तरफ़ देखा। मैं ख़ुद उसे ही देख रही थी। उसके यूँ यकायक पीछे पलटने से मैं बौखला ही गई। वह मुस्करा दिया और

बाहर निकल गया। पर उसके बिना कुछ कहे जाने से मेरा मन मायूस हो उठा था। त्रिजल के आँखों से ओझल होते ही मैं तेज़ी से उठी और बाहर की तरफ़ चल दी। मोनिका ने यह सब होते हुए देखा, मुस्कराई और चुप रही।

मेरा ज़ेहन अब मेरे बस में नहीं था। क्या कर रही हूँ और क्या करने वाली हूँ, कुछ नहीं सोचा और बस उसके पीछे चल दी। मैंने बाहर आकर दाएँ-बाएँ नज़र दौड़ाई। बाईं तरफ़ कोई पचास मीटर की दूरी पर वह एक काले रंग की स्पोर्ट्स बाइक पर बैठा तसल्ली से सिगरेट पी रहा था। आँखें मिलीं, तो वह मुस्करा दिया। मैं अजीब-सी झिझक लिये कुछ पल उसे देखती रही फिर धीरे-धीरे चलती हुई उसके पास पहुँची।

उसने मुस्कराते हुए कहा, "आइए, आप ही का इंतज़ार था।"

"मेरा इंतज़ार!"

"हाँ, मुझे पता था कि आप आओगी।"

मैंने बौखलाहट से आँखें नीची कर लीं। थोड़ा सँभली, तो बोली, "आप मुझे ग़लत समझ रहे हैं। मैं इसलिए आपके पीछे नहीं आई कि आप बहुत हैंडसम हैं या..."

मैं अपनी बात पूरी करती उससे पहले ही वह ज़ोर से हँसता हुआ बोला, "थैंक्स फ़ॉर द कॉम्प्लीमेंट लेडी। इतने अलहदा अंदाज़ में आज तक किसी ने मुझे हैंडसम नहीं कहा।"

मैं हैरानी से उसे देखती ही रह गई। क्या ही शातिराना अंदाज़ में बात पकड़ी उसने। मेरे रुख़ पर आई संजीदगी देख वह बाइक से उठते हुआ बोला, "एम सॉरी! मैंने यह सिर्फ़ आपको हँसाने के लिए कहा था। आई एम त्रिजल। मेजर त्रिजल दुर्गवंशी।"

उसने मेरी तरफ़ हाथ बढ़ाते हुए कहा। मैं एक पल झिझकी फिर अगले ही पल मैंने भी हाथ बढ़ा दिया, "क़ितारा।"

"जी!"

"मेरा नाम। क़ितारा।"

"वाह! क्या ही ख़ूबसूरत नाम है। मैंने पहली बार सुना है। क्या मैं पूछ सकता हूँ इसका मतलब क्या है?"

"ख़ुशबू।"

त्रिजल कुछ बोलते-बोलते रुक गया। बस मुस्करा दिया।

"अच्छा, बाहर यह कहने तो आप वाक़ई नहीं आई थीं कि मैं हैंडसम हूँ। अब बता दीजिए कि क्या बात है? और जहाँ तक मैं समझ पा रहा हूँ मेरे हैंडसम होने से आप जैसी ख़ूबसूरत लड़की को वैसे भी कोई फ़र्क़ नहीं पड़ेगा, क्योंकि इतनी ख़ूबसूरती बनाकर तो शायद ख़ुदा भी सोचता होगा कि नीचे भेजूँ कि अपने पास ही रख लूँ!"

उसके यूँ फ़्लर्ट करने से मेरा मन बुझने लगा कि यह भी आम लड़कों-सा ही...

"अरे! आप तो फिर संजीदा हो गईं। एम सॉरी! पर मेरी बातों को इतना सीरियसली मत लीजिए। मैं इस तरह कुछ भी कह देता हूँ। मैं सिर्फ़ आपको मुस्कराते हुए देखना चाह रहा था, पर मुझे लग रहा है शायद मेरी बातें फ़्लर्टिंग ज़्यादा लग रही हैं। है न?" उसने भोला-मासूम चेहरा बनाते हुए कहा।

"लग तो रही हैं।"

"सॉरी! चलिए वादा। अब ऐसा नहीं होगा। अब बताइए क्या बात है?" त्रिजल ने दुनिया-जहान की संजीदगी ओढ़कर मुझसे पूछा।

"देखिए मैं घुमा-फिराकर बात नहीं करूँगी। सीधे-सीधे आप से पूछूँगी। क्या आप स्पीति एक्सपीडिशन पर मुझे अपने साथ ले चलेंगे?"

"जी!"

मैं ऐसा कुछ कहूँगी, इसकी उम्मीद उसे बिल्कुल भी नहीं होगी; तभी वह ऐसे हैरान हो उठा था।

"मैंने अंदर आपको आपके दोस्तों से बात करते सुना था कि आप कल सुबह स्पीति एक्सपीडिशन पर जा रहे हैं। मैं भी स्पीति जाना चाहती हूँ, पर दरअसल मैं हिंदुस्तान के बारे में ज़्यादा नहीं जानती, तो अकेले जाना शायद मेरे लिए ठीक नहीं रहेगा।"

त्रिजल के चेहरे पर उभरी उलझन देखकर मैंने अपनी बात आगे बढ़ाई, "यूँ तो मैं आदित्य भाई से कहूँगी, तो वह भी मना नहीं करेंगे ले जाने से, पर मैं किसी भी ऐसे शख़्स के साथ नहीं जाना चाहती, जो मेरे बारे में कुछ भी जानता हो।"

मेरे यह कहते ही वह एक बार फिर चौंका।

"मुझे पता है, आप मेरी इस बात से हैरान हुए हैं, क्योंकि यही बात आपने

अंदर अपने दोस्तों से कही थी। दरअसल आपकी इसी बात ने मेरी तवज्जो आपकी तरफ़ खींची। आपको यह बात बेहद अजीब लग रही होगी कि एक अनजान लड़की इस तरीक़े से आपके साथ जाना चाहती है, पर मेरे लिए इतना जानना बहुत है कि आप आदित्य भाई के सबसे ख़ास दोस्त हैं। और क्योंकि आप भाई के सबसे ख़ास दोस्त हैं, तो मैं आप पर भरोसा कर सकती हूँ।"

"भाई!"

वह शायद समझ ही नहीं पा रहा था कि कोई अनजान लड़की अकेले उसके साथ सफ़र पर ऐसे कैसे और क्यों जाना चाहती है। लड़की भी वह, जिसके बारे में वह कुछ भी नहीं जानता। और लड़की, जो उसके बारे में भी कुछ नहीं जानती।

"आप सोच रहे हैं न कि मैं पता नहीं कौन हूँ और ऐसे ही ज़बरदस्ती आपके साथ जाने के लिए पीछे पड़ रही हूँ, पर आप आदित्य भाई से मेरे बारे में पूछ सकते हैं। वह मेरे कज़िन हैं।"

"कज़िन! ओह! अच्छा आप ही हैं, जो सीरिया से आई हैं?"

"जी हाँ।"

"अरे! मैं आपको अब तक कश्मीरी समझ रहा था। मोनिका की कोई दोस्त।"

"मोनिका आपकी बहुत तारीफ़ कर रही थी।"

"वह प्यारी लड़की है।"

"हाँ यक़ीनन।"

"आपने आदित्य से पूछा है मेरे साथ जाने के लिए?"

"मुझे कोई ऐतराज़ नहीं।"

मैं और त्रिजल चौंककर एक साथ पलटे। आदित्य भाई पीछे खड़े थे।

"तू कब आया?" त्रिजल ने उनसे पूछा।

"मैं भी क़ितारा के पीछे-पीछे ही बाहर आया था। यह जिस तरह पार्टी से उठकर एकदम बाहर की तरफ़ चल दी, मैं घबरा गया कि जाने क्या बात है। देखा तो यह तुझसे बात कर रही थी। अब ना चाहते हुए भी तुम दोनों की सारी बातें मैंने सुन ली हैं। मैं नहीं जानता कि किशमिश मेरे साथ क्यों नहीं जाना चाहती, पर उसका मेरे साथ होना या तेरे साथ होना, मेरे लिए एक ही बात है।

किशमिश को इस ट्रिप की शायद बहुत ज़रूरत भी है। क्या पता मेरी गुड़िया-सी बहन फिर से मुस्कराना सीख जाए, मेरे महबूब दोस्त के साथ।"

भाई की इस बात पर न मैं कुछ बोली, न ही त्रिजल।

"चलो अब मैं अंदर जाकर पार्टी समेटता हूँ। तुम दोनों ट्रिप की प्लानिंग कर लो। और किशमिश, तैयारी में किसी भी सामान की ज़रूरत हो, तो मुझे बताना। कल सब व्यवस्था कर दूँगा। वैसे तो त्रिजल के साथ तुम्हें किसी भी तरह की कोई दिक़्क़त आ ही नहीं सकती।" यह कहकर आदित्य भाई मुस्कराते हुए पार्टी हॉल में वापस चले गए। यह भी मेरे लिए बहुत हैरानी की बात थी कि भाई एकदम से ही मान गए! वरना क़ायदे से तो मुझे पहले भाई से पूछना चाहिए था और फिर त्रिजल से बात करनी चाहिए थी।

"किशमिश!"

"भाई और यहाँ सब घर वाले मुझे प्यार से बुलाते हैं।"

छोटे बच्चे-सी शरारती मुस्कान थी त्रिजल के चेहरे पर। जैसे मन कर रहा हो कि इस नाम से मुझे छेड़े।

"आप कभी बाइक पर बैठी हैं?"

"एक-दो बार बस आदित्य भाई के साथ।"

"अपने देश में कभी नहीं?"

"नहीं। मेरे देश में औरतों को ऐसी आज़ादी नहीं। हालाँकि कुछ साल पहले 2014 में मेरी दोस्त ने वहाँ बाइकिंग शुरू करने का एक मूवमेंट छेड़ा तो था– 'यल्ला लेट्स बाइक', पर वह आम घरों की लड़कियों के लिए ख़्वाब ही रह गया। देखते-देखते सब तो तबाह हो गया है वहाँ।"

"यल्ला लेट्स बाइक!"

"जी। इसका मतलब है 'कम ऑन लेट्स बाइक'।"

"अच्छा क्या आपको यक़ीन है, आप यह मैनेज कर लेंगी? स्पीति एक्सपीडिशन का मतलब है बाइक पर डेढ़ हज़ार किलोमीटर से भी ज़्यादा आना-जाना हो जाएगा। यह बहुत टफ़ होगा। हम जिस टेरियन में जाएँगे वह बहुत रफ़ टेरियन है। जैसे कि आपको बाइक की बिल्कुल आदत नहीं है, तो इतनी देर घुटने मोड़ना, कमर सीधी रखना, रास्ते के सारे गड्ढे, धूल-धक्कड़ झेलना आप कर पाएँगी?"

"सीरिया में मची तबाही से ज़्यादा रफ़ तो नहीं होगा न! वहाँ गिरने वाले बमों के बाद हुई तबाही से ज़्यादा ख़तरनाक तो कोई रास्ता दुनिया का शायद हो ही नहीं सकता। और रही बात धूल-धक्कड़, घुटने मोड़ना, कमर सीधी रखना आदि की तो आपको अंदाज़ा भी नहीं है, एक लंबे अरसे से किस तरह की ज़िंदगी जीने के लिए मजबूर हुए हैं हम।"

त्रिजल अपलक मुझे देख रहा था।

उसको चुप देखकर मुझे लगा, वह अब भी मुझे साथ ले जाने से झिझक रहा है।

"देखिए, आप बिल्कुल फ़िक्र मत कीजिए। आपको अंदाज़ा नहीं है, पर मैं जिस्मानी और ज़ेहनी तौर पर एक मज़बूत लड़की हूँ। मुझमें बर्दाश्त बहुत है। और अगर कोई तकलीफ़ हुई भी, तो शिकायत करना मेरी फ़ितरत में है ही नहीं।"

वह अब भी बिना कुछ कहे मुझे बस देखे जा रहा था।

"अच्छा, अगर फिर भी मेरी वजह से आपको कोई दिक़्क़त हुई, तो आप मुझे वहीं छोड़कर आगे बढ़ जाइएगा। मैं वहाँ से ख़ुद ही वापस आ जाऊँगी।"

"यह आपने कैसे समझ लिया लेडी कि मैं आपको बीच सफ़र में छोड़ सकता हूँ! यह नामुमकिन है। या तो मैं आपको साथ लेकर ही नहीं जाऊँगा और अगर लेकर गया तो सही-सलामत वापस लाऊँगा, इस बात का वादा है मेरा आपसे।"

उसने यह बात इस अंदाज़ से कही कि अब मैं उसके चेहरे की तरफ़ अपलक देखने लगी। उस पल हम दोनों के बीच चाँदनी के छोटे-छोटे टुकड़े अठखेलियाँ कर रहे थे। बाहर जितनी गहरी ख़ामोशी थी, भीतर दिल का शोर उतना ही साफ़ सुना जा सकता था।

"मुझे नहीं पता त्रिजल, कि चीज़ें कैसे खुलेंगी, पर मैं जाना चाहती हूँ। और मुझे यह भी नहीं पता कि मुझे आपको देखकर यह क्यों लगा कि मैं आपके साथ जा सकती हूँ। पर मैं इस बारे में बहुत ज़्यादा सोचना भी नहीं चाहती। मन का ज़्यादा सोचना मनहूसियत के सिवाय कुछ भी नहीं है। ज़िंदगी में जो भी मनसूबे बनाए थे, जो कुछ भी सोचा हुआ था, वह भी भला कहाँ हो पाया! ख़ुद के मन को समझने में ही सालों लग जाते हैं इंसान को, किसी और के मन को तो हम

क्या ही समझ पाएँगे! मैं यह उम्मीद नहीं करती कि आप भी मेरा मन समझें। मुझे सच में नहीं पता मैं आपसे ये सारी बातें भी क्यों कह रही हूँ, पर यक़ीन कीजिए मैं आपको किसी मुश्किल में नहीं डालूँगी। अगर मुझसे यह सफ़र नहीं हो पाया तो मुझे किसी भी ट्रेन या बस से आप वापस भेज दीजिएगा, पर प्लीज़ अभी साथ ले जाने से इनकार मत कीजिएगा।"

मेरी बातों में इतनी बेसब्री, इतनी बेचैनी थी कि त्रिजल एकदम मेरी तरफ़ बढ़ा और बहुत पास आकर बोला, "श्शश चुप बस! हम चल रहे हैं साथ।"

वह इतने पास था कि मेरा कलेजा मुँह तक उछल आया। अगले ही पल उसने मेरी तरफ़ पीठ कर ली। उसके इस रवैए से मैं अवाक् रह गई।

"माफ़ कीजिए, मैं शायद बहुत ज़्यादा बोल गई।"

वह फ़ौरन पलटा और मुस्कराते हुए बोला, "नहीं। कुछ ज़्यादा नहीं कहा आपने। और मैं आपकी इस बात से बिल्कुल इत्तेफ़ाक़ रखता हूँ कि मन का ज़्यादा सोचना सच में मनहूसियत के सिवाय कुछ भी नहीं है। मैं ख़ुद भी इस वक़्त अपने मन से दूर भागना चाहता हूँ, जो रात-दिन मेरे सामने ऐसे सवाल रख रहा है जिनके जवाब मेरे पास हैं ही नहीं। ख़ैर मेरी बात छोड़िए। आपके काम की बात यह है कि हम साथ चल रहे हैं।"

"जी!"

"जी, स्पीति एक्सपीडिशन पर आप मेरे साथ जा रही हैं और मुझ पर भरोसा रखिए, जैसा लेकर जा रहा हूँ वैसे ही वन पीस वापस भी लाऊँगा।" वह उसी दिलकश अंदाज़ पर लौट आया था जिसमें पहले बात कर रहा था।

"तो मैं आपकी हाँ समझूँ?" मेरे यह पूछते ही वह खिलखिलाकर हँसने लगा।

"अभी तो कहा कि हम साथ चल रहे हैं। अब आप ऐसे पूछेंगी कि आपकी हाँ समझूँ तो मुझे लगेगा कि मुझे शादी के लिए प्रपोज़ किया जा रहा है।"

"अरे नहीं! मेरा वह मतलब नहीं था! मैं तो..."

मेरी बात बीच में काटकर ही वह बोला, "ईज़ी लेडी ईज़ी। मेरे वाहियात मज़ाक़ सहने की आदत डाल लीजिए। पूरे सफ़र बर्दाश्त करने पड़ेंगे ये तो।"

मेरी मुस्कान कानों तक फैल गई। उसकी आँखों में भी पल भर को ऐसी चमक कौंधी जिसकी रोशनी ने मुझे भी रोशन कर दिया।

"अच्छा एक बात बताइए, जहाँ तक मैं जानता हूँ सीरिया की भाषा अरबी है। इतनी ख़ूबसूरत हिंदी आपने कैसे सीखी? मतलब आप शुद्ध हिंदी के भी कितने सारे शब्द इस्तेमाल कर रही हैं। यह करिश्मा कैसे?"

"जी मेरी माँ हिंदू थीं। आदित्य भाई मेरी माँ की बहन के बेटे हैं। माँ को अपने वतन से, हिंदी भाषा से बहुत मुहब्बत थी। तो उन्होंने मुझे हिंदी सिखाई भी, पढ़ाई भी। मैंने बहुत सारी हिंदी साहित्य की किताबें भी पढ़ी हैं, जो माँ की ही थीं। मेरे अपने वतन में तो अरबी भाषा ही बोली जाती है, पर घर में माँ की ख़ुशी के लिए हम हिंदी में भी ख़ूब बातचीत करते थे। फिर पढ़ाई-लिखाई के सिलसिले में तुर्की भी रहना बहुत हुआ है मेरा। क़रीबी दोस्त उन मुल्कों के रहे, जो उर्दू ज़्यादा बोलते थे। डॉक्टरी की पढ़ाई में अँग्रेज़ी से भी अच्छा वास्ता पड़ा तो यहाँ मैं तीनों भाषाएँ, हिंदी, अँग्रेज़ी, उर्दू सब मिला-जुलाकर काम चला लेती हूँ। यह तो नहीं कहूँगी कि बहुत दक्ष हूँ, पर फिर भी काम चलाने लायक़ हिंदी आती है मुझे।"

"दक्ष! काम नहीं चलातीं मोहतरमा बल्कि बहुत शानदार बोल लेती हैं आप। आपका शब्दों का चयन वाक़ई बहुत अच्छा है। चलिए अब अपना फ़ोन नंबर दीजिए। वैसे मैं कल निकलने वाला था, पर अब हम परसों निकलेंगे। सामान की लिस्ट आपको मैसेज करूँगा। कल आदित्य के साथ मिलकर सारी तैयारी कर लीजिएगा। कोई मेरी ज़रूरत हो, तो मुझे फ़ोन कीजिएगा, मैं भी आ जाऊँगा। हालाँकि मेरी ज़रूरत पड़ेगी नहीं। आदित्य ऐसे एक्सपीडिशन पर कई बार गया है। उसको पता है क्या-क्या चाहिए होगा। और हाँ, बैग बहुत हल्का रखिएगा। बेहद ज़रूरी चीज़ें बस। बाइक पर बहुत ज़्यादा सामान नहीं आएगा। मैं जो लिस्ट भेजूँगा, बस वही सामान रखिएगा।"

"जी बहुत शुक्रगुज़ार हूँ मैं आपकी।"

मुझे तो ख़ुद भी यक़ीन नहीं आ रहा था कि मैं सचमुच ऐसे कहीं किसी अजनबी के साथ जा रही हूँ। हम दोनों के बीच एक बार फिर ख़ामोशी सुगबुगाने लगी। ख़ामोशी जब शोर करने लगी तब त्रिजल ही बोला, "आज फ़ुल मून है, शरद् पूर्णिमा। चाँद आज बेहद ख़ूबसूरत लग रहा है न!"

उसने कुछ इस तरह से मेरी तरफ़ देखकर कहा कि मेरा चेहरा न चाहते भी हया का रंग दे गया।

"हाँ ख़ूबसूरत तो है, पर बचपन से ही मुझे लगता रहा है कि पिछली रात को कोई बर्फ़-सी उजली रोटी कुतर डाली थी हरे दरख़्त के भूरे परिंदे ने... वही टाँग दी होगी बीचोबीच काली चादर फैलाकर किसी ख़्वाब ने मन बहलाने को मेरा। मुझे आज भी यक़ीन नहीं चाँद के होने का।" मैंने चाँद को उदास निगाहों से देखते हुए कहा।

"ऊपर टकटकी लगाए रखिए, आज तारे टूटने की रात है। आप कुछ माँग लेना, जब टूटता हुआ तारा देखो। सुना है यूँ हर दुआ क़ुबूल होती है।"

मैने हैरानी से त्रिजल को देखा फिर अपनी हथेली उसके आगे कर दी, "हथेली पर रखे काँच की राख दिखाई दे रही है आपको! यह जो पारे-सी चमक रही है! ध्यान से देखिए। उजड़े हुए देश की लड़कियों की क़िस्मत में दुआओं का फलना नहीं लिखा होता।"

त्रिजल को पसोपेश में पड़ा देख मैंने कहा, "अच्छा, आप कल तक अपना इरादा बदल तो नहीं देंगे न!"

"फ़ौजी की ज़ुबान है मोहतरमा। एक बार कह दिया तो कह दिया।"

मैं मुस्कराने लगी और त्रिजल भी।

"शुक्रिया!"

"तो परसों किस समय सफ़र शुरू करेंगे यह कल बताता हूँ। आप तैयारी कर लीजिएगा।" यह कहकर वह चल दिया।

पलटकर जाते हुए मेरा मन भी ख़ुद से पूछ रहा था– ज़रूरत सच में थी क्या इस सबकी या कोई गहरी ख़्वाहिश अंदर कसमसा रही है! कभी-कभी ख़ुद को ही समझ नहीं पाती हूँ मैं! जाने इस शख़्स के साथ क्या बदा है मेरा कि...

दृश्य के भीतर सब अदृश्य था

त्रिजल डायरी

जो याद रखना था वह याद ना रहा और जिसे भूलने से ज़िंदगी आसान हो सकती थी, उस दौर का एक-एक लम्हा ज़ेहन पर ऐसे छप चुका है कि जब तक मेरी साँस चलेगी तब तक मेरी याददाश्त की किताब के पन्नों पर यह सब लगातार फड़फड़ाता रहेगा। फिर भी मैं इस यात्रा में ख़ुद को डुबो देने की कोशिश में था। पर इस बार कुछ अजीब एहसास था। इतनी यात्राएँ करने के बाद भी ऐसा लग रहा था जैसे ज़िंदगी की पहली यात्रा पर जा रहा हूँ। जिस रोज़ सफ़र पर निकलना था उससे पहली वाली रात मुझे नींद नहीं आई थी। मैं हर पल क़ितारा के बारे में ही सोचता रहा था। हालाँकि मैं जानता था कि नींद बहुत ज़रूरी है और कल का सफ़र बहुत लंबा है।

क़ितारा...

मैंने सुना तो था 'लव ऐट फ़र्स्ट साइट', पर ऐसी किसी भी बात को मैंने हमेशा से बकवास ही कहा। मैं कैसे कहता आदित्य को कि मुझे क़ितारा से पहली ही नज़र में प्यार हो गया है और इसलिए नहीं कि वह बेहद ख़ूबसूरत है, बल्कि इसलिए कि उसकी आँखें मुझे बिल्कुल अपनी आँखों जैसी लगीं। उसकी आँखों ने मौत के मंज़र देखे हैं। उसकी आँखों में वीरानगी की अनगिनत चीख़ें दफ़न हैं। उसकी आँखें जाने कितने ही अपनों का जाना सह चुकी हैं। उसकी आँखों में ख़ून का रंग नीला होकर उदासी के सागर-सा हिलोरें मारता है। मैंने जब उसको पहली बार पार्टी में रूबरू देखा तो मैं बता नहीं सकता किस तरह मेरे दिल में गहरी टीस उठी थी। आदित्य ने मुझ पर इतनी बड़ी ज़िम्मेदारी डाल दी है

क़ितारा को साथ ले जाने की। हालाँकि यह मेरे लिए बहुत बड़ी ख़ुशी थी कि वह लड़की, जो पहली ही नज़र में मेरे दिल में जगह बना चुकी है, उसे मैं इस तरीक़े से अपने साथ ले जा सकता हूँ। पर मुझे डर लग रहा था। पर मुझे डर क्यों लग रहा था! यह मेरे लिए भी हैरानी की बात थी कि यूँ तो मैं कभी गोली-बारूद के धमाकों में नहीं डरा, बड़े-बड़े मिलिट्री ऑपरेशन पर दिलेरी से लड़ गया, लेकिन अब एक लड़की को अपने साथ इस तरह ले जाने से डर रहा था! मेरी वजह से उसे कुछ हो तो नहीं जाएगा! पर होता है न... मोहब्बत जितना मज़बूत करती है शख़्स को, उतना ही बेबस और दिल को नाज़ुक भी कर देती है।

जब पार्टी के बाद, बाहर बाइक के पास बात करते हुए वह मेरे सामने खड़ी थी, कितनी बार मेरे मन में आया कि आगे बढ़कर उसे गले लगा लूँ, उसका माथा चूम लूँ। उसको बाँहों में भरकर कहूँ– 'सब ठीक हो जाएगा। पुराना सब भूल जाओ। अब मैं हूँ साथ। अब सिर्फ़ ख़ुशियाँ होंगी', पर मैं उसे कुछ भी नहीं कह पाया। नहीं कह सका उसे यह सब कि दरअसल मैं उसके बारे में बहुत कुछ जानता हूँ, क्योंकि अगर वह जान जाती कि मैं उसके दुखों के बारे में ख़बर रखता हूँ , तो शायद वह मेरे साथ भी जाना नहीं चाहती। होता है न, अक्सर हम ऐसी आँखों से बचना चाहते हैं जिनका हमें लेकर, दृश्य, हमको सिर्फ़ हमारे दुखों के साथ जोड़कर ही पूरा होता है।

मैं रात भर ताने-बाने बुनता रहा कि कल जब हमारे सफ़र की शुरुआत होगी, तो उससे क्या-क्या बात होगी, कैसे बात होगी! क्या वह मेरी बातों पर हँस देगी! क्या मैं उसे हँसा सकूँगा! ऐसा तो नहीं होगा कि मुझसे कोई ग़लती हो जाए और वह रो पड़े। अनगिनत बातें मेरे ज़ेहन में लगातार चलती रहीं और इन्हीं बातों को सोचते-सोचते अलार्म बज गया। रात के तीन बज गए थे। सामान तो पहले से ही सारा सेट कर रखा था मैंने। उठकर नहाया, अपने लिए चाय बनाई, पी और चल दिया। मैंने सिर्फ़ एक छोटा-सा बैगपैक लिया था कपड़ों का। मेरी ज़रूरतें बहुत कम हैं। आर्मी में रहकर कम चीज़ों के साथ लंबे समय तक सरवाइव करना मैं सीख चुका था, पर मैंने एक अतिरिक्त बैग अपने डीएसएलआर का भी रखा। मैं क़ितारा की अनगिनत तस्वीरें उतारना चाहता था इस ट्रिप पर। उसकी आँखों की पुतलियों की हर हरकत, उसके होंठों की स्मित से लेकर उसकी खिलखिलाहट– वो खिलखिलाहट, जो अभी तक मैंने देखी नहीं थी, मैं पल-पल

बदलते उसके चेहरे के सारे भाव सब अपने कैमरे के ज़रिए सँजोना चाहता था। चाहता था जब लौटकर आऊँ तो क़ितारा की तस्वीरों से इस घर की सब दीवारों को रोशन कर दूँ।

सुबह चार बजे का समय तय हुआ था, आईएसबीटी दिल्ली अंतरराज्यीय बस अड्डे के बाहर। मैं पौने चार बजे ही पहुँच गया था। क़ितारा और आदित्य थोड़ी देर से आए। उस बीस मिनट में मैंने जाने क्या-क्या सोच लिया था कि ऐसा तो नहीं कि क़ितारा आख़िरी समय पर आए ही नहीं या फिर हो सकता है आदित्य का ही मन बदल गया हो क़ितारा को मेरे साथ भेजने के लिए। कुछ दिन पहले जब वह आया था और क़ितारा को लेकर हमारी सब बातचीत हुई थी तब क़ितारा की तस्वीर देखते ही मेरे चेहरे पर जो भाव आया था वह उससे समझ तो गया ही होगा, मेरा खिंचाव उसकी तरफ़। आख़िर बचपन का दोस्त है। और फिर मैंने भी अपने मन की बात उससे छुपाई नहीं थी। हो सकता है बाद में उसने इस बात को सोचा हो और उसे लगा हो कि क़ितारा को मेरे साथ नहीं भेजना चाहिए।

यह भी क्या ख़ूब बात थी कि क़ितारा समझ रही थी वह मेरे लिए अनजान है और हम पार्टी में अचानक टकराए हैं जबकि ऐसा नहीं था। आया था आदित्य कुछ रोज़ पहले मेरे पास।

इस बार के मिलिट्री ऑपरेशन में जिस तरह के मानसिक आघात से मैं गुज़रा था, मेरे ऑफ़िसर ने मुझे एक महीने का ब्रेक दिया था ड्यूटी से। मुझे इस ब्रेक की सख़्त ज़रूरत भी थी। इतना सब कुछ वीभत्स मेरी आँखों के आगे गुज़रा था। मैं चाहकर भी सामान्य नहीं हो पा रहा था। मेरी मानसिक हालत को देखते हुए मुझे यह छुट्टी दी गई थी ताकि अपनों के पास जाकर दिल को कुछ सँभाल सकूँ। मेरे आने की ख़बर सुनकर आदित्य मिलने आया था। पहले तो वह मेरा हालचाल पूछता रहा। इधर-उधर की बातें करता रहा। मेरे आर्मी ऑपरेशन के बारे में जानने समझने की कोशिश करता रहा फिर मेरे गले लगकर रो दिया था।

"तुझे कुछ हो जाता, तो यार मेरी भी साँस रुक जाती। जिगरी है तू मेरा।" बहुत भावुक होकर कहा था उसने। उसके बाद हम बहुत देर पीते-पिलाते पुराने दिन याद करते रहे। पर मैं देख रहा था आदित्य भी कुछ तो परेशान है। मैंने उससे सीधा ही पूछ लिया था।

"मेरी तो सारी बात सुन चुका है, अब यह बता, तुझको क्या परेशान कर रहा है?"

"कुछ भी तो नहीं। मैं तो ठीक हूँ।"

हालाँकि मैं जानता था कि कोई बात तो है और बड़ी ही बात है।

"साफ़-साफ़ बता दे बे, क्यों इतनी फ़ुटेज ले रहा है। हम दोनों में कब से इतना फ़ासला आ गया कि मुझे कुछ बताने से पहले तुझे इतना सोचना पड़े!"

"यार तू पहले ही इतना वीभत्स मौत का तांडव देखकर आया है। मैं अपनी परेशानियों से तुझे और परेशान नहीं करना चाहता।"

"अबे बंद कर अपना यह नाटक। बता हुआ क्या है?"

"आंटी कह रही थीं तू स्पीति जा रहा है बाइक एक्सपीडिशन पर। वह भी अकेले, तो तेरे लिए परेशान हैं। अभी बाहर कह रही थीं मुझसे कि मैं तेरे साथ चला जाऊँ।"

"अरे उन्हें तो हर बात पर फ़िक्र करने की आदत है। पर मैं अकेले जाना चाहता हूँ। स्पीति की वादियाँ बहुत ख़ूबसूरत हैं। प्रकृति के साथ बिना किसी यूनिफ़ॉर्म, हथियारों और तनाव के कुछ समय बिताना चाहता हूँ। तू जानता है, बन तो मैं आर्मी वाला गया, पर अंदर से मेरा मन राइटर का ही है। पड़ा रहूँगा स्पीति किनारे के किसी गाँव में कहीं और लिखूँगा अपने मन की कुछ, इसलिए अकेले ही जाना चाहता हूँ।"

"क़ितारा भी स्पीति जाना चाहती है।"

"क़ितारा! यह कौन है बे!"

"लड़की है।"

"क्या ही अजीब-सा नाम है! कौन-सी नई लड़की के चक्कर में पड़ गया तू अब? तेरी अमेरिका वाली जब आएगी, तो तेरी गर्दन दबा देगी।" मैंने उसकी खिंचाई करते हुए कहा था।

"अरे नहीं यार। ऐसा कुछ नहीं है। क़ितारा बहन है मेरी।"

"बहन! यह नई बहन कब पैदा हो गई भई, जिसके बारे में मुझे नहीं पता!" मैं चौंका था; क्योंकि मुझे लगता था, आदित्य के परिवार का तो मैं सब कुछ जानता हूँ। फिर यह अनोखी बात कहाँ से आई!

"याद है एक बार मैंने तुझे बताया था कि माँ की एक बहन सीरिया में

रहती हैं। तीस साल पहले वह अपने आर्किटेक्चर के प्रोजेक्ट में किसी रिसर्च के सिलसिले में तुर्की गई थीं। वहीं वह उनसे मिलीं, जो सीरिया से थे और तुर्की में डॉक्टर थे। दोनों एक-दूसरे के क़रीब आए, प्यार हुआ और फिर शादी कर ली। शुरू के कुछ साल तुर्की में रहे फिर उसके बाद सीरिया चले गए थे। वहाँ उनका एक अस्पताल भी था। क़ितारा उन्हीं की बेटी है।

"तू जानता ही है सीरिया गृहयुद्ध की आग में बुरी तरह से जल चुका है। लाखों मारे गए हैं और लाखों बेघर हो गए हैं। शरणार्थियों की तरह दूसरे देशों में भाग रहे हैं। क़ितारा और उसका भाई भी सीरिया से तुर्की के लिए भागे थे। इस भयानक सफ़र में उसको क्या-क्या नहीं झेलना पड़ा होगा, इस बात का मैं सिर्फ़ अंदाज़ा लगा सकता हूँ। बहुत पूछने पर भी वह कुछ नहीं बताती। ज़्यादा ज़ोर देकर पूछने की कोशिश करो, तो पत्थर-सी सुन्न हो जाती है। उसके परिवार के सभी लोग मारे जा चुके हैं। कुछ गोलियों का शिकार हुए, कुछ बम के धमाकों में मारे गए और उसके भाई को तो उसके सामने ही मारा गया। मारा तो इसको भी था पर इसमें जान बाक़ी रह गई। वे इसको मरा समझकर छोड़ गए थे। बाद में जब इसे होश आया, तो यह एक शरणार्थी कैंप में थी। बहुत मुश्किलों से तुर्की में अपने कुछ दोस्तों के पास यह पहुँच पाई। वहाँ से इसने हमसे कॉन्टेक्ट किया। हम सब ख़ुद बहुत फ़िक्रमंद थे, पर इन लोगों से किसी भी तरीक़े से संपर्क नहीं हो पा रहा था। तुर्की से क़ितारा ने मुझे फ़ोन किया और सारे हालात बताए। मैं किस क़दर ग्लानि में जी रहा हूँ, बता नहीं सकता। काश मैं कुछ कर सका होता, उन्हें पहले ही वहाँ से निकालने की कोशिश तो कम-से-कम की होती मैंने! पर यहाँ बैठकर बस फ़िक्र करने के अलावा हम सब ने उनके लिए कुछ नहीं किया।"

"मैं समझता हूँ आदित्य, पर यह इतना आसान भी नहीं था कि तू जाता और सीरिया से उनको बस यूँ ही निकाल लाता। हालात बहुत जटिल हैं दोस्त। अंतरराष्ट्रीय सरहदों को पार करना कोई हँसी-खेल तो है नहीं और ख़ासकर तब, जब देश इस तरह गृहयुद्ध में जल रहा हो। अब तो बल्कि उनके ज़्यादातर पड़ोसी देशों ने अपने बॉर्डर सील कर लिये हैं।"

"हाँ, पर तेरे आगे मैं यह बात स्वीकार करता हूँ कि हम लोग डरपोक हैं। सुन रहे थे कि सीरिया में यह सब हो रहा है। फ़ोन पर संपर्क करने की कोशिश

भी कर रहे थे। पर इससे ज़्यादा हम लोगों ने कुछ भी नहीं किया। जब क़ितारा ने बताया कि सब मारे जा चुके हैं और वह तुर्की में अकेली है, तब जाकर जैसे होश आया मुझे। मैं ले तो आया हूँ उसको वहाँ से, पर वह ज़िंदा होते हुए भी अब ज़िंदा है नहीं। हर समय गुमसुम रहती है। डरी-सहमी सी। अक्सर उसे अकेले में रोते हुए देखता हूँ। वह बस बारह साल की थी जब उसकी माँ चल बसी थी। जब क़ितारा छोटी थी तो मेरी माँ दो-तीन बार सीरिया गई थी। लंबा समय लगाकर जाती थी उसके पास। कभी बीस दिन तो कभी एक महीना भी, पर फिर माँ पर हमारी भी ज़िम्मेदारी थी। बहुत ज़्यादा तो वहाँ रहा नहीं जा सकता था। माँ लगातार क़ितारा के साथ फ़ोन पर संपर्क में रहती ही थी। जब तक माँ थी हमारी भी उससे फ़ोन पर ख़ूब बातें होती थीं। जब से माँ गुज़री, कनेक्शन धीरे-धीरे कम होकर टूटता-सा ही गया। सोचता हूँ क़ितारा के साथ-साथ मैंने माँ को भी तो फ़ेल कर दिया है। वह अगर ज़िंदा होती, तो क्या मुझे ऐसे हाथ पर हाथ रखकर बैठने देती! बहुत पहले ही शायद फिर मैं सीरिया से क़ितारा को ले आया होता।

"क़ितारा को इस हाल में देखता हूँ, तो ज़मीर बहुत धिक्कारता है। मैं क़ितारा का ही नहीं, अपनी माँ का भी गुनहगार बन गया हूँ। मैं कैसे भी, कुछ भी करके अब उसे ख़ुश देखना चाहता हूँ।"

"हम्म... समझता हूँ तेरी बात भी। पर मुझसे क्या चाहता है?"

"थोड़े दिन पहले घर में पुरानी एल्बम देखते हुए उसने स्पीति की कुछ तस्वीरें देखीं। मैं दो साल पहले स्पीति गया था। वह एक अलग ही दुनिया है। इतनी ख़ूबसूरत कि इंसान को लगता है जैसे जन्नत कोई होती होगी, तो ऐसी ही होती होगी। सीरिया में औरतों के लिए कभी कोई ख़ास खुला माहौल नहीं रहा है। फिर उसकी टीनएज ख़त्म होते-होते वहाँ पर यह भयानक गृहयुद्ध छिड़ गया। वह बहुत ज़्यादा कहीं बाहर कभी निकली नहीं है। हाँ सीरिया से तुर्की तक की यात्रा तो उसने की है, पर वह उसके लिए इतनी भयानक थी कि शायद उसने आसमान, नदी, पहाड़ तो आँख उठाकर भी नहीं देखे होंगे। उस रोज़ वह एल्बम की तस्वीरों को बहुत देर तक ग़ौर से देखती रही। मैं उसकी आँखों में पढ़ पा रहा था, वह वहाँ जाना चाहती है। पता नहीं, पर मुझे यक़ीन है कि वह मुझसे अपना दुख कभी नहीं कहेगी और जब तक वह किसी से अपनी सारी तकलीफ़ें नहीं बाँटेगी, जो कुछ भी उसने सहा है, उसे ठीक नहीं किया जा सकता। यार

एक फेवर कर दे प्लीज़।"

"अबे तुझे कभी कुछ मना किया है क्या! तू जान माँग ले। क्या प्लीज़-प्लीज़ कर रहा है!"

"त्रिजल, क़ितारा को अपने साथ स्पीति ले जा यार। मैं तुझ पर ख़ुद से भी ज़्यादा भरोसा करता हूँ। मेरा मन कहता है कि वह तेरे साथ जाएगी, तो यह उसके लिए बहुत अच्छा रहेगा। आया तो मैं तेरे से मिलने था, पर जब से आंटी ने बाहर स्पीति की बात की, तो बस तब से मेरे दिमाग़ में यही बात चल रही है कि क़ितारा को तेरे साथ भेज दूँ।"

मैं कुछ देर सोचता रहा। एक अजनबी लड़की को इस तरह अपने साथ लेकर जाना कुछ अटपटा-सा लग रहा था। वह भी दोस्त की बहन!

"ले तो मैं जाऊँगा आदित्य, पर मैं उसके लिए बिल्कुल अनजान हूँ। तुझे लगता है कि वह मेरे साथ सहज रहेगी?"

"मुझे लगता ही नहीं, मुझे यक़ीन है कि वह तेरे साथ मुझसे कहीं ज़्यादा सहज रहेगी। वह बेहद स्वाभिमानी है। न चाहते हुए भी मेरी आँखों में बार-बार उसके लिए करुणा का भाव उमड़ आता है; हालाँकि वह विशुद्ध प्रेम है, पर उसे ऐसा लगता है कि मैं उस पर दया कर रहा हूँ। जब उसे लगेगा कि तू उसके बारे में कुछ भी ख़ास नहीं जानता और सिर्फ़ एक सहयात्री है, तो उसको कोई दिक़्क़त नहीं होगी तेरे साथ जाने में। मैं भी उसको हमारी यह सब बातचीत नहीं बताऊँगा। बस इतना कहूँगा कि तू मेरा दोस्त है स्पीति के ट्रिप पर जा रहा है। वह चाहे तो तेरे साथ जा सकती है।"

मैं सोच में पड़ गया था। आदित्य मुझे बहुत बड़ी ज़िम्मेदारी सौंप रहा था और मैं समझ नहीं पा रहा था कि क्या जवाब दूँ। तभी आदित्य का फ़ोन बजा, जो ठीक मेरे सामने ही रखा था। स्क्रीन पर एक बेहद ख़ूबसूरत लड़की का फ़ोटो फ्लैश हो रहा था। मैं नाम पढ़ पाता इससे पहले ही आदित्य ने फ़ोन उठा लिया। हाँ-ना में कुछ जवाब दिए और फ़ोन रख दिया।

फ़ोन रखते ही मैंने उससे पूछा, "यह कश्मीरन कौन है भई?"

"कश्मीरी नहीं, सीरियन। यही तो है क़ितारा।"

"यह क़ितारा है! इतनी ख़ूबसूरत!"

मैं एकदम से बोल तो गया फिर अगले ही पल याद आया कि वह आदित्य

की बहन है और एकदम झेंप गया। कुछ देर हमारे बीच चुप्पी छाई रही। फिर मैंने पूरी ईमानदारी से उसको कह दिया, "देख यार, मैं तुझसे झूठ नहीं बोलूँगा, पर तेरी बहन बहुत ही ज़्यादा ख़ूबसूरत है। कुछ है इसकी आँखों में जिसने झटके से ज़ेहन में हलचल मचाई। मैं इसे साथ तो ले जाऊँगा और यह भी मेरा वादा है कि सही-सलामत वापस लाऊँगा, पर दोस्त, यह मेरे लिए वाक़ई बहुत बड़ा इम्तिहान हो जाएगा।"

"त्रिजल! मैंने उम्र भर लड़कियों को तुझ पर मरते देखा है, पर तुझे कभी भी किसी लड़की के लिए ऐसे रिएक्ट करते नहीं देखा! यह अचानक तू कैसी बात करने लगा!"

"मुझे नहीं पता, पर इस लड़की में कुछ है! इसकी आँखों में जैसे..." मैंने बात अधूरी छोड़ दी और नज़र घुमा ली। मेरे ऐसा कहने के बाद आदित्य मुझे कुछ देर देखता ही रहा। जाने क्या सोच रहा था। मुझे नहीं पता उसके दिमाग़ में क्या चल रहा था, पर उसने फिर मुस्कराते हुए कहा, "तो तू ले जा रहा है न उसे साथ फिर? तेरे साथ वह शायद अपने ज़ख़्म भूल जाए। जीना सीख जाए। वह हँसना-मुस्कराना सब भूल गई है। मुझे नहीं पता उसका भविष्य क्या होगा, पर मैं उसे ख़ुशी देना चाहता हूँ और मेरा दिल जानता है कि तेरे साथ वह दिल से मुस्कराएगी।"

मैंने भी फिर हाँ कर दी। उसके अगले दिन आदित्य ने वह पार्टी रखी जहाँ मैं और क़ितारा पहली बार मिले। उसके सामने स्पीति का ज़िक्र करना सब कुछ पहले से तय था। हमने सोचा था कि उसके बाद आदित्य उससे कहेगा कि मैं उसका दोस्त हूँ और स्पीति जा रहा हूँ, क्या वह जाना चाहती है। पर उसकी नौबत ही नहीं आई वह ख़ुद ही मेरे पास बात करने चली आई। इस बात पर अगले दिन हम दोनों दोस्त ख़ूब हँसे कि क़िस्मत किस तरह से साथ देती है।

ख़्वाब आईना हैं धूप में चमकेंगे, चटकेंगे तो चुभ जाएँगे

त्रिजल डायरी

मैं आईएसबीटी पर खड़ा इंतज़ार करता हुआ, ख़ुद से ही बात करता जा रहा था। अब तक आई क्यों नहीं! क्या वजह हुई! आना नहीं होता, तो आदित्य मुझे फ़ोन करके ज़रूर बताता!

यही सब बड़बड़ा रहा था कि दूर से आदित्य की काले रंग की स्कॉर्पियो आती दिखी। आईएसबीटी वाला पूरा इलाक़ा रात भर रोशनी और चहल-पहल से भरा रहता है। आदित्य की स्कॉर्पियो देख लेने के बाद भी मैं डर रहा था कि कार में वह होगी भी कि नहीं। पर कार रुकने के बाद जब वह उतरी, तो मेरे लिए समय जैसे रुक गया। उसने महरून कलर की चुस्त लैगिंग, ब्लैक कलर की टीशर्ट और गले में टाइगर प्रिंट का स्कार्फ़ पहना था। वह बेहद प्यारी लग रही थी। ज़िंदगी में पहली बार मैं इस तरीक़े से हकबकाया था और यह हकबकाहट दिख न जाए इसलिए ज़्यादा बात भी नहीं करना चाहता था। अजीब-से एहसासों का तूफ़ान चल रहा था। मैंने 'हेलो' कहते ही आदित्य को कहा, "इनका सामान दो, निकलते हैं बस। तेज़ धूप होने से पहले मैं पहाड़ों तक पहुँच जाना चाहता हूँ। जून की तपती गर्मी में जान निकल जाएगी वरना बाइक पर।"

"अबे तुझे कब से गर्मी से डर लगने लगा! तू तो रेगिस्तानों में महीनों पड़ा रहने का आदी है!"

"हाँ मैं रेगिस्तान का भी आदी हूँ, पर मैं नहीं चाहता कि इन्हें कोई परेशानी हो। धूप के साथ सड़कों पर रश, पॉल्यूशन सब बढ़ जाएगा। इसलिए तू अपनी

बकबक बंद कर और फटाफट सामान दे।"

मैं वहाँ से जल्द-से-जल्द निकलना चाहता था। जैसे कुछ बात बिगड़ जाए उससे पहले ही क़ितारा को लेकर भाग जाना चाहता था, किसी दूसरी दुनिया में। जैसे ज़रा भी देर हुई, तो वह मुझसे दूर हो जाएगी।

वह मेरे कहे से थोड़ा ज़्यादा सामान ले आई थी, पर मैंने उस समय उसे टोका नहीं। दो बैग थे। एक कंधे पर टाँगने का और एक ट्रैवलबैग अलग से। मैंने सब कुछ बाइक के कैरियर पर सेट कर दिया और एक लंबी रस्सी से सब एकदम टाइट बाँध दिया। मेरी बाइक में कैरियर पहले नहीं था। मुझे अपने सामान के लिए कैरियर की ज़रूरत भी नहीं थी, पर मुझे पता था क़ितारा के साथ कैरियर चाहिए होगा। इतने लंबे सफ़र पर वह कंधे पर बैग नहीं रख पाएगी और उसको तो बाइक पर बैठने की आदत भी नहीं है। आदित्य ने पता नहीं नोटिस किया या नहीं, पर मैंने अपनी बाइक की सीट भी बदलवाई थी, ख़ासतौर से क़ितारा के लिए। पीछे की तरफ़ से चौड़ी और डबल फ़ॉर्म लगाकर ज़्यादा आरामदेह करवाया था उसे। मेरा पिछला आधे से ज़्यादा दिन बाइक मॉडिफाई करने वाले के यहाँ ही बीत गया था। सामान बाँधने के बाद मैं बाइक पर बैठा, बाइक स्टार्ट की और क़ितारा से पूछा, "हेलमेट कहाँ है आपका? सामान में लिखकर दिया था न? बताया भी था कि किस तरह की फ़िटिंग का लेना है।"

वह कुछ कहती उससे पहले ही आदित्य बोल उठा, "हाँ-हाँ यार सब लिया है। गाड़ी में रखा है, निकालता हूँ। और तू अपनी आर्मी वाली ठसक ज़रा साइड में रखकर नरमी ला आवाज़ में।"

"आराम से ही तो बोल रहा हूँ!" कहने को तो मैंने कह दिया कि आराम से बोल रहा हूँ, पर यह बात मैं भी महसूस कर रहा था कि मेरा बात करने का सुर अजीब घबराहट भरा है, जो उसको शायद तल्ख़ लग रहा है।

आदित्य ने क़ितारा को हेलमेट निकालकर दिया। क़ितारा ने उसे पहना, पर उसको बंद करना नहीं आ रहा था। आदित्य ने उसके हेलमेट का बक्कल बंद किया। क़ितारा ने मेरी तरफ़ देख आँखों के इशारे से पूछा कि बैठूँ!

उफ़्फ़! ये आँखें! मैं एक पल फिर सुन्न हो गया।

"अब तू क्या सोचने लगा? जाओ अब। ध्यान रखना दोनों अपना।" आदित्य ने टोका।

मैंने सिर झटका और कहा, "हाँ ठीक।"

स्पोर्ट्स बाइक थी। ऊँची भी थी। बिना मेरे कंधे पर हाथ रखे वह उस पर चढ़कर बैठ नहीं सकती थी। वह कुछ सेकंड सोचती रही फिर आदित्य ने उसके सिर पर हाथ रखकर कहा, "जाओ क़ितारा। ख़ुश रहना।"

आदित्य के यह कहने के बाद उसने मेरे कंधे पर हाथ रखा, एक पैर फ़ुटरेस्ट पर रखा, उचकी और अगले ही पल वह बाइक पर बैठ गई। मैंने आदित्य को देख थम्स अप किया और बाइक चला दी। एक ऐसे सफ़र पर जिसकी मंज़िल होते हुए भी कोई मंज़िल थी नहीं। इस तरह के बाइक एक्सपीडिशन, वह भी इतनी ख़तरनाक सड़कों पर, जितने रोमांचक होते हैं, उतने ही भयानक भी हो सकते हैं। वैसे तो पूरा भविष्य ही इतना अनिश्चित है कि किसी भी सफ़र के लिए कुछ भी नहीं कहा जा सकता कि अगले पल क्या हो जाएगा। पर इंसान हर सफ़र की शुरुआत एक उम्मीद के साथ ही करता है कि सब अच्छा होगा और ऐसी ही एक उम्मीद मेरे मन में थी इस वक़्त। और क़ितारा... क़ितारा को लेकर एक झिझक के साथ उमंग और चाहत भी... चाहत! हाँ शायद!

शुरू में मैंने बाइक की स्पीड कम ही रखी। कोई पचास-साठ प्रतिघंटा के आस-पास कि क़ितारा बाइक पर बैठने को लेकर थोड़ा कंफ़र्टेबल और कॉन्फ़िडेंट हो जाए। पर इस स्पीड पर बहुत लंबे समय तक चलना मुमकिन नहीं था। शाम ढलने से पहले एक लंबा रास्ता तय करना था। एक घंटे बाद मैंने बाइक रोकी और पलट कर पूछा, "आप कंफ़र्टेबल हो?"

"हाँ बिल्कुल।"

"डर तो नहीं लग रहा?"

"नहीं बिल्कुल भी नहीं, बल्कि अच्छा लग रहा है।"

"बाइक की स्पीड अब थोड़ी बढ़ा रहा हूँ वरना, हम शाम तक भी शिमला नहीं पहुँचेंगे। मैदानी इलाक़ा जितना ज़्यादा कवर हो जाए उतना अच्छा। अगर आपको कोई परेशानी ना हो तो मुझे कसकर पकड़ सकती हैं ताकि मैं निश्चिंत होकर स्पीड बढ़ा सकूँ।"

क़ितारा के चेहरे पर उलझन भरे भाव आए, "मुझे डर लगेगा, तो मैं थाम लूँगी।"

मैंने बिना कुछ कहे मुस्कराकर सिर हिला दिया। सफ़र एक बार फिर शुरू

हुआ और अबकी बार बाइक की स्पीड कुछ ही मिनटों में सौ के पार थी क्योंकि वाक़ई इतने लंबे सफ़र में पचास की स्पीड पर नहीं चला जा सकता था। स्पीड बढ़ने के साथ ही एकदम से उसका बायाँ हाथ मेरे सीने पर आया। दायाँ हाथ उसने पहले ही मेरे कंधे पर रखा हुआ था। एक पल को मैं चौंका क्योंकि उसके हाथों में मेहँदी लगी हुई थी। परसों पार्टी में यह नहीं थी। यह कहाँ लगवाई उसने! सुबह चार बजे अँधेरा था। तब मेरा ध्यान उसके हाथों की तरफ़ नहीं गया था। मैंने यह मेहँदी अब ध्यान दी। मैं मुस्करा दिया। मैंने स्पीड थोड़ी-सी और बढ़ा दी। वह और पास सिमट आई। मैं समझ गया कि उसको स्पीड से डर लग रहा था। पर मैंने स्पीड कम नहीं की। मुझे पता था थोड़ी देर में वह इसको लेकर सहज हो जाएगी। जिस पल उसने मेरे सीने पर हाथ रखा था, मुझे जाने क्यों लगा जैसे मैं इस स्पर्श को सदियों से पहचानता हूँ। वह मेरे कितने पास थी! मैं उसे महसूस कर पा रहा था। मुझे ऐसा लग रहा था वह मेरे ही शरीर का हिस्सा है। वह हमेशा से मेरे साथ रही है। मैं उसे जीवन की शुरुआत से ही जानता हूँ। जाने क्यों जिस तरीक़े से उसने मेरे सीने पर हाथ रखा था, मुझे उसके हाथ से भी ऐसा ही लगा कि उसमें कोई भी बनावट, झिझक औपचारिकता नहीं है। उसमें भी उतना ही अपनापन है, जितना मैं उसके लिए महसूस कर रहा था।

स्पर्श का संवाद शायद दुनिया का सबसे सुंदर संवाद है। उससे आपस में यक़ीन और एक गहरा संबंध अपने आप बनने लगता है। उस एक पल के बाद काफ़ी देर तक हमारे बीच कोई बात नहीं हुई। मैंने बाइक की स्पीड बढ़ा दी थी और अब उसके बैठने के तरीक़े से मैं समझ गया था कि वह अब कंफ़र्टेबल भी है और कॉन्फ़िडेंट भी। मैंने तक़रीबन दो घंटे बाद बाइक रोकी। हालाँकि उसने कहा नहीं था, पर फिर भी। बाइक रोककर मैंने पूछा, "ठीक हैं आप?"

उसने हाँ में सिर हिला दिया।

"एक स्ट्रैच में कई घंटे बाइक चला दी मैंने बिना आपसे पूछे। आप पहली बार में इतना कंफ़र्टेबल नहीं होंगी न, लगातार इस तरह बाइक के चलते जाने से!"

"नहीं मुझे ऐसी कोई दिक़्क़त महसूस नहीं हुई। बस घुटने लग रहा है कि फ़्रीज़ हो गए हैं।"

"ओह तो आपको मुझे बताना चाहिए था! हम पहले रुक जाते। बीच-बीच

में बाइक से उतरकर दस-बीस क़दम चलती रहेंगी, तो ऐसा महसूस नहीं होगा।"

"मैं ठीक हूँ अब।"

"कभी कोई भी दिक़्क़त हो, तो बता दिया कीजिए। अच्छा कुछ चाय-कॉफ़ी ले लें?"

"मुझे तो ज़रूरत नहीं है।"

"फ्रेश होना चाहो, तो हो आओ आप।"

मैंने पब्लिक टॉयलेट की तरफ़ इशारा करते हुए कहा। मैंने बाइक एक सड़क किनारे बने रेस्तराँ के सामने रोकी थी, जिसमें बाहर की तरफ़ ही टॉयलेट बने हुए थे।

"हाँ होकर आती हूँ।"

"मैं चलूँ साथ?"

मेरे ऐसा कहने पर उसने हैरानी से मेरी तरफ़ देखा, "लेडीज़ टॉयलेट है! आप कहाँ साथ आओगे?"

मैं झेंप गया। उसके जाने के बाद मैं सोचने लगा, क्या ओवरप्रोटेक्टिव प्रेमी जैसा बिहेव कर रहा हूँ! सुना था मोहब्बत में इंसान कबूतर हो जाता है। अब देख रहा हूँ ख़ुद को होता हुआ। जब वह लौटकर आई, तो मैंने उसे कहा, "सामान का ध्यान रखना। हिंदुस्तान में पलक झपकते ही सब ग़ायब हो जाता है। मैं भी टॉयलेट होकर आता हूँ।"

वह कुछ नहीं बोली, बस हाँ में सिर हिला दिया। थोड़ी देर बाद जब मैं वापस आया, तो उसका ध्यान पेड़ पर फुदकती गिलहरियों पर था। मैंने पास जाकर कहा, "कुटकुट!"

"क्या?"

"गिलहरी को मैं बचपन में कुटकुट कहता था।"

"क्यों?"

"शायद कोई कार्टून कैरेक्टर था, वही दिमाग़ में रह गया होगा।"

"मुझे गिलहरियाँ बहुत प्यारी लगती हैं।"

"हाँ बहुत प्यारी हैं, बिल्कुल आपकी तरह।"

मेरे यह कहते ही उसके होंठों पर खींची-सी मुस्कान आई, पर यह वो मुस्कराहट नहीं थी, जो मैं देखना चाहता था।

सफ़र एक बार फिर शुरू हो गया। धूप तेज़ हो चुकी थी। मैंने बाइक की स्पीड और बढ़ा दी। अंबाला, चंडीगढ़, पंचकुला, धीरे-धीरे सब पीछे छूट गया। पर कालका की पहाड़ियाँ शुरू होने तक जहाँ-जहाँ भी रेड लाइट पर बाइक रोकनी पड़ी, वहाँ गाड़ियों का धुआँ खा-खाकर क़ितारा का बुरा हाल हुआ। वह बहुत मुश्किल हालात से निकल कर आई थी, बेहद रफ़ टेरियन भी शायद, उसके बावजूद हिंदुस्तान का धुआँ फाँकना हर किसी के फेफड़ों के बस की बात नहीं है।

कालका के बाद पहाड़ियों पर हरियाली बढ़नी शुरू हो गई थी। सोलन आते-आते हवा में हल्की नमी और ठंडक भी उतर आई। कभी तेज़ धूप हो जाती, तो कभी बादल। दस बज चुके थे और भूख लग रही थी। मैंने एक छोटे-से ढाबे के आगे बाइक लगा दी।

"आओ आपको बढ़िया वाले हिंदुस्तानी पराठे खिलाता हूँ। यह ढाबा देखने में छोटा ज़रूर है, पर यहाँ के पराठे बहुत बढ़िया होते हैं।"

वह बिना कुछ बोले उतर गई। ढाबे वाला मुझे पहचानता था। वह बड़ी गर्मजोशी से मिला। मैं उसके परिवार, बच्चों का हाल-चाल पूछता रहा। ढाबे के कोने पर खड़ी क़ितारा पहाड़ियों को ताकती रही। ढाबे के पीछे घाटी थी। हालाँकि अभी हम बहुत ऊँचाई पर नहीं आए थे, पर सुंदर नज़ारों की शुरुआत हो चुकी थी।

सीरिया में जहाँ वह रही होगी वहाँ का भूभाग कैसा है यह मैं नहीं जानता था। मैं यह भी नहीं जानता कि वहाँ पर वह ऐसे घूमने कभी घर से बाहर निकली भी है कि नहीं और उसने ज़िंदगी में क्या-क्या देखा है, पर फ़िलहाल वह उन घाटियों को जिस तरह से देख रही थी, साफ़ ज़ाहिर था, यह सब उसको सुकून दे रहा है। पर उसकी आँखें मुझे पहले से भी ज़्यादा उदास लग रही थीं। मैं उसे दूर से देखता रहा। न पुकारा, न कुछ कहा। थोड़ी देर में ढाबे वाले की पत्नी आई। उसने मुझे नमस्ते किया और बोली, "बाबू साहेब, आपके लिए पराठे मैंने ख़ुद बनाए हैं। वह आपके साथ कौन हैं, आपकी पत्नी?"

मैं उसके सवाल पर मुस्करा दिया और उसे धीरे से कहा, "होने वाली पत्नी।"

ढाबे वाली की पत्नी बेहद ख़ुश हो गई, "बुलाइए न उन्हें। मैं भी मिलूँगी।"

मैंने आवाज़ दी, "क़ितारा... नाश्ता लग गया, आ जाओ।"

वह जब आई, तो ढाबे वाले की पत्नी उसको अपलक देखने लगी। क़ितारा ने मेरी तरफ़ देखा, फिर उसकी तरफ़। क़ितारा दरअसल आँखों-आँखों में मुझसे पूछ रही थी कि ढाबे वाले की पत्नी उसे इतनी हैरानी से क्यों देख रही है। मैंने यह सवाल सीधे उसी से कर लिया, "आप ऐसे क्या देख रही हैं इसे ?"

"मैंने इतनी सुंदर लड़की कभी जीवन में नहीं देखी!" ढाबे वाले की पत्नी के ऐसा कहते ही मैं ज़ोर से हँस दिया और क़ितारा भी मुस्करा दी।

"जाइए अब आप दो कड़क चाय बनाकर लाइए।" मुझे उसे वहाँ से भेजने की जल्दी थी। नहीं चाहता था कि वह क़ितारा को बता दे कि मैंने अभी-अभी उसे यह कहा है कि क़ितारा मेरी होने वाली पत्नी है। हालाँकि मुझे ख़ुद भी नहीं पता कि मैंने उसको ऐसा क्यों बोला, पर अचानक बस कह उठा। मैं देख रहा था कि वह रसोई में चाय बनाते हुए अपने पति को कुछ ख़ुश होकर कह रही है। वो हमारी ही बात कर रहे होंगे। पहाड़ी लोगों के मन सुंदर होते हैं। वे दूसरों की ख़ुशी में ख़ुश होते हैं। जब हम नाश्ता कर चुके और मैंने बिल दिया तो उसकी पत्नी फिर वापस आई। इस दफ़ा उसकी मुट्ठी में कुछ बंद था। वह उस मुट्ठी को हम दोनों के चेहरे के आगे गोल-गोल घुमाने लगी। क़ितारा ने मेरी तरफ़ देखा। मैंने उसे आँख के इशारे से चुप रहने को कहा। क़ितारा कुछ नहीं बोली। मैं जानता था ढाबे वाले की पत्नी ख़ुश होकर हम दोनों की नज़र उतार रही है। जब वह नज़र उतार चुकी, तो मैंने क़ितारा को कहा, "तुम बाइक के पास चलो मैं आता हूँ।"

क़ितारा के दूर जाते ही मैंने ढाबे वाले की पत्नी को धन्यवाद कहा। वह ख़ुश होकर बोली, "भगवान आप दोनों की जोड़ी सदा सलामत रखें।"

मैंने जेब से सौ का नोट निकाला और पास खड़ी उसकी बिटिया को पकड़ा दिया।

"अरे बाबू साहब इसकी बिल्कुल ज़रूरत नहीं है।"

"यह मेरी ख़ुशी के लिए रख लीजिए।"

मैं वाक़ई बहुत ख़ुशी महसूस कर भी रहा था, उसकी 'सदा सलामत रहे जोड़ी' वाली दुआ सुनकर। जब बाइक के पास पहुँचा, तो क़ितारा की आँखों में सवाल था।

"आप इतनी सुंदर हो तो आपकी नज़र उतार रही थी। नज़र उतारने का मतलब जानती हैं?"

"हाँ, छोटी माँ ने बचपन में कभी बताया था।"

"छोटी माँ मतलब आदित्य की माँ?"

"हाँ।"

"वह आपकी और मेरी नज़र इसलिए उतार रही थी कि हम दोनों का सफ़र अच्छा रहे और कोई दुर्घटना न हो।"

मेरी यह बात सुनकर क़ितारा ने पलटकर ढाबे वाले की पत्नी की तरफ़ देखा और गर्दन झुकाकर हाथ जोड़कर उसको दूर से ही इशारों में धन्यवाद कहा। उसके इस सुंदर भाव पर मुझे उस पर जितना प्यार आया, उतना गर्व भी महसूस हुआ।

"ये कितने अच्छे लोग हैं न!" वह मुस्कराती हुई बोली।

"हाँ बहुत।" मैंने हेलमेट पहना और उसका हेलमेट उसकी तरफ़ बढ़ाया। उसने हेलमेट पहन लिया, पर उसको बक्कल बंद करना अभी तक नहीं आया था। मैंने मुस्कराते हुए उसके हेलमेट का बक्कल बंद किया। सफ़र एक बार फिर से शुरू हो गया।

सोलन पीछे छूट रहा था और हम शिमला में प्रवेश कर रहे थे। वहाँ बेहिसाब भीड़ थी। शिमला पार करने में मुझे एक घंटा लग गया। शिमला की हालत देखकर अब कोफ़्त होती है। सारे बड़े पर्यटक स्थलों का यह हाल हो चुका है कि मेरे जैसे लोगों का दम घुटता है। दिल्ली, चंडीगढ़, पंजाब से बेशुमार लोग यहाँ पर छुट्टियों में आते हैं और इतनी गंदगी फैलाते हैं कि उन्होंने इस ख़ूबसूरत हिल स्टेशन की शक्ल बिगाड़ दी है। अँग्रेज़ों के शासन के समय शिमला एक महत्त्वपूर्ण जगह रही है। यहाँ की बहुत-सी इमारतें अब भी वही कॉलोनियल सरंचना लिए हैं, जो बेहद आकर्षक है। बीच-बीच में मैं क़ितारा को रास्ते में पड़ने वाले सारे महत्त्वपूर्ण स्थानों की विशेषता बताता जा रहा था। भीड़ की वजह से बाइक धीरे चल रही थी। मैं बातों-बातों में उसे शिमला का इतिहास, अँग्रेज़ों का वहाँ पर रहना, मॉल रोड की ख़ासियत, पल-पल बदलता ख़ूबसूरत मौसम, मॉल रोड के रिज पर घूमते बादल जो अचानक कभी भी भिगो जाते हैं, यह सब बता रहा था। जब मैंने उसको बताया कि कैसे रिज पर खड़े पता भी

नहीं चलता, कब बादल आपको घेर लेते हैं और आप भीग जाते हैं तब उसने कहा था, "क्या हम यहाँ रुक नहीं सकते?"

"रुकने में तो कोई दिक़्क़त नहीं है, पर वापसी में देखेंगे। अभी जहाँ हमें जाना है वह जगह देखेंगी तो सब भूल जाएँगी। मैं चाहता हूँ तब तक हमें कम-से-कम थकान हो और ज़्यादा-से-ज़्यादा रास्ता कवर हो सके।"

बातों-बातों में शिमला पार हो गया था। कुफरी पँहुचने तक मौसम थोड़ा और अच्छा हो गया था। दोपहर के एक बजने वाले थे। हालाँकि क़ितारा ने कुछ कहा नहीं था, पर वह पहली बार, वह भी इतनी देर तक बाइक पर बैठी थी। मैं समझ रहा था कि वह बेहद थक गई होगी। वह पूरे समय पहाड़ों को मंत्रमुग्ध-सी देखती रही। मैंने बाइक का रियरव्यू मिरर इस तरह सेट कर रखा था कि मैं जब चाहूँ उसका चेहरा देख सकूँ। बाइक चलाते हुए मैंने अनगिनत बार उसके चेहरे की तरफ़ देखा और हर बार उसको आस-पास के नज़ारों में खोया हुआ पाया। मुझे उसे इस तरह देखकर असीम ख़ुशी मिल रही थी।

"अब कहीं रुक जाते हैं। आज के लिए इतना सफ़र बहुत है।"

"पर अभी मैं थकी नहीं हूँ। अगर आप आगे तक जाना चाहो तो मुझे कोई दिक़्क़त नहीं है।"

"आप तो वाक़ई एक टफ़ लड़की हैं।"

"आप मज़ाक़ उड़ा रहे हैं मेरा?"

"अरे नहीं बाबा! सच में कह रहा हूँ। मुझे उम्मीद नहीं थी कि पहली बार में ही, बिना किसी शिकायत के इतना लंबा सफ़र इस तरह ख़ुशी-ख़ुशी तय कर लेंगी आप।"

मेरे ऐसा कहने पर उसके चेहरे पर वही फ़ीकी-सी मुस्कान आई। मैं शीशे में उसका चेहरा देख रहा था, "अच्छा चलो ठीक है फिर एक-डेढ़ घंटा और बाइक चलाता हूँ। इस दौरान कहीं ठहरने की अच्छी जगह दिखेगी तो रुक जाएँगे।"

"जी बेहतर।"

तक़रीबन एक घंटे बाद मुझे एक सुंदर-सा कैफ़े दिखाई दिया। मुझे कॉफ़ी की बहुत तेज़ तलब उठ रही थी। मैंने वहाँ बाइक रोक दी। दो बज चुके थे। लंच का समय भी हो रहा था।

“आओ यहाँ पर कुछ खा-पी लेते हैं। उसके बाद पूछेंगे यहीं पर कोई रहने की जगह। मुझे यह जगह सुंदर लग रही है भीड़-भाड़ से दूर।”

“जी सचमुच बहुत सुंदर जगह है। छोटे-छोटे घर कैसे लग रहे हैं न खिलौनों जैसे। ये दरख़्तों पर इन्होंने जालियाँ क्यों बाँध रखी हैं?”

“ये सेब के पेड़ हैं, अगर जालियाँ नहीं बाँधेंगे तो पक्षी फल ख़राब कर देते हैं इसलिए ढकते हैं पेड़ों को।”

“ओह अच्छा!”

इस समय उसके चेहरे से बच्चों-सा कौतूहल और मासूमियत फूट रही थी। मेरे अंदर एक तेज़ हूक उठी कि बस गले लगाकर माथा चूम लूँ। मैंने एक बार फिर नज़र उस पर से हटा ली और कहा, “आओ अंदर चलें।”

“सामान की देखभाल कौन करेगा? आप कह रहे थे न कि यहाँ पलक झपकते सब ग़ायब हो जाता है?”

“मैदानी इलाक़ों में चोरी-चकारी की ज़्यादा दिक़्क़त है। पहाड़ों में इतनी दिक़्क़त नहीं है और यहाँ पर तो है भी कौन! अंदर से दिखती भी रहेगी बाइक। चारों तरफ़ तो पारदर्शी शीशा लगा है। आओ अंदर चलें।”

उस सुंदर-से कैफ़े में घुसते ही दरवाज़े पर लगी घंटियाँ बज उठीं। काउंटर पर बैठी लड़की ने बहुत प्यार से हम दोनों का अभिवादन किया और खिड़की की तरफ़ वाली मेज़, जो बिल्कुल कोने पर थी, की तरफ़ इशारा किया। वह सेटिंग कुछ ऐसी थी कि जैसे झोपड़ीनुमा उस कैफ़े का वह कोना घाटी में लटका हुआ हो। एकदम अधर में।

क़ितारा उस कैफ़े को ग़ौर से देख रही थी। कैफ़े के अंदर एक हिस्सा छोटी-सी दुकान जैसा भी बना हुआ था जहाँ पर यात्रा संबंधी सामान और सोविनियर जैसी कुछ बेहद आकर्षक चीज़ें रखी थीं। उसको इस तरह देखता देख मैं मुस्करा रहा था। मैं जानता था ये सारी चीज़ें उसके लिए नई हैं। वह धीरे-धीरे एक-एक चीज़ को देखती हुई उस खिड़की तक गई और खिड़की से नीचे झाँकने लगी। पर उस समय भी एक गहरी उदासी उसकी आँखों में लगातार तैर रही थी।

“बैठो।” मैंने खिड़की के पास रखी मेज़-कुर्सी की तरफ़ इशारा करते हुए उसे कहा।

उस कैफ़े में सब कुछ जूट का बना हुआ था। कुर्सी, सोफ़े, मेज़ सब जूट

के। जूट के स्टैंड पर ही काँच लगाया हुआ था, टेबल टॉप। सुंदर कटवर्क के गिलास थे। काँच की सुंदर पानी की बोतल मेज़ पर रखी थी। रंग-बिरंगे झूमर टँगे हुए थे छोटे-छोटे। रंगीन की हुई जूट की कुछ रैक्स लगी थीं जिन पर वहाँ के लोगों के हस्तनिर्मित शो-पीस रखे थे। कुछ लकड़ी के, कुछ कपड़ों के। ज़्यादा बड़ा कैफ़े नहीं था। गिनती की छह मेज़ें थीं उसमें।

"क्या खाना चाहेंगी?" मैंने क़ितारा से पूछा।

"कुछ भी, जो आपको सही लगे मँगा लीजिए।"

मैंने कैफ़े वाली लड़की की तरफ़ देखा, वह क़ितारा को एकटक देख रही थी। मैं मुस्करा दिया। क़ितारा है ही इतनी सुंदर। मैंने उस लड़की से पूछा, "आपके पास सबसे लज़ीज़ डिश क्या मिलेगी?"

उसने क़ितारा को देखते हुए कहा, "ये शायद कश्मीर से हैं। हमारे पास कश्मीरी राजमा भी है। आप कहें तो वही सर्व कर दूँ?"

मैं उसे कहने वाला था कि वह ग़लत समझ रही है, क़ितारा कश्मीरी नहीं है, पर जाने क्या सोचकर चुप हो गया।

"ठीक है, आप वही ले आइए। साथ में चावल, चपाती और जो भी मौसमी सब्ज़ी यहाँ की अच्छी हो, एक वह भी ले आइएगा।"

इस दौरान क़ितारा चुप बैठी बाहर घाटियों को देख रही थी। वह इस तरह गुम थी जैसे बाक़ी किसी की भी उपस्थिति उसके लिए ख़त्म हो चुकी हो। मौसम अचानक बदलना शुरू हुआ। पहाड़ों के मौसम बहुत ही अप्रत्याशित होते हैं। बादल तेज़ी से उमड़-घुमड़ रहे थे। जब तक खाना लगा तब तक बारिश भी शुरू हो गई। बारिश देखकर क़ितारा की आँखें पल भर को चमकीं और जैसे फिर बुझ गईं। मैं उसके चेहरे पर पल-पल बदलते भाव देख रहा था, पर मैंने कोई सवाल नहीं किया। मैं नहीं चाहता था कि वह असहज हो जाए। मैं उसको, उसका समय देना चाहता था। चाहता था कि वह धीरे-धीरे ख़ुद खुले मुझसे।

खाना वाक़ई बहुत अच्छा था। क़ितारा को भी पसंद आया। बारिश रुकी नहीं थी और मुझे कॉफ़ी की वैसे भी बहुत ज़रूरत थी। खाने के बाद मैंने दो कप कॉफ़ी मँगा ली। कॉफ़ी पीते हुए मैंने अपना डीएसएलआर खोल लिया और घाटी की तस्वीरें लेने लगा। वह भी अपना कॉफ़ी का कप उठाकर दूसरी खिड़की पर जाकर खड़ी हो गई थी। मुझे नहीं पता कि उसे पता चला कि नहीं, पर इस दौरान

मैंने उसकी ख़ूब सारी तस्वीरें उतारीं। बारिश कोई आधा घंटा हुई, फिर रुक गई। वह जगह अब मुझे इतनी दिलकश लग रही थी कि वहाँ से जाने का मन ही नहीं हो रहा था। मुझे कोई थकान नहीं थी। मेरे लिए तो इतनी यात्रा कुछ भी नहीं थी, पर मैं चाहता था क़ितारा अब आराम करे। सुबह के चार बजे से दोपहर के दो तो बाइक पर ही हो गए थे। खाना खाते-खाते साढ़े तीन बज चुके थे। पहले ही दिन में बारह घंटे का सफ़र उसके लिए बहुत था। वह चाहे कुछ भी कहे कि उसे थकान नहीं हो रही, पर मुझे यह भी पता था कि उसे अभी महसूस नहीं हो रहा, बाद में कमर और घुटनों में अच्छा-ख़ासा दर्द होगा।

मैंने कैफ़े वाली लड़की से ही पूछा, "क्या यहाँ पास में कोई ठहरने की जगह है?"

"यहाँ से एक किलोमीटर आगे जाएँगे, तो एक गेस्ट हाउस है। बहुत बड़ा नहीं है, पर अभी नया बना है; इसलिए कमरे एकदम साफ़-सुथरे हैं। किराया भी कोई बहुत ज़्यादा नहीं है। आप वहाँ जाकर मेरा नाम लीजिएगा, वो बहुत अच्छे से रखेंगे आपको।"

"बहुत शुक्रिया आपका, मिस... ?"

"नताशा।"

"शुक्रिया नताशा!"

मैंने बिल चुकाया और क़ितारा को आवाज़ दी। क़ितारा का भी वहाँ से उठने का मन नहीं था। बेदिली से कॉफ़ी का कप टेबल पर रख वह उठ आई। काउंटर वाली लड़की की तरफ़ मुस्कराकर देखा और उसे शुक्रिया कहा। उस लड़की ने भी मुस्कराकर कहा, "आप बहुत सुंदर हैं।"

क़ितारा ने उसे पलटकर कहा, "और आप बेहद प्यारी हैं और आपका कैफ़े भी।"

क़ितारा के ऐसा कहते ही वह लड़की बेहद ख़ुशी से भर गई। फिर अगले दस मिनट तक वह चहक-चहक कर क़ितारा को बताती रही कि कैसे पढ़ाई करने के बाद उसने यह कैफ़े खोला। कोई नहीं चाहता था घर में कि वह इस तरह लड़की होकर पहाड़ों में कैफ़े खोले, पर वह यही करना चाहती थी। क़ितारा ने उसके सपने पूरे होने के लिए ख़ुशी ज़ाहिर की और हम उसको एक बार फिर से शुक्रिया कहकर बाहर आ गए।

"प्यारी लड़की है न?"

"हाँ बहुत, कैफ़े भी बहुत सुंदर है। शुक्र है दुनिया में कहीं तो कुछ लड़कियों के ख़्वाब पूरे होते हैं।" यह कहते हुए उसकी आवाज़ में जो गहरी उदासी और मायूसी थी, वह मैं महसूस कर पा रहा था। मैं कुछ नहीं बोला। बाइक पर बैठकर बाइक स्टार्ट की और उसको इशारे से बैठने के लिए कहा। एक किलोमीटर बाद ही मुझे वह गेस्ट हाउस दिख गया, जिसका ज़िक्र कैफ़े वाली लड़की ने किया था।

मोहब्बत की मौजूदगी में ज़ब्त फ़ना होते हैं

त्रिजल डायरी

निशांत गेस्ट हाउस के सामने मैंने बाइक खड़ी की और क़ितारा को बाहर ही रुकने को कह कर अंदर चला गया। रिसेप्शन पर जो लड़का था, वह लहजे से नेपाली लग रहा था। मैंने उससे रूम की उपलब्धता और किराया पूछा तो उसने बताया कि अभी सीज़न की शुरुआत है इसलिए बस दो ही कमरे भरे हैं। बाक़ी सारे ख़ाली हैं। उसने जो रूम का किराया बताया मैंने सीधे उसका आधा बोला। हालाँकि पहाड़ी लोग छलते नहीं हैं, पर उनका काम-धंधा सीज़नल चलता है इसलिए वे शुरुआत में ज़्यादा पैसे ही माँगते हैं। किराए की सब बात ठहराने के बाद मैं वापस बाहर आया।

"कमरे मिल गए हैं। मैंने साथ-साथ दो कमरे लिये हैं। दोनों की बालकनी भी एक ही है। ऊपर जाकर देख आया हूँ। दूसरी मंज़िल पर कमरे हैं। बालकनी घाटी की तरफ़ खुलती है। आपको पसंद आएँगे।"

सामान खोलकर दो बैग मैंने ख़ुद लिए और हल्का वाला बैग क़ितारा को थमा दिया। रिसेप्शन वाला लड़का हमारे साथ चाबी लेकर ऊपर आया। सीढ़ियाँ चढ़ते हुए उसने क़ितारा के हाथ से बैग ले लिया था। उस लड़के ने ऊपर जाकर दोनों कमरे खोले। मैं पहले क़ितारा के कमरे में उसके साथ गया। उसका सामान वहाँ रखाऔर कहा, "अब आप फ्रेश होकर थोड़ी देर आराम कीजिए। शाम को यहाँ पर लोकल घूमकर आएँगे।"

उसने हाँ में सिर हिला दिया। मैंने भी अपने कमरे में आकर मुँह-हाथ धोए, फ्रेश हुआ। जींस उतारकर निकर पहनी। टी-शर्ट उतारी और लेट गया। हालाँकि

वहाँ ठंडक थी, पर सारा दिन बाइक चलाकर शरीर अकड़ा हुआ था। मैं नसों को आराम देना चाहता था, पर मैं जानता था कि मेरी नसों में तनाव बाइक चलाने की वजह से नहीं, क़ितारा के इस तरह मेरे साथ होने से ज़्यादा था। यह एक अजीब ख़ुशी और डर का मिला-जुला सा एहसास था। उसके साथ होने की जितनी ख़ुशी थी, उतनी ही घबराहट भी थी। मैं अभी तक यह नहीं समझ पा रहा था कि आख़िर मैं उसे लेकर इतना डर क्यों रहा हूँ। लड़कियों को लेकर न तो मैं कभी शरमाया, न ही मुझे कभी कोई झिझक महसूस हुई। ऐसा भी नहीं है कि मेरे जीवन में इससे पहले कोई लड़की नहीं आई या मैं किसी के साथ घूमा नहीं, पर जिस तरह का असर मुझ पर क़ितारा का हो रहा था, वह कुछ अलग ही बात थी। मैं लेटा-लेटा सोचने लगा। वह अपने कमरे में क्या कर रही होगी! क्या सोच रही होगी! क्या उसने कपड़े बदले होंगे! क्या वह सो गई होगी... यही सब सोचते-सोचते मुझे ही नींद आ गई थी। मैं रात भर का जगा था और सुबह से बाइक चला रहा था शायद इसलिए भी।

तेज़ आवाज़ हुई और एक झटके से मेरी नींद खुली। बाहर बारिश तेज़ थी। यह बादलों की गड़गड़ाहट थी। मैंने उठकर बालकनी की तरफ़ वाला दरवाज़ा खोला। क़ितारा भी बाहर ही खड़ी थी। हमारे कमरे अलग-अलग थे, पर बालकनी एक ही थी।

"आपने बिल्कुल आराम नहीं किया क्या?"

"इतनी तेज़ बारिश हो रही है। बादल भी गरज रहे हैं। मुझे नींद नहीं आई।"

"तो मेरे कमरे में आ जातीं।"

"मुझे लगा कि आप आराम कर रहे होंगे। आपको परेशान ना करूँ।"

मैंने कमरे से दो कुर्सियाँ बाहर बालकनी में निकाल लीं, "आइए बैठिए।"

वह बैठ गई और मैं भी। वह सामने घाटी में गिरती बारिश को देख रही थी और मैं इन सब को देखते हुए भी, कुछ नहीं देख रहा था सिवाय उसके।

"रूम सर्विस से चाय-कॉफ़ी कुछ मँगाऊँ? खाना खाए तो तीन घंटे होने को आए हैं। कुछ ले लीजिए अब। आप मैगी खाती हैं?"

"हाँ, यहीं हिंदुस्तान आकर खाई है।"

"वहाँ शायद मैगी उपलब्ध नहीं होगी न?"

"नेस्ले के कुछ प्रोडक्ट्स तो पॉपुलर थे वहाँ, ख़ासकर मैगी सूप। पर 2013

में दमिश्क के आउटस्कर्ट्स में जो नेस्ले की फ़ैक्ट्री थी, वह बम ब्लास्ट में ख़त्म हो गई। कंपनी ने उसके बाद सीरिया में अपने सारे वेंचर्स बंद कर दिए थे।"

वहाँ का ज़िक्र आते ही मैंने उसकी आँखों में गहरा ख़ौफ़ देखा। मैंने बात बदल दी, "मुझे ठंड में और बारिश में मैगी खाना बहुत पसंद है।"

"मुझे भी अच्छी लगी थी।"

"ठीक है, फिर वही ऑर्डर करता हूँ।"

मैं रूम में गया और रूम सर्विस का नंबर डायल किया, जो वहीं फ़ोन के पास रखे मेन्यू कार्ड पर लिखा था। एक मैगी मँगाई और दो कॉफ़ी। मुझे ख़ास भूख नहीं थी बस कॉफ़ी का मन था। ऑर्डर कर जब बाहर आया तो बारिश रुक चुकी थी।

"पहाड़ों की बारिश ऐसी ही होती है। एक मोड़ पर बहुत तेज़ तो दूसरे मोड़ पर बिल्कुल सूखा। पहाड़ों में लोग अक्सर छतरी लेकर ही निकलते हैं। कब अचानक बरसात हो जाए पता नहीं चलता।"

वह अब भी सामने फैली घाटियों को ताक रही थी।

"बारिश रुक गई है। मैगी खाकर थोड़ी देर बाहर टहलकर आते हैं।"

उसने हाँ में सिर हिला दिया। कुछ देर में रिसेप्शन वाला लड़का ही मैगी लेकर आया। मैंने उससे पूछा, "तुम ही यहाँ पर सारे काम करते हो क्या?"

"नहीं सर, दो लड़के और भी हैं। एक सफ़ाई देखता है, दूसरा रसोई में काम करता है। हमारा घर भी यहीं पीछे के हिस्से में है।"

"यहाँ आस-पास कोई बाज़ार है?"

"जी बाहर निकलकर 500 मीटर सीधे हाथ की तरफ़ जाएँगे, तो एक पतली सड़क बाईं तरफ़ में कट रही है। वहाँ से थोड़ा-सा नीचे उतरते ही बाज़ार शुरू हो जाएगा। ज़रूरत का सब सामान आपको वहाँ मिल जाएगा।"

"शराब मिलेगी?"

"जी सर मिल जाएगी, पर शराब यहाँ खुले में नहीं बिकती। मैं यहाँ से रास्ता समझाऊँगा तो आप शायद समझ नहीं पाएँ। वहीं पर किसी से भी पूछ लीजिएगा। शराब के लिए आपको मेन बाज़ार से थोड़ा-सा और आगे जाना पड़ेगा।"

"ठीक है दोस्त, धन्यवाद! अब तुम जाओ।"

इस सारी बातचीत में क़ितारा के चेहरे पर एक बार भी कोई भाव नहीं बदला

था। वह बिल्कुल तटस्थ बैठी रही। उस लड़के के जाने के बाद मैंने कहा, "मैगी खा लीजिए, फिर चलते हैं। आपने तो कपड़े भी नहीं बदले हैं!"

"मुझे ठंड लग रही थी। मैं हैरान हूँ कि आप कैसे शॉर्ट्स और सैंडो में बैठे हैं!"

"हम फ़ौजी आदमी हैं। इतनी-सी ठंडक से हमें कुछ नहीं होता। अच्छा यह बताइए आप शराब पीती हैं?"

"नहीं। पहले कभी नहीं पी लेकिन..." उसने बात अधूरी छोड़ दी।

"आपको मेरे पीने से ऐतराज़ है, तो मैं नहीं लूँगा। अक्सर इस तरह जब लंबी ड्राइव हो जाए, तो एक या दो पैग लेकर सोने से नींद अच्छी आती है, पर आपको दिक़्क़त है, तो ऐसी कोई आदत भी नहीं है, न ही कोई ज़रूरत।"

"नहीं-नहीं यह बात नहीं है। मैं तो अपने लिए कह रही थी कि मैंने कई बार सोचा कि ट्राई करूँ, पर हमारे यहाँ औरत का शराब पीना हराम मानते हैं। तुर्की में आने के बाद कुछ दोस्तों ने ऑफ़र भी की, यह कहकर कि सब ग़म भूल जाओगी, पर जाने क्यों हिम्मत नहीं हुई।"

मैं उसे इस बात पर कुछ बोलता-बोलता रुक गया और बात बदल दी, "आइए चलें। थोड़ा टहलकर आते हैं। पहाड़ों में रात भी जल्दी हो जाती है और शाम भी बहुत तेज़ी से ढलती है।"

पाँच मिनट बाद हम सड़क पर टहलते हुए बाज़ार की तरफ़ जा रहे थे। मटियाना का बाज़ार आम पहाड़ी बाज़ारों जैसा ही था। सब्ज़ी की दुकानें, कपड़ों की दुकानें, किराना स्टोर, छुटपुट यही सब दुकानें थी। मैंने एक किराने वाले से पूछा, "भाई, तुम्हारे यहाँ शराब कहाँ मिलेगी?"

"बाबू साहेब, सौ मीटर आगे जाकर कच्चा रास्ता चढ़ेगा पहाड़ी के ऊपर। थोड़ा ऊपर जाएँगे, तो दो मकान बने हुए हैं। सफ़ेद वाले मकान में सब मिलता है। बियर, व्हिस्की, रम, ब्रांडी सब कुछ।"

"अरे वाह! शराब की बड़ी जानकारी रखते हो दोस्त!"

"जी आपके जैसे सैलानी बहुत आते हैं पहाड़ों में मौज-मस्ती को, और अभी तो सीज़न बस शुरू हुआ है।"

मैंने कोई जवाब नहीं दिया। क़ितारा का हाथ पकड़ा और आगे बढ़ गया। मुझे नहीं पता किस हक़ से और कैसे अचानक मैंने उसका हाथ अपने हाथ में

लिया, पर उसने भी हाथ छुड़ाने की कोशिश नहीं की। शायद रात ढलने लगी थी, हल्का-हल्का अँधेरा हो रहा था और रास्ता ऊबड़-खाबड़ था। यही सोचकर मैंने एक अनजानी फ़िक्र से उसका हाथ थाम लिया था। मेरे अवचेतन में यही रहा होगा कि कहीं उसे कोई ठोकर न लग जाए। थोड़ा-सा ऊपर जाते ही सफ़ेद मकान दिखा। मैंने क़ितारा को वहीं रुकने को कहा और अंदर चला गया। उस सफ़ेद मकान के भीतर पहुँचकर मैं थोड़ा हैरान भी हुआ। बाहर से शांत दिखते उस मकान के अंदर तो पूरा शराबख़ाना सजा हुआ था। अच्छा हुआ क़ितारा को मैं अंदर नहीं ले गया था। अंदर काफ़ी सारे लोग बैठे पी रहे थे। वहाँ का माहौल बहुत निचले दर्जे का था। जब मैं व्हिस्की लेकर बाहर आया, तो क़ितारा अपने फ़ोन से कुछ तस्वीरें उतार रही थी। ढलती हुई शाम के केसरीपन की। शाम की जाती हुई रोशनी के आख़िरी टुकड़े बचे थे।

"फ़ोटो खींच रही हैं?"

"हाँ आसमान में ज़िंदगी के कुछ क़तरे बचे हैं। धीरे-धीरे रात इनको निगल जाएगी तो यादों में महफ़ूज़ कर रही हूँ।"

मैं कुछ नहीं बोला तो वह तस्वीरें खींचते हुए फिर से बोली, "रात को ज़िंदगी के बचे हुए क़तरे अपने सिरहाने रखकर सोना चाहिए ताकि महसूस कर सके कि कभी वह भी ज़िंदा थी।"

"क़ितारा, हर रात के बाद सुबह आती है रोशनी के टुकड़े ही नहीं रोशनी से भरा, पूरा का पूरा आसमान लेकर।"

"हर किसी की ज़िंदगी में सुबह नहीं आती साहेब जान।"

उसने पहले क्या कहा, मुझे कुछ नहीं सुना। मेरे कान बस एक शब्द पर अटक गए।

"क्या कहा तुमने!?"

"मैंने कहा हर किसी की ज़िंदगी में सुबह नहीं आती।"

"उसके बाद?"

वह चुप हो गई

"बोलो न?"

"त्रिजल।"

वह हल्के से मुस्कराकर चुप हो गई। मैंने भी फिर बात को ज़्यादा नहीं

खींचा। जबकि हम दोनों जानते थे, उसने त्रिजल नहीं, साहेब जान कहा था। हम चुपचाप टहलते हुए वापस होटल की तरफ़ बढ़ने लगे।

"गाना सुनोगी ? हालाँकि मैं बहुत अच्छा नहीं गाता और शायद हिंदी फ़िल्मों के गानों में तुम्हारी दिलचस्पी भी ना हो, पर इस तरह के माहौल में यूँ शाम ढले मुझे गुनगुनाना अच्छा लगता है।"

"आपको किसने कहा कि मुझे हिंदी गाने पसंद नहीं! बल्कि मुझे तो हिंदी फ़िल्में, हिंदी गाने बहुत पसंद हैं। आपको जानकर हैरानी होगी कि मुझे आपके यहाँ के ज़्यादातर मूवी स्टार्स के नाम पता हैं। मैंने बहुत सारी हिंदी फ़िल्में भी देखी हैं और मेरे पास तो हिंदी फ़िल्मों के गानों का पूरा कलेक्शन हुआ करता था।" उसने बच्चों जैसे गर्व से भरकर कहा।

"अरे वाह! यह तो कमाल की बात है। तो चलो फिर तुम्हें गाना सुनाता हूँ।" मैंने गुनगुनाना शुरू किया, चाँदनी फ़िल्म का गाना– "तेरे मेरे होंठों पे मीठे-मीठे गीत मितवा..."

मैं एक लाइन गाकर एक पल को रुका ही था कि अगली लाइन क़ितारा ने गा दी– "आगे आगे चलें हम, पीछे पीछे प्रीत मितवा..."

मैं ठिठक गया। मैंने उस वक़्त भी उसका हाथ थाम रखा था। मैं बेहद हैरानी से भर गया। हालाँकि उसने मुझे अभी कहा था कि हिंदी गानों में उसकी दिलचस्पी है और उसके पास हिंदी गानों का बहुत बड़ा कलेक्शन कभी रहा है। पर इतना साफ़ उच्चारण और सुर-लय पर इतनी ज़बरदस्त पकड़, उस पर इतनी मधुर आवाज़! मैं मुग्ध हो उठा। शाम पूरी तरह ढल चुकी थी। अब सड़क पर घनघोर अँधेरा था। उस रास्ते पर कोई स्ट्रीट लाइट भी नहीं थी। दूर किसी मकान की बालकनी में लगे बल्ब की हल्की-हल्की रोशनी उसके चेहरे पर पड़ रही थी। उस रोशनी में उसके गुलाबी होंठ और भी गुलाबी लग रहे थे। मैं बुरी तरह उसके आकर्षण में बँध रहा था। एक बार फिर मेरा दिल आगे बढ़कर उसे चूम लेना चाहता था, पर जाने मैंने कैसे ही दिल को बाँधा। मैं बिल्कुल नहीं चाहता था, मेरी इस तरह की किसी भी हरक़त से वह डर जाए।

"ऐसे क्या देख रहे हो ?"

"इतना सुंदर तो कोई हिंदुस्तानी लड़की भी क्या गाएगी, जैसा तुमने गा दिया है! लता मंगेशकर यहाँ की सबसे बड़ी गायिका हैं, यह गाना उन्होंने ही गाया

है। उन्हें नाइटेंगल ऑफ़ इंडिया कहा जाता है। तुमने वाक़ई उनके मुक़ाबले का गाया है।"

"अब आप कुछ ज़रूरत से ज़्यादा ही तारीफ़ कर रहे हैं। बिना पिए ही चढ़ गई है आपको। थोड़ा जल्दी-जल्दी चलें। रात हो चुकी है, होटल भी पहुँचना है।" वह क़दम आगे बढ़ाती हुई, मुस्कराती हुई गाने लगी और मैं उसके साथ-साथ गाने लगा। वह इतना ख़ुशनुमा लम्हा था कि शब्दों में बयान नहीं किया जा सकता। मेरी ज़िंदगी में आई सबसे ख़ास लड़की, मुग्ध करती प्यारी आवाज़ में, मेरे बग़ल में, मेरे साथ चलती हुई और साथ में घाटियाँ, घटाएँ, घंटियाँ। हाँ घंटियाँ भी। दूर कहीं से मंदिर की घंटियों की आवाज़ भी आ रही थी। जाने कौन था, जो रात के इस पहर मंदिर की घंटियाँ लगातार बजा रहा था। जाने ख़ुशी से या दुख से। पर मेरे अब तक के जीवन का वह सबसे सुंदर पल था। मैं नहीं जानता कि क़ितारा उस समय कैसा महसूस कर रही थी, पर मैं इतने सुकून और इतनी ख़ुशी में इससे पहले कभी नहीं था।

होटल पहुँचकर हम वापस बालकनी में जा बैठे। मैंने कमरे से दो गिलास उठा लिए और व्हिस्की के साथ जो सोडा की बोतल लाया था वह भी। कुछ चिप्स के पैकेट भी ख़रीदे थे। सब सामान बाहर बालकनी में स्टूल रखकर, उस पर सेट कर दिया, फिर क़ितारा को कहा, "ज़रूरी नहीं है कि तुम यहाँ पर इस समय, इस तरह साथ बैठो। शायद तुम्हें मेरा पीना अच्छा भी ना लगे। तुम चाहो तो अपने कमरे में आराम कर सकती हो।"

"तुम मुझे यहाँ से भगाना चाहते हो तो और बात है! वरना मैं बिल्कुल ठीक हूँ। मुझे तुम्हारे पीने से कोई दिक़्क़त भी नहीं है।"

यह 'आप' से 'तुम' तक का सफ़र कैसे तय हुआ पता ही नहीं चला। मैं तो उसे शाम से ही 'तुम' बुला रहा था। अब वह भी आप छोड़कर तुम कह रही थी यानी वह भी मेरे साथ अब धीरे-धीरे खुल रही थी। थोड़ी देर हमारे बीच ख़ामोशी छाई रही। फिर जाने क्या सोचकर मैं कह उठा, "तुम पियोगी?"

"तुम्हें लगता है मुझे पीनी चाहिए! क्या यह हराम नहीं है?"

"क़ितारा, तुम सीरिया की ज़िंदगी वहीं छोड़ आई हो। वहाँ के क़ायदे अब भूल जाओ। मेरे लिए आदमी-औरत सब बराबर हैं। जो काम ग़लत है, वह दोनों के लिए ग़लत है। जो काम सही है, वह दोनों के लिए सही है। पीना तब बुरा

है जब सीमा के बाहर पिया जाए। इस तरह कभी-कभी, ठंड और थकान में थोड़ा-बहुत ले लेना कोई बुरा नहीं है। अगर तुम्हारा मन है ट्राई करने का तो मैं तुम्हारे लिए भी एक पैग बना देता हूँ।"

"बात मन की नहीं है। बस ऐसे ही शराब पीकर अलग-अलग लोगों को अलग-अलग तरह से बर्ताव करते देखा है। मेरे बाबा ने जब भी पी, कभी भी ख़राब बर्ताव नहीं किया। लेकिन पड़ोस के कुछ लोगों को शराब पीकर बीवियों को बुरी तरह से मारते देखा। चीखते-चिल्लाते देखा। दरअसल, मैं जानना चाहती हूँ कि शराब पीकर होता क्या है! अक्सर शराब पीकर आदमी औरत के साथ जानवर जैसा बर्ताव करता है! क्या शराब पीकर औरत भी जानवर जैसी सख़्त बन सकती है?"

"तुम्हें क्या लगता है, क्या होता होगा?"

"पता नहीं! तुर्की में जो सहेलियाँ पीती थीं, उन्हें तो मैंने कभी भी कोई अजीब बर्ताव करते नहीं देखा, पर उनमें से किसी ने भी पार्टी में एक-दो पैग से ज़्यादा कभी नहीं पी। अगर कभी पी भी होगी, तो अपने घर की चारदीवारी में, और उसके बाद क्या किया होगा, मैं नहीं जानती। पर मैं तो उसकी भी हिम्मत नहीं जुटा पा रही।"

मैंने मुस्कराकर कहा, "चलो तो फिर आज शुरू करते हैं।"

मेरे यह कहने के बाद क़ितारा के चेहरे पर एक अजीब-सी उलझन दिखने लगी। वह कुछ देर चुप रही फिर कुर्सी से उठकर रेलिंग के पास जाकर खड़ी हो गई। मुझे लगा कहीं मैं उसके साथ ज़बरदस्ती तो नहीं कर रहा! मैं उसे कुछ कहना चाहता था, पर कुछ नहीं बोल पाया। घाटी में बेशुमार रोशनियाँ टिमटिमा रही थीं, पर उसके बावजूद अँधेरा घना ही था, शायद! वैसे भी हम वही देखते हैं, जो हमारे मन की उस समय की स्थिति होती है।

वह भी शायद उस वक़्त बस अँधेरा ही देख पा रही थी। वह अचानक से मुड़ी और बोली, "मैं सीरिया की ज़िंदगी पीछे छोड़कर नहीं आई हूँ त्रिजल। मैं हमेशा यहाँ नहीं रहूँगी। मैं एक दिन लौटके अपने घर जाऊँगी। चाहे उस घर का मलबा ही बचा हो या वह भी नहीं। पर वहाँ मेरे बाबा, मेरी माँ और मेरे भाइयों के जिस्म दफ़न हैं। मैं वहाँ लौटकर ज़रूर जाऊँगी।" कहते हुए उसकी आँखें छलछला आईं। मैं समझ नहीं सका कि क्या कहूँ।

मैं कुछ देर चुप रहा और फिर मैंने बात की दिशा बदल दी, "क़ितारा, कोई ज़बरदस्ती थोड़े है यार! मुझे लगा कि तुम ट्राई करना चाहती हो! मन नहीं है तो मत पियो। यह वैसे भी कोई अच्छी चीज़ तो है नहीं।"

इस बार वह मुस्करा दी। शायद मुझे इस तरह नर्वस देख उसने ऐसा किया।

"ट्राई तो मैं सच में करना चाहती हूँ। पर फिर वही डर कि पता नहीं मैं कैसा बिहेव करूँगी!"

उसका मूड इतनी जल्दी बदलता था कि मैं अवाक् रह जाता। एक पल पहले उसकी आँखें छलछला रही थीं और अब उसकी आँखों में बच्चों-सी शरारत दिख रही थी। मैंने मुस्कराते हुए कहा, "ठीक है फिर आज देख ही लेते हैं कि तुम पीकर कैसा बिहेव करती हो। लो, पैग बना दिया है। हिम्मत करके आज ट्राई कर ही लो। वैसे भी फ़ौजी के साथ हो, तो डर कैसा!" मैंने हँसते हुए गिलास उसकी तरफ़ बढ़ा दिया।

"पर दिक़्क़त यह है कि पीने के बाद मैं कैसा बर्ताव करती हूँ, यह तुम देखोगे, मैं नहीं। जाने मैं क्या ही हरकतें करूँगी!"

"अच्छा तो तुम्हारा डर क्या है- तुम क्या हरकतें करोगी या मैं क्या करूँगा तुम्हारे साथ?" कहा तो मैंने उसे हँसाने के लिए था, पर मेरी बात पर वह बुरी तरह अचकचा गई। जैसे उसे ज़रा भी अंदाज़ा नहीं था कि मैं ऐसा कुछ कह सकता हूँ।

कुछ पल को उसके चेहरे पर असमंजस के भाव रहे फिर अचानक वह मुस्कराकर बोली, "चलो ऐसा ही सही। फिर यह भी बता दो कि अगर मैं अपने होश क़ायम नहीं रख सकी तो तुम क्या करोगे?"

"तुम सच जानना चाहती हो?"

"यक़ीनन।"

"जो कहूँगा, उस पर विश्वास करोगी?"

"आदित्य भाई तुम पर इतना यक़ीन करते हैं, तो कोई वजह तो होगी। और तुम पर यक़ीन न करने की मेरे पास कोई वजह नहीं है।"

"क़ितारा, हमने आज पूरा एक दिन साथ गुज़ारा है। यूँ तो मैंने ज़िंदगी के बहुत से पल, बहुत से घंटे अलग-अलग लोगों के साथ गुज़ारे हैं, पर उन घंटों, दिन, महीनों को गुज़ारना बिल्कुल अलग बात थी और जिस तरीक़े से

मैं तुम्हारे साथ हूँ, यह बिल्कुल अलग है। यह अलग क्या है, मैं शब्दों में नहीं बता पाऊँगा। कोई क़ाबिल लेखक होता, तो शायद बता पाता। मेरे लिए बताना लगभग नामुमकिन है कि मुझे कैसा महसूस हुआ।"

मेरी इस बात के बाद एक बार फिर दोनों के बीच मौन आकर बैठ गया। दूर घाटी में रोशनी के बल्ब कोई रूमानी दृश्य बना रहे थे। घाटी और आसमान के बीच जैसे कोई सौदा हुआ हो और रात भर को उन्होंने अपनी जगह अदल-बदल ली हो। ऊपर आसमान इस क़दर स्याह था कि सब कुछ आँखों की बिनाई की ज़द से परे था। नीचे घाटी में यूँ रोशनी टिमटिमा रही थी जैसे सारे तारे ज़मीन पर छितर गए हों। मेरे मन के अंदर गहरी हलचल होने लगी। कहने को मैं कह तो गया, पर अगले ही पल लगने लगा कि शायद नहीं कहना चाहिए था। क़ितारा जिस तरह तटस्थ बैठी थी और सामने घाटी को निहार रही थी, उसके मन में क्या चल रहा था, मैं कुछ भी समझ नहीं पा रहा था। कुछ लम्हे हमारे बीच से यूँ औचक लुढ़के जैसे सुराही से पानी छिटक जाता है। फिर वह एकदम बोल उठी, "सुबह चार बजे से लेकर इस वक़्त रात के आठ बज रहे हैं। तक़रीबन सोलह घंटे बीत गए हैं तुम्हारे साथ। इस पल यूँ लग रहा है जैसे तुम्हें बहुत पहले से जानती हूँ। पता नहीं क्यों, पर दिल को तुम पर यक़ीन है।"

उसकी इस बात पर मैं भीतर तक से मुस्करा दिया, "हाँ क्योंकि मन सब जानता होता है। मन सच को पहचान लेता है। तुम अगर शराब में बिल्कुल धुत हो जाओगी, तब भी मैं कुछ नहीं करूँगा। तुम्हें एहतियात से ले जाकर अंदर बिस्तर पर लिटाऊँगा और रज़ाई ओढ़ा दूँगा। फिर तुम्हारे पास वहीं ज़मीन पर गद्दा डाल चुपचाप सो जाऊँगा, ताकि तुमको रात को अगर ज़रूरत पड़े, तो मैं तुम्हारे पास ही रहूँ। पर सोते हुए मैं तुम्हें हाथ भी नहीं लगाऊँगा।"

हमारे बीच का माहौल कुछ और ही करवट लेने लगा। मैं ख़ुद भी इसे हल्का करना चाहता था, पर मुझसे पहले क़ितारा ही नटखट अंदाज़ में बोली, "अहा! तो अपने जेंटलमैन होने का बड़ा गुरूर है मेजर साहिब को?"

"बिल्कुल है।"

"और जो मैं कहूँ कि झूठ बोल रहे हो तो!"

वह उसी चुलबुले अंदाज़ में चहकती हुई बोली। मैं उसका यह नया रूप देखकर थोड़ा हैरान था।

"तो मैं कहूँगा कि यक़ीन करो, मुझे किसी सोती हुई लड़की को प्यार करने में कोई दिलचस्पी नहीं है। प्यार करते हुए मैं अपनी मोहब्बत की आँखें खुली देखना चाहता हूँ। उसकी आँखों में ख़ुद के लिए प्यार देखना चाहता हूँ। सेक्स मेरे लिए प्यार का विस्तार है। अपने प्यार को ज़ाहिर करने का एक ख़ूबसूरत ज़रिया। पर जहाँ प्यार ना हो, वहाँ मेरे लिए सेक्स के कोई मायने नहीं। ऐसे सेक्स में मुझे दिलचस्पी नहीं है मोहतरमा, इसलिए तुम निश्चिंत होकर शराब पी सकती हो।"

कहने को तो मैं कह गया, पर फिर वही बात ज़ेहन में शोर करने लगी कि क्यों कहा! मुझसे बार-बार ग़लती हो रही थी। जो बातें नहीं कहनी चाहिए, वही मेरे होंठों से बार-बार बाहर गिर रही थीं। अब इतनी-सी बात पर मुझे सेक्स बीच में लाने की क्या ज़रूरत थी! मैं हमेशा बहुत ठहरकर बोलने वालों में से रहा हूँ, पर क़ितारा के आगे मेरे सारे ज़ब्त ख़त्म होते जा रहे थे। बात को इस तरह का रुख़ देने की वजह से क़ितारा भी सकपका गई थी। शुक्र है कि उसी पल मेरे मोबाइल की घंटी बजी और उस लम्हे का तनाव कुछ कम करने का मुझे मौक़ा मिल गया। फ़ोन आदित्य का था। उसने हमारा हालचाल पूछा। हम दोनों से बात की। हँसते-मुस्कराते बीच का सारा तनाव बह गया। आदित्य का फ़ोन रखने के बाद मैंने फिर एक बार उससे पूछा, "तो लोगी न थोड़ी-सी?"

वह एक पल चुप रही फिर बोली, "ठीक है। दे ही दो आज तो।"

"पक्का न?"

"हाँ।"

"कल को मुझे गाली तो नहीं दोगी कि मैंने ज़बरदस्ती पिला दी?"

"अरे नहीं! मैं अपनी मर्ज़ी से ले रही हूँ। तुम्हें क्यों कुछ कहूँगी!"

मैंने मुस्कराते हुए पैग उसे पकड़ा दिया। उसने गिलास हाथ में उठाकर भोलेपन से पूछा, "अब क्या करना है?"

न चाहते हुए भी मैं बुरी तरह से खिलखिलाकर हँस पड़ा।

"कैसी छोटी मासूम बच्ची-सी लग रही हो। कौन कहेगा कि तुम एक कॉन्फ़िडेंट यूनिवर्सिटी टॉपर रही हो,जो हर डिबेट में सबसे आगे रहती थी!"

मेरे यह कहते ही एक साथ बहुत सारे भाव क़ितारा के चेहरे पर कौंध गए। दुख, मायूसी, हैरानी, सब कुछ एक साथ। उसने गिलास स्टूल पर वापस रखा

और उठती हुई बोली, "तुमको ये सब कैसे पता है!"

अब मैं थोड़ा-सा अचकचा गया। आदित्य जब मुझसे क़ितारा को स्पीति ले जाने के बारे में बात कर रहा था तब उसने मुझे उसके बारे में बहुत कुछ बताया था। मुझे ख़ुद पर बेहद ग़ुस्सा आया। आज मेरी ज़ुबान आख़िर कितनी बार फिसलेगी! इस लड़की में ऐसा क्या है कि मैं बिल्कुल भी सोच-समझकर बात नहीं कर पा रहा। कभी भी, कुछ भी बोले जा रहा हूँ!

मोहब्बत की मौजूदगी में ज़ब्त फ़ना होते हैं! यह तजुर्बा भी हो रहा था आहिस्ता-आहिस्ता मुझको।

"अरे कुछ नहीं, मैंने आदित्य से बस इतना पूछा था कि सफ़र में अगर किसी वजह से हम दोनों जुदा हो गए तो क्या तुम अकेले वापसी मैनेज कर लोगी। तब वह तुम्हारी तारीफ़ कर रहा था कि तुम बहुत बुद्धिमान हो, प्रतिभाशाली हो, यूनिवर्सिटी टॉपर हो, वग़ैरह-वग़ैरह।" मैंने लहजा मज़ाक़िया ही रहने दिया ताकि माहौल को तनाव की चपेट में गर्क होने से बचा सकूँ। पर बात बिगड़ तो चुकी ही थी।

उसने तुनककर कहा, "मुझे पता है आदित्य भाई ने यही नहीं, मेरे बारे में और भी बहुत कुछ बताया है। है न?"

"अरे नहीं भई, मेरी इतनी लंबी-चौड़ी कोई बात नहीं हुई। तुम अब ज़्यादा सोच रही हो। और अगर थोड़ा-बहुत बताया भी है तो उसमें इतना भी ग़लत क्या हो गया!"

"ग़लत है। जब एक शख़्स आपके बारे में सब कुछ जानता हो और आप उसके बारे में कुछ भी नहीं जानते हों। क्या तुम यह बात समझते हो कि अनदेखे का डर कितना बड़ा होता है?"

"तुमको मुझसे डर लग रहा है?"

"नहीं डर तो नहीं लेकिन मैं तुम्हारे बारे में सिवाय इसके कि तुम आदित्य भाई के दोस्त हो, कुछ भी नहीं जानती!"

"पूछो क्या पूछना चाहती हो, मेरे पास छुपाने जैसा कुछ भी नहीं है।"

"जानने को तो मैं बहुत कुछ जानना चाहती हूँ, पर फ़िलहाल इतना बताओ तुम्हारा आख़िरी मिशन जिससे अभी लौटकर आए हो उसमें ऐसा क्या हुआ था, जो तुम इतना विचलित हो?"

वह रेलिंग पर हाथ टिकाकर खड़ी, गहरी नज़रों से मुझे देख रही थी। अब परेशानी मेरे हिस्से में आ गई थी। मुझे भी अंदाज़ा नहीं था कि वह कुछ ऐसा पूछ बैठेगी जिसके बारे में बात करने में मैं बिल्कुल भी सहज नहीं हूँ। मैं अभी सोच ही रहा था कि उसने दूसरा सवाल दाग़ा, "बाइक पर बैठे हुए मैंने देखा था कि तुम्हारी गर्दन के पास, कंधे पर गोली का निशान है। क्या यह इसी मिशन की देन है?"

"तुमको कैसे पता कि यह निशान गोली लगने का है?"

"सीरिया जैसे रात-दिन बम धमाकों और गोली-बारूद के बीच में तबाह होने वाले देश में रहने के बाद मैं इतना तो जानती ही हूँ कि यह गोली लगने का निशान है। फिर मेरे बाबा का अस्पताल था। आए दिन वहाँ पर ज़ख़्मी लोग आते थे। जहाँ तक हो सकता था मैं भी बाबा की मदद करती थी।"

"ओह अच्छा! पर यह गोली का निशान उस आख़िरी मिशन की देन नहीं है। अगर उसमें इस तरह गोली लगी होती तो मैं इतनी जल्दी तुम्हारे साथ, इस तरह बाइक एक्सपीडिशन पर नहीं जा रहा होता। इस गोली की कहानी कुछ और है। वह रात... वह रात बेहद काली थी उसके बावजूद मेरी शर्मिंदगी को ढाँप नहीं सकी।"

"शर्मिंदगी!"

"हाँ बेहद गहरी शर्मिंदगी। वह मेरे कैरियर का पहला टफ़ ऑपरेशन था।"

मैं अतीत की गहरी खाई में गिरता जा रहा था। मेरे हाथ-पैर एक बार फिर से वैसी ही जड़ता महसूस कर रहे थे, जैसा मेरे साथ उस रात हुआ था। मैं चुप बैठा घाटी का अँधेरा ताकता रहा। क़ितारा शायद यह तकलीफ़ समझती थी, और क्यों न समझती! उसने इस तरह के भयानक हादसों को जाने कितनी बार जिया होगा। शायद उसने भी इसलिए ही अचानक से बात बदली।

"अच्छा पहले यह बताओ कि अब करना क्या है?" वह वापस कुर्सी पर आकर बैठ गई और गिलास दिखाकर उसने फिर से पूछा।

मैं समझ गया कि वह मेरा ध्यान बँटाना चाहती है, जिसमें वह कामयाब भी रही। उसके इस तरह पूछने से मैं न सिर्फ़ अतीत से बाहर आया बल्कि अगले ही पल मेरा दिल ऐसे मचला कि गिलास के छूने से पहले उन पँखुरियों पर मैं अपने... पर आज हर वह बात हो रही थी जो नहीं होनी चाहिए थी, और जो

होनी चाहिए थी बस वही मैं नहीं कर पा रहा था। मैंने उसे कहा, "एक छोटा-सा घूँट लो, उसके बाद यह भुनी मूँगफली का दाना मुँह में रखना। बहुत कड़वा लगेगा, बट ट्राय इट।"

उसने पहला घूँट लिया, "यक्कक... यह तो भयंकर कड़वा है! यह ज़हर पीने के लिए दुनिया मरी जाती है?"

मैं खिलखिलाकर हँस दिया, "अभी ज़हर का सुरूर देखना कैसा चढ़ेगा। धीरे-धीरे पियो।"

"पर यह बहुत बुरा है।"

"बुरा तो है, पर बिना पिए तो जानने से रही कि क्या करने वाली हो पीने के बाद।" मैंने एक बार फिर हँसते हुए उसे छेड़ा।

"अबकी बार थोड़ा बड़ा घूँट लेना और लेने के बाद यह चिप्स मुँह में रख लेना।"

उसने वैसा ही किया। मैं उस शाम की अजीब-ओ-ग़रीब हालत पर उस वक़्त ख़ुद भी हैरान था कि मैं किसी लड़की को पिलाने के लिए किस क़दर माथापच्ची कर रहा हूँ! क़ितारा की हालत साफ़ बता रही थी कि उसने आज तक चखी भी नहीं थी, पीना तो दूर की बात। वह पीते हुए मासूम छोटी बच्ची की तरह अजीब-अजीब से मुँह बना रही थी। घूँट भरते हुए उसके होंठों से एक-दो बूँद नीचे छलकी जा रही थी। और मेरे मन में बस एक ही बात चल रही थी कि उसके होंठों से छलकती व्हिस्की को अपने होंठों से छू लूँ। उसका साथ मेरा कड़ा इम्तिहान ले रहा था।

वह बुरे-बुरे मुँह बनाती गई और घूँट-घूँट पीती गई। जब उसने गिलास पूरा ख़त्म कर लिया तो मैंने उससे पूछा, "कैसा महसूस हो रहा है?"

"अभी तो कुछ भी ख़ास नहीं।"

हम दोनों कमरे की बालकनी में बैठे थे।बालकनी के कोने में मध्यम रोशनी का बल्ब जल रहा था। हवा के साथ आती पहाड़ों की ख़ुशबू और ठंडक माहौल को रूमानी बना रही थी या क़ितारा के साथ होने से मुझे ऐसा महसूस हो रहा था, यह उस वक़्त मैं समझ नहीं पा रहा था।

"एक से तो कुछ भी नहीं हुआ तो क्या एक और लेकर देखूँ?"

उसने मेरी तरफ़ देखते हुए उसी बाल-सुलभ भोलेपन से पूछा, जिसके आगे

मेरा दिल बार-बार बेबस हुआ जा रहा था। मैंने बिना कुछ कहे, मुस्कराते हुए एक पैग और बनाकर उसकी तरफ़ बढ़ा दिया। पहला पैग मैंने जानबूझकर बहुत लाइट बनाया था कि जाने वह ले भी पाएगी कि नहीं। पर दूसरा पैग मैंने स्ट्रॉन्ग बनाया ताकि उसे थोड़ा असर महसूस हो और फिर तीसरा न देना पड़े।

उसने गिलास लेकर घूँट भरा और कहा, "यह तो और भी कड़वा है।"

"हाँ, यह थोड़ा स्ट्रॉन्ग है।"

"ऐसा करती हूँ एक ही साँस में पूरा गिलास ख़त्म कर देती हूँ। घूँट-घूँट इस ज़हर को कौन पी सकता है!"

"पागल हो तुम लड़की! एक साँस में नहीं पीना है। ये दूध नहीं है। हलक चीर जाएगी। धीरे-धीरे पियो।"

पर इस बार क़ितारा को गिलास ख़त्म करने की बहुत जल्दी थी। मेरे रोकते-रोकते भी उसने चार-पाँच घूँट में ही गिलास ख़ाली कर दिया। फिर वह ऐसी शांत बैठ गई, जैसे उसके सिवा वहाँ और कोई नहीं है। मैंने भी कुछ नहीं कहा। थोड़ी देर बाद वह बोली, "मैं सोने जाऊँ?"

"क्यों, यहाँ अच्छा नहीं लग रहा?" हालाँकि मैं समझ गया था कि अब उसे हल्का नशा हो गया है।

"अच्छा तो लग रहा है, पर हल्का-हल्का सिर भी घूम रहा है।"

"अभी एकदम से सोने मत जाओ। बैठी रहो थोड़ी देर।"

"ओके। पर तब बैठूँगी, जब तुम बताओगे तुमको गोली कैसे लगी थी?"

मुझे लगा था वह उस बात को भूल चुकी होगी, पर पीने के बाद वह उसी बात पर घूम-फिरकर वापस आ जाएगी यह तो बिल्कुल नहीं सोचा था। अक्सर हमारे अवचेतन में जो बात अटक जाती है शराब पीने के बाद वही बाहर आती है।

"शराब को लेकर तुम्हारा स्टैमिना इतना बुरा भी नहीं है। पीने से पहले सुई जहाँ अटकी थी, अभी तक वहीं अटकी है। बात को भूली नहीं हो तुम।"

वह कुछ नहीं बोली। अपलक मुझे देखती रही। उसकी भेदती आँखें अनगिनत सवाल लिए थीं। मैं उसके चेहरे से नज़र हटाकर घाटी की तरफ़ देखने लगा। कुछ देर सामने घाटी में जलते-बुझते बल्ब देखता रहा फिर धीरे-धीरे अतीत के दरिया में डूब गया...

"यह कश्मीर की बात है, कश्मीर में वह मेरी पहली पोस्टिंग थी। मैं वहाँ पर एज़ ए कैप्टन पोस्ट हुआ था। अगर तुम्हें पता हो तो कश्मीर, हिंदुस्तान और पाकिस्तान के बीच का सबसे सैंसिटिव हिस्सा है, बॉर्डर एरिया। कश्मीर में पोस्टिंग के बाद पहले एक महीने की ट्रेनिंग होती है। प्री इंडक्शन ट्रेनिंग, ताकि वहाँ के माहौल और लोगों को समझ सकें। एज़ ए कंपनी कमांडर मेरे एरिया ऑफ़ रिस्पॉन्सिबिलिटी के अंडर अड़तीस गाँव थे। मुझे हर गाँव का दौरा करना था। वहाँ के सरपंच, मौलवी और कश्मीरी पंडित, जो भी पुलिस प्रोटेक्शन में वहाँ रह रहे थे, उन सबसे मिलना था। जितने भी सरकारी टीचर और रसूखदार लोग थे उन सबसे भी मिलना ज़रूरी था। हम बहुत कोशिश कर रहे थे कि घाटी में ज़िंदगी को पहले-सा सामान्य किया जा सके। इसलिए हमें लोकल लोगों से संवाद बनाकर रखना था। बॉर्डर पार से यानी पाकिस्तानी एरिया से जो दहशतगर्द आते हैं, उन्होंने आधे से ज़्यादा कश्मीरी अवाम का ब्रेनवाश कर दिया है। वह भी इस क़दर कि वे अपने को हिंदुस्तान का हिस्सा ही नहीं मानते और बराबर हमारे साथ संघर्ष में बने हुए हैं।

"कई बार तो हमें पूरे-पूरे दिन पैदल चलना पड़ता था, अंदरूनी हिस्सों तक जाकर लोगों से मिलने के लिए। कश्मीर में पोस्टिंग के बाद दो से तीन महीने तो मुझे गाँव के दौरे और उन लोगों को समझने में ही लग गए। उन्हीं दिनों बुरहान वानी वाली घटना हुई।"

"बुरहान वानी!"

"हाँ वह कश्मीर में बहुत पॉपुलर था। ख़ासकर नई पीढ़ी में। पंद्रह साल की उम्र में ही पढ़ाई छोड़कर आतंकवादी हो गया था। सरहद पार से इसी तरह यहाँ के कमसिन बच्चों का लगातार ब्रेनवाश किया जाता रहा है। बहुत लंबी जद्दोजहद के बाद आख़िरकार वह एक एनकाउंटर में मारा गया था, पर उसके बाद जैसे पूरे कश्मीर में ही आग लग गई थी। दो लाख से ज़्यादा लोग उसके जनाज़े में शामिल हुए। जगह-जगह भयंकर प्रोटेस्ट हुए। पत्थरबाज़ी हुई। हर तरफ़ जैसे मारकाट मचा दी गई थी। घाटी में बहुत ज़्यादा अशांति हो गई थी। गश्त बढ़ानी पड़ी। दिन में लोगों को समझाते थे, रात को ऑपरेशंस में जाते थे। कब कहाँ से कनपटी पर पत्थर या गोली आकर लगेगी यह भी नहीं पता था। बहुत तनाव के दिन थे। कभी भी, कहीं से, कुछ भी हो जाता था। इसी दौरान

पता चला कि कुछ आतंकवादी एक घर में छुपे हुए हैं। कश्मीर के इंटीरियर में एक जगह है अनंतनाग।"

"हाँ मैंने नाम सुना है। हिंदुओं के बहुत बड़े तीर्थ स्थल अमरनाथ की यात्रा में चंदनवाड़ी, अनंतनाग, पहलगाँव ये सब जगहें पड़ती हैं ना! माँ बचपन में अमरनाथ गई थी तो अक्सर वहाँ की बहुत सारी यादें सुनाया करती थी।"

"हाँ वही। वह घर जिस गाँव के बॉर्डर पर था वह मेरे अंडर था और घर का कुछ हिस्सा उस गाँव में था, जो किसी दूसरे ऑफ़िसर के अंडर था। यहाँ से मैं अपनी पंद्रह लोगों की पार्टी लेकर गया। दूसरी तरफ़ से मेरा को-कमांडर अपनी पंद्रह लोगों की पार्टी लेकर आया। हम लोग डी बफिंग प्वॉइंट पर मिले और वहाँ से इकट्ठे आगे बढ़े।"

"डी बफिंग क्या होता है?"

"डी बफिंग वह प्वॉइंट होता है जहाँ पर हम अपने सारे व्हीकल छोड़ देते हैं और उसके बाद आगे पैदल बढ़ते हैं। जब हमने उस घर की घेराबंदी कर ली तो मैं एक बार फिर से चेक करने निकला कि उस पूरे सर्कल में कहीं कोई लूज़ एंड तो नहीं रह गया। उस रात आसमाँ में चाँद नहीं था, घने बादल थे और घोर अँधेरा छाया था। मैं चेक कर रहा था कि कोई ऐसा प्वॉइंट ना रह गया हो जहाँ से वो आतंकवादी भाग सकते हों कि तभी किसी पत्थर से टकराकर मेरा पैर फिसल गया और मैं धड़ाम नीचे गिरा। वह घर एक छोटी पहाड़ी पर था और हम ढलान पर थे। नीचे गिरते ही मेरी जेब में जो टॉर्च थी वह जल उठी। मैं जल्दी से उसे निकालकर बुझा ही रहा था कि इतने में एक गोली मेरे हाथ को चीरती हुई निकल गई। मैं दूर जाकर गिरा। झटका तेज़ था। मेरा बडी (buddy) भी मेरे साथ उलझकर अपना संतुलन खो बैठा। उसने मुझे छूकर देखा कि कितना नुक़सान है। अगले पल मैं भी उसको छूकर देख रहा था कि कहीं गोली उसको तो नहीं लगी। क्योंकि पहली गोली मुझे लगी थी, पर उसके बाद लगातार गोलियाँ चल रही थीं। मेरे बडी ने मोटोरोला से कन्वे कर दिया था– कॉन्टेक्ट हो गया है।"

"कॉन्टेक्ट?"

"कॉन्टेक्ट का मतलब होता है कि टेररिस्ट अंदर ही हैं और उन्होंने हम पर गोलीबारी शुरू कर दी है। मेरे बडी ने मोटोरोला से मेरे हिट होने की ख़बर हायर अथॉरिटीज को दे दी थी ताकि वे बैकअप भेज सकें। ज़्यादातर आतंकवादी

पिच बैटल में नहीं पड़ते। वे सिर्फ़ भागना चाहते हैं। हमको वह पूरा एरिया सील करना था, पर पौ फटने के साथ ही वहाँ की मस्जिद के लाउडस्पीकर से यह अनाउंसमेंट शुरू हो गई थी कि आर्मी वाले हमारे भाइयों को मार रहे हैं। वहाँ लोकल लोगों ने अपने घरों की छतों से, खिड़कियों से हम पर पत्थर बरसाने शुरू कर दिए। हमारे लिए ऑपरेशन जारी रखना बहुत मुश्किल होता जा रहा था। हमने इलाक़े के एसपी को बुलाया जो उन लोगों को कश्मीरी में समझा सके। मस्जिद के मौलवी को भी बुलाया, कहा कि जिस घर में आतंकवादी छुपे हैं, उस घर में रहने वाले सिविलियंस को हम कुछ नहीं करेंगे। आप उनसे अपील कीजिए कि वे बाहर आ जाएँ। चार से पाँच घंटे यही सब समझाना-बुझाना चलता रहा। सिविलियंस बाहर आ गए। इस दौरान गोलियाँ भी चलती रहीं। मेरा पहले ही बहुत ख़ून बह चुका था, पर मैं ज़िंदगी भर के लिए शर्मिंदा नहीं रहना चाहता था कि अपने पहले ही बड़े मिशन पर मुझे पीछे हटना पड़ा। इसलिए मैं बिना किसी को अपनी तकलीफ़ बताए पूरा ऑपरेशन लीड करता रहा। सिविलियंस के बाहर आने के बाद भी वे आतंकवादी जब सरेंडर करने को नहीं माने तब 'आई ई डी' लगाकर हमने उस घर को उड़ाना तय किया। उस घर के पीछे एक नाला था और वहीं से मैंने मोर्चा सँभाला हुआ था। मुझे पानी में काफ़ी देर हो गई थी। ख़ून बहने से बढ़ती कमज़ोरी के कारण मेरी नज़र बीच-बीच में धुँधला रही थी। मैंने ताक़त के लिए जेब में रखी चॉकलेट निकाली। मैं किसी हालत में उस बैटल को बीच में नहीं छोड़ना चाहता था। ऊपर घर से रुक-रुक कर गोलियाँ चल रही थीं। ट्रेनिंग लेना और बात है और सच में इस सब का सामना करना बिल्कुल अलग बात। दिल की धड़कन बहुत तेज़ थी। मुझसे फिर से एक ग़लती हुई। जो चॉकलेट का रैपर था, धूप पड़ने से वह इस क़दर चमका कि उनको मेरी पोजीशन का अंदाज़ा हो गया। अगले ही पल उनकी गोली मेरा कंधा चीरते हुए निकल गई। मेरी आँखों के आगे अँधेरा छा गया। उस वक़्त माँ-पापा का चेहरा कौंधा, छोटा भाई याद आया। आदित्य भी पुकारता हुआ दिखा। होता है ना ऐसा... जब मौत आपको बिल्कुल सामने दिखाई दे और लगता है अब ज़िंदगी का आख़िरी पल है तब जाते-जाते आप, अपनों को आख़िरी संदेश देना चाहते हैं। उस वक़्त मुझे लगा था कि मैं मर जाऊँगा। बच नहीं पाऊँगा। पूरी तरह बेहोश होने से पहले के पलों में मुझे सब अपने, बहुत शिद्दत से याद

आ रहे थे। मैं फ्रीज हो चुका था। मेरा बडी मुझे बार-बार हिलाकर पूछ रहा था– 'आर यू ओके?' पर मैं पता नहीं कौन-से ज़ोन में ट्रांसफ़र हो गया था। मैं उसको सुन तो पा रहा था, पर मैं कुछ रिएक्ट नहीं कर सका। न ही आँखें खोल पाया न कुछ बोल सका। मैं आज भी उस लम्हे को याद करता हूँ तो शर्मिंदगी होती है। उस ऑपरेशन में मेरे दो जवान शहीद हो गए, पर इंचार्ज मैं था तो उनकी मौत मेरी आत्मा पर है। ऐसा कैसे हुआ कि गोली लगने के बाद मैं सुन्न हो गया! मुझे कोशिश करके उठना चाहिए था। उन लोगों का मुक़ाबला करना चाहिए था। शब्दों में नहीं बता सकता कि मेरी मनःस्थिति उस वक़्त क्या थी। गोली लगने के बाद मैं अपने आप में ही नहीं था। एक गोली कान को छूते हुए भी निकलकर गई थी। यूँ तो ऐसी बातों की हमें ट्रेनिंग दी जाती है, पर गोलियों के बीच में होना और असल में गोली खाना बिल्कुल अलग बात थी। मेरी ग़लती की वजह से मेरे दो साथी शहीद हो गए इस बात की शर्मिंदगी अभी भी मुझ पर हावी रहती है इसलिए भी मैं इन निशानों के बारे में बात नहीं कर पाता हूँ।"

उस घटना के उन पलों में मैंने क्या महसूस किया था, यह मैंने जीवन में पहली बार किसी को बताया था। दिल पर एक भारी बोझ था। क़ितारा को सब कुछ कहने के बाद मैंने कुछ पल के लिए आँखें बंद कर लीं। जैसे साँस अब भी फूल रही हो। अगले पल मुझे अपने हाथ पर क़ितारा का हाथ महसूस हुआ। आँखें खोलीं तो वह मुझे देख रही थी– एकटक।

वह जिस तरह से मुझे देख रही थी, उस एक पल में मैं समझ गया– सिर्फ़ मैं ही उसकी तरफ़ आकर्षित नहीं हूँ, वह भी मेरे लिए कुछ तो महसूस कर रही है। उसकी आँखों में नन्हे मोती चमक रहे थे। मैं जैसे नींद से जागा कि यह क्या कर बैठा! मैं तो उसको मुस्कराहट देने लाया था, न कि अपना दुख सुनाने।

मैं माहौल को हल्का करने के लिए फ़ौरन मुस्करा दिया और कहा, "आई एम एब्सोल्यूटली फ़ाइन लेडी। डोंट वरी अबाउट मी।"

मैंने जिस तरह से अचानक बात का रुख़ पलटा, समझ तो वह भी गई कि मैं क्या कर रहा हूँ, वह भी मुस्करा दी और बोली, "चलो तो फिर बनाओ एक और पैग। आज तो तबीयत से पीनी है। तब तक, जब तक मैं लुढ़क ना जाऊँ।"

वह मेरे साथ अब खुलती जा रही थी। मैं उसके बात कहने के अंदाज़ पर मुस्करा दिया।

"बस करो। अब जाकर सो जाओ। अभी तो फिर भी अपने पैरों पर चली जाओगी। थोड़ी और ले ली तो वाक़ई मुझे गोद में उठाकर ले जाना पड़ेगा।"

"नहीं। मैं नहीं जाऊँगी। मुझे अभी और पीनी है। अभी तो देखो मैं बिल्कुल होश में हूँ। ठीक से बात भी कर रही हूँ। सारी बात भी समझ रही हूँ। कम-से-कम इतनी तो पिलाओ कि अपना होश ही ना रहे।"

चाहता तो मैं उसे रोकना था, पर जाने उसके आग्रह में ऐसा क्या था कि मैंने चुपचाप उसे तीसरा पैग बनाकर दे दिया। वह भी काफ़ी स्ट्रॉन्ग ताकि इस बार वह सचमुच सो जाए।

जब मैं पैग बना रहा था, वह मुझे एकटक निहार रही थी। उसको व्हिस्की के पैग के कंपोजीशन की कोई जानकारी नहीं थी यह मैं समझ चुका था। उसको नहीं पता, मैं कितना लाइट या स्ट्रॉन्ग बना रहा हूँ। जब मैंने उसकी तरफ़ तीसरा पैग बढ़ाया तो उसने बिना कुछ कहे झट से लिया और एक बार में आधा ख़ाली कर दिया। मैंने तेज़ी से उसके हाथ से गिलास छीना और उसे झिड़का, "तुम्हारा दिमाग़ ख़राब है लड़की! यह क्या तरीक़ा है?"

मेरी तेज़ आवाज़ से वह रुआँसी हो उठी।

"कुछ तकलीफ़ तो मेरे अंदर भी होगी ना, जिसे मैं भूल जाना चाहती हूँ!"

मैं कुछ कहता इससे पहले ही उसने मेरे हाथ से गिलास वापस खींच लिया और एक साँस में ख़ाली कर दिया। मैं उसे कड़ी नज़रों से घूर रहा हूँ यह महसूस करते ही वह बोली, "मैं सोने जा रही हूँ।" वह तेज़ी से कुर्सी से खड़ी हुई और अगले ही पल लड़खड़ा गई। अगर मैं फुर्ती से न थामता तो वह बुरी तरह नीचे गिरती। मैं समझ गया था कि अब उसकी चलने की हालत नहीं रही। मैंने उसे गोद में उठा लिया।

"अरे मुझे नीचे उतारो मैं कोई बच्ची थोड़ी हूँ।"

"चुप रहो बिल्कुल। अब कोई ज़िद नहीं। तुम्हें सुलाने ले जा रहा हूँ।"

वह कुछ बोलने को हुई फिर रुक गई। उस नाज़ुक-सी लड़की को गोद में लिए, मैं सोच रहा था कि आख़िर क्या सोचकर मैं इस गुड़िया को इतने ख़तरनाक सफ़र पर अपने साथ ले आया हूँ! आदित्य के फ़ोन की स्क्रीन पर जब पहली बार इसका चेहरा चमका था तब से लेकर पार्टी के बाद पार्किंग में, इसके मेरे पास आकर बात करने तक, मैं जैसे किसी सम्मोहन में क़ैद हो चुका

था– हिप्नोटाइज़।

मैंने धीरे से उसे बिस्तर पर लिटाकर रज़ाई ओढ़ा दी। वह अब भी बुदबुदा रही थी।

"मुझे अभी और पीनी थी। मुझे वापस बाहर लेकर चलो।"

"चुप करके सो जाओ।"

"अच्छा ऐसा करो, यहीं पर दे दो।" वह उठी और हठी बच्चों-सी चौकड़ी मारकर बेड पर बैठ गई।

"बच्चों की तरह ज़िद मत करो क़ितारा। सो जाओ।" मैंने उसके कंधे पकड़कर, उसको वापस लिटाने की कोशिश की। वह और अकड़कर बैठ गई। मैं उसे डाँटने लगा था फिर लगा क्या फ़ायदा! रो पड़ी तो मैं सँभाल नहीं पाऊँगा। मैं बाहर जाकर गिलास में बस सोडा डाल लाया। बालकनी से अंदर आया तो देखता हूँ कि वह बेसुध सो रही है। उसके चेहरे पर बिखरे बाल उसकी अपनी ही साँसों से हल्की हरकत कर रहे थे। मैंने पास जाकर उसके चेहरे से बाल हटा दिए। सोते में भी उसकी पलकें तितलियों के पँखों-सी हल्की-हल्की कंपन लिए थीं। मैंने उसको अच्छे से रज़ाई ओढ़ा दी। मेरे अंदर का प्रेमी कहता रहा कि चूम लूँ उसे। वह गहरी नींद में है उसे क्या पता चलेगा, पर मेरी शख़्सियत पर छाया फ़ौजी सख़्ती से अड़ा रहा कि बिल्कुल नहीं, यह ट्रू जेंटलमैन को शोभा नहीं देता।

इंसान का किरदार कोई रिलेटिव टर्म कैसे हो सकता है, जो किसी के सान्निध्य में झटके से बदल जाए! हमारी ट्रेनिंग यही है कि किरदार को एक कांस्टेंट टर्म की तरह होना चाहिए- उन परिस्थितियों में भी, जो अनुकूल न हों, वही किरदार को किरदार बनाता है। मैं उसके पास से उठ गया। पर मैं इस हालत में उसको कमरे में अकेला छोड़कर नहीं जा सकता था। बालकनी के रास्ते मैं अपने कमरे के बेड से एक गद्दा उठा लाया और उसके बेड के पास नीचे ज़मीन पर लगा लिया। थकान मुझे भी थी, पर नींद आँखों से कोसों दूर। उस रात क़ितारा के सोने के बाद, मैं न जाने कितनी देर तक कश्मीर की वादियों में भटकता रहा।

धूप को जलाया पानी में,
हर दाग़ से धुआँ उठने लगा

क़ितारा डायरी

परदे से झाँकती कच्ची धूप ने मेरी नींद खोल दी थी। ऐसी बेसुध गहरी नींद मुझे याद भी नहीं कि आख़िरी बार कब आई थी। आँख खुलने के कुछ पल बाद तक यह भी समझ नहीं आया कि गोल दुनिया के किस कोने में पड़ी हूँ। ऐसी गहरी नींद... पहली बार पीने की वजह से आई या त्रिजल के नज़दीक ख़ुद को महफ़ूज़ महसूस करने से, यह मैं ठीक-ठीक नहीं बता सकती, पर बात दोनों में से कुछ भी रही हो, ऐसी नींद आ जाना बहुत बड़ी नेमत थी। बिस्तर पर लेटे-लेटे मैं पास में नीचे सोए त्रिजल को देखती रही। रात मैंने ज़्यादा पी ली शायद इसलिए मुझे अकेले छोड़कर नहीं गया! कितना भोला और मासूम लग रहा था वह। भगवान शिव का ही एक नाम त्रिजल है यह मैं जानती हूँ। माँ शिव की भक्त थीं और यही आदर और श्रद्धा का भाव उन्होंने मेरे अंदर भी जगा दिया था। मैंने त्रिजल को कभी बताया नहीं कि शिव में मेरी आस्था उतनी ही गहरी है जितनी मेरे ख़ुदा में, और उसके साथ कल से जाने मुझे कितनी बार ऐसा लग चुका कि वह उन्हीं शिव की छवि है जो माँ के आराध्य थे। वह सोया हुआ इतना मासूम लग रहा था कि मेरा मन किया उसके बालों में अँगुलियाँ फिराकर पेशानी पर बोसा रख दूँ। उसकी पलकों पर लब बो दूँ, पर मैंने ऐसा कुछ भी नहीं किया। अगर उसकी नींद खुल गई तो! पता नहीं वह मेरे बारे में क्या सोचने लगे! हालाँकि जिस तरह से वह मुझे देखता है मैं यह महसूस कर सकती हूँ कि मैं ही नहीं वह भी मुझ से जुड़ता जा रहा है। ज़ेहन में अजीब-सी हलचल

थी। पहली बार मिले दो अजनबी क्या एक ही दिन में एक-दूसरे के इतने क़रीब आ सकते हैं जैसे बरसों की जान-पहचान हो! कभी-कभी तो यूँ भी होता है, किसी के साथ बरसों रहकर भी मन में कोई हलचल नहीं हो पाती और कभी यूँ अचानक कोई अजनबी...

यूनिवर्सिटी में पढ़ते हुए फ़राज़ ने कितने साल कोशिश की लगातार मुझे रिझाने की, पर हम कभी भी यह नहीं बता सकते कि किसी के साथ बँधने की कोई ख़ास वजह क्या होती है। फ़राज़ बहुत अच्छा इंसान था और बहुत ज़हीन भी। इल्म-ईमान सब में बहुत ऊँचा। उससे घंटों बात करना मुझे बेहद अच्छा लगता था। उसके बावजूद मैं उससे मोहब्बत न कर सकी और फिर एक रोज़...

अचानक मेरे ज़ेहन में कौंधा कि मैं यह सब क्या याद करने लगी! इस सबसे ही तो भाग कर इतनी दूर आई हूँ। यह सब सोचूँगी तो सिर की नसें फटने लगेंगी और तबीयत ख़राब हो जाएगी। मैं नहीं चाहती थी कि तबीयत ख़राब होने से मैं त्रिजल के लिए इस सफ़र में एक बोझ बन जाऊँ। वह गहरी नींद में था। मैं बहुत आहिस्ता से उठी और धीरे से बालकनी की तरफ़ का दरवाज़ा खोल कर बाहर निकल गई। पहाड़ी के पीछे से सूरज चमक रहा था। पहाड़ी जो बर्फ़ से ढकी हुई थी। सूरज की रोशनी पड़ने से सोने की टोपियाँ पहनी हुई बर्फ़पोश पहाड़ियाँ बेहद ख़ूबसूरत लग रही थीं। आज की सुबह अलग थी और अजीब भी। किसी अजनबी के साथ, किसी अजनबी देश में इस तरह एक ही कमरे में उठना, उसके बावजूद मेरे अंदर डर और दहशत का नाम-ओ-निशान नहीं था। वही डर और दहशत जिससे मैं पिछले कितने सालों से जूझ रही थी। बालकनी के आगे की सड़क पर इक्का-दुक्का लोग दिखाई दे रहे थे। चिड़ियों की चहचहाहट सुनी तो चेहरे पर हवा की ताज़गी महसूस करने के लिए मैं कुछ देर बालकनी में ही रुक गई। बरसों बाद मुझे ऐसा लग रहा था कि खुलकर साँस ले पा रही हूँ। त्रिजल के साथ मैं जितना ख़ुश महसूस कर रही थी वैसा मैंने ज़िंदगी में कभी पहले महसूस नहीं किया था। तब भी नहीं, जिन दिनों मेरे मुल्क में सब ठीक था।

"तुमको उठे बहुत देर हो गई क्या?"

मैं एकदम पलटी थी चौंककर, जैसे कोई चोरी पकड़ी गई हो। त्रिजल पीछे खड़ा था। उसके चेहरे पर धूप पड़ रही थी। धूप में उसकी आँखें ठीक से खुल

नहीं पा रही थीं। बच्चे की तरह उसे आँखें मिचमिचाते देख मैं मुस्करा दी।

"नहीं बहुत देर तो नहीं हुई।"

"मैं रात को बहुत देर से सो पाया इसलिए नींद नहीं खुली वरना मैं इतनी देर तक सोने वालों में से नहीं हूँ।"

मैं हँस दी, "अरे तो इसमें सफ़ाई देने वाली क्या बात है! मुझे ऐसी नींद सोने को मिले तो मैं तो दोपहर तक सोती रहूँ।"

"रात नींद ठीक से आई?"

"ठीक से! यूँ कहो कि बरसों बाद ऐसी नींद आई। बहुत गहरी। जिसमें कोई डरावनी फ़िल्म नहीं चल रही थी।"

त्रिजल मुस्करा दिया।

"आज का सफ़र कल से लंबा होगा, पर शायद इतनी थकान ना हो क्योंकि पहाड़ों के सफ़र ख़ुशबू भरे होते हैं। पर पहाड़ों में शाम भी जल्दी होती है इसलिए कोशिश करेंगे कि उससे पहले ही ज़्यादा से ज़्यादा रास्ता तय कर लें। मैं शाम तक रिकांगपिओ पहुँच जाना चाहता हूँ। तुम अब फटाफट तैयार हो जाओ। मैं भी फ्रेश होकर आता हूँ। बीस मिनट में निकल लेंगे। नाश्ता रास्ते में ही करेंगे। यहाँ से आधे घंटे के रास्ते पर ही नारकंडा है। वह जगह मटियाना से काफ़ी बड़ी है। नाश्ते के लिए वहाँ पर बेहतर ऑप्शन मिलेंगे।"

वह टिपिकल आर्मी ऑफ़िसर की तरह बिना रुके डिक्टेशन दिए जा रहा था। मैंने बिना कुछ कहे बस सिर हिला दिया। वह मुस्कराकर बालकनी की तरफ़ से ही अपने कमरे में चला गया और मैं भी अंदर आकर सामान समेटने लगी। अजीब-सी ख़ुशी भरा एहसास मेरे अंदर कुलबुलाने लगा था। अपने बैग से कपड़े निकालते हुए शायद ज़िंदगी में ऐसा ख़याल मुझे पहली बार आया होगा कि क्या पहनूँ, जो सुंदर लगूँ। जो त्रिजल को सुंदर लगूँ। अपने ख़याल पर मैं ख़ुद ही शरमा गई थी। पर मुझे तो ख़ुद से बैर ठहरा। अपनी मुस्कराहट कैसे सहन कर पाती! अगले ही पल इस ख़याल ने मुझे धर दबोचा कि मोहब्बत में भी कभी कोई आबाद हुआ है! मोहब्बत में लोग टूटकर बिखर जाते हैं और इस रिश्ते की तो कोई उम्र ही नहीं थी। बस चार दिन का साथ है फिर लौटकर मुझे वापस अपने वतन जाना है। क्या पता यहाँ के ईश्वर, जिन्हें माँ इतना मानती रही, वह ही मेरी सुन लें और सीरिया में सब ठीक कर दें और मैं हमेशा के लिए

वहाँ जाकर बस सकूँ। मैं अपने मुल्क कितनी शिद्दत से लौटना चाहती थी यह तो बस मैं ही जानती थी। कोई भी इश्क़, मेरे वतन के लिए मेरे जज़्बे से बड़ा नहीं था। यही सब सोच रही थी जब फ़ोन वाइब्रेट हुआ। मैसेज त्रिजल का था।

'धूप में मैंने आज चाँद को मुस्कराते देखा। तुम मुस्कराती हुई बेहद ख़ूबसूरत लगती हो।'

वह सामने नहीं था, पर उसका मैसेज पढ़कर मैं ख़ुद ही महसूस कर रही थी अपने सुर्ख़ होते गालों को। समय भाग रहा था। उसने कहा था कि बीस मिनट में निकलना है। मैंने फटाफट बैगपैक से कपड़े निकाले, बाक़ी सारा सामान समेटकर वापस रखा और नहाने चली गई।

गहरे नीले रंग की लैगिंग और महरून स्वेट-शर्ट के नीचे हल्के गुलाबी रंग का टॉप। यह पहना था मैंने और गले में नीला स्कार्फ़। थोड़ी देर पहले मेरे कमरे के बाहर दस्तक देता हुआ त्रिजल बोल गया था, "मैं नीचे जाकर बिल चुकाता हूँ तुम नीचे ही आ जाना।"

जब मैं गेस्ट हाउस के बाहर की तरफ़ बनी सीढ़ियों से उतर रही थी, त्रिजल उस वक़्त घुटने के बल बैठा बाइक पर सामान बाँध रहा था। उसने मेरी तरफ़ देखा। फिर वह जिस तरह अपलक देखता रहा मैं समझ गई कि मैं अच्छी लग रही हूँ। उतनी ही अच्छी जितना मैंने चाहा था कि मैं त्रिजल को लगूँ। मैं उसके पास पहुँच गई, वह फिर भी मुझे देखता रहा। मैंने ही चुप्पी तोड़ी, "मेजर साहेब चलें?"

वह मुस्करा दिया, पर बोला कुछ नहीं। मेरे हाथ से बैग लिया और उसको भी बाइक पर लगे कैरियर पर बाँध दिया।

"बिल अदा हो गया?"

"हाँ सब हो गया। चलो अब निकलते हैं।" उसने मेरी तरफ़ हेलमेट बढ़ाते हुए कहा। मैंने हेलमेट पहना और फिर से बक्कल बंद करने की जद्दोजहद में लग गई। उसने मेरी अँगुलियाँ अपनी अँगुलियों में थामीं और एक बच्चे की तरह मेरे ही हाथों से बक्कल बंद करवाया, "यह इस तरह से अंदर जाता है, समझी?"

मैंने बंदर की तरह हामी भरते डुगडुग सिर हिला दिया। वह हँस दिया। उसने बाइक स्टार्ट करके आँखों से बैठने का इशारा किया। आज का दिन कल से

कुछ अलग था। कल एक झिझक थी। माज़ी से मिला दर्द था जिससे दूर भागने की जद्दोजहद में मैं कुछ भी करने को तैयार थी, पर आज... आज एक अलग एहसास था। मैं ख़ुश थी। मैंने उसके पीछे बैठते हुए एक हाथ कंधे पर रखा और दूसरा हाथ उसके सीने पर। हालाँकि मैं उसके पीछे थी, पर यह बात मैं जानती थी कि वह इस तरह सीने पर हाथ रखने से मुस्कराया है। कुछ ही पलों में बाइक ने रफ़्तार पकड़ ली।

सिमरनजीत सिंह। यही नाम बताया था उस सरदार लड़के ने। नारकंडा बस स्टैंड के उस छोटे-से रेस्तराँ में नाश्ता करते हुए वह हमारी साथ वाली सीट पर ही बैठा था। उसने ही त्रिजल से बात शुरू की थी कि आप कहाँ से आए हैं और कहाँ जा रहे हैं। वह भी स्पीति बाइक एक्सपीडिशन के लिए निकला था, पर अकेला ही। उसकी बातों से लग रहा था कि उसको अपने जुनून के लिए कोई साथी नहीं मिला और अब उसे अकेलापन खल रहा है। वह अपनी बाइक हमारी बाइक के साथ-साथ रखने के लिए त्रिजल की रज़ामंदी चाहता था। त्रिजल ने भी उसको हँसकर हाँ कर दी। जब वह उठकर अपना बिल देने गया तब त्रिजल मुझसे बोला, "थोड़ी दूर तक साथ चलने देंगे फिर पीछा छुड़ा लेंगे इससे। मुझे तुम्हारे और अपने साथ कोई नहीं चाहिए। नाम भी कितना अजीब है इसका। सिमरन! लड़कियों का नाम होता है यह यहाँ।"

मैंने कुछ नहीं कहा। बस त्रिजल की बातें सुनती रही। पूछना चाहती थी कि ऐसा क्यों कि मेरे और तुम्हारे सिवा कोई न हो साथ, पर मैंने नहीं पूछा। वजह तो मैं भी समझ रही थी, लेकिन होता है ना कभी-कभी, यह पता तो होता है कि सामने वाला हमारे बारे में क्या सोच रहा है, पर उसके मुँह से सुनना अच्छा लगता है। बहुत-बहुत ज़्यादा अच्छा, पर मैंने फिर भी नहीं पूछा। सुबह के समय अच्छी ठंडक थी और ठंडक में एक चीज़ मुझे बार-बार परेशान करती है। नेचर कॉल। मैंने आहिस्ता से त्रिजल से कहा कि टॉयलेट जाना है।

"अरे तो इतना सोचकर क्यों बोल रही हो! यह तो एक स्वाभाविक क्रिया है, इसके लिए क्या सोचना! वैसे भी यह नेचर कॉल बिल्कुल रोकना नहीं चाहिए, बहुत सारी बीमारियाँ होती हैं इससे। रुको अभी पता करता हूँ टॉयलेट कहाँ है।" वह मुझे किसी छोटे बच्चे की तरह ताकीद कर रहा था।

रेस्तराँ वाले ने कहा कि रेस्तराँ बहुत छोटा है यहाँ पर टॉयलेट नहीं है। आपको पब्लिक टॉयलेट में जाना पड़ेगा जो बस-स्टैंड पर बने हुए हैं। त्रिजल का मुँह चढ़ गया।

"रुको यार देखकर आता हूँ। जाने के लायक़ है भी कि नहीं। हिंदुस्तान में इन सरकारी शौचालयों का हाल कोई बहुत अच्छा नहीं होता।"

पाँच मिनट बाद वह लौटा, "शुक्र है यहाँ का टॉयलेट एकदम साफ़-सुथरा है।"

मेरे लौट आने के कुछ देर बाद सफ़र फिर शुरू हुआ। रूपेंज़ल के लंबे बालों की तरह बलखाती सड़कें थीं जिन पर दो बाइक आगे-पीछे चल रही थीं। आगे हम थे और पीछे वह सिमरनजीत सिंह। थोड़ी दूर जाकर दो रास्ते कट रहे थे। एक नीचे की तरफ़ और एक ऊपर पहाड़ी की तरफ़। त्रिजल ने एक पल को बाइक रोकी और उस सिमरनजीत को हाथ से ऊपर की तरफ़ इशारा किया। उसने भी हाँ में सिर हिला दिया। वहाँ बोर्ड लगा था– 'हाटू मंदिर'।

"हम कहाँ जा रहे हैं?"

"हम पहले यहाँ के एक बहुत प्रसिद्ध हाटू मंदिर जा रहे हैं। बहुत मान्यता है इसकी। लकड़ी की नक़्क़ाशी बहुत ख़ूबसूरत है वहाँ। मैं तो पहले गया हूँ, पर आज तुमको भी दिखाता हूँ।"

"हमें रिकांगपिओ के लिए देर नहीं हो जाएगी? तुम कह रहे थे न रास्ता लंबा है और शाम तक वहाँ पहुँचना ही है।"

"यहाँ से कोई छह किलोमीटर, अलग रास्ते पर जाना पड़ेगा, पर अब यह मंदिर याद आ गया है तो यहाँ होते हुए ही जाएँगे। मैं जानता हूँ तुम्हें वहाँ बहुत अच्छा लगेगा। रिकांगपिओ नहीं भी पहुँच पाए तो उससे पहले ही कहीं रुक जाएँगे। कोई टार्गेट थोड़े ही है जो पूरा करना ही है। मन के सुकून को निकले हैं। जब जैसे जहाँ जो हो जाए सब ठीक है। यह मंदिर बहुत सुंदर है। तुम्हें देखना ही चाहिए।"

"तुमने इतनी तारीफ़ कर दी है कि अब तो मेरा दिल भी देखने को कर रहा है।"

"इस रास्ते में खड़ी चढ़ाई है और ड्राइव ट्रैक थोड़ा ख़तरनाक है, पर चारों ओर देवदार और हरियाली से इस क़दर भरा है कि मंदिर तो बाद में, अभी तो

तुम रास्ता देखकर ही मुग्ध हो जाओगी। बस सँभलकर बैठना और मुझे कसकर पकड़े रखना।"

मैंने मुस्कराते हुए उसके सीने पर अपने हाथ की पकड़ थोड़ी और गहरी कर दी। मैंने एक बार फिर महसूस किया कि वह मुस्करा रहा है।

"अच्छा यह मेहँदी कब लगवाई तुमने? उस दिन पार्टी में तो नहीं थी हाथों में!"

"मोनिका की कोई दोस्त थी जिसकी अगले दिन सगाई थी। मोनिका ही साथ ले गई थी। वहीं लगवाई। तुम्हें पसंद नहीं?"

"रास्ता इतना ख़तरनाक है कि मुझे यह कितनी पसंद है यह बताने का अभी सही समय नहीं है। फिर बताऊँगा तसल्ली से।"

मैं मुस्करा दी। वह रास्ता वाक़ई ख़तरनाक था। ऊबड़-खाबड़ पत्थरों से भरा हुआ। सड़क के नाम पर सिर्फ़ एक पगडंडी थी, पर आस-पास बहुत सुंदर नज़ारा था। दूर तक फैली हरी घाटियाँ और हवा में बिल्कुल अलग तरह की ख़ुशबू। एकदम खड़ी चढ़ाई थी। त्रिजल ने स्पीड ज़्यादा नहीं की। हालाँकि मुझे ज़रा भी डर नहीं लग रहा था। रास्तों का डर क्या होता है त्रिजल के साथ शायद मैं भूल ही गई थी। इतने में सिमरनजीत पीछे से बार-बार हॉर्न देने लगा। त्रिजल ने बाइक रोकी और पीछे मुड़कर देखा। हमारे कैरियर से मेरा बैग खुलकर लटका हुआ था। त्रिजल ने बाइक साइड में लगाई। सिमरनजीत ने भी बाइक रोक ली। जब मैं गेस्ट हाउस की सीढ़ियों से नीचे आई तो शायद त्रिजल का ध्यान मुझ में इस क़दर था कि वह मेरा बैग ठीक से बाँधते-बाँधते भी ग़लती कर गया।

"ऐसे कैसे बाँधा था तुमने! अगर यह कहीं गिर जाता, तो मेरे पास तो पहनने के लिए एक भी कपड़ा नहीं रहता! अच्छा हुआ हम सिमरनजीत को साथ ले आए।"

त्रिजल कुछ बोलने को हुआ, पर फिर चुप रहा। सिमरनजीत पास आकर खड़ा हो गया था। बैग को दोबारा बाँधा गया। सफ़र फिर शुरू हुआ। थोड़ी देर बाद हम उस चोटी पर थे जहाँ वह मंदिर था। हाटू मंदिर। वहाँ से बहुत दूर तक का नज़ारा दिखाई दे रहा था। कुछ देर तो मैं वही निहारती रही। त्रिजल ने बाइक खड़ी की, हेलमेट उतारा। सिमरनजीत ने भी अपनी बाइक हमारे साथ खड़ी की और वे दोनों कुछ बात करने लगे। मेरा ध्यान अब उनकी बातों की

तरफ़ नहीं था। सिर्फ़ और सिर्फ़ उन सुंदर नज़ारों की तरफ़ था जो मेरी आँख के आगे क़ुदरत के करिश्मे की तरह खुल रहे थे। मैंने हेलमेट उतारकर त्रिजल की तरफ़ बढ़ा दिया। उसने उसे भी बाइक पर टाँग दिया। वहाँ बाइक से चार-पाँच लड़के और भी आकर रुके। वो सब आपस में बात कर रहे थे किसी छितकुल नाम की जगह के बारे में।

"यार क्या ही ख़ूबसूरत जगह थी!"

"पूरे ट्रिप पर सबसे शानदार जगह वही थी। क्या मौसम, क्या नज़ारे, क्या ख़ूबसूरत नदी। मज़ा आ गया यार वहाँ जाकर।"

उनमें से एक की नज़र मुझ पर पड़ी और जाने वह धीरे से क्या बोला कि बाक़ी सब भी मेरी तरफ़ देखने लगे। तभी मैंने त्रिजल को सिमरनजीत से बात करना छोड़ अपनी तरफ़ आते हुए देखा। उसके चेहरे पर बहुत ही सख़्त भाव थे। उसने मेरा हाथ पकड़ा और बेहद हक़ से बोला, "चलो यहाँ से।"

जिस तरह से हाथ पकड़ा था यक़ीनन उन चारों लड़कों ने मुझे उसकी पत्नी या प्रेमिका ही समझा होगा। दिल में तो मैं मुस्करा दी थी उसके ऐसा करने से, पर मैंने चेहरे पर कुछ भी ज़ाहिर नहीं होने दिया।

त्रिजल ने ही बात शुरू की, "इस मंदिर की विशेषता जानती हो?"

"मुझे कैसे पता होगी भला! मैंने तो नाम ही पहली बार सुना है। मैं हिंदुस्तान के बारे में बहुत ज़्यादा नहीं जानती।"

"हाटू माता को नारकंडा क्षेत्र की देवी एवं नारकंड जनजाति की अधिष्ठात्री देवी माना जाता है।"

"अच्छा! यह जगह बहुत सुंदर है। हम बहुत ऊँचाई पर हैं न! ऐसा लग रहा है जैसे सारी घाटी यहाँ से दिखाई दे रही हो!"

"इसकी ऊँचाई लगभग चौंतीस सौ मीटर है। शिमला ज़िले की दूसरी सबसे ऊँची चोटी, हाटू पीक ही है।"

मैं उस मंदिर में पसरी अद्‌भुत शांति और सुंदरता को निहारती रह गई। वहाँ पर बहुत-सी लाल चुनरियाँ भी बँधी हुई थीं जो मन मोह रही थीं।

"यहाँ इतनी सारी लाल चुनरियाँ क्यों बँधी हैं त्रिजल?"

"यह मंदिर देवी काली की अवतार हाटू माता को समर्पित है। माता के भक्त यहाँ अपनी मनोकामना पूर्ण होने के विश्वास के साथ आते हैं और उसी आशा

में ये लाल चुनरियाँ बाँध जाते हैं।"

आगे बढ़ते हुए हम दोनों ने अपने जूते-जुराब उतारे और एक तरफ़ रख दिए। हाथ धोए और मंदिर के प्रांगण में दाख़िल हो गए। मंदिर बहुत सुंदर था। पिरामिड की शक्ल में निर्मित मंदिर में लकड़ी की ख़ूबसूरत नक़्क़ाशी का बहुत शानदार काम था।

"यहाँ लकड़ी का काम भी कितना अद्‌भुत है!"

"यही तो दिखाने लाया हूँ तुम्हें। यह मंदिर पूरी तरह से लकड़ी से पगोडा वास्तुकला में बना हुआ है।"

मैं बहुत देर तक लकड़ी पर उभारी गई आकृतियों को निहारती रही थी। वे कारीगर कितने दक्ष रहे होंगे जिन्होंने इतना महीन काम किया। वहाँ की आब-ओ-हवा बहुत शांत थी और उस चोटी के चारों तरफ़ का नज़ारा बेहद दिलकश। मंदिर के छोर पर खड़ी जब मैं पहाड़, घाटी और आसमाँ को निहार रही थी तब त्रिजल ने मेरी कितनी तस्वीरें लीं मुझे पता भी नहीं चला। मेरा ध्यान बहुत देर बाद गया कि वह मेरी तस्वीरें ले रहा है। मन-ही-मन मैं मुस्करा रही थी, पर उससे ज़रूर झूठ-मूठ का झगड़ा करने लगी कि ऐसे मत करो। मुझे अच्छा नहीं लगता। जवाब में उसने कुछ भी नहीं कहा था। मन के स्वाँग भी अजीब हैं। जो भाता है उसे स्वीकारता नहीं और जो स्वीकार लिया, उसे दिखाता नहीं।

मंदिर के पास एक पहाड़ी पर स्टोव जैसा कुछ था। मैंने जब उसके बारे में पूछा तो उसने बताया था, "इस चूल्हे जैसी संरचना के बारे में कहा जाता है कि पांडव अपने निर्वासन के दौरान इस पर भोजन पकाते थे। महाभारत के युद्ध के बाद जब वे स्वर्ग की तरफ़ यात्रा कर रहे थे तब उन्होंने कुछ समय यहाँ पर बिताया था। कहने को तो यह भी कहा जाता है कि द्रौपदी ने यहीं पर अपने प्राण त्यागे थे और यही उनकी समाधि है। महाभारत के बारे में सुना है कभी तुमने?"

"माँ से कभी सुना भी हो तो मुझे कुछ याद नहीं है।"

"छोड़ो फिर। वैसे भी महाभारत इतना विस्तृत है कि केवल उसके पात्रों का ज़िक्र करने में ही साल बीत जाए। अच्छा यह बताओ, तुम ईश्वर पर यक़ीन करती हो?"

"ईश्वर ज़ेहन की ज़रूरत है। कोई तो हो, जिसके सहारे उम्मीद की एक लौ टिमटिमाती रहे कि कभी-न-कभी वह सब कुछ सही कर देगा।"

मेरे जवाब पर त्रिजल मुस्करा दिया।

"क्या हुआ, कुछ ग़लत कहा ?"

"नहीं ग़लत नहीं बस अलग-सा जवाब था। वैसे सोचा जाए तो तुम्हारी बात कितनी सही है। हम पत्थर में आस्था रखते हैं तो वह भगवान बन जाता है। किसी इंसान में आस्था रखते हैं और उसे देवता मानने लगते हैं। वाक़ई यह सब कुछ इसलिए ही तो कि मन में एक उम्मीद और एक विश्वास जगा रहे कि कोई है जो सब सँभाल लेगा। सब ठीक कर देगा। सच और झूठ का कोई पैमाना नहीं है दुनिया में। क्या हक़ीक़त है और क्या भ्रम, यह जानना लगभग नामुमकिन है। पूरे का पूरा जीवन ही कोई सपना हो सकता है! कि किसी और दुनिया में सोए, किसी सपने में हम इस दुनिया को देख रहे हैं।"

मैं एक बार फिर उस पर निसार हो उठी कि वह कितना मेरे जैसा है। हाटू मंदिर से वापसी में कुछ देर सिमरनजीत साथ ही रहा फिर उसके बाद त्रिजल बाइक की स्पीड बढ़ाता चला गया। मैं महसूस कर रही थी कि सिमरनजीत का इस तरह साथ होना त्रिजल को नागवार गुज़र रहा था। जैसे हम दोनों के दरमियान कोई तीसरा आ रहा हो, वह इस तरह बेचैन था।

"पहाड़ों में बाइक चलाने का बहुत तजुर्बा है न तुमको ?"

"हाँ लंबे समय तक मेरी पोस्टिंग पहाड़ों में रही है।" कहते-कहते उसने स्पीड थोड़ी और बढ़ा दी। मैं एक दफ़ा थोड़ी-सी असहज हुई। मेरे हाथों की पकड़ और कस गई थी, पर थोड़ी देर बाद मैं उस स्पीड पर भी सहज थी। कुछ समय बाद सिमरनजीत का ख़याल आया तो मैंने पलटकर देखा। दूर तक कोई नहीं दिखा। पता ही नहीं चला कि सिमरनजीत कहाँ पीछे छूट गया। हाटू से चले दो घंटे हो गए थे।

त्रिजल ने बताया, "हम किन्नौर में प्रवेश कर गए हैं।"

"किन्नौर! हिमाचल प्रदेश का कोई दूसरा शहर है ?"

"किन्नौर हिमाचल प्रदेश के पूर्वोत्तर कोने में है। पूर्व में तिब्बत से घिरा हुआ। हम शिमला से कोई ढाई सौ किलोमीटर आगे आ गए हैं।"

"मुझे याद आया। मैंने यहाँ के बारे में पढ़ा भी था कि यहाँ के पहाड़ों और नदियों की ख़ूबसूरती बहुत अलग है।"

"यहाँ की घाटियाँ भी बहुत ख़ूबसूरत हैं। घने जंगलों, बाग़ों, खेतों और

ख़ूबसूरत गाँवों से ढकी हुईं। तुमने शायद ज़ंस्कार, ग्रेटर हिमालय और धौलाधार, इनके बारे में भी पढ़ा होगा। ये तीनों यहाँ के सबसे ऊँचे पर्वत हैं। सतलुज किन्नौर की मुख्य नदी है और स्पीति, बसपा इसकी सहायक नदियाँ हैं। किन्नर कैलाश पर्वत के शिखर पर शिवलिंग भी स्थित है। हो सकता है तुमने कहीं उसका ज़िक्र भी पढ़ा हो।"

मैं बहुत दिलचस्पी से त्रिजल की बातें सुन रही थी। कैलाश पर्वत, शिवलिंग, ये सारी बातें मेरे बचपन से जुड़ी हैं। माँ कितना तो बताती थीं इन सब के बारे में। हवा की ख़ुशबू एक बार फिर बदल चुकी थी। मैं जैसे आहिस्ता-आहिस्ता किसी और ही दुनिया की तरफ़ बढ़ रही थी। राह में एक सुंदर झरना पड़ा जो बहुत दूर से ही दिखने लगा था। मैं मुग्ध हो उसे देख रही थी। त्रिजल ने बाइक उसके नज़दीक रोक दी और कहा, "कुछ देर यहाँ रुकते हैं।"

जाने कैसे, वह मेरे बिना कुछ कहे ही समझ गया कि मैं वहाँ रुकना चाहती हूँ! बाइक रुकते ही मैं फ़ौरन नीचे उतरी। हेलमेट उतारा और पास के पत्थर पर बैठकर जूते-जुराब उतारने लगी। वह हैरानी से मुझे देख रहा था।

"तुम तो छोटी बच्ची की तरह बहुत उत्सुक लग रही हो झरने में जाने को! मैंने तो बाइक इसलिए रोकी थी कि झरने के पास बाइक धो लूँगा। बहुत गंदी हो गई है। पर तुमको तो पानी देखकर जोश आ गया है।"

"बहता पानी मुझे बे-इंतिहा पसंद है।"

कहकर मैं पल भर में जूते-जुराब उतार, झट से उस झरने के बहुत पास चली गई। पानी में पैर देकर खड़ी हो, चेहरे पर फुहारों को महसूसने लगी।

"तुमको यूँ ख़ुश देखकर मुझे बेहद ख़ुशी हो रही है। ऐसी बाल-सुलभ मुस्कराहट तो तुम्हारे चेहरे पर मैं पहली बार देख रहा हूँ। पर तुमको पानी में देखकर मुझे शरारत सूझने लगी है।"

"तो रोक कौन रहा! करो जो मर्ज़ी।" मैं भी खिलखिलाती इठलाती बोली। अगले पल वह भी जूते-जुराब उतारकर पानी में चला आया और मुझ पर पानी फेंकने लगा। मैं एक पल को चौंकी और फिर दुगने जोश से उस पर पानी फेंकने लगी। उसके बाद तो हम छोटे बच्चों की तरह मस्ती में लग गए। पाँच मिनट बाद मुझे एहसास हुआ, "अरे हम तो भीग गए!"

"कोई बात नहीं, इतनी भी ठंड नहीं है। दस मिनट में बाइक पर सब सूख

जाएगा।"

मैंने हँसते हुए अपनी स्वेट-शर्ट उतारी और वहीं एक बड़े पत्थर पर फैला दी।

"तुम इस गुलाबी रंग की कमीज़ में और भी गुलाबी लग रही हो।"

त्रिजल जैसे मुझे देख रहा था ...मैंने नज़र झुका ली। पर त्रिजल लगातार मुझे ही देखे जा रहा था...

"बस भी कीजिए मेजर साहेब! इतना घूरेंगे, तो मैं यहीं पत्थर बन जाऊँगी।" मैंने आख़िर उसे टोक ही दिया था।

"ओह एम सॉरी!" त्रिजल झेंपता हुआ मेरी तरफ़ पीठ करके खड़ा हो गया था। मैं हँसती-मुस्कराती, एक छोटी चट्टान पर जा बैठी और झुककर पानी में कुछ ढूँढ़ने लगी।

"ये पत्थर देखो न कितने ख़ूबसूरत हैं!" मैंने त्रिजल को आवाज़ दी तो वह पलटा।

"पानी की तली में चमकते हुए ये पत्थर हीरे-मोती जैसे लग रहे हैं न! मैं अपनी याद के लिए यहाँ से कुछ छोटे पत्थर ले जाती हूँ। मुझे अच्छा लगता है इस तरह यादों को सहेजना।"

वह कुछ नहीं बोला बस मुझे देखता रहा था। वह बहुत ध्यान से मेरे कंधे और सीने की तरफ़ देख रहा था। मैं सकपका गई। मैं कुछ समझ पाती इससे पहले ही वह तेज़ी से मेरी तरफ़ आया और मेरे कंधे से कमीज़ हटा दी।

"उफ़! क्या है यह सब! इतने निशान!"

उसके अचानक किए गए इस बर्ताव से मैं अवाक् थी।

"यह तो पाशविकता की हद तक टॉर्चर किए जाने के निशान हैं! जलती हुई कोई चीज़, जैसे सिगरेट लगा देने के! इतने सारे निशान! किसने किया यह सब! कैसे क़ितारा और कब?"

वह मेरा यह हाल देखकर सदमे में था। उसके चेहरे का रंग उड़ चुका था। मैंने तेज़ी से उसका हाथ झटका और उठ खड़ी हुई। बिना कुछ बोले पत्थर से अपनी स्वेटशर्ट उठाई और फटाफट पहन ली, "मैं इस बारे में बिल्कुल बात नहीं करना चाहती।" कहकर मैंने तेज़ी से पानी से बाहर जाकर अपने जूते-जुराब वापस पहन लिए और हेलमेट पहन बाइक पर बैठते हुए बोली, "चलें

यहाँ से?"

त्रिजल का मूड बिल्कुल उखड़ चुका था। वह कुछ नहीं बोला। उसने चुपचाप हेलमेट पहना, बैठा और बाइक स्टार्ट कर दी। अब हमारे बीच कोई बात नहीं हो रही थी। मेरी आँखों में गहरी उदासी उतर चुकी थी। पल भर पहले का हँसता-खेलता माहौल, मंज़र सब बदल चुका था। मुझे पता था बाइक के रियरव्यू मिरर में वह बार-बार मुझे देख रहा है। पीड़ा और उदासी उसकी आँखों में भी नज़र आ रही थी, पर अब हम दोनों ही चुप थे।

कुछ देर बाद उसने ही ख़ामोशी तोड़ी।

"हम रामपुर शहर पहुँच गए हैं। यह साथ में जो नदी बह रही है, यहाँ रीवर राफ्टिंग बहुत मशहूर है। अंतरराष्ट्रीय स्तर की काफ़ी प्रतियोगिताएँ यहाँ पर होती हैं।"

मैंने कुछ नहीं कहा, साथ बहती नदी को देखती रही।

"लंच का समय हो रहा है, कुछ खा लें?"

मैंने अब भी चुप सिर हिला दिया था।

पीड़ा के अवशेष

त्रिजल डायरी

थोड़ा नीचे उतरकर नदी के पास एक रेस्तराँ था। मैंने लंच के लिए वही जगह चुनी। मुझे लगा, नदी के पास इस तरह बैठ कर खाना उसे अच्छा लगेगा, पर पूरे समय वह एक शब्द नहीं बोली। मैंने इधर-उधर की बात करने की बहुत कोशिश की, किंतु वह इतनी गुमसुम थी कि मेरी सारी कोशिशें नाकाम रहीं। उसके अंदर कुछ चल रहा था। वह बहुत ज़्यादा छटपटाहट से भरी दिख रही थी। जब वह खाना खा रही थी, मुझे कई बार लगा कि जैसे उसकी आँखें छलकने को हैं। जैसे वह आँसुओं को ज़ब्त करने की बहुत कोशिश कर रही है। पर मैंने उस समय उसे कुरेदा नहीं। सार्वजनिक स्थान पर इस तरह की बात करने का कोई मतलब भी नहीं था। खाना खाकर हम रामपुर से भी निकल गए। घड़ी देखी, अभी काफ़ी रास्ता बाक़ी था, पर शाम तक रिकांगपिओ हम आराम से पहुँच सकते थे। उसके बाद के सफ़र में हमारे बीच कोई बात नहीं हुई। सांगला के लिए जो छितकुल का रास्ता कटता था, वह भी बीच में आकर निकल गया। बोर्ड देखा, सोचा उसे वहाँ के बारे में बताऊँ, फिर नहीं कहा। वहाँ से थोड़ी दूर आगे जाकर एक पेट्रोल पंप था। वह छावनी क्षेत्र था इसलिए वहाँ साफ़-सफ़ाई, रख-रखाव बहुत बढ़िया था, जिससे उसकी ख़ूबसूरती बहुत बढ़ गई थी। जब मैं पेट्रोल पंप से पेट्रोल ले रहा था तब वह सड़क के कोने पर खड़ी नीचे नदी को देख रही थी। वहाँ नीचे नदी पर निर्माण कार्य चल रहा था, शायद कोई आर्मी का ही प्रोजेक्ट था। पेट्रोल पंप के पास स्थित खंभे पर लगे सरिये के ऊपर किसी ने बहुत छोटी-सी शिव की मूर्ति रख दी थी। वह अपने फ़ोन से उसकी तस्वीरें

उतारने लगी। इस दौरान मैंने एक पाँच लीटर का कैन भी ख़रीदकर उसमें पेट्रोल भरवा लिया था। पहाड़ों का कभी पता नहीं रहता कि कितनी दूरी पर पेट्रोल पंप मिलेगा और जहाँ तक मुझे याद था रिकांगपिओ से काज़ा के रास्ते में कोई बहुत ज़्यादा पेट्रोल पंप पड़ते भी नहीं हैं। अब आए काफ़ी साल हो गए थे तो हो सकता है कुछ नए भी बन गए हों फिर भी जोखिम लेना सही नहीं था, ख़ासकर जब क़ितारा साथ है। वरना मेरे जैसा अकेला इंसान तो शाम ढले कहीं सड़क किनारे भी सो जाए।

सफ़र बहुत लंबा हो गया था और थकान भरा भी या फिर क़ितारा की उदासी से मुझे इतना थकान भरा लग रहा था, कह नहीं सकता। उसका चेहरा भी साफ़ बता रहा था कि वह बहुत ज़्यादा थक चुकी है। मैंने पहले रिकांगपिओ ही रुकने का सोचा था। वहाँ पहुँचते-पहुँचते शाम ढल चुकी थी। रिकांगपिओ का जो मेन चौक है, वहाँ पर एक बड़ा-सा गोलचक्कर है जिसके आस-पास अच्छी रौनक़ रहती है। वहीं से पानी की बोतल ख़रीदते हुए दुकानदार ने कहा कि 'अगर आप घूमने के उद्‌देश्य से आए हैं तो यहाँ की भीड़-भाड़ में रुकने के बजाय ऊपर कल्पा चले जाइए। कल्पा सिर्फ़ तीन किलोमीटर आगे है।' कल्पा के बारे में मैंने पहले भी सुना हुआ था कि वहाँ से ऐसा लगता है, जैसे बर्फ़ से ढके पहाड़ों की चोटियों को हाथ बढ़ा कर छू सकते हैं। मैंने क़ितारा की तरफ़ देखा, "ऊपर चलें क्या?"

उसने हाँ में सिर हिला दिया। हम कल्पा की तरफ़ बढ़ तो गए, पर वह तीन किलोमीटर का रास्ता इतना बुरा था कि उसमें पैंतीस मिनट लग गए। इतने टाइम तक फ़ौज में रहने के बाद ऐसी थकान तो मुझे कभी नहीं हुई थी जैसी आज होने लग गई थी। क़ितारा का तो पता नहीं क्या हाल हो रहा होगा, और मैं उसे कमज़ोर ना समझूँ शायद इसलिए वह कुछ भी नहीं कह रही। कल्पा में घुसते ही जो पहला होटल नज़र आया, मैंने वहीं रुकने के लिए बात की। फिर वह होटल था भी बहुत ख़ूबसूरत। होटल वाले ने कहा कि हमारे पास कुछ और गेस्ट आज पहुँचने वाले हैं, उनके कमरे आरक्षित हैं। सिर्फ़ एक कमरा बचा है। उसने डीलक्स कमरा बताया, जो बेहद महँगा था। वैसे भी पहाड़ों के इतने अंदरूनी हिस्सों में होमस्टे और होटल बहुत कम होते हैं और इतने ख़ूबसूरत तो ना के बराबर। मैंने अपने पास रखे हुए पैसों का दिमाग़ में हिसाब बनाया क्योंकि अभी

पूरा सफ़र बाक़ी था और मेरे पास नक़द बहुत ज़्यादा नहीं था। कार्ड पहाड़ों के अंदरूनी हिस्सों में नहीं चलता इसलिए भी मुझे नक़द की ज़रूरत आगे बहुत पड़ने वाली थी। मैंने उस होटल वाले से पूछा, "क्या कार्ड से भुगतान ले लेंगे?"

"ले लेते सर, पर मशीन ख़राब है इसलिए आपको नक़द ही देना होगा।"

रात हो चुकी थी। अब कहीं और जाने का मतलब ही नहीं बचा था। सोचा, देखी जाएगी, कहीं तो कोई एटीएम कुछ तो पड़ेगा आगे जाकर, कहीं से नक़द का इंतज़ाम कर ही लेंगे। क़ितारा इस सब बातचीत के दौरान मेरे साथ ही खड़ी थी। सिर्फ़ एक कमरा लेने पर ना उसने कोई ऐतराज़ किया, ना मैंने ही इस बाबत कुछ पूछा। वैसे भी पिछली रात दो कमरे लेने के बाद भी हम एक ही कमरे में सोए थे। मैं जानता था कि अब वह मुझ पर विश्वास करती है और फिर यहाँ तो दूसरा कमरा उपलब्ध ही नहीं है।

होटल स्टाफ़ का लड़का हमारा सामान उठाकर आगे-आगे चल रहा था। कमरा पहली मंज़िल पर था। जब उस लड़के ने कमरा खोला तो मैं भी देखता ही रह गया। कमरा बेहद सुंदर था। उसके दो तरफ़ शीशे की बहुत बड़ी-बड़ी खिड़कियाँ थीं। दीवारें नहीं थीं, ऊपर से नीचे तक बस बड़ी-बड़ी खिड़कियाँ। वह होटल के बाएँ कोने का आख़िरी कमरा था तो घाटी के दोनों तरफ़ का नज़ारा दिखाई दे रहा था। सामने से भी और उल्टे हाथ की तरफ़ भी। कमरे के आगे बालकनी थी, बालकनी के आगे सड़क, सड़क के आगे घाटी और सामने बर्फ़ से ढकी पहाड़ की चोटियाँ जो इतनी नज़दीक थीं कि सच में ऐसा लग रहा था कि हाथ बढ़ाकर छू सकते हैं। कमरा वाक़ई अपने किराए के हिसाब से वाजिब था। बेहद शानदार। कल्पा का नज़ारा मटियाना से बिल्कुल अलग था। जहाँ मटियाना में हरियाली और विस्तृत फैली हुई घाटियाँ थीं, वही कल्पा में पहाड़ियाँ बर्फ़ से ढकी हुई थीं और बेहद नज़दीक। हवा में ख़ुशबू भी बिल्कुल अलग थी। चीड़ और देवदार के पेड़ खिड़कियों तक आ रहे थे। कमरे में लकड़ी की नक़्क़ाशीदार बेहद ख़ूबसूरत पढ़ने की मेज़ थी। खिड़की के पास भी दो कुर्सियाँ और उनके आगे एक छोटी-सी काँच की मेज़ रखी थी। वह होटल पहाड़ी के कोने पर इस तरह बना हुआ था कि दूर से तो ऐसा लगता था, घाटी में लगभग लटका हुआ है। पहाड़ों में जब सूरज ढलता है तो शाम बस कुछ देर की होती है और रात जल्दी आ जाती है। घड़ी में सिर्फ़ साढ़े छह बजे थे, पर ऐसा लग

रहा था जैसे कितनी रात हो चुकी। कुछ और पल बीतते-बीतते सामने चीड़ के पेड़ों के अलावा कुछ भी दिखाई देना बंद हो चुका था। हल्की रोशनी पड़ने से मुझे वो चीड़ के पेड़ इंसानी साये-से प्रतीत हो रहे थे मानो एक-दूसरे के कंधों पर झुके, कानों में कुछ फुसफुसा रहे हों। क़ितारा भी मंत्रमुग्ध-सी चारों तरफ़ के नज़ारे में खोई हुई थी। मैं उससे बात करना चाहता था। पूछना चाहता था कि ऐसा क्या करूँ जो इस उदासी से वह बाहर आ जाए, पर मैं कुछ नहीं कह पाया। उसको बालकनी में छोड़कर कमरे में आ गया। भूख लगी थी तो क़ितारा से वहीं से पूछा, "खाना मँगा लूँ?"

उसके हाँ कहने पर रूम सर्विस से खाना ऑर्डर किया। खाने के बाद और खाने के पूरे समय भी क़ितारा बिल्कुल चुप रही। खाने के फ़ौरन बाद वह उठकर स्टडी टेबल पर जा बैठी और अपने बैग से एक डायरी-पेन निकालकर कुछ लिखने लगी। मैं बार-बार कुछ बोलने को होता, पर नहीं कह पाया। मैं बेड पर लेटा सोच रहा था कि कैसे बात शुरू करूँ, पर मैं थका भी इतना हुआ था कि मुझे ख़ुद पता नहीं चला कि कब नींद आ गई। आधी रात को मेरी नींद खुली तो क़ितारा कुर्सी पर ही सो रही थी। उसने छोटी मेज़ पर पैर रखे हुए थे और शॉल में लिपटी, सिकुड़ी हुई थी। मैंने ध्यान ही नहीं दिया कि उस कमरे में एक ही रज़ाई है और मैं जाने कितने बजे से सोया हुआ था जबकि मुझे उसका ध्यान रखना चाहिए था। मुझे ख़ुद पर बेहद ग़ुस्सा आया कि मैं इतना लापरवाह कैसे हो सकता हूँ! मैं कुछ पल उसे निहारता रहा। प्यार तो बहुत आ रहा था, पर मैं उसे डराना नहीं चाहता था। मन किया कि गोद में उठाकर आहिस्ता से चुपचाप बिस्तर पर सुला दूँ, फिर लगा कहीं उसकी नींद खुल गई तो वह कुछ और समझ कर डर ना जाए इसलिए धीरे से उसका कंधा थपथपाया। वह एकदम चौंककर उठी। बहुत बुरी तरह डरकर... इतनी बुरी तरह कि अगर मैं उसे थाम के फ़ौरन गले नहीं लगाता, तो शायद वह ज़ोर-ज़ोर से चीख़ने लगती। वह काँप रही थी। मैं धीरे-धीरे उसका सिर सहलाता रहा। थोड़ी देर में वह कुछ सहज हुई, तो मैंने ही कहा, "माफ़ करना, मैंने तुम्हें यूँ डरा दिया। मुझे पता नहीं चला कि मैं कब ऐसे सो गया। जाओ तुम बेड पर सो जाओ। मेरी नींद तो वैसे भी पूरी हो चुकी है।"

"नहीं अब इस तरह घबराकर नींद खुली है, तो लगता नहीं कि मुझे जल्दी से नींद आएगी। कुछ देर बात करते हैं, अगर तुम्हें कोई दिक़्क़त ना हो तो?"

"हाँ क्यों नहीं!"

कमरे में बिजली से चलने वाली गर्म केतली रखी थी और चाय-कॉफ़ी का सामान भी।

"थोड़ी कॉफ़ी बनाऊँ?" उसने हाँ में सिर हिलाया तो मैं कॉफ़ी बनाने लगा। मेरी पीठ उसकी तरफ़ थी, जब उसने बोलना शुरू किया...

"तुमने उस समय पूछा था न कि ये निशान मेरे जिस्म पर कैसे आए? मैंने इससे पहले कभी इस बारे में किसी से बात नहीं की है... वह सब इतना भयानक था कि मैं रातों को सो नहीं पाती हूँ। कई साल हो चुके हैं, पर अभी भी मुझे ऐसा लगता है कि जैसे किसी भी पल मेरे साथ वो सब कुछ दोबारा हो जाएगा। वो सब इतना जानलेवा, इतना भयानक था कि कभी-कभी मुझे लगता था कि मैं पागल हो जाऊँगी या आत्महत्या कर लूँगी। पर देखो न! इतना सब कुछ हो जाने के बाद भी, मैं तुम्हारे सामने ज़िंदा हूँ। सीरियाई सरकार ने अपने ही लोगों पर इतने ज़ुल्म किए हैं, जिसकी कोई हद ही नहीं है। गृहयुद्ध में इतनी बुरी तरह बर्बाद हुए किसी देश की औरतों की हालत अच्छी हो भी कैसे सकती है! इतनी भयानक और इतनी बदतर स्थितियाँ देखकर अक्सर लगने लगता था कि ख़ुदा कहीं है भी कि नहीं! और अगर है तो इतना ज़ुल्म ज़मीं पर कैसे होने दे रहा है! कहीं तो इसका ख़ात्मा होना चाहिए। अभी तक मेरा मुल्क जल रहा है, त्रिजल।"

"क़ितारा, उन पुराने हादसों को याद करना तुम्हें बहुत तकलीफ़ देगा। जाने दो। मुझे कुछ नहीं जानना।" क़ितारा की हालत देखकर मैंने उसे मना किया, पर वह बोलती रही।

"यह मेरे कॉलेज के दिनों की बात है। साल 2011 था। हम सब दोस्त कॉलेज अटेंड करने के बाद अक्सर बहुत सारी शामें साथ बिताया करते थे। पढ़ाई और ज़िंदगी के साथ-साथ, हम सब अपने देश के हालात पर बातें किया करते थे, जो दिन-पर-दिन ख़राब होते जा रहे थे। यह तो तुम भी जानते हो कि सीरिया की सत्ता पर दो दशक से बशर अल-असद क़ाबिज़ है। वह आदमी ब्रिटेन से डॉक्टरी की पढ़ाई करके आया था। चाहिए तो यह था कि वह बिना किसी भेदभाव के अपने अवाम की बेहतरी के लिए फ़ैसले लेता, पर ऐसा हुआ नहीं। उसने शिया और सुन्नियों के बीच की खाई को भरने के बजाय और बढ़ाना शुरू कर दिया। अवाम में उसके फ़ैसलों को लेकर बेचैनी बढ़ती जा रही थी।

2011 में जब अरब के बाक़ी देशों में जैस्मिन क्रांति शुरू हुई थी तभी सीरिया में भी इसकी शुरुआत हो गई। मुझे वो दिन आज भी नहीं भूलता। हम सब उस समय कॉलेज में ही थे, जब ख़बर मिली कि सीरिया के दक्षिणी शहर दाराआ में चार युवाओं ने एक दीवार पर लिख दिया था कि 'अब तुम्हारी बारी है डॉक्टर'।

"वह लम्हा हमारे लिए बहुत गर्व भरा था। आख़िरकार हमारे बीच में से किसी ने तो उठकर सरकार को सीधे तौर पर ललकारने की हिम्मत की। उस दिन जोश में आकर हम सब ने भी कॉलेज में, मौजूदा सरकार के ख़िलाफ़ ख़ूब नारेबाज़ी की। पर इसके नतीजे इतने ख़ौफ़नाक निकलेंगे, इसका अंदाज़ा किसी को सपने में भी नहीं था। असद के सुरक्षाबलों ने वो चित्र बनाने वाले चारों युवाओं को गिरफ़्तार कर लिया। पर तब तो हम सब में जोश की इंतहा थी। उनकी रिहाई के लिए प्रदर्शन शुरू हुआ। उसमें हम सब ने बढ़-चढ़कर हिस्सा लिया। सुरक्षाबलों ने उस विरोध-प्रदर्शन पर गोलीबारी कर दी। हम सब सन्न रह गए। इतनी बर्बरता की आशंका किसी को नहीं थी। भाईजान को पता चल गया था कि सरकार ऐसा कुछ करने वाली है। वह बीच प्रदर्शन से मुझे ज़बरदस्ती घर ले गए। पर उस रोज़ मेरे तीन दोस्तों की जान चली गई। फिर जो हालात बिगड़ने शुरू हुए, उस पर आज तक क़ाबू नहीं पाया जा सका है। विरोध प्रदर्शन की आग होम्स, दमिश्क और इदलिब जैसे शहरों तक फैल गई थी और देखते ही देखते सब कुछ तो तबाह होता चला गया। हम सब दोस्तों की ज़िंदगियाँ बिखरने लगीं। हौसले टूटने लगे। रोज़ ख़बर आती, किसी-न-किसी परिवार का कोई शख़्स अब नहीं रहा।"

बोलते-बोलते क़ितारा चुप हो गई। जैसे कुछ सोचने लगी। उसकी बात सुनकर मैं भी सोच में पड़ गया। मुस्लिम देशों में अमूमन महिलाओं को इतनी छूट नहीं होती फिर कैसे इन सबने यह किया! मैंने उससे पूछा, "सीरिया में तो महिलाओं के लिए जहाँ तक मैं जानता हूँ बहुत खुला माहौल नहीं है! उसके बावजूद तुम लोगों ने बहुत हिम्मत का काम किया, जो आगे बढ़कर मोर्चा सँभाला!"

"मोर्चा सँभालने की एक बहुत बड़ी वजह भी थी, त्रिजल। हम औरतों के पास कोई चारा बचा ही नहीं था। हर दूसरे घर के पुरुषों की हत्या होती जा रही थी। या कभी भी, किसी को भी उठाकर जेल में ठूँस दिया जाता था। जब इतने

पर भी सरकार का कलेजा ठंडा नहीं हुआ तो उन्होंने औरतों पर भी ज़ुल्म करने शुरू कर दिए। सीरिया में असद की सरकार ने हज़ारों औरतों को गिरफ़्तार किया। गिरफ़्तारी के बाद उनका क्या हश्र हुआ, इस बारे में दुनिया वाले बहुत कम जानते हैं। त्रिजल, मैं आज तक उस कोठरी की दुर्गंध, पीड़ा और ज़ुल्म नहीं भूली हूँ और ना ही कभी भूल पाऊँगी।"

कहकर क़ितारा चुप हो गई। उसके हाथ काँपने लगे थे। मैं उसके पास जाकर बैठा और उसके हाथ अपने हाथों में थाम लिये, "रहने दो क़ितारा। तुम्हें तकलीफ़ हो रही है।"

"नहीं त्रिजल! बहुत मुश्किल से बोल पाई हूँ। आज मुझे कह लेने दो। पता है, उस दिन मैं कॉलेज से घर लौट रही थी जब उन्होंने मुझे गिरफ़्तार किया। मेरे दो भाइयों का पहले ही कोई पता नहीं था। बाबा डॉक्टर थे तो उनको असद सरकार की तरफ़ से छूट मिली हुई थी। ज़रूरी सेवाओं के तहत डॉक्टर्स को उन्होंने अभी तक बंदी बनाना शुरू नहीं किया था। मेरे घरवालों को बिना कोई इत्तिला दिए, वे लोग मुझे कॉलेज के रास्ते से ही गिरफ़्तार करके ले गए। उस रोज़ जेल में मुझे यातना देने के लिए उन्होंने एक काले रंग का प्लास्टिक का थैला मेरे मुँह पर पहना दिया। उसके बाद मुझे पैरों से बाँधकर छत से उल्टा लटका दिया गया। वे मुझे तब तक बेल्ट से मारते गए जब तक उनके हिसाब से मेरे दिमाग़ के सब बुरे मनसूबे उस झोले में नहीं जा गिरे।"

क़ितारा की बात सुनकर मैं सकते में आ गया। वह लड़की जो एक नाज़ुक फूल की तरह है, जिसे हाथ लगाते भी मैं डर रहा हूँ, उसे इस हद तक टॉर्चर किया गया है! वह अब बुरी तरह काँप रही थी। मैंने उसे कंधे से थाम लिया। बच्चे की तरह सिर सहलाते हुए मैंने पूछा, "पर अचानक इस तरह वे तुमको गिरफ़्तार करके क्यों ले गए?"

"मैं मेडिकल की पढ़ाई कर रही थी। साथ-साथ शौक़िया ही बच्चों को चित्रकारी सिखाया करती थी। बाबा लगातार मना करते थे, पर उसके बावजूद मैं छुपकर विरोध प्रदर्शनों में हिस्सा लिया करती थी। 2013 में असद के ख़िलाफ़ मैंने एक प्रदर्शन में हिस्सा लिया था और एक पोस्टर बनाया था। उस विरोध प्रर्दशन को कवर करने आए बीबीसी और अंतरराष्ट्रीय प्रेस ने मेरे उस पोस्टर को हर न्यूज़ में दिखाया। मैं अचानक से सुर्ख़ियों में आ गई। उसी पोस्टर की

वजह से मुझे दमिश्क के कुख्यात सीरियन मिलिट्री इंटेलिजेंस ब्रांच ले जाया गया। हर रोज़ यहाँ मिलने वाली प्रताड़ना के कारण क़ैदी उसको 'जहन्नुम की शाखा' भी कहते रहे हैं। त्रिजल, वहाँ पर ज़ुल्म की इंतहा है। वहाँ इतना कुछ ऐसा होता है जिसको बताया भी नहीं जा सकता। जलती सिगरेट से जगह-जगह शरीर दाग़ा जाता है। यौन शोषण किया जाता है। कई बार... लगातार, इतनी बार सामूहिक बलात्कार होता है कि बहुत-सी औरतें झेल नहीं पातीं और उनकी मौत हो जाती है। पर मैं उन हज़ारों औरतों से थोड़ी कम बदक़िस्मत रही। मुझे उस रोज़ बहुत मारा-पीटा गया। सिगरेट से जलाया गया। उसके बाद जब वे लोग मुझे बलात्कार के लिए ले जा रहे थे, तो एक सीरियाई सैनिक ख़ुशक़िस्मती से बाबा के दोस्त का बेटा निकला। उसने उस रोज़ जोड़-तोड़ करके मुझे किसी तरीक़े से बचा लिया और वहाँ से दूसरी जेल में शिफ़्ट करवा दिया। वहाँ दूसरी यातनाएँ तो बहुत थीं, पर बलात्कार का डर नहीं था। पर जो वहाँ होता था, वो भी किसी बलात्कार से कम नहीं था। उन भयानक हादसों को तो बयान करने के लिए मेरे पास लफ़्ज़ तक नहीं हैं। ऐसा लगता है, दोहराऊँगी तो ज़ुबान कट जाएगी।"

कहते-कहते क़ितारा अब रोने लगी थी। मैंने उसे कसकर गले से लगा लिया।

"चुप करो क़ितारा। बहुत कह चुकी। बस करो अब।"

क़ितारा चुप नहीं हुई। वह मेरे सीने से लगी सिसकती रही और बोलती रही, "मैं तक़रीबन एक साल उस जेल में रही। इस एक साल में बाबा ने मुझे छुड़ाने के लिए क्या नहीं किया! उनकी रात-दिन की भागदौड़ का ही नतीजा था कि एक साल बाद मुझे रिहा कर दिया गया। पता है त्रिजल, पिछले दिनों एमनेस्टी इंटरनेशनल ने ख़बर भी छापी थी। सीरिया में पिछले कुछ सालों में, सत्रह हज़ार लोगों की भयानक टॉर्चर और जेल की ख़ौफ़नाक स्थितियों के कारण मौत हो चुकी है। पर असल आँकड़े इससे कई गुना ज़्यादा हैं। बहुत-बहुत ज़्यादा। ये जेलें सीरिया की सरकार और वहाँ की ख़ुफ़िया एजेंसियाँ चला रही हैं। बाबा के एक बेहद ख़ास दोस्त रिपोर्टर थे। हमें उन्हीं से पता चला था कि तेरह हज़ार से ज़्यादा लोगों को दमिश्क की उस कुख्यात साइदानाया सैन्य जेल में फ़ाँसी दी गई है। राष्ट्रपति असद ने तो उसे एक फेक न्यूज़ कहकर ख़ारिज कर दिया, पर त्रिजल वह फेक न्यूज़ नहीं थी, यह मैं जानती हूँ। जेल में बंद होने के दौरान

मैं हर दूसरे दिन औरतों की ऐसी दिल चीर देने वाली चीख़ें सुनती थी जो तभी निकलती हैं जब उस नारकीय पीड़ा से उन्हें गुज़रना पड़ता है। हैवानियत की हद से परे, सामूहिक बलात्कार और फिर इस क़दर मारा जाता कि मैं पूरे दावे से कह सकती हूँ- उसके बाद उन सब औरतों की यक़ीनन मौत हो गई होगी।"

बोलते-बोलते क़ितारा का गला सूखने लगा। उसका शरीर पत्थर की तरह अकड़ने लगा था। मैंने धीरे से उसे ख़ुद से अलग किया। जग में से थोड़ा पानी गिलास में डालकर उसके आगे कर दिया। वह वहाँ होकर भी वहाँ नहीं थी। उसकी आँखें खिड़की के बाहर, अँधेरे में हिलते चीड़ के पेड़ों को देख रही थीं, या शायद वह उन पेड़ों को भी नहीं देख रही थी। वह बीते हुए वो मंज़र देख रही थी, जो इस वक़्त उसके ज़ेहन से होते हुए उसकी आँख के आगे से गुज़र रहे थे। उसको इस तरह सुन्न बैठा देख, मैंने अपने हाथ से वह गिलास उसके होंठों पर लगा दिया। उसने मुश्किल से एक घूँट पीकर गिलास हटा दिया।

"क़ितारा अब आराम कर लो। आओ मैं तुम्हें सुला देता हूँ।"

उसने मेरी बात जैसे सुनी ही नहीं। उसने शायद उस लम्हा अपनी आँख के आगे कुछ और घटते हुए देखा। उसने चिहुँक कर एक सहमे हुए बच्चे की तरह मेरे दोनों हाथ थाम लिए और कातर निगाहों से मेरी तरफ़ देखती हुई बोली, "मेरे मुल्क की औरतों ने ऐसा क्या गुनाह किया है, जो उनको इस नरक से गुज़रना पड़ रहा है? क्यों किसी ने हमारा साथ नहीं दिया! क्यों हम औरतें इंसान नहीं समझी जातीं! त्रिजल, मेरे मुल्क में औरतों का यह हाल सिर्फ़ असद सरकार की तरफ़ से नहीं हो रहा था; बल्कि इस्लाम के नाम पर आतंकी संगठन आईएसआईएस भी औरतों पर ऐसे-ऐसे ज़ुल्म कर रहा है, जिसकी कल्पना से भी रूह काँपती है। यजीदी महिलाओं पर तो उनके ज़ुल्म की इंतहा हो गई है। आईएसआईएस के लिए औरतों का वजूद सिर्फ़ सेक्स करने, बच्चे पैदा करने के लिए ही है।

"त्रिजल, मैं आँखें बंद करती हूँ तो मुझे वह लड़की दिखाई देती है। चीख़ती हुई। ख़ून से लथपथ। मैं रातों को डरकर उठकर बैठ जाती हूँ। दोनों हाथों से अपने कान बंद करती हूँ, पर मुझे उसकी चीख़ें सुनाई देती हैं। एक रात आईएसआईएस के लड़ाकों ने शरणार्थी कैंप पर हमला कर दियाथा। उस सोलह साल की यजीदी लड़की का दस लोगों ने हम सबके सामने बलात्कार किया

था। उस सबसे भी उन दरिंदों की प्यास नहीं बुझी। उन्होंने तब एक के बाद एक, चार और औरतों से बलात्कार किया। मेरी आँखों के सामने दुधमुँहे बच्चे को माँ की छाती से छीन दीवार पर पटक कर मार दिया। मैं उस पल बेहोश हो गई थी। इससे ज़्यादा देखने की मेरी हालत नहीं थी। शायद इसलिए ही मुझे छोड़कर आगे बढ़ गए होंगे। वरना तो उस रात पता नहीं मेरे साथ भी...”

क़ितारा फूट-फूटकर रोने लगी थी। मैं बिल्कुल नहीं चाहता था कि वह और कुछ बोले। मैंने उसे कसकर भींच लिया। मैं बिना कुछ सोचे लगातार उसका माथा और आँखें चूमने लगा। मैंने बार-बार उसे चुप रहने को कहा। पर जैसे उसको कोई ज़िद सवार थी। वह बोलती रही।

“त्रिजल, उस शरणार्थी कैंप में आईएसआईएस के क़ब्ज़े से छूटी एक और महिला भी थी। उसने मुझे बताया था, कैसे, एक के बाद एक लगातार औरतों को बेचा जाता था। एक से दूसरा, दूसरे से तीसरा, तीसरे से चौथा, जब तक वह यौन शोषण का शिकार होकर मर नहीं जाती थी। एक बाईस साल की यजीदी औरत ने बताया कि आईएस के क़ब्ज़े वाले इलाक़ों में औरतों की स्थिति नरक से भी बदतर है। सिंजर की रहने वाली वह औरत कुछ महीने पहले ही निकल भागी थी वहाँ से। वह बता रही थी कि वे सुन्नी महिलाओं का भी जबरन निकाह करते हैं, उनके लिए यजीदी लड़कियाँ तो जानवरों से बदतर हैं। उसी ने बताया कि लड़कियों को 10 डॉलर या सिगरेट के एक पैक तक के लिए बेच दिया जाता है। आईएस के लड़ाकों को यजीदी महिलाओं के साथ कुछ भी करने की छूट थी। कम उम्र की लड़कियों पर आईएस के बड़े आतंकियों का हक़ होता है। यजीदी महिलाओं को हाई रैंक वाले आईएस मेंबर्स को दिया जाता है। कम उम्र की लड़कियों की क़ीमत ज़्यादा होती है। वे ग़ुलाम हैं, ये उनके साथ जो चाहे कर सकते हैं। उनका मानना था कि उनके क़ानून के मुताबिक़ औरतें दोयम दर्जे की इंसान हैं और उनके साथ ऐसा ही सलूक होना चाहिए। उनके साथ ऐसे अत्याचार होते हैं जिनको लफ़्ज़ों में बयान करना भी नामुमकिन है। मैं भाग आई त्रिजल। मैं वहाँ से भाग आई। पर जो वहाँ रह गई हैं वो कैसे सह पा रही होंगी! वह मुल्क औरतों के लिए ख़त्म हो चुका है। बेबसी की इंतहा हो चुकी है, त्रिजल।”

क़ितारा लगातार बोले जा रही थी। जैसे बरसों से उसके अंदर भयानक दुख

जमा हो चुका हो। जिसे अपने अंदर और दबाए रखना उसके लिए नामुमकिन हो गया हो। वह बहुत कुछ बुरा झेलकर आई है, यह तो मैं जानता था, पर वह सब इस हद तक भयानक है यह नहीं सोचा था मैंने। या शायद मुझे पता था कि किसी भी देश में जब इस तरह का गृहयुद्ध होता है तब किस क़दर हालात बदतर हो जाते हैं। पर जाने क्यों, सब कुछ समझते-जानते भी दिल में कहीं आस थी कि कम-से-कम इस फूल-सी लड़की ने यह सब ना झेला हो... पर अक्सर ऐसा होता है कि इंसान मन के जिन गहरे डरों का सामना नहीं करना चाहता, एक दिन वही सारे डर, सच होते हुए देख रहा होता है। उसकी बुरी तरह हिचकियाँ बँध चुकी थीं। इस बार जब वह कुछ बोलने को हुई तो मैंने उसके होंठों पर हथेली रख दी कि बस, और कुछ नहीं। वह लम्हा वहीं रुक गया। कितनी देर वह मेरे सीने में मुँह छिपाए रोती रही और मैं उसे एक छोटी बच्ची की तरह सहलाता रहा। जैसे पिता अपनी छोटी बच्ची को सहलाता है जो बहुत बुरे ख़्वाब से डरकर जागी हो। मैं कहना तो बहुत कुछ चाहता था, पर सिर्फ़ इतना कह पाया, "सब ठीक होगा मेरी प्यारी बच्ची। तुम बहुत हिम्मती हो, बहुत बहादुर। मैं हूँ तुम्हारे पास, तुम्हारे साथ। अब सब ठीक होगा।"

कहते-कहते मेरे बाजुओं की पकड़ उसके चारों तरफ़ और कस गई थी। मैं चाहता था उसका सारा दर्द सोख लूँ पर... बातें सिर्फ़ बातें होती हैं। जिसने जिया होता है उसकी पीड़ा को वही जानता है कि उसने क्या जिया है। ऐसा दर्द वह खंजर है जिसे ताउम्र के लिए सीने में घोंप दिया जाता है और अक्सर काली रातों में यह खंजर इस तरह भीतर-भीतर घूमता है कि पीड़ा की इंतहा से इंसान न जीते में रहता है न मरते में।

मैं उसे बच्चों-सा सहलाता हुआ बिस्तर तक ले आया और लिटाकर रज़ाई ओढ़ा दी। उसने न कुछ बोला, न मुझे रोका। वह एक छोटे बच्चे की तरह मेरे हाथ की अँगुली अपनी मुट्ठी में बंद किए करवट ले, कसकर आँखें बंद करके लेट गई। मैं दूसरे हाथ से उसका माथा सहलाता रहा। उसकी बंद आँखों के कोर से आँसू गिर रहे थे। मन था कि होंठों से वह मोती चुग लूँ, पर मैंने ऐसा नहीं किया। बस उसका माथा सहलाता रहा। वह यूँ ही रोते-रोते सो गई, पर मेरे लिए रात बहुत लंबी हो गई। मैं उसी कुर्सी पर बैठ गया, जहाँ थोड़ी देर पहले क़ितारा बैठी थी। मेज़ पर उसकी डायरी खुली रखी थी, जिसमें वह थोड़ी देर पहले लिख

रही थी। आख़िर के बिंदु पर मेरी नज़र अटक गई। मैंने बहुत देर तक काग़ज़ पर रखे उस फ़ुलस्टॉप को देखा। पूर्णविराम। मेरी आँखें उससे पहले लिखे वाक्यों को पढ़ने के लिए भरपूर जतन कर रही थीं, पर उस लिपि की कोई जानकारी मेरे मस्तिष्क में रजिस्टर नहीं थी। मैंने डायरी के साथ क़लम भी उठाकर रख दी। मेरे ज़ेहन से लगातार बेचैनी चिपक रही थी। मृत्यु पर खड़े होकर, मृत मन के जिए, जीवन को लिपिबद्ध करना शायद असंभव न दिखता हो, पर दुनिया की कोई भी आँखें, कभी नहीं बाँच सकतीं कि फ़ुलस्टॉप के पहले के वाक्यों का सही-सही अर्थ क्या था। जिसने उसे जिया है वह बस उसे ही पता है। पीड़ा के अवशेष।

मैं उसी की शॉल ओढ़े बाहर देखता रहा। कमरे की खिड़की से नज़दीक के पेड़ आदमक़द हौव्वे जैसे प्रतीत होने लगे अब मुझे। जीवन में कितनी पीड़ाएँ ऐसी होती हैं जो कितनी भी संवेदनशीलता से सहेजी जाएँ, पर कम नहीं की जा सकतीं। अगर यह लड़की मेरे पास रह भी गई, इसको मैं बहुत प्यार भी कर पाया, इसने मुझे ख़ुद को बहुत प्यार करने भी दिया, तब भी मैं जानता हूँ... इसको उन भयानक हादसों का दुख कभी पूरी तरह नहीं भूलेगा। कर सकता हूँ तो सिर्फ़ इतना कि इतनी ख़ुशियाँ दूँ, इतनी ख़ुशियाँ दूँ कि उन भयानक हादसों की याद उसे कम-से-कम आए।

दमिश्क गुलाब :
वह अपनी ज़ुबान में मेरी कहानी था

क़िताराा डायरी

सुबह जब नींद खुली, कमरे में रोशनी थी। पर्दे हटे हुए थे और सामने का जो नज़ारा था वह इतना अनूठा, इतना दिलकश था कि मैं देखती रह गई। यह किसी बेहद ख़ूबसूरत ख़्वाब जैसा था। मेरे बिस्तर के ठीक सामने बर्फ़पोश पहाड़ थे, जिनकी चोटियाँ सुनहरी थीं। कमरे के दोनों तरफ़ भी बर्फ़ीली पहाड़ियाँ थीं। पहाड़ों के बीचोबीच इस तरह बिस्तर पर नींद खुलना ख़्वाब-सा ही तो था। बाहर हवा तेज़ चल रही थी। चीड़ के ख़ूबसूरत दरख़्त, बर्फ़ से ढके दरख़्त, झूम रहे थे। सब कितना क़रीब था। ऐसा नज़ारा मैंने सिर्फ़ फ़िल्मों में देखा था। चिड़ियों के चहचहाने की आवाज़ इतनी पुरसुकून थी जैसे वे मुझे बाहर बुला रही हों। मैंने रज़ाई से पैर बाहर निकाले, बहुत धीरे से चप्पल पहनी और आहिस्ता से बाहर बालकनी में चली गई। नहीं चाहती थी कि मेरी वजह से त्रिजल जाग जाए। रात भर वह भी फ़िक्रमंद रहा होगा मेरी बातों से, यह एहसास था मुझे।

बाहर चिड़ियों के मधुर संगीत के अलावा बाक़ी सब कुछ बिल्कुल शांत था। ना कोई धुआँ, ना किसी गाड़ी की आवाज़, ना किसी शख़्स का कोई बोल, सिर्फ़ प्रकृति की गुपचुप सुन रही थी। उस पल लगा जैसे पहाड़ में दो ख़ूबसूरत आँखें उग आई हैं जो बेहद मोहब्बत से मुझे निहार रही थीं। किसकी थी वो आँखें! उन्हीं भोलेनाथ की क्या, जिन्हें माँ बहुत पूजती आईं! मैं मुस्कराने लगी थी। सचमुच में भीतर तक से मुस्कराने लगी थी।

मैंने हाथ बढ़ाया कि उन बर्फ़पोश पहाड़ों को छू लूँ, और इस बात पर

यक़ीन करना किसी के लिए भी मुश्किल होगा, पर मुझे लगा मैंने सचमुच उन पहाड़ों को छू लिया। किसी छोटे बच्चे-सी मैं बेहद ख़ुश हो उठी। पर मेरी ज़िंदगी में ख़ुशियाँ ठहरने के लिए कब आईं! उसी एक पल में रात भर की वो सब बातें जो मैंने त्रिजल को बताई थीं फिर से मेरे ज़ेहन पर क़ाबिज़ हो गईं। मैं भावनाओं में बहकर उसको वह सब भी बता गई जिसका ज़िक्र मैंने कभी किसी से नहीं किया था। इस तरह के हालात में अछूता कौन रह पाता है! कितनी बेशुमार छिपकलियों के लिजलिजे एहसास मेरे बदन से अभी भी चिपके हुए थे। पता नहीं त्रिजल मेरे बारे में अब क्या सोचता होगा! शायद उसका मन भी ना करे मुझे छूने को! कौन ऐसी लड़की से प्यार कर सकता है जो...

मैं अपने आप में ही गुम थी जब मुझे अपने कंधों पर एक मुलायम एहसास हुआ। त्रिजल मेरे पीछे खड़ा मुझे शॉल ओढ़ा रहा था। वह मुस्करा रहा था और मुझे लगा कि मैं फिर से भरभराकर न रो दूँ। मैंने नज़र झुका ली थी। कुछ देर दोनों ख़ामोश खड़े रहे फिर ख़ुद को सँभालते हुए मैंने ही चुप्पी तोड़ी, "यह जगह कितनी सुंदर है न!"

"हाँ। यह कल्पा, एक छोटा-सा गाँव है, पर है बहुत ख़ूबसूरत। कल रिसेप्शन पर किसी को बात करते सुना था कि यहाँ का स्थानीय नारायण-नागानी मंदिर शिल्प कौशल का एक आदर्श उदाहरण है। सबसे पहले वहीं चलेंगे। तुम अब फटाफट तैयार हो जाओ, मैं भी चेंज करता हूँ फिर निकलते हैं। आज बहुत लंबा और कठिन सफ़र है।"

मैंने हाँ में सिर हिला दिया। कल्पा में ठंड थी। मैंने नीले रंग की गर्म पेंट के साथ बैंगनी रंग का स्वेट-शर्ट पहना। त्रिजल को जाने क्यों कपड़े बदलने का शौक़ नहीं था या लाया ही कम था। फिर मुझे लगा फ़ौजी शायद ऐसे ही रहते हैं। वह जब तैयार होकर आया तब भी उन्हीं कपड़ों में था, पर चेहरा शेव करने के बाद चमक रहा था। मैं कुछ पल उसका रोशन चेहरा ताकती रही। उसने आँखों के इशारे से पूछा, 'क्या हुआ', तो झेंप गई। कैसे कहती कि रात जो हुआ और जिस तरीक़े से उसने मुझे सँभाला, उसके बाद वह मुझे और ज़्यादा अपना लगने लग गया है। ख़ुशी बाँटने वाले तो बहुत मिलते हैं, जिससे ग़म बाँटा जा सके, ऐसी क़ुर्बत कब हो पाती है किसी से!

वह पास आकर बोला, "क्या हुआ मोहतरमा!"

मैंने फिर से ना में सर हिला दिया और मुस्करा दी। वह फटाफट अपना सामान समेटने लगा और बोला, "जैकेट निकाल लो आज। बाइक पर बहुत तेज़ हवा लगेगी। बाहर अच्छी-ख़ासी ठंडक है।"

मैंने बिना कुछ कहे अपनी नीले रंग की जैकेट निकाल ली।

"मैं नीचे जाकर बिल चुकाता हूँ। तुम अपना हेलमेट लेती आना।"

कहकर वह तीनों बैग और अपना हेलमेट लेकर कमरे के बाहर निकल गया। मैंने एक बार कमरे को फिर से देखा... जाने क्या देखती रही। शायद यह महसूस करने की कोशिश कर रही थी कि बीती रात पुराना चिपका हुआ ग़म थोड़ा-सा तो मुझ पर से झड़ गया होगा!

जैसी अब तक ज़िंदगी गुज़री थी, बस एक ही बात समझ आई कि सब कुछ अनिश्चित है। इतना अनिश्चित कि मुझे हथेली पर बने पानी के बुलबुले में जीवन से ज़्यादा स्थिरता दिखती रही। जावेदाँ कही जाने वाली मोहब्बत किस क़दर आरज़ी है, यह एहसास भी था मुझे। मोहब्बत जो दरख़्तों के पत्तों से छनकर, रेत के कणों से गुज़रकर और इन दिनों हवा को चीरकर आती किरणों पर बैठकर मध्यम सुर साधती हुई मेरे अंदर आहिस्ता से दाख़िल हो रही थी, यह होना इत्तेफ़ाक़ भी हो सकता है। इस सच को नकारने की जद्दोजहद में, मैं कान बंद कर लेना चाहती थी और आँखें भी। पर जिस्म का यह रहस्य भी एक उम्र गुज़र जाने के बाद समझ आ चुका था कि कान बंद होने से ज़्यादा सुनाई देता है और बंद आँखों से दिखाई इतना तफ़्सील कि ज़ेहन के अंदर एक दुनिया विस्फोट करती हुई नए-पुराने दरवाज़े तोड़ती चली आती है।

बाहर चिड़ियों की आवाज़ तेज़ होने लगी तो ख़याल आया कि त्रिजल नीचे इंतज़ार कर रहा होगा! मैंने बालों को ऊपर बाँध लिया और अपना बंदाना दोबारा पहन लिया। नीचे आई तो वह बाइक पर सामान बाँध रहा था। मुझे देखते ही उसने एक बेहद सुंदर गुलाब का फूल मेरी तरफ़ बढ़ा दिया और मुस्कराकर बोला, "ख़ुश-आमदीद मेरी ख़ूबसूरत सुबह।"

मैं जाने हया से सकपकाई या क्या हुआ, मैंने नज़रें झुका लीं और फूल को निहारती रही। यह फूल मेरे लिए बेशक़ीमती था। एक तो यह त्रिजल का दिया पहला तोहफ़ा था। दूसरे, बिल्कुल वैसा था जैसे मेरे सीरिया में खिलने वाले जामदानी गुलाब (Damask Rose) होते हैं। कल्पा बेहद सुंदर जगह थी।

बाइक पर चलते हुए दोनों तरफ़ सेबों से लदे हुए दरख़्त थे। ख़ुशबूदार हवा थी और साथ चल रही थीं बर्फ़ीली पहाड़ियाँ, जिनकी चोटियाँ धूप से रोशन थीं। विलक्षण नज़ारा था वह।

"त्रिजल, देखो तो यहाँ पहाड़ों की चोटियाँ कितनी ख़ूबसूरत लग रही हैं। जैसे सफ़ेदपोश बादशाहों ने सोने के ताज पहने हों।"

"हाँ बहुत ख़ूबसूरत हैं। वो सामने पहाड़ देख रही हो, जिसकी चोटी धूप पड़ने से सुनहरी हो सबसे ज़्यादा चमक रही है! बहुत से सैलानी तो इसके दर्शन के लिए ही यहाँ आते हैं। यह किन्नर कैलाश कहलाता है। यह शिव का पौराणिक सर्दियों का घर है। जानती हो क़ितारा, शिव यहाँ के बहुत पूजनीय देवता हैं। दिन भर में जैसे-जैसे रोशनी बढ़ेगी, इस पर्वत की चोटी का रंग बदलता जाएगा। लोग यहाँ किन्नर कैलाश की परिक्रमा करने भी आते हैं। सात से आठ दिन लगते हैं उसमें और अगर चोटी पर जामा है तो फिर उसका ट्रैक भी तीन-चार दिन का तो है ही।"

त्रिजल के ये सब बताने के बाद मैं पूरे समय कैलाश के अद्भुत सौंदर्य को निहारती रही। जब त्रिजल ने बाइक रोकी हम मंदिर के आगे थे। यहाँ के मंदिर पर भी लकड़ी की कारीगरी कमाल ख़ूबसूरत थी और मंदिर के पीछे दिखता किन्नर कैलाश उस पूरे दृश्य को बहुत अद्वितीय बना रहा था। आज सफ़र लंबा था तो हमने मंदिर में बहुत कम समय बिताया। मंदिर के बिल्कुल साथ मोनेस्ट्री थी। मंदिर के बाद हम मोनेस्ट्री चले गए। किसी मोनेस्ट्री में आने का यह मेरा पहला अनुभव था। मैं चकित होकर वहाँ पर लगे झंडे और घुमाने वाले उन उपकरणों को देख रही थी, जो मुझे बेहद मोहित कर रहे थे।

"कैसी जादुई जगह है न! पवित्रता का एहसास तो बिल्कुल मंदिर जैसा ही है।"

"हाँ किन्नौर में बौद्ध धर्म भी उतना ही प्रचलित है जितना कि हिंदू धर्म। ये लोग आपस में ऐसे घुलमिल गए हैं कि फ़र्क़ करना मुश्किल है।"

वहाँ पर भगवान बुद्ध की एक बहुत सुंदर मूर्ति थी जहाँ से पूरे कल्पा का ख़ूबसूरत नज़ारा दिख रहा था। हम वहाँ भी ज़्यादा देर नहीं रुके। वापसी में मुझे एक बोर्ड दिखा जिस पर सुसाइड प्वॉइंट लिखा था। मैंने हैरान होकर त्रिजल से पूछा, "सुसाइड प्वॉइंट! यह क्या है?"

“यहाँ के हर टूरिस्ट स्पॉट पर एक सुसाइड प्वॉइंट तो तुमको देखने को मिल ही जाएगा। जहाँ से भी दो-चार लोग कूदकर जान दे देते हैं, ये लोग उसको भी एक देखने का प्वॉइंट बना देते हैं।” त्रिजल ने हँसते हुए कहा, पर यह बात मुझे बेहद अजीब लगी। मौत भी कोई तमाशा बनाई जा सकती है क्या!

जगह का नाम चाहे कितना भी निराशा भरा और बुरा था, पर कल्पा का नज़ारा वहाँ से भी कमाल दिखाई दे रहा था। नीचे बहती सतलुज एक हरी-नीली चुनरी जैसी दिख रही थी और पहाड़ी के उस तरफ़ चलतीं गाड़ियाँ छोटे-छोटे खिलौनों जैसी। ख़ुद को इतनी ऊँचाई पर देखकर झुरझुरी-सी आई। कल्पा में हमने बहुत कम समय बिताया और वापसी में फिर से रिकांगपिओ की तरफ़ चल दिए क्योंकि त्रिजल ने बताया था कि काज़ा जाने के लिए रिकांगपिओ से ही रास्ता कटेगा। कल्पा से वापस तीन किलोमीटर उतरकर हम रिकांगपिओ पहुँचे। रिकांगपिओ में मेन बाज़ार के गोल चक्कर के पास एक छोटे-से रेस्तराँ में जा बैठे। त्रिजल ने पकौड़े और दो चाय ऑर्डर की। मेरा फ़ोन काम नहीं कर रहा था। रेस्तराँ वाले ने बताया वहाँ पर सिर्फ़ एयरटेल और बीएसएनएल का सिग्नल आता है। मैंने त्रिजल के फ़ोन से आदित्य भाई से घर बात की। त्रिजल ने भी कुछ ज़रूरी फ़ोन किए। हमने यहाँ पर ज़्यादा समय नहीं लगाया। त्रिजल कह रहा था आज सब कुछ जल्दी-जल्दी करना है वरना शाम ढले तक काज़ा पहुँचना मुश्किल हो जाएगा। हम रिकांगपिओ से चले तो पाँच किलोमीटर बाद वापस नेशनल हाईवे 22 पर आ जुड़े। यह सारी जानकारी बाइक चलाते हुए त्रिजल मुझे साथ-साथ दे रहा था और मैं यह सब याद करती जा रही थी ताकि डायरी में नोट कर सकूँ। जब यहाँ से वापस सीरिया चली जाऊँगी तब इन लम्हों को पूरी तफ़्सील से अपनी यादों में यूँ ही सहेजकर रखना है। जिए हुए वक़्त को लौट-लौटकर जीने का ज़रिया अक्सर शफ़्फ़ाक़ पन्नों पर बिखरे काले-नीले लफ़्ज़ ही बनते हैं।

सतलुज नदी हमारे दाईं तरफ़ बह रही थी। हाईवे का सफ़र जब शुरू हुआ तब जो बात सबसे ज़्यादा हैरान करने वाली मुझे लगी, वह थी सड़कों की बेहद ख़स्ता हालत।

“बाक़ी सब जगह तो रास्ते इतने ख़राब नहीं थे। यहीं पर ऐसा क्यों है त्रिजल?”

"वैसे तो यह सारा इलाक़ा बीआरओ यानी बॉर्डर रोड ऑर्गेनाइजेशन के अंडर है, पर उसके बावजूद यहाँ का मेंटेनेंस बहुत मुश्किल है। यहाँ के पथरीले पहाड़ों से लगातार स्टोन शेडिंग यानी पत्थरों का गिरना जारी रहता है। आए दिन यहाँ पर इसी वजह से सड़कें बंद रहती हैं, जिनकी ये लगातार सफ़ाई में लगे रहते हैं।"

रास्ता ख़तरनाक से बेहद ख़तरनाक होता जा रहा था। रिकांगपिओ से हम स्पिलू की तरफ़ बढ़ रहे थे। स्पिलू एक छोटा क़स्बा है जो रिकांगपिओ से चौंतीस किलोमीटर है। रिकांगपिओ से पूह तक का रास्ता सबसे ज़्यादा ख़राब और ख़तरनाक था। एक जगह स्टोन शेडिंग के बाद रास्ता बंद था। हमें बाइक रोककर खड़ा होना पड़ा क्योंकि बीआरओ के लोग रोड क्लियर कर रहे थे। वहीं पर कुछ लोग बात कर रहे थे कि थोड़े समय पहले यहाँ पर दो लड़कों की मौत हो चुकी है। वे दोनों बाइक पर जा रहे थे और अचानक ऊपर से पहाड़ खिसक आया। वे लोग नीचे सतलुज में जा गिरे। मुझे सुनकर अजीब-सी घबराहट हुई। मैंने त्रिजल की तरफ़ देखा तो उसने मुझे कंधे से पकड़कर ख़ुद से सटाते हुए कहा, फ़िक्र ना करो, सब ठीक होगा। मैं वहाँ खड़े-खड़े चारों तरफ़ चट्टानों भरे, गगन छूते पहाड़ों को देखती रही। यहाँ का नज़ारा कल्पा, मटियाना या अब तक के रास्तों से बिल्कुल अलग था। हरियाली छोड़ अब हम पथरीले पहाड़ों के बीच में थे। तीव्र गति से बहती सतलुज इतना तेज़ बहाव लिए थी कि उसमें अगर कोई गिर जाए तो उसके शरीर का मिलना नामुमकिन ही था। बीआरओ जब रोड क्लियर कर चुका तो हम आगे बढ़े। वे धूल भरी पथरीली सड़कें थीं जिन पर बेशुमार छोटे-बड़े चट्टानी टुकड़े ऊपर से आ पड़े थे।

पूरा रास्ता ऐसा घुमावदार था जैसे जूड़े में लगाने वाली मुड़ी हुई हेयर पिन। बिल्कुल वैसा। इतना ख़तरनाक कि दो गाड़ियों का एक समय पर क्रॉस करना बहुत ही मुश्किल था। यहाँ की सड़कों पर ड्राइव करने के लिए ड्राइवर का कुशल होना बेहद ज़रूरी था। इन्हीं रास्तों पर मैंने जाना कि त्रिजल वाकई अद्‌भुत चालक है।

यह दुनिया मेरी नहीं थी, पर जाने त्रिजल के साथ में ऐसा क्या था कि मुझे बिल्कुल भी डर नहीं लग रहा था। हाँ मैं अचंभित ज़रूर थी प्रकृति के ऐसे नज़ारे देखकर। रास्ता बेहद ख़तरनाक हो चुका था। दो घंटे हो चुके थे इस ख़तरनाक

रास्ते पर। इतने गड्ढे और झटकों के बाद अब बदन दुखने लगा था। त्रिजल मुझे बार-बार रियरव्यू मिरर में देख रहा था। शायद उसने मेरे चेहरे की थकान पढ़ ली थी। रास्ते में सतलुज पार करने के लिए लोहे का बहुत बड़ा पुल आया। उस पर बौद्ध धर्म के झंडे बहुत सुंदर तरीक़े से बँधे हुए थे।

इस जगह का नाम खाब था। अगर इसके हिज्जे को थोड़ा-सा बदल दिया जाए तो यह जगह मुझे वाक़ई ख़्वाब-सी लग रही थी। वहाँ बोर्ड लगा था जिसे पढ़कर मुझे पता चला हम रिकांगपिओ से उनहत्तर कि.मी. आगे आ चुके हैं। वहाँ पानी की दो धाराएँ आपस में मिल रही थीं। त्रिजल ने बताया कि पहाड़ों की तरफ़ से आने वाली स्पीति नदी है, जो नीचे आकर सतलुज में मिल रही है। इसी पुल के किनारे, ज़रा-सा नीचे उतरकर एक छोटा-सा रेस्तराँ था। कुछ लड़के वहाँ पर पहले से रुके हुए थे। खिलंदड़ी हँसी से भरे वे सब फ़ोटोग्राफ़ी में मशगूल थे। त्रिजल ने बाइक वहीं पुल के पास रोक दी। नीचे उतरते हुए उसने मेरी तरफ़ हाथ बढ़ाया। मैंने उसका हाथ थाम लिया। हालाँकि थोड़ा-सा ही नीचे उतरना था, पर छोटे-छोटे पत्थर इतने ज़्यादा थे कि पैर फिसल सकता था। त्रिजल का इस तरह मेरा हर पल, हर क़दम, हर छोटी बात के लिए ध्यान रखना, मेरा मन उससे किस क़दर गहरा जोड़ रहा था इसका उसे एहसास भी नहीं था। त्रिजल ने मैगी ऑर्डर की। अब तो शायद उसको मुझसे बिना पूछे ही पता चलने लग गया था कि मुझे भूख लगी होगी। रेस्तराँ वाले ने वहाँ खुले में ही कुछ मेज़-कुर्सियाँ लगाई हुई थीं और पास में एक छोटा-सा टीन का शेड बनाया हुआ था। खाना-पीना वे उसके ही अंदर बना रहे थे। वहाँ नदी का बहाव इतना उग्र और ख़तरनाक था कि रेस्तराँ वालों ने भी चेतावनी लगा रखी थी। उन्होंने बड़े पत्थर के ऊपर तरतीब से छोटे-छोटे पत्थर रखकर एक साइन बोर्ड जैसा बना रखा था। उन पत्थरों पर लिखा था- 'नदी किनारे न जाएँ। धन्यवाद!'

नदी किनारे जाने के लिए थोड़ा और नीचे उतरना पड़ता और जिस तरह से बड़े-छोटे पत्थर पड़े थे, जिसका भी पैर फिसलता, वह बच नहीं सकता था। वे लड़के बिल्कुल चट्टान के किनारे पर खड़े ही फ़ोटो खींच रहे थे। हालाँकि उस किनारे से पुल का और नीचे नदी का बहुत सुंदर नज़ारा दिख रहा था, पर वहाँ खड़ा होना बेहद जोखिम भरा भी था। रेस्तराँ में काम करने वाले लड़के ने उन्हें जब आवाज़ दी कि उनका ऑर्डर तैयार है तो वो फ़ोटो खींचना छोड़कर कुर्सियों

पर आ बैठे। तभी उनकी नज़र मुझ पर गई और वे सब एक-दूसरे की तरफ़ देखकर भद्दे इशारे करने लगे। मैंने नज़र दूसरी तरफ़ कर ली। दुनिया में कहीं भी चले जाओ, झुंड में घूमते आदमियों की प्रवृत्ति लगभग हर जगह एक-सी ही है। ऑर्डर देकर जब त्रिजल उस शेड से बाहर आया, यह सब उसने भी नोटिस कर लिया। उसके हाथ में दो बोतलें थीं जो मुझे लगा कि बीयर की बोतलें हैं।

"यह क्या उठा लाए हो!"

उसने बोतल आगे की और एक तरफ़ अँगुली रखी जहाँ पर लिखा था- 'ज़ीरो अल्कोहल एप्पल जूस'। मैं झेंप गई और वह ज़ोर से हँस दिया।

उसने एक बार बेहद सख़्त नज़र से उन लड़कों को घूरा, फिर जहाँ वो लड़के पहले खड़े थे, उस तरफ़ देखकर कहा, "आओ तुम्हारी कुछ तस्वीरें उतार दूँ।"

मैं झट ख़ुशी-ख़ुशी खड़ी हो गई। मेरा भी मन था कि मैं ऐसी हर जगह, हर लम्हा तस्वीरों में क़ैद करती चलूँ। मैं वहाँ मुस्कराते हुए पोज़ देने लगी। जैसे, जो भी त्रिजल कहता मैं करती जाती। त्रिजल की फ़ोटोग्राफ़ी की समझ भी बेहद कमाल थी। नदी का कोलाहाल चरम पर था, पर बावजूद इसके उस आब-ओ-हवा में असीम सुकून था। बौद्ध धर्म के झंडे जो पुल पर टँगे थे, वे उस लोहे के पुल को बेहद ख़ूबसूरत बना रहे थे। पुल के चारों तरफ़ ऊँची-ऊँची काली-भूरी चट्टानों भरी पहाड़ियाँ और नीचे बहती हुई सतलुज-स्पीति नदी। सब किसी जादू जैसा लग रहा था। त्रिजल ने मेरी बहुत सारी तस्वीरें लीं फिर मुझे कैमरा थमाकर बोला, "मैं अभी आया।"

मुझे लगा अंदर रेस्तराँ में खाने का पता करने जा रहा है तो मैंने भी ज़्यादा ध्यान नहीं दिया।

मैं उन चट्टानों, उन ऊँचे पहाड़ों को देख रही थी जो नीले आसमाँ के गले लगने को बेताब थे। जैसे ज़मीं अपने आसमाँ से मिलना चाहती हो। उस पल मुझे ख़याल आया, जिनके दरमियाँ न पाटी जा सकने वाली दूरी हो, उनकी एक-दूजे से मिलन की तड़प कितनी गहरी होती है!

अचानक मुझे अपना नाम कहीं दूर से सुनाई दिया– क़ितारा...

मैं चारों तरफ़ हैरानी से देखने लगी कि त्रिजल कहाँ से पुकार रहा है! दोबारा मेरा नाम पुकारा गया तो देखा वह तो नीचे नदी के पास पहुँच चुका था। बल्कि

कहना चाहिए पास नहीं, नदी में ही पहुँच चुका था। वह नदी के अंदर ही था और एक बहुत बड़ी-सी चट्टान पर दोनों पैर फैलाकर हीरो जैसे खड़ा था। मैं डर से काँप गई। वहाँ से ज़रा भी फिसलता तो वह सीधा नदी में गिरता और नदी का बहाव तो इतना डरावना था कि बस! मैं वहीं से चिल्लाई, "यह क्या पागलपन है त्रिजल?"

"अरे ऊपर आऊँगा तब लड़ लेना, अभी फटाफट फ़ोटो खींचो।"

मैं भी समझ गई, यहाँ से चिल्लाने का कोई फ़ायदा नहीं। मैंने वहीं से उसकी कुछ फ़ोटोग्राफ़्स उतारी और थम्सअप कर दिया। वह किसी कुशल पहाड़ी की तरह एकदम उछलता-कूदता कुछ ही पलों में वापस मेरे पास आ गया। मेरा मुँह ग़ुस्से में चढ़ा हुआ था। वह मुस्कराता हुआ बोला, "अरे फ़ौजी हूँ जानेमन। इतने से पहाड़ भी चढ़-उतर ना सकूँगा क्या! बेकार फ़िक्र करती हो। ग़ुस्सा थू कर दो।"

मैं कुछ नहीं बोली। ग़ुस्से का तो पता नहीं, पर मैं सचमुच बहुत डर गई थी। त्रिजल को कुछ हो जाए यह ख़याल भी मुझे बर्दाश्त नहीं था। और फिर अभी-अभी त्रिजल ने जो कहा– जानेमन...

मेरा मन इस एक लफ़्ज़ में ही अटक गया। क्या सचमुच उसने यही कहा या मैंने ख़्वाब में ही ख़्वाब की तरह कुछ सुन लिया है! मुझे सोच में गुम देख वह फिर बोला, "अरे ठीक तो हूँ याराँ। बिना बात नाराज़ मत रहो। आओ मैगी भी बन गई होगी, खाते हैं।"

इस बार त्रिजल ने उन लड़कों से काफ़ी दूर वाली मेज़ ली। हम दोनों वहाँ बैठकर मैगी खाते हुए सेब का जूस पीने लगे। इस दौरान हमारे बीच कुछ बात नहीं हुई। मैं उस एक लफ़्ज़ में खोई थी– जानेमन... वह न जाने कहाँ खोया था। हम दोनों चुप बैठे चारों तरफ़ के नज़ारों को आँखों में भरते रहे। कभी-कभी यूँ लगता कि इससे सुंदर साथ पूरी ज़िंदगी में कोई और हो ही नहीं सकता।

हम दोनों के बीच एक अनकही कैमिस्ट्री थी जो बेजोड़ थी। हम दोनों ही इस तरह के नज़ारों के बीच जब होते तो बहुत कम बात करते थे। मन-ही-मन उन नज़ारों को अपने भीतर भरते जाते और बीच-बीच में जाने कैसी आश्वस्त निगाहों से एक-दूसरे को देखकर मुस्कराते थे।

"क़ितू फटाफट मैगी ख़त्म करो। जल्दी चलना है। शाम तक काज़ा पहुँचना

बहुत ज़रूरी है। इन ख़तरनाक सड़कों पर तो शाम ढले ड्राइव बिल्कुल सेफ़ नहीं है।"

मैं एक बार फिर उलझ गई। आज त्रिजल को हुआ क्या है! पहले जानेमन... अब क्रितू... हालाँकि उस दिन मटियाना में मेरे मुँह से भी साहेब जान निकल गया था त्रिजल के लिए। माँ, बाबा को साहेब जान ही बुलाती थी और पता नहीं उस वक़्त मेरे मन में क्या भाव आया था जो त्रिजल को कह बैठी। आज वही काम बार-बार त्रिजल कर रहा था। मैं कुछ न बोल सकी। ऐसा तो नहीं है कि उसने मेरे चेहरे पर आई हैरानी को नोटिस नहीं किया होगा, पर उसने उसे देखकर अनदेखा किया है, यह मैंने देख लिया था। फिर मैंने भी कुछ नहीं पूछा और कुर्सी से उठ गई। हम दोनों ने अपने-अपने हेलमेट उठाए और बाइक की तरफ़ बढ़ गए। हम वहाँ मुश्किल से बीस मिनट ही रुके थे। सफ़र फिर एक बार शुरू हुआ। यह पूरा इलाक़ा बेहद, बेहद ख़तरनाक था। इतना ख़तरनाक कि हर मोड़ पर लगता था कि अब जान गई और तब जान गई, पर मुझे फिर भी कोई डर नहीं था। त्रिजल का साथ ऐसा था कि यूँ लग रहा था, मर भी गई तो इससे सुंदर मौत और क्या ही हो सकती है भला, जो त्रिजल के पास और शायद उसकी आग़ोश में आए। हाँ कहीं-कहीं डर लगा और मन काँपा भी तो त्रिजल के लिए कि उसे कुछ भी ना हो, इतनी-सी ख़रोंच भी ना आए।

पुहू जो रिकांगपिओ से पचपन किलोमीटर था अब वह भी पीछे छूट चुका था। त्रिजल ने बताया, हम नाको की तरफ़ बढ़ रहे हैं। वहाँ से नाको की दूरी कोई चालीस किलोमीटर थी। अब नदी और घाटियाँ हमारे बाईं तरफ़ आ गई थीं। घुमावदार सड़कें और पथरीली पहाड़ियाँ, अब भी यही नज़ारा था। त्रिजल ने कहा कि थोड़ी देर नाको रुकना है। वहाँ पर मेरे लिए एक सुंदर सरप्राइज़ है और वह जगह मुझे बहुत पसंद आने वाली है। और सचमुच ऐसा ही हुआ। नाको पहुँचने लगे तो दूर से ही मोनेस्ट्री दिखने लगी। ऐसा लग रहा था जैसे कोई तिब्बती छोटा गाँव है। मैंने ऐसा तिब्बती गाँव अभी तक डॉक्यूमेंट्री फ़िल्मों में ही देखा था। खिलौनों की तरह छोटे-छोटे घर, उन पर लगे बौद्ध झंडे, सब कुछ बहुत सुंदर था। नाको में त्रिजल ने बाइक रोककर किसी से झील का रास्ता पूछा। मैं एकदम चौंक गई और ख़ुशी से चहकती-सी बोली, "क्या यहाँ पर झील है? इतनी ऊँचाई पर झील!"

"बिल्कुल... और मैंने सुना है वह झील बहुत सुंदर है। हालाँकि मैं भी तुम्हारे साथ आज पहली बार देखूँगा। यह झील समुद्र तल से कोई बारह हज़ार फ़ीट की ऊँचाई पर है। सुना है झील के चारों तरफ़ विलो और चिनार के पेड़ भी हैं।"

गाँव वालों के बताए रास्ते पर बाइक चलाते हुए हम झील तक पहुँचे। चारों तरफ़ आसमाँ छूते दरख़्त और उनके बीचोबीच एक सुंदर झील। मैं चिनार के पाँच कोनों वाले लाल पत्तों से ढके दिलकश ख़ूबसूरत दरख़्त पहली दफ़ा देख रही थी। झील तक नीचे जाने के लिए बनी सीढ़ियाँ उतरकर हम वहाँ पहुँचे। झील के किनारे-किनारे चारों तरफ़ एक पक्के चबूतरे-सा रास्ता बना हुआ था। वहाँ की आब-ओ-हवा में असीम सुकून घुला था। सब कुछ एकदम शांत था। आवाज़ थी भी तो हवा से हिलते पत्तों की सरसराहट की। सरसराहट भी क्या, क़ुदरत का संगीत था। संगीत भी ऐसा जो मुग्ध कर दे। बैठे-बैठे यूँ ही इस संगीत पर मन को रक्स के लिए आज़ाद छोड़ते हुए, घंटों बिताए जा सकते थे वहाँ, शायद कई दिन भी। रात के अँधेरों में मन की तहें खुलती हैं तो कायनात के रोशन उजाले ज़ेहन के जाले खोलते हैं।

पर त्रिजल ने तो जैसे कोई फ़रमान जारी किया, "मुझे पता है तुम्हें यहाँ पर बहुत अच्छा लगेगा, पर मैडम, हमें काज़ा आज ज़रूर पहुँचना है इसलिए जल्दी-जल्दी यह नज़ारा अपनी आँखों में भर लो।"

"कोई इम्तिहान में भरने वाला भूगोल का नक़्शा है जो जल्दी-जल्दी याद कर लूँ!"

मैंने छोटे बच्चे की तरह मुँह फुलाकर कहा। त्रिजल हँस दिया। मैं झील के पास चली गई। शांत, बेहद शांत खड़ी थी तभी त्रिजल ने पीछे से आवाज़ लगाई, "क़ितारा!"

मैं चौंककर मुड़ी और मुड़ते ही उसने मेरी तस्वीर खींच ली। मैं मुस्कराई और फिर ख़ुशी-ख़ुशी और भी तस्वीरें खिंचवाने लगी। फिर उसके पास आकर चबूतरे पर बैठ गई। वह खींची गई तस्वीरें दिखाने लगा। एक तस्वीर में तो आकाश रूई के बादलों से भरा लग रहा था। नज़र फिर उठ गई आकाश की तरफ़। रूई के वो गुच्छे इधर से उधर लुढ़के जा रहे थे।

"त्रिजल, कितना अच्छा होता न, याददाश्त भी बादल-सी हल्की होती।

हवा के झोंके से उड़ भी जाती और रूप भी बदल लेती। याददाश्त की सीरत मन-सी न हो सकी!"

वह कुछ नहीं बोला, बस कैमरे में अपनी खींचीं तस्वीरें दिखाता रहा। तस्वीरें बेहद ख़ूबसूरत थीं। ऊपर गहरा नीला आसमान, क़दमों को छूती झील, झील के चारों तरफ़ दरख़्त, गुलों पर इतराती सफ़ेद और सुर्ख़ तितलियाँ, ऊँचाई पर बने रंग-बिरंगे घर जिन पर बौद्ध झंडे लहरा रहे थे और इन सब के बीचोबीच हम। मुझे फिर से लगने लगा कि मैं किसी ख़्वाब में ही हूँ। त्रिजल कुछ देर मेरे पास चुपचाप बैठा रहा फिर जाने क्या हुआ, अजीब-सी बेचैनी उसके चेहरे पर कौंधने लगी और वह मेरे पास से उठ गया। वह झील के पास जाकर आस-पास की तस्वीरें उतारने लगा। मैं कभी तस्वीरें उतारते त्रिजल को देखती तो कभी उन नज़ारों को जिनकी तस्वीरें वह उतार रहा था। कभी-कभी किसी परिंदे की या पत्तों की सरसराहट भी मेरा ध्यान खींच लेती। वह जिस तरह से अचानक मेरे पास से उठकर गया इस बात ने मुझे भी बेचैन कर दिया। फिर एक बार मेरे ज़ेहन पर डर क़ाबिज़ होने लगा कि कहीं ऐसा तो नहीं, मैंने उसे अपने अतीत के बारे में जो कुछ भी बताया है वह सब उसको परेशान कर रहा हो! शायद इसलिए वह मुझसे दूरी बना रहा हो!

पर कुछ देर बाद त्रिजल वापस मेरे पास आकर बैठ गया। मैं उससे पूछना चाहती थी कि क्या वह मुझे लेकर असहज महसूस कर रहा है! पर नहीं पूछ पाई। कभी-कभी सच सुनने से इतना डर लगता है कि भ्रम में जीना साँस लेने का एकमात्र ज़रिया रह जाता है।

कुछ देर हम बिल्कुल चुप बैठे रहे। फिर मैंने ही उसको कहा, "एक अलग-सी निस्तब्धता है न यहाँ की आब-ओ-हवा में?"

"निस्तब्धता! मैं तो तुम्हारी इस उर्दू मिक्स हिंदी पर निसार हुआ जाता हूँ। मानना पड़ेगा तुम्हारी हिंदी-उर्दू दोनों ही ग़ज़ब हैं। अच्छा एक बात बताओ, तुम्हारा नाम किसने रखा?"

"बाबा ने। वैसे मेरा नाम क़ितराह है। अरबी भाषा में इत्र की ख़ुशबू को क़ितराह कहते हैं। पर चलन में क़ितारा ही बोला जाता है।"

"वाक़ई इत्र की ख़ुशबू जैसी हो तुम। पाक-पवित्र। कभी-कभी सोचता हूँ एक ख़ुशबू की तरह ही तो जीवन में आई हो। पर सुनो, ख़ुशबू की तरह उड़

मत जाना– ठहरना।"

त्रिजल की इस बात ने मुझे बेहद हैरान किया। मैं समझ नहीं पा रही थी वह मुझे लेकर क्या महसूस कर रहा है! एक तरफ़ तो मुझे डर लग रहा था कि शायद वह मेरे साथ अब सहज नहीं है और दूसरी तरफ़ अभी उसने जो कुछ कहा...

फिर उसने ख़ुद ही बात का रुख़ बदल दिया।

"क़ितारा, यहाँ का वातावरण इतना असीम शांति से भरा इसलिए महसूस होता है कि यह बौद्ध धर्म का एक पवित्र स्थान है। यह गाँव हिंदुस्तान और तिब्बत के बॉर्डर पर लगता है। झील के उस तरफ़ एक बोर्ड लगा है। मैं अभी वही पढ़ रहा था। उस पर लिखा है कि इस झील के आस-पास चार बौद्ध मठ हैं। वहाँ पर इनके गुरु पद्मसंभव जी के पदचिह्न भी हैं जिन्हें यहाँ के लोग पूजते हैं। क्या पता, यही वजह हो जो इस वातावरण में एक बिल्कुल अलग तरह की पवित्रता घुली हुई है।"

"हाँ यही वजह होगी। अच्छा तुम और तस्वीरें नहीं लोगे क्या?"

"ले ली जितनी लेनी थीं। अब जीना चाहता हूँ कुछ देर, इस जगह को, इस हवा को, झील की ख़ूबसूरती को और तुम्हें..."

उसने जब यह आख़िरी लफ़्ज़ कहा... तुम्हें, तो मेरे लब मुस्कराए और नाभि में कुछ सरसराहट हुई। पर इस बार मैंने नज़रें नहीं झुकाईं। मैं बस उसको देखती रही। यक़ीन करने की कोशिश कर रही थी, क्या वह मुझे अब भी पसंद करता है! हम दोनों मुस्कराए, आँखों का अनकहा पढ़कर। शांत मन से फिर दोनों ही झील की तरफ़ देखने लगे। अब हम इतने पास बैठे थे, इतने पास कि हमारे कंधे आपस में छू रहे थे। हवा तेज़ चलने लगी। एकदम ठंडी हवा। पता नहीं ऊपरवाला भी क्या-क्या जादू रचता रहता है। हवा का रुख़ कुछ ऐसा था कि मेरे बाल बार-बार त्रिजल के चेहरे से टकरा रहे थे। मैंने बालों को हटाने की कोशिश की तो उसने मेरा हाथ थाम लिया।

"उड़ने दो। छूते हैं तो अच्छा लगता है।"

इस बार मैंने नज़रें झुका लीं। फिर कोई दस मिनट हम यूँ ही बैठे रहे। उसके बाद त्रिजल ने फ़ोन में समय देखा और कहा, "यूँ तो तुम्हारे साथ यहाँ इस तरह बैठे एक उम्र गुज़ारी जा सकती है, पर मैं जानता हूँ इससे भी कहीं ज़्यादा ख़ूबसूरती तुम्हारा इंतज़ार कर रही है। आओ अब चलें यहाँ से। अभी

सफ़र बहुत बाक़ी है।"

उसने खड़े होते हुए हाथ मेरी तरफ़ बढ़ाया। मैं उसका हाथ थामकर उठ गई ताकि सफ़र एक बार फिर शुरू हो सके। लेकिन पता नहीं उस जगह में ऐसा क्या था कि मैं मुड़कर बार-बार देखे जा रही थी।

सीढ़ियों से ऊपर आए तो एक लड़का अपनी बाइक के साथ जद्दोजहद में लगा था। उसने बाइक को ग़लत तरीक़े से पत्थर पर चढ़ा दिया था और अब उससे सँभल नहीं रही थी। पास ही चटक सुर्ख़ रंग के कपड़ों में एक लड़की खड़ी थी जो उसे कुछ-कुछ बोले जा रही थी। त्रिजल हँसने लगा तो मैंने पूछा, "क्या हुआ?"

"पंजाब के हैं दोनों।"

"कैसे पता?"

"शुद्ध पंजाबी में श्लोक सुना रही है उसे।"

"श्लोक! अंदाज़ तो ख़ासा तल्ख़ लग रहा है! पूजा करती तो नहीं लग रही मुझे!"

"अरे मज़ाक़ में कह रहा हूँ। गालियाँ दे रही है। वह भी उच्च स्तर की।"

मैं भी मुस्करा दी। हालाँकि मुझे कुछ ख़ास समझ नहीं आ रहा था कि वह उसे क्या कह रही थी। वे दोनों बहुत परेशान दिख रहे थे। मैंने त्रिजल से कहा, "जाओ न, बाइक सँभालने में उस लड़के की मदद कर दो।"

"कर तो दूँ पर जो श्लोक वह लड़की बोल रही है, मुझे सुनने में बड़ा मज़ा आ रहा है।"

मैंने हँसते हुए त्रिजल को धक्का दिया और कहा, "जाओ भी, मदद करो उनकी।"

त्रिजल वाक़ई किसी हीरो की तरह गया और सिर्फ़ एक हाथ से पीछे की तरफ़ से उनकी बाइक उठाकर उस चट्टान से दूसरी तरफ़ कर दी। वे दोनों हैरानी से त्रिजल को देखने लगे, फिर जैसे नींद से जागे और थैंक्यू-थैंक्यू की झड़ी लगा दी। त्रिजल ने मुस्कराकर सीने पर हाथ रख सिर हिलाया और कहा, "आगे की यात्रा के लिए बहुत शुभकामनाएँ!" और मुस्कराता हुआ मेरे पास चला आया। उस पल मुझे त्रिजल पर बेहद, बेहिसाब प्यार आया। दिल हुआ कि आगे बढ़कर गले लगा लूँ, पर मैंने बस आँखों से उसे जता दिया कि वह

सचमुच हीरो है और मुझे उस पर गर्व है।

झील से हम वापस नाको के बाज़ार की तरफ़ आ गए। बहुत थक चुके थे दोनों। दोपहर के दो बज रहे थे। त्रिजल बोला कि खाना भी यहीं खा लेते हैं। वहाँ पर एक रेस्तराँ देख मैं उसमें गई, पर जैसे घुसी वैसे ही बाहर निकल गई। पता नहीं ऐसा क्या पका रहे थे कि मुझे भयंकर उबकाई आ गई।

"क्या हुआ?"

"अंदर बहुत बुरी गंध आ रही है।"

त्रिजल भी जैसे अंदर गया वैसे ही बाहर आ गया, "सही कह रही हो, पता नहीं क्या कर रहे हैं अंदर। शायद यहाँ याक या किसी और जानवर का माँस पकाते हैं। चलो कोई दूसरा रेस्तराँ देखते हैं।"

उसने बाहर खड़े लड़के से पूछा कि वेजिटेरियन खाना कहाँ मिलेगा। उस छोटे लड़के ने सामने के एक घर की तरफ़ इशारा कर दिया। हम वहाँ गए तो एक बूढ़ी अम्मा बाहर बैठी थी।

"अम्मा खाने को कुछ मिलेगा?"

"हाँ पर एक प्लेट में एक ही जन खा सकता है और एक प्लेट के डेढ़ सौ रुपये लूँगी।"

उन्होंने जिस सख़्ती के साथ कहा, लगना तो बुरा चाहिए था, पर हम दोनों ही मुस्करा दिए। शायद उनका पाला ऐसे लोगों से पड़ता है जो खाने के ठीक से पैसे नहीं चुकाते।

"हाँ जी अम्मा कोई दिक़्क़त नहीं है।" त्रिजल ने उन्हें आश्वस्त किया।

उन्होंने वहाँ पर पड़ी कुर्सियों की तरफ़ इशारा किया। उस कमरे में चार मेज़ें लगी थीं जिनके इर्द-गिर्द कुर्सियाँ रखी थीं। हम वहीं बैठ गए। उसी कमरे से जुड़े दूसरे कमरे को अम्मा ने रसोई बना रखा था। वहाँ कुर्सी पर बैठे-बैठे ही मुझे नज़र आ रहा था, उन्होंने बड़े पतीले से चावल निकाले और एक कटोरे में दाल जैसा कुछ डाला। दो कटोरी दाल और दो प्लेट में चावल लाकर उन्होंने हमारे सामने रख दिए। हम दोनों इतने भूखे थे कि ऐसे खाने लगे जैसे मुद्दत के बाद खाना नसीब हुआ हो। खाने का ज़ायक़ा बेहद बुरा था, पर फिर भूख में तो सब अच्छा लगता है। हम गपागप खाते चले गए। त्रिजल ने जब तीसरी बार उनसे दाल माँगी तो अम्मा का चेहरा देखने लायक़ हो गया था। कह तो दिया था

उन्होंने कि डेढ़ सौ रुपये प्लेट लूँगी, पर अब उन्हें बार-बार खाना माँगना भी नागवार गुज़रा। त्रिजल ने हँसकर कहा कि अम्मा चिंता मत करो, फालतू पैसे दूँगा। तब जाकर उसके चेहरे की शिकन कम हुई।

खाना खाकर पास लगे नल पर हाथ धोए और पैसे चुकाकर बाहर आ गए। त्रिजल ने बाइक स्टार्ट की तो अचानक कट की तेज़ आवाज़ हुई। देखा तो कैरियर टूट गया था। मैं तो वहीं पास रखे पत्थर पर धम्म से बैठ गई और त्रिजल को ऐसे देखने लगी जैसे कैरियर टूटना उसी की ग़लती हो। मेरे इस तरह देखने से वह भी एकदम बोल उठा, "सॉरी यार, दरअसल मैं कभी इतना सामान लेकर चला ही नहीं। मुझे नहीं पता था कि कैरियर इतना लोड नहीं ले सकेगा।"

"मैं तो यूँ ही मज़ाक़ में ऐसे तुम्हारी तरफ़ देख रही थी। कैरियर टूटने में तुम्हारी क्या ग़लती है! अभी तक तो तुम अकेले ही आते रहे हो। इस बार मेरे साथ हो तो सामान दोगुना हो गया।"

"दोगुना नहीं तिगुना। मेरे से दोगुना सामान लेकर आई हो तुम।"

"अरे! मैंने तो वही रखा जो-जो तुमने कहा था।"

"हाँ पर तुमको ज़्यादा ज़रूरत पड़ती है न जैकेट और गर्म लबादों की। मैंने तो बहुत कम में गुज़ारा किया हुआ है।"

मैंने बुरा-सा मुँह बनाया तो वह हँस दिया। उसने पता किया कि कहाँ वेल्डिंग हो सकती है तो उन लोगों ने बताया कि कोई इक्कीस किलोमीटर आगे एक जगह पड़ेगी, चांगो। वेल्डिंग वाला वहीं मिल सकता था। पहाड़ों में इक्कीस किलोमीटर का मतलब था तक़रीबन डेढ़ घंटे। इतने लंबे और ख़तरनाक रास्तों पर टूटे हुए कैरियर के साथ आगे बढ़ना बहुत मुश्किल था और इतना सारा सामान हाथ में लेकर तो नहीं बैठा जा सकता था।

"अब क्या करेंगे त्रिजल?"

"परेशान मत हो। कुछ जुगाड़ करता हूँ।"

"यह तुम हिंदुस्तानियों का जुगाड़ शब्द विश्व प्रसिद्ध है।"

"तुमको कैसे पता!"

"तुर्की में एक यूरोपियन दोस्त मिली, वह योगा टीचर है। यहाँ हिंदुस्तान में ऋषिकेश के किसी योग आश्रम में लगातार आती रहती है। वही बता रही थी कि यहाँ के लोगों के पास हर समस्या का हल है, कुछ-न-कुछ जुगाड़ कर ही

लेते हैं।"

मेरे यह कहते ही त्रिजल ख़ूब खुलकर हँसा, "बात तो बिल्कुल सही कही तुम्हारी यूरोपियन दोस्त ने। देखो मैं भी अब क्या जुगाड़ करता हूँ।"

त्रिजल ने आस-पास की दुकानों से रस्सी माँगनी शुरू की, पर अजीब लोग थे, कोई भी रस्सी देने को ही तैयार नहीं था। एक-एक करके सबने मना कर दिया। हम परेशान खड़े सोच रहे थे कि क्या करें, इतने में एक औरत आकर एक मोटी-सी रस्सी थमा गई, बिना कुछ बोले। हम पीछे से शुक्रिया-शुक्रिया ही कहते रह गए। वह जितनी तेज़ी से आई, रस्सी थमाकर उतनी तेज़ी से चली गई। रस्सी मिलने पर जान में जान आई कि कम-से-कम सफ़र तो शुरू हो सकेगा।

मेरी देह, मेरी आत्मा का यातना शिविर है

त्रिजल डायरी

नाको बहुत ऊँचाई पर स्थित था। वहाँ चीज़ों की मात्रा सीमित थी। दिन में नीचे से मुश्किल से एक ट्रक पहुँच पाता था, जो इनकी रोज़मर्रा की ज़रूरतों का सामान ऊपर लेकर आता। संसाधन बहुत कम होने की वजह से वहाँ लोग हर चीज़ बहुत किफ़ायत से इस्तेमाल करते थे। तीन बैग और एक पेट्रोल की केन, इन चार चीज़ों को बाइक पर एडजस्ट करना बहुत मुश्किल था, ख़ासकर इन ख़तरनाक रास्तों पर। हज़ारों फ़ीट की ऊँचाई पर ज़रा-ज़रा से सँकरे रास्ते। कहीं सड़क अच्छी तो कहीं सड़क थी ही नहीं, सिर्फ़ कंकड़, धूल और गड्ढे। ज़रा-सा संतुलन बिगड़े तो खाई में लाशों का पता मिलना नामुमकिन था। जब लगातार सब मना कर रहे थे तब उस औरत का इस तरह अचानक से रस्सी दे जाना बहुत बड़ी नेमत थी। मैं क़ितारा के साथ कोई जोखिम नहीं लेना चाहता था। मैंने बहुत एहतियात से उस रस्सी से कैरियर को बाँधा। जितनी मज़बूती से बाँध सकता था उतनी मज़बूती से। क़ितारा की तरफ़ देख जब मुस्कराया, उसकी आँखों में एक ही भाव था– 'लैट्स गो' वाला। इतनी मुश्किलों के बावजूद इस स्पीति एक्सपीडिशन को लेकर क़ितारा के जज़्बे में कोई कमी नहीं थी। उसे मुझसे मोहब्बत है या नहीं, यह अभी मुझे नहीं पता था, पर मुझे यक़ीनन हो चुकी थी। और इस बात को वह कितना समझी है, मैं यह भी नहीं जानता था, पर हाँ अब उसके लिए अपने जज़्बात मैं छिपा नहीं पा रहा था। सफ़र एक बार फिर से शुरू हुआ। मुश्किल और ख़तरनाक रास्तों से भरा सफ़र। मैं ऐसे रास्तों पर आर्मी की पोस्टिंग के चलते बहुत बार पहले आया हुआ था, पर क़ितारा ज़िंदगी

में शायद पहली बार ऐसे नज़ारे देख रही थी और बाइक पर इतना लंबा सफ़र तो उसने कभी ज़िंदगी में सोचा भी नहीं होगा। हालाँकि मुझे यह भी अंदाज़ा था कि होम्स से तुर्की तक का उसका सफ़र लंबा, जोख़िम भरा और इतनी यातना भरा रहा होगा कि क्या ही फिर आस-पास देखना और क्या नहीं।

स्पीति– सपनों की दुनिया-सा है। नाकों से थोड़ी दूर जाने के बाद सड़क किसी चमकीले साँप-सी लगने लगी। पतली और सँकरी, पर बहुत बढ़िया बनी हुई। थोड़ी दूर जाकर बीआरओ का बोर्ड लगा हुआ था जिस पर लिखा था– 'गो स्लो ऑन माय कर्व्स, यू मे लूज़ अ बैलेंस'।

"यह बीआरओ ने किस तरह का कोट लिखा है?"

"मज़ाक़ कर रही हो या तुम्हें सच में मतलब समझ नहीं आया!"

"अरे सच में मुझे नहीं समझ आया कि यह क्या अजीब बात हुई। गो स्लो ऑन माय कर्व्स!"

मेरी हँसी छूट गई वह भी इतने बुरे तरीक़े से कि बाइक भी लहरा गई।

"हँसो मत। मतलब बताओ?"

"थिंक अबाउट योर बॉडी बेबी।"

जैसे ही क़ितारा को एहसास हुआ कि उसने क्या पूछ लिया, उसके चेहरे पर सकपकाहट उभर आई। रियरव्यू मिरर में मैं उसे देख रहा था। मैं उसकी मासूमियत पर मुस्करा दिया। फिर उसका ध्यान बँटाने के लिए कहा, "वादियों की तरफ़ तो देखो ज़रा।"

पक्की, सँकरी ख़ूबसूरत सड़कों से नीचे ढलान की तरफ़ जाती घाटियाँ और बहुत नीचे दिख रही थी स्पीति नदी। बहुत नीचे मतलब बहुत ही नीचे। ऊपर से देखने में ऐसा लग रहा था, कोई सफ़ेद स्लेटी अजगर धीरे-धीरे आगे बढ़ रहा है। वहाँ ढलान बहुत ही तिरछी थी। लगभग अस्सी डिग्री का कोण होगा। क़ितारा ने घाटियों की तरफ़ देखा फिर नीचे नदी की तरफ़ देखती रही। मैं बार-बार रियरव्यू मिरर में उसका चेहरा देख रहा था। उसके चेहरे पर कुछ अलग-से भाव आने लगे थे। वह मेरे और पास सरक आई। मैं उसके बदन की सिहरन महसूस कर सकता था। शायद उसे डर लग रहा था। पर मैंने इस बात के लिए उसे टोका नहीं।

"त्रिजल, हम कितनी ऊँचाई पर है न!"

"हाँ बहुत!"

"इतनी ऊँचाई से गिरकर शरीर के तो छोड़ो बाइक के अंजर-पंजर तक मिलना नामुमकिन है!"

"क्या फालतू बातें सोचने लगीं तुम! इतने ख़ूबसूरत नज़ारे हैं। उन पर ध्यान दो और नीचे खाई की तरफ़ देखना बंद करो। सामने देखो आसमान को और पहाड़ की चोटियों को।" मेरे यह कहने पर वह ऊपर की तरफ़ देखने लगी। आकाश चटक नीला, साफ़ और चमकदार था। बादल के गुच्छे ऐसे, जैसे ताज़ा काती कपास। पहाड़ों की एक ख़ास बात होती है, अगर वहाँ धूप निकली हो तो धूप इतनी चमकीली कँटीली और भेद देने वाली होती है जैसे शरीर में नुकीली सुइयाँ डाली जा रही हों। जितनी ऊँचाई पर होंगे सीधी धूप को बर्दाश्त करना उतना ही मुश्किल होगा। दोपहर के तक़रीबन तीन बज रहे थे। धूप बहुत तेज़ थी।

"त्रिजल, चक्कर आ रहे हैं। एक तो सड़क ऐसी घुमावदार है फिर इतनी चटक धूप मुझसे बर्दाश्त नहीं हो रही।"

मुझे सामने से एक मिलिट्री का ट्रक आता दिखा। मैंने हाथ देकर रोका और पूछा, "वेल्डिंग की दुकान कितनी दूर है?"

"तक़रीबन दस किलोमीटर आगे जाकर एक छोटी-सी दुकान आएगी सड़क के बाईं तरफ़। आप ध्यान रखिएगा क्योंकि उसके बाद अगले सौ किलोमीटर तक कोई दुकान नहीं है।" कहकर वे आगे बढ़ गए और मैं थोड़ा तनाव में आ गया।

सवा तीन बज चुके थे। पहाड़ों में अँधेरा भी जल्दी हो जाता है। हम सुबह छह बजे के निकले हुए थे। क़ितारा थकान से चूर, बेहाल दिखाई दे रही थी। हमारे पास पानी भी कम था। बार-बार पिया नहीं जा सकता था। होंठ गीले हो जाएँ इतना भर था बस। मुझे अब थोड़ी जल्दी करनी थी। ऐसे दुर्गम पहाड़ों में दस किलोमीटर लगातार का मतलब भी तीस से चालीस मिनट तो था ही। बेशक रोड वहाँ साफ़ थी, पर बेहद सँकरी और ख़तरनाक थी। क़ितारा के चेहरे पर भी चिंता की लकीरें उभर आई थीं। मैंने एक बार फिर वही किया जो पहले भी रास्ते में बहुत बार किया था। एक गाना गुनगुनाना शुरू किया ताकि क़ितारा साथ में गुनगुनाए और थकान भूल जाए। वैसे भी बाइक की स्पीड बहुत ज़्यादा नहीं थी वरना एयरकट से मुश्किल होता है आगे वाले की आवाज़ पीछे वाले राइडर तक

पहुँचना। मैंने उठाई क़ितारा की सबसे पसंदीदा लाइन, जिसे मैंने उसको अक्सर गुनगुनाते हुए सुना था।

'उन आँखों का हँसना भी क्या जिन आँखों में पानी न हो...'

फिर वह हुआ जिसकी मेरे ज़ेहन तक में कोई कौंध नहीं थी। मेरे इस लाइन को गुनगुनाते ही क़ितारा एकदम पास सिमट आई और उसने पीछे से मुझे गले लगाकर मेरी पीठ पर सिर टिका दिया। एक पल तो मुझे यक़ीन नहीं आया, क्या यह वाक़ई हो रहा है! क्या क़ितारा भी मुझसे प्यार करने लगी है! मेरे सीने पर उसके दोनों हाथ थे। मैंने बाइक एक हाथ से चलाते हुए दूसरा हाथ उसके हाथों पर रख लिया और अब हम दोनों ही एक साथ गा रहे थे। यह मेरे लिए बहुत सुंदर लम्हा था। ज़िंदगी में कुछ हसरतें यूँ औचक पूरी होती हैं कि उनका होना घट रहा है, दिल को जब तक यह यक़ीन हो, तब तक लम्हा गुज़र जाता है।

थोड़ी देर में ही हम दोनों का गला सूखने लगा। धूप क्रूर से क्रूरतम होती जा रही थी। मैं जानता था कि क़ितारा को बहुत परेशानी हो रही है। मुझे तो रेगिस्तान और पहाड़, हर जगह पड़े रहने की आदत थी, पर उसका चेहरा बुरी तरह कुम्हलाने लगा था। दूर-दूर तक छाया की कोई गुंजाइश दिखाई नहीं दे रही थी और जल्द-से-जल्द मैं उस वेल्डिंग वाले तक भी पहुँचना चाहता था। मेरे हाथ में बस इतना था कि उसका ध्यान बँटाए रखूँ, जितना ज़्यादा हो सके। तो कभी पहाड़ों की, कभी ज़िंदगी की, कभी फ़िल्मों की, कभी गानों की बातें करते-करते आख़िर दस किलोमीटर भी कट ही गए। वेल्डिंग वाले की दुकान दूर से नज़र आने लगी थी, "बस पहुँच ही गए।"

"पर यहाँ बात नहीं बनी तो!"

"देखते हैं बात करके। हमारे पास कोई विकल्प नहीं है। इसके पास ठीक करने का सामान होना चाहिए। फिर कुछ तो कर ही लेंगे।" मैंने बाइक उसकी दुकान के आगे रोकी। वह छोटी-सी दुकान थी। ग्रीस की गंधऔर ज़ंग लगे लोहे से भरी हुई। वहाँ कोई नहीं दिख रहा था। एक लकड़ी का तख़्त पड़ा था जिस पर चीज़ें बिखरी हुई थीं। सब तरफ़ औज़ार फैले थे, लकड़ी के तख़्त पर भी। फ़र्श भी पूरा कालिख और ग्रीस से पुता हुआ था। कुल मिलाकर दुकान की हालत काफ़ी खस्ता थी।

"कोई है?" मैंने आवाज़ दी। जब कुछ देर कोई जवाब नहीं आया तो मैं

भी फ़िक्रमंद हो उठा कि कहीं ऐसा न हो कि सचमुच कुछ न हो पाए। क़ितारा के साथ फिर आगे का इतना लंबा सफ़र इतने सामान के साथ कैसे हो पाएगा! मैंने फिर पुकारा, "कोई है अंदर?"

इस बार जाने दुकान के किस कोने से एक 25-26 साल का लड़का निकलकर आया, "हाँ जी सर, कहिए?"

"भाई हमारी बाइक का कैरियर एक तरफ़ से टूट गया है। वेल्डिंग करानी है। हो जाएगी क्या?"

"हाँ जी हो तो जाएगी, दो सौ रुपये लगेंगे।"

"पचास के काम के दो सौ रुपये लेगा यार!"

"सर जी यह भी तो देखिए आप, इस वीराने में आकर इतनी दूर बैठे हैं हम। यहाँ तो कोई सामान भी नहीं मिलता। सब नीचे से ढोकर लाना पड़ता है। और दूर-दूर तक कोई है भी नहीं। मैं यहाँ अकेला पड़ा रहता हूँ ताकि आपके जैसे जाँबाज़ लोग जो इन ख़तरनाक रास्तों पर आते हैं उनकी थोड़ी मदद हो सके। फिर मैं यहाँ पर यूँ अकेले पड़ा रहकर अपनी जान भी तो जोखिम में डालता हूँ कि कुछ ज़्यादा कमा लूँ और घर भेज सकूँ।"

"हाँ जी भाई कोई बात नहीं। सच में हिम्मत है आपकी जो इस वीराने में इस तरह अकेले यह दुकान चलाते हैं। हम जैसे ज़रूरतमंद लोग तो आपके एहसानमंद हैं कि आप कम-से-कम यहाँ पर यह काम कर रहे हैं। आप दौ सौ ले लीजिएगा।"

मैंने क़ितारा की इस दरियादिली पर उसे घूरकर देखा तो उसने धीरे से कहा, "दे दो न, ग़रीब आदमी है।"

मैं मुस्करा दिया। वह लड़का दुकान के अंदर से अपना सामान लाने चला गया। क़ितारा वहाँ पड़े तख़्त की तरफ़ देखने लगी जो सामान से अटा पड़ा था। वह अपने औज़ार लेकर लौटा तो क़ितारा को तख़्त को निहारते देखकर उसने कहा, "आप थक गई होंगी मैडम जी, बैठ जाइए यहाँ पर।"

उसने वहाँ से सामान हटाकर जगह बना दी। क़ितारा बैठ गई। बैग में से पानी की बोतल निकाली। एक घूँट पानी पिया फिर मेरी तरफ़ बढ़ा दिया। सिर्फ़ आधा बोतल पानी बचा था। मैंने पीने से मना कर दिया, हालाँकि गला मेरा भी सूख रहा था। पर मुझे पता था आगे अभी कई घंटे का सफ़र बाक़ी है। क़ितारा

को बार-बार ज़रूरत पड़ेगी पानी की और वह सिर्फ़ मिनरल वाटर पी सकती थी। यहाँ के पानी की तासीर अभी तक उसे रास नहीं आई थी।

मैंने फिर दुकान वाले से पूछा, "यार थोड़ा पानी मिलेगा क्या?"

"हाँ जी क्यों नहीं। अभी लाया।"

वह अंदर से एक बोतल निकाल लाया।

"अरे यह पानी मत पियो बीमार पड़ जाओगे।" क़ितारा बोली।

"क्या बात करती हैं मैडम जी! यह पहाड़ों का पानी है। यह बीमारियाँ ठीक करता है, बीमार नहीं करता।"

मैं मुस्कराया, दुकान वाले से पानी लिया और पी लिया। मैं जानता था वह लड़का सही कह रहा है। मैंने क़ितारा को आश्वस्त किया, "निश्चिंत रहो कुछ नहीं होगा।"

वह मुस्करा दी, फिर उस लड़के से बात करने लगी, "आप कहाँ से हो भाई?"

"जी मैं बिहार से हूँ।"

मैंने चौंककर उससे पूछा, "बिहार से इतनी दूर यहाँ पहाड़ों पर क्या कर रहा है भई! स्पीति की तो जलवायु भी बिहार से बहुत अलग है। मैंने तो सोचा यहीं पहाड़ों के रहने वाले होगे तुम।"

"जी हमारे मालिक रहते हैं यहाँ पहाड़ों में। पर उनका घर काफ़ी नीचे जाकर है। उनके खेत और बाग़ान हैं। यह दुकान उन्होंने ही दी है। एक महीने में बस एक बार आते हैं। पूरा हिसाब करके अपने पैसे ले जाते हैं। मैं भी यहाँ सारे साल नहीं रहता। आठ महीने यहाँ रहता हूँ बाक़ी चार महीने बहुत ठंड में तो रास्ते बंद बराबर ही रहते हैं। उन दिनों अपने घर बिहार वापस चला जाता हूँ।"

"तो इन महीनों में इतना कमा लेते हो कि बाक़ी के चार महीने कट जाएँ?"

"काफ़ी हद तक कमा लेता हूँ, सर जी। मालिक बहुत अच्छे हैं। थोड़ा-सा ही किराया लेते हैं और मैं जो भी सामान कहता हूँ वह भी मँगवा के डाल देते हैं। हालाँकि यहाँ रहना जान का जोखिम है। कभी-कभी बारिश और तूफ़ान हद के बाहर हो जाता है और कभी अकेले डर भी लगता है। अब सब लोग तो भले नहीं होते न, पर ज़िंदगी का फिर भरोसा भी क्या है! होने को तो क्या नहीं हो सकता दुनिया में और किसके साथ नहीं हो सकता और कहाँ नहीं हो सकता!

जान का जोखिम तो हर जगह है। आज है, कल नहीं।"

उसकी दार्शनिक बातें सुनकर हम दोनों मुस्कराने लगे। वह वेल्डिंग का सामान लेकर बाइक की तरफ़ बढ़ गया। वह जब काम कर रहा था मैंने इशारे से क़ितारा से कहा कि वह आराम करे। मैं ख़ुद उस दार्शनिक लड़के के पास जा बैठा और उसकी बातों में दिलचस्पी लेने लगा। वहाँ से गुज़रने वाले लोगों के साथ उसके अनुभव कैसे रहते हैं, यहाँ और क्या-क्या होता है वही सब बातें। हम दोनों धीरे बात कर रहे थे ताकि क़ितारा जो अब आँखें बंद करके उस तख़्त के कोने पर लेट चुकी थी, को हमारी आवाज़ से कोई परेशानी ना हो और वह थोड़ा आराम कर पाए। मैं बीच-बीच में मुड़कर उसकी तरफ़ देख लेता था। उसकी आँखें बंद थीं। वह तख़्त के कोने पर घुटनों में सिर दिए लेटी थी। ग्रीस की गंध से भरा हुआ वह गैराज और उस पर भी वह गंदा-सा तख़्त जिसके आस-पास दुनिया भर का सामान बिखरा था, वहाँ वह बेसुध छोटे बच्चे की तरह सो गई थी। कैरियर तो उस लड़के ने दस मिनट में ही दुरुस्त कर दिया था, पर मैंने जब क़ितारा की तरफ़ देखा तो वह इतनी गहरी नींद में थी कि मेरा मन ही नहीं किया कि उसे उठाऊँ। पर सूरज अपनी ढलान पर था, आधे घंटे बाद मुझे उसे उठाना ही पड़ा।

"उठो जानाँ, आधा घंटा हो गया तुम्हें सोए हुए।" मैंने उसे हिलाते हुए कहा।

वह चौंककर उठी, "आधा घंटा! कैरियर लगने में इतनी देर लग गई?"

"नहीं कैरियर तो दस मिनट में ही लग गया था, पर तुम इतनी गहरी नींद में थीं कि मैंने तुम्हें उठाया नहीं। तुम जिस तरीक़े से इस गंदे तख़्त पर भी बेसुध सोई हुई थीं, साफ़ ज़ाहिर था कि भयंकर थक चुकी हो; इसलिए मन नहीं हुआ तुम्हें उठाने का। हाँ, अगर अब और लेट किया तो सूरज ढल जाएगा। और फिर इन ख़तरनाक पहाड़ों में बाइक चलाना बिल्कुल सेफ़ नहीं है। हालाँकि मेरे लिए कोई मुश्किल काम नहीं है, पर मुझे पता है, तुम पहाड़ों में रात को ड्राइव से डरती हो।"

"मैं रात से नहीं डरती, न ही रात में पहाड़ों पर ड्राइव से डरती हूँ। मुझे यह बात घबराहट से भरती है कि रात को कुछ होगा तो मदद भी नहीं मिल सकेगी। हालाँकि मदद तो दिन में यक़ीनन मिलेगी ही, यह भी नहीं कहा जा सकता, पर फिर भी दिन में लोग तो निकलते हैं। रात में तो कोई भी नहीं।"

मैं उसको ध्यान से देख रहा था। मैं जानता था कि वह यह सब बस कहने के लिए कह रही है। उसने यक़ीनन होम्स से तुर्की तक का सफ़र रातों को छुप-छुपकर किया है और बहुत सारी परेशानियों का सामना किया है। वही सब डर उसके अंदर बैठा हुआ है, पर मैंने उससे कोई सवाल-जवाब नहीं किया।

"चलो चलते हैं अब।" उसका हेलमेट हाथ में उठाते हुए मैंने कहा।

वह तख़्त से उठ गई। अभी भी उसकी आँखों में नींद झूम रही थी। उसने दुकानदार से पानी माँगा और आँखों पर छींटे मारे। वापस अपना बंदाना सिर पर बाँधा। सनग्लास लगाए, हेलमेट पहना। मैं उसे यह सब करते हुए एकटक देख रहा था। उसने इशारे से पूछा, "क्या देख रहे हो?"

मैंने अँगुली की तर्जनी और अँगूठे से इशारा किया कि 'सुंदर लग रही हो।'

वह खिलखिलाकर हँस दी और धूप में चाँदनी बिखर गई। मैं चाहता था वह चाँदनी और गाढ़ी हो जाए। मैंने उसे और हँसाने के लिए बिल्कुल उसी के तरह अपना बंदाना लगाया, सनग्लासेस पहने फिर हेलमेट लगाया... और चाँदनी सच में गाढ़ी हो गई।

कुछ पलों बाद वह चाँदनी बाइक पर मेरे पीछे मुझसे लिपटकर काँधे पर सिर टिकाए बैठी थी। थोड़ी दूर जाने के बाद उसने मुझसे अचानक पूछा, "जब मैं सो रही थी, तुम क्या कर रहे थे?"

मैं सकपका गया। "तुम जाग रही थीं क्या?"

"सवाल पहले मैंने किया है। पहले तुम जवाब दो। क्या कर रहे थे तब?"

"कुछ नहीं, बस तुम्हें प्यारे बच्चे-सा सोते हुए देख रहा था।"

"क्या देख रहे थे?"

"तुम जानती हो, जब तुम सोती हो, तब भी तुम्हारी आँखों की पुतलियाँ हिल रही होती हैं। तुम्हारी पलकें हल्का-हल्का पंखा झलती हैं। कभी-कभी तुम्हारे होंठ भी मुस्कराते हैं और वे तब इतने ख़ूबसूरत लगते हैं कि..." मैंने बात अधूरी छोड़ दी।

रियरव्यू मिरर में मुझे वह इस बात पर थोड़ी असमंजस में लगी, पर फिर उसने एकदम से दोबारा पूछा, "जब मैं गहरी नींद में थी तो तुमने कोई शरारत नहीं की न?"

"तुमको क्या लगता है?"

"मुझे लगता है की तो होगी।"

उसने इस अदा से कहा कि मैं हँस पड़ा, "सच सुनना है?"

"एकदम सच सुनना है।"

"तुम इतनी गहरी नींद में थीं कि मैं नहीं चाहता था तुम्हारी नींद ख़राब हो, पर अब तुम हो ही इतनी ख़ूबसूरत कि इतनी गहरी नींद में भी मुझे चुंबक की तरह अपनी तरफ़ खींच रही थीं। मैंने बहुत चाहा कि ऐसा ना करूँ, पर मेरा दिल मेरे बस में बिल्कुल नहीं रहा। मैंने उस दुकानवाले को एक बार फिर से अपने लिए पानी लाने भेजा और उसी पल हौले से सोते हुए दो गुलाबी फूल छू लिए।" मैं कह तो गया; लेकिन लगा कि शायद नहीं बताना चाहिए था।

वह तुरंत ही बोल उठी, "हद है यह तो!"

"तुम्हें बुरा लगा?"

"बुरा! बुरा लगा कि नहीं इस बारे में तो बाद में बात करेंगे, पर मैं हैरान इस बात पर हूँ कि मेरी अँगुली तक को कोई हल्का-सा छुए, तो मैं गहरी नींद से चौंकके उठ जाती हूँ। ऐसा कैसे हुआ कि तुमने ऐसे छुआ और मुझे पता भी नहीं चला!"

अब मैं भीतर तक मुस्करा दिया, "वह इसलिए क्योंकि तुम बेहद थकी हुई थीं। धूप से तुम्हारा हाल ख़राब हो चुका था। तुम बेसुध इतनी गहरी नींद में थीं कि उस वक़्त मैं तुम्हें अगर गोद में उठाकर कहीं और भी ले जाता, तो तुम्हें वह भी पता नहीं चलता।"

"अच्छा जी! रहने दो। ऐसा नामुमकिन है। तुम झूठ बोल रहे हो। तुमने ऐसा कुछ नहीं किया। अगर किया होता तो मेरी नींद ज़रूर खुल जाती।"

मैं हँसने लगा। समझ गया कि वह जानबूझकर उस लम्हे को नकार रही है। उसका हाथ मेरे सीने पर था। मैंने अपने हाथ में लेकर बेहद अपनेपन से उसका हाथ दबाया और इतना बहुत था यह बताने के लिए कि मैं झूठ नहीं बोल रहा।

और इस दफ़ा मैंने नहीं उसने ही बात बदल दी, "देखो तो सूरज थोड़ा नीचे आ गया है। हवा में भी अच्छी ठंडक शुरू हो गई है।"

"हाँ पहाड़ों में सूरज बहुत तेज़ी से ढलता है। हम इस समय काफ़ी ऊँचाई पर हैं। थोड़ी देर में सूरज उस पहाड़ के पीछे डूबेगा और पहाड़ के इस हिस्से में एकदम से रात हो जाएगी।"

“हमारा अगला पड़ाव कहाँ होगा?”

“देखते हैं कहाँ तक पहुँच पाते हैं। मुझे लगता नहीं कि काज़ा तक पहुँच पाएँगे, शायद बीच में कहीं रुकना पड़े।”

चांगो से कोई तेरह किलोमीटर आगे जाकर सुमडो चेक पोस्ट आया। इस चेक पोस्ट पर वो हर वाहन का नंबर नोट कर रहे थे और आने वाले लोगों का विवरण भी।

मैंने क़ितारा को बताया, “सुमडो से चीन की सीमा पर जाने के लिए कौरिक बॉर्डर बहुत नज़दीक पड़ता है, मात्र सत्रह किलोमीटर। कौरिक वाले मार्ग पर सेना के बैरियर हैं। वहाँ जाना आसान कार्य नहीं है। सुमडो में चीन से एक नदी स्पीति में भी आकर मिलती है।” वह बिना कुछ बोले चुप मेरी बातें सुनती रही।

कोई दस मिनट वहाँ पर भी लग गए। जब मैं हमारी सारी जानकारी लिखवा रहा था तब क़ितारा के चेहरे पर एक अजीब उलझन और परेशानी झलक रही थी। सब जानकारी देने के बाद बाइक पर बैठते हुए मैंने पूछा, “क्या हुआ तुम्हें? बहुत बेचैन दिख रही हो।”

“कुछ भी तो नहीं। काम हो गया?”

“हाँ बस बाइक और अपनी जानकारी देनी थी, दे दी। कोई ख़ास वजह नहीं है, पर सुरक्षा के लिहाज़ से यह ज़रूरी प्रक्रिया है। पर तुमको क्या हुआ अचानक, यह बताओ?”

“अभी चलो यहाँ से। रास्ते में बात करते हैं।”

वह बहुत अजीब तरीक़े से सहमी हुई थी। मैंने बिना कोई और सवाल किए बाइक स्टार्ट की और उसका हेलमेट उसकी तरफ़ बढ़ा दिया। वह तेज़ी से बैठती हुई बोली, “चलो बस यहाँ से जल्दी।”

इस बार वह जिस अधीरता से बोली उसके लहजे में घबराहट, कँपकँपी साफ़ पता चल रही थी। सुमडो से ताबो अट्ठाईस किलोमीटर था। यहाँ से सड़क एकदम साफ़ थी और घुमाव कोई बहुत ख़तरनाक नहीं थे तो पौने घंटे में ही हम ताबो पहुँच चुके थे। जब से सुमडो से चले थे क़ितारा एकदम चुप थी। मैंने बात करने की ग़र्ज़ से उसे वहाँ के बारे में बताना शुरू किया–

“क़ितारा, इस जगह का नाम ताबो है। यह अपनी ख़ूबसूरत मोनेस्ट्रीज़ के लिए बहुत प्रसिद्ध है। ताबो एक प्रसिद्ध बौद्ध मठ ताबो गोम्पा के चारों तरफ़

बसा हुआ है। यह मठ हिमालय क्षेत्र का दूसरा सबसे महत्त्वपूर्ण मठ माना जाता है। स्थानीय लोगों के अनुसार इस मठ का निर्माण 996 ई. में हुआ था। मिट्टी की झोपड़ियों से भरा यह गाँव सुंदर आकर्षण अपने में समेटे हुए है। आमतौर पर मठ पहाड़ियों पर बने होते हैं। लेकिन इसके विपरीत ताबो मठ पहाड़ियों के बीच एक समतल घाटी में बसा हुआ है। सुना है मठ की दीवारों पर चित्र और प्लास्टर की मूर्तियाँ बनी हुई हैं। महाराष्ट्र की अजंता की गुफाओं से प्रेरित होकर लोग इसे 'हिमालय का अजंता' भी कहते हैं। यह स्पीति घाटी का सबसे बड़ा बौद्ध मठ परिसर है। इसे 'ताबो चोस कोर मठ' के नाम से भी जाना जाता है।"

मैं ताबो के बारे में जो कुछ भी उसको बता रहा था, साफ़ महसूस कर रहा था कि वह सुनकर भी नहीं सुन रही थी। कहीं खोई हुई थी।

"यह सब देखने के लिए ताबो अभी रुकना चाहोगी या काज़ा से वापसी में कल देखें?"

"जैसे तुम्हें ठीक लगे। मुझे तो इस बारे में क्या ही पता है!"

"तुम्हें नदी किनारे बैठना पसंद है ना?"

"हाँ बहुत ज़्यादा।"

"ताबो पूरा स्पीति किनारे ही है। आओ फिर आगे चलकर कहीं-न-कहीं सड़क नदी के बिल्कुल साथ होगी, तब कहीं बैठेंगे।"

"हाँ यह सही रहेगा। मेरा बहुत मन है कि ठंडे पानी में पैर डालकर कुछ देर शांत बैठ सकूँ।"

"ठीक है फिर यही करते हैं। यहाँ पर कल वापसी में रुककर यह सब देखेंगे। अभी काज़ा की तरफ़ निकलते हैं। कुछ समय स्पीति के किनारे बैठेंगे फिर काज़ा निकल जाएँगे। पर अभी यहाँ ताबो में थोड़ा-सा कुछ ले लो। तुम उतरकर थोड़ा पैदल भी चलो, हाथ-पैर खुल जाएँगे।"

वह बाइक से उतर गई, पर चलने के बजाय वहीं सड़क किनारे बनी पटरी पर बैठ गई। मुझे उसकी फ़िक्र होने लगी। वह बिल्कुल ठीक नहीं लग रही थी। मैं वहीं एक दुकान से चिप्स का पैकेट और कोक ले आया। हम दोनों कुछ समय पटरी पर चुपचाप बैठे रहे। वह अब भी गुमसुम-सी, आते-जाते लोगों को देख रही थी। दस मिनट बाद हम वहाँ से उठ गए। कोई पंद्रह किलोमीटर आगे जाकर सड़क के बाईं तरफ़ थोड़ा कच्चा था। थोड़ी ढलान थी, पर छोटी-बड़ी

काफ़ी चट्टानें भी थीं। हालाँकि क़ितारा ने रोका भी कि यह बहुत ऊबड़-खाबड़ है और बीच में इतने बड़े-बड़े पत्थर हैं इस पर बाइक कैसे चलाओगे, पर मेरे लिए यह मुश्किल नहीं था। मैं उसे हँसाने के लिए गाने लगा- "ज़िंदगी एक सफ़र है सुहाना.. यहाँ कल क्या हो किसने जाना।" मैंने किशोर कुमार की नक़ल उतारते हुए इडलू हूडलू जैसी अजीब तेज़ आवाजें निकालीं और बाइक को कच्चे में उतार दिया। बाइक इस तरह हिचकोले ले रही थी कि वह भी हँसने लगी

"डर रही हो या ख़ुश हो?"

"दोनों।"

"डरो मत, गिरने नहीं दूँगा तुम्हें।"

कुछ मिनटों बाद हम नदी किनारे बैठे थे। उसने वही बच्चों की-सी तेज़ी से जूते-जुराब उतारे, हेलमेट पहले ही उतार चुकी थी और स्पीति नदी के पानी में पैर डाल दिए। जैसे ही डाले वैसे ही उछलकर पीछे हट गई।

"उफ़! यह तो बहुत ठंडा है।"

"हाँ तो तुम बर्फ़ीले पहाड़ों से बहकर आ रहे पानी में पैर डाल रही हो। इतनी ऊँचाई पर तो पानी ठंडा ही होगा न।"

वह फिर से पानी में घुस गई।

"पर मुझे तो अच्छा लग रहा है। तुम भी आ जाओ।"

"मुझे इतने ठंडे पानी में पैर डालने का कोई शौक़ नहीं है। यह काम तुम ही करो।"

मैं एक बड़ी-सी चट्टान पर पसरता हुआ बोला। वह स्पीति किनारे एक पत्थर पर बैठ, पानी में पैर डालती-निकालती, डालती-निकालती, बच्चों की तरह अठखेलियाँ करती रही। प्रकृति का नज़ारा तो जो था वह था ही, पर इस समय उन नज़ारों के बीचोबीच उसको यूँ बच्चों की तरह चहकते देखना मेरे लिए बहुत बड़ा सुकून था। मैं अपनी आँखों में इस मोहक दृश्य को बूँद-बूँद भर रहा था।

वह हँसती-मुस्कराती गुनगुनाती रही और मैं अलसाया-सा चट्टान पर अधलेटा, नीचे मिट्टी पर अँगुली से उसका नाम उकेरने लगा। थोड़ी देर बाद मेरा ध्यान गया कि वह अब चुप है और मुझे बहुत ध्यान से देख रही है। मिट्टी पर अपना नाम देखकर वह मुस्करा रही थी, पर उसकी मुस्कराहट में छिपी उदासी साफ़ पढ़ी जा सकती थी।

"क़ितारा, जब से सुमडो से चले हैं तुम ठीक नहीं हो। उस चेक पोस्ट को देखकर अचानक क्या हो गया था तुम्हें? जो कुछ मन में है कह डालो वरना मैं जानता हूँ तुम सहज नहीं हो पाओगी। इतनी सुंदर जगह है। इतनी दूर लाया हूँ। मैं चाहता हूँ तुम यहाँ प्रकृति की इस अद्भुत संरचना, इसके कण-कण को मन से महसूस करो। पर उसके लिए मन में जगह बनानी ज़रूरी है। जो भी तकलीफ़ भीतर हूक रही है, उसे बाहर निकालो क़ितारा।"

वह कुछ देर चुप बैठी सामने बर्फ़ से ढके पहाड़ों को ताकती रही। उसके चेहरे पर बहुत सारे भाव आ-जा रहे थे। जब उसने वे भयानक सच मुझे बतानें शुरू किए, गहरी तकलीफ़ की छाया उसके उजले चेहरे को स्याह कर रही थी।

"त्रिजल, उस चेक पोस्ट पर मुझे असद के तानाशाही राज में चेक पोस्ट के नाम पर खड़े किए गए उन दरिंदों की याद आई जो सरकारी फ़रमान के नाम पर पिशाच होने की हद तक बर्बर थे। मैं सीरिया से तुर्की बेहिसाब मुश्किलों और भयानक अनुभवों से गुज़रकर पहुँच पाई थी। मेरे देश की बर्बादी शुरू होने के बाद लाखों लोग पड़ोसी देशों की तरफ़ शरण लेने भागे। शुरू में पड़ोसी मुल्कों ने फिर भी आने दिया, बाद में धीरे-धीरे सब ने अपने बॉर्डर और दिल बंद कर लिए। मैं भी उन्हीं लाखों लोगों में से एक हूँ जो दूसरे मुल्कों में पनाह लेने के लिए, शरणार्थी का दर्जा पाने के लिए संघर्ष करते रहे। दूसरे विश्व युद्ध के बाद 1948 से 1987 के बीच शरणार्थियों के संबंध में संयुक्त राष्ट्र में मानव अधिकारों को लेकतिर कई समझौते हुए थे। 1951 के जिनेवा समझौते में प्रावधान किया गया था कि नस्लीय, धार्मिक, राष्ट्रीयता, राजनीतिक भेदभाव के कारण अगर कोई व्यक्ति अपने मुल्क लौटने में असमर्थ है, तो उसे उस मुल्क में शरणार्थी का दर्जा मिल सकता है, जहाँ वह रह रहा है। पर किसी भी दूसरे मुल्क में पहुँचना इतना भी आसान नहीं है। बॉर्डर पर बने शरणार्थी कैंपों तक तो आप किसी तरीक़े से फिर भी पहुँच जाते हैं, पर वहाँ से पार पाना बेहद कठिन है। शरणार्थी कैंपों का हाल तो इतना बुरा है कि वहाँ होना भी एक बहुत बड़ी त्रासदी है। पता है त्रिजल, सीरिया की जेलों में ही नहीं बल्कि राहत कैंपों में भी औरतों का यौन शोषण किया जाता है। राहत कर्मी भोजन भी सेक्स के बदले देते हैं। सीरियाई लड़कियाँ, औरतें हर तरफ़ से यौन हिंसा का शिकार हो रही हैं। सरकार के द्वारा भी, आईएसआईएस के लोगों के द्वारा भी। बेबसी के वे मंज़र इतने भयावह थे

कि मैं इस तरह वर्दी में चेकिंग के नाम पर पूछताछ करते लोगों से बहुत सहम जाती हूँ। जेल में होने वाले बलात्कारों से तो मैं बच गई, पर इन शरणार्थी कैंपों में अपने ऊपर होने वाले आए दिन के यौन हमलों से बचना मेरे लिए भी नामुमकिन होता जा रहा था। एक समय तो ऐसा आया था कि मैंने ठान लिया था कि जीने की इतनी जद्दोजहद करने से तोख़ुदकुशी करना ज़्यादा सही है। महज़ पाँच साल में कोई देश खंडहर में कैसे तब्दील होता है इसकी दहकती हुई मिसाल है सीरिया। आईएसआईएस और विद्रोहियों के साथ ख़ुद सीरिया की सरकार ने भी अपनी मुल्क के सीने पर इतने बम गिराए हैं कि कितने भरे-पूरे शहर खंडहर में तब्दील हो चुके हैं। सीरिया का तीसरा सबसे बड़ा शहर होम्स विद्रोहियों का केंद्र बना और फिर तबाही का भी। मेरा घर होम्स में ही था। घर... जिसके अब अवशेष तक भी शायद नहीं बचे होंगे।

"2011 तक इस शहर में दस लाख लोग बसते थे। शहर के लोग बेहद ज़िंदादिल थे और खुलेपन से जीते थे। यहाँ तक कि औरतें भी बिना हिजाब यानी बिना पर्दे के मर्दों के साथ बाहर आती-जाती थीं। लेकिन 2011 से सब बदल गया। सेना ने सबसे ज़्यादा ग़दर इसी होम्स शहर में मचाया और इस शहर का नाम क्रांति की राजधानी रख दिया। चौतरफ़ा बमों की बारिश ने 95 फ़ीसदी होम्स शहर को खंडहर बना दिया। हज़ारों लोग मारे गए, बाक़ी जान बचाने के लिए अपना घर छोड़कर महफ़ूज़ ठिकानों की तरफ़ निकल गए। मेरे शहर होम्स का इतिहास दो हज़ार साल पुराना है। वहाँ का कल्चर सबके लिए बहुत कौतूहल का विषय रहा है। 2010 तक कितने सैलानी आया करते थे। बाद में सब कुछ ख़त्म होता चला गया। पूरे शहर पर जैसे असद की फ़ौज का क़ब्ज़ा हो गया। इन यूनिफ़ॉर्म में खड़े सिपाहियों को देखकर, चेकिंग पोस्ट को देखकर भीतर-भीतर मेरी रूह काँपने लगती है। जिस्म पर अनगिनत अँगुलियों की शक्ल में छिपकलियाँ रेंगने लगती हैं। कीचड़ और मिट्टी में रात के अँधेरों में घिसट-घिसट के कँटीले तारों के नीचे से निकलना याद आता है। क्या-क्या बताऊँ और क्या छोड़ूँ! सोचने लगती हूँ तो लगता है मैं पागल हो जाऊँगी।"

मैं चुपचाप सुनता रहा। कुछ नहीं बोला। इन पीड़ाओं की कोई सांत्वना हो भी कहाँ सकती थी! कुछ देर चुप्पी रही। वह फिर अपने होम्स को याद करती हुई बोलने लगी।

"जिस दिन होम्स पर लगातार बम गिराए जा रहे थे, मैं उस दिन की दहशत से बाहर नहीं निकल पाती। उस समय दिमाग़ ने काम करना बिल्कुल बंद कर दिया था। कुछ सोचते-समझते, उससे पहले ही पलक झपकते सब कुछ तबाह हो गया। एक तेज़ धमाके के साथ जैसे कोई ज़लज़ला आया। एक-एक करके घर के हिस्से धड़धड़ाते हुए गिरने लगे। क्या ढहा, क्या नहीं, कुछ होश नहीं। जब होश आया, भाई मुझे उस मलबे में से निकाल रहा था। मैं बुरी तरह चीख़ रही थी। बाबा और बाक़ी दोनों बड़े भाई उसमें ख़त्म हो चुके थे। बाद में छोटा भाई कुछ दोस्तों की मदद से मुझे लेकर अल्लेपो की तरफ़ बढ़ गया। वहाँ से तुर्की का बॉर्डर काफ़ी नज़दीक पड़ता है। कुछ लोगों की मदद से और बचा-खुचा अपना सब कुछ रिश्वतों में लुटाकर, ढेरों यातनाएँ झेलकर वहाँ पहुँच पाए थे हम। कितनी मशक़्क़त और कितने महीने लग गए थे हमको बॉर्डर के पार पहुँचने का इंतज़ाम करने के लिए। लेकिन ठीक बॉर्डर को पार करते ही एक गोली भाई के सिर के आर-पार हो गई... मेरी ज़िंदगी का सबसे भयानक मंज़र था वह। मेरे देखते-देखते भाई के पूरे चेहरे पर ख़ून फैल गया। एक गोली मेरा भी कान छूकर निकली थी। मैं जाने कब तक बेहोश रही, पर जब होश आया तो भाई...

"मैं जितनी दूर तक उसके शरीर को घसीट सकती थी, अपने साथ घसीटती रही। पूरे एक दिन, मैं उसके बेजान शरीर के साथ रही। उसका शरीर नीला पड़ गया था और होंठ काले। शरीर अकड़कर फूलने लगा था, पर मैं उससे अलग होने के बजाय उससे लिपटे-लिपटे मर जाना चाहती थी। पर ख़ुदा को कुछ और ही मंज़ूर था। अगले दिन कुछ लोगों ने, जो हमारी तरह सरहद पार से आए थे, मुझे देख लिया। उनमें एक अधेड़ उम्र की औरत भी थी जो मेरी माँ को जानती थी। उन्होंने मुझे पहचान लिया। उन सबने बदहवासी के उस आलम में मुझे सहारा दिया। वहाँ से निकाला और अपने साथ तुर्की लेकर आए। उसके बाद का तो तुम शायद जानते ही हो कैसे आदित्य भाई से संपर्क हुआ और वह मुझे फिर तुर्की से हिंदुस्तान ले आए।"

बोलते-बोलते वह हाँफने लगी तो मैंने उसे टोका, "थोड़ा साँस ले लो क़ितारा और पानी पियो। बुरा समय अब बीत चुका है।"

"बीत चुका! क्या सचमुच! वह सब बीतकर भी नहीं बीता है त्रिजल। उस

मुल्क के ज़ख़्म रिस-रिसकर नासूर बन रहे हैं। मैंने ठान रखा है कि मैं वापस जाऊँगी। मैंने डॉक्टरी की पढ़ाई की है। मुझे जाकर अपने लोगों की मदद करनी है। वहाँ मेरे जैसों की बहुत ज़रूरत है। ख़ून से लिथड़े, बर्बादी के कगार पर खड़े वहाँ के अवाम को मरहम की ज़रूरत है। मेरे बाबा डॉक्टर थे। मैंने देखा है अस्पताल में बमबारी के बाद भागते, चीख़ते-चिल्लाते लोगों को। किसी का हाथ नहीं, किसी का पैर नहीं, तो कोई माँ अपने बच्चे के कटे-फटे शरीर को अपने हाथों में समेटे पागलों-सी भीख माँग रही कि किसी तरह से उसके बच्चे को बचा लिया जाए। क्या-क्या तो नहीं देखा त्रिजल मैंने। फिर भी मैं वापस जाना चाहती हूँ। जितनों की भी ज़िंदगी बचा पाऊँगी, बचाना चाहती हूँ। मैं अपने मुल्क वापस ज़रूर जाऊँगी। मैं तब भी रुकना चाहती थी, पर हालात ऐसे बिगड़ते चले गए कि वहाँ से निकलना ही पड़ा। लेकिन अब मुझे वापस जाना है। मुझे नहीं पता उस मलबे में... वहाँ पर घर का मलबा भी अब बचा है कि नहीं यह भी तो नहीं पता! पर मुझे देखना है उस जगह को फिर से। मुझे तो अपनों के जिस्म भी नसीब नहीं हुए कि मैं एक अदद क़ब्र बनाकर फ़ातिहा पढ़ सकूँ और फिर माँ... मेरी हिंदू माँ जिनको उनके मज़हब में बने रहने से बाबा ने कभी नहीं रोका, वह हमेशा कहती थीं कि जब मैं मर जाऊँगी, तो मुझे दफ़नाना नहीं, मेरी राख ले जाकर हिंदुस्तान में गंगा नदी में बहा देना। राख न सही, पर उस जगह की मिट्टी लाऊँगी जहाँ मेरा घर था, और फिर से तुम्हारे देश लौट के आऊँगी उसे गंगा में प्रवाहित करने। मुझे जाना है। मुझे अपने लोगों की मदद करनी है।"

मैं अब अवाक् उसे सुन रहा था। उस लड़की में देशप्रेम का जज़्बा इस क़दर कूट-कूटकर भरा हुआ है, इसका अंदाज़ा नहीं था मुझे! मुझे लगा था कि वह एक तबाह हुए देश की सताई हुई लड़की है जो बहुत दुख सहकर आई है।पर इतने ज़ुल्म सहने के बाद भी उसके भीतर इतनी मज़बूती रह गई है कि वह फिर से जाकर अपने लोगों की मदद करना चाहती है! मैं हैरानी से और बेहद गर्व के साथ अब उसे देख रहा था। उस समय उसकी आँखें मुझे किसी ठंडे पठार जैसी सख़्त दिख रही थीं। उसकी निगाह पानी पर होती हलचल पर ठहरी हुई थी। वह अपने आस-पास के कंकड़ उठाकर पानी में फेंकने लगी। पत्थर फेंकते-फेंकते वह रुकी और मेरी तरफ़ देखकर कहने लगी-

"तुमको पता है मैं एक अरसे से नहीं रोई। कल रात जाने क्या हुआ जो

डर के फूट-फूटके तुम्हारे पास रोती चली गई। त्रिजल, मैं उन दिनों की बेबसी पर रोना चाहती थी, पर मुझे रोना नहीं आता था। कम-से-कम उन बातों पर तो बिल्कुल नहीं जिन बातों पर रोना चाहिए। भीतर-भीतर किसी मरे हुए अवसरवादी गिद्ध का मातम है क्या यह! यह सीधे तौर पर दुख को न स्वीकार कर, सर्दी की ठिठुरती रात में और कुछ इंतज़ाम न हो सका, तो चिता की आग से ख़ुद को सेंकने जैसा मातम है क्या! निस्संग होना, अपने में बंद हो जाना और दूसरों के दुख के प्रति उदासीन हो जाना, क्या मैंने अपनी जान बचाकर यूँ भाग आने पर यही किया है! पता है, इस उदासीनता को जिस दिन हम अपना हासिल मान लेते हैं न, तब हम इंसान अपने जीवित जिस्म में मरी रूह लिये फिरते हैं। हमें अपने 'न होने' में ऐसे होने का क्या हक़ है त्रिजल! पर हम हैं अपनी पूरी बेशर्मी के साथ हाज़िर, हर उस वक़्त में जहाँ हमें ग़ैरहाज़िर होना था और हमेशा वहाँ ग़ैरहाज़िर जहाँ हमारी मौजूदगी ज़रूरी थी। लानत है ऐसे गिद्ध प्रेम पर, जो भीतर-भीतर पल रहा है। पर यह भीतर क्यों है! यह वह सवाल है जिसमें हज़ारों सुइयाँ हैं रात-दिन बेधती हुईं, पर जवाब कहीं से नहीं रिसता। क्या इन दिनों जीवन के प्रेम में होना और मातम में होना एक ही बात हो गई है! ऐसा है तो यह बात बिल्कुल सही नहीं। प्रेम में पीड़ा मंज़ूर है। मातम नहीं। त्रिजल, अपने ईश्वर से कहो, उसे अपनी पोथियाँ फिर से बाँचनी चाहिए। यह न्याय हरगिज़ नहीं है।

"मैं शर्मिंदा हूँ कि मैं भाग आई। हाँ... मैं भाग आई कि जेल और शरणार्थी कैंपों में मिली उन भयानक यातनाओं से मैं भी टूट चुकी थी। उन दिनों मैं जब सोती तो नीम नींद में अक्सर ही एक चार पैर वाले रैप्टाइल में बदल जाती थी। अँधेरा बहुत होता था। इतना अँधेरा कि ठीक से दिखाई भी नहीं देता कि मैं छिपकली हूँ काली धारियों वाली या कोई झुर्रियों वाली गिरगिट या कोई तीसरी क़िस्म की घिन्नाती कोई जीव!"

उसने आँखें बंद करके एक गहरी साँस ली, फिर उसके बाद जो उसने कहा, उसने तो मेरे चीथड़े ही उड़ा दिए।

"उस रात मैं एक चेक पोस्ट पर फँसी थी। जीवन में उस रात से भयानक और कुछ नहीं हो सकता। उस सैनिक ने मेरे हाथ पीछे बाँध दिए और ज़बरदस्ती मेरे मुँह में... तभी वहाँ आईएसआईएस के लड़ाकों ने हमला कर दिया। इस अफ़रातफ़री में, मैं और मेरे साथ की सब लड़कियाँ भाग निकलीं। वो रात

बीतकर भी नहीं बीती। आज भी नीम नींद में मेरे मुँह में मांस के टुकड़े भर जाते हैं। कच्चे गोश्त के टुकड़े। एक लंबा टुकड़ा मेरे हलक में बार-बार फँसता है। ओरल सेक्स की ज़हालत भी बलात्कार ही है त्रिजल। बल्कि उससे भी बदतर। मेरी आँखें बाहर आने को होने लगती हैं। मैं उसे थूक देना चाहती, पर वह मुँह में चिपक जाता। मैं छटपटाती हूँ, तो मेरा शरीर झटके से पलट जाता है। मैं फिर पीठ के बल होती हूँ जिसके हाथ-पैर हवा में ऊपर रस्सी से बाँध दिए गए थे। मेरी नाभि के ऊपर जलते हुआ अंगारे रखे होते। मेरा माथा पिघलकर मेरी आँखों में भरने लगता और मैं ज़ोर से चीख़ती... पर हर बार... बिना चीख़े ही नींद से उठ जाती थी। शरीर के रूदन में आत्मा का विलाप होम हो रहा है। 'मूक चीख़ें' सुनी हैं तुमने कभी, त्रिजल? मूक चीख़ें... कितना विरोधाभासी शब्द है न! मेरे मुल्क की चीख़ें मूक हो गई हैं। तुम देखना ख़ुदा को इन्हीं चीख़ों ने ज़िंदा करना है एक दिन।"

वह लगातार बोल रही थी और मैं सदमे से सन्न उसको देख रहा था। कितना कुछ उसके भीतर भरा हुआ था। ओरल... उफ़्फ़!

मैं तेज़ी से उठा और उसे कसकर गले लगा लिया। उसका शरीर जैसे किसी पत्थर में तब्दील हो चुका था। वह बिल्कुल जड़ थी। उसकी हालत देखकर उस पल मुझे ख़ुद के भीतर वही भयानक पीड़ा महसूस हुई, जो मैंने कबीर को खोते हुए महसूस की थी। उस पल ने मेरे अंदर इतना गहरा डर जगाया कि मेरे भीतर का हर भाव जो मैंने अब तक छुपा रखा था, उमड़ आया। मैं उसे लगातार चूमने लगा। माथे पर, आँखों पर, गालों पर, कानों पर, गर्दन पर लगातार... बार-बार।

आख़िरकार उसकी देह थरथराई और वह फूट-फूटकर रोने लगी। एक-एक करके बहुत सारे लम्हे शाम की झोली से गिरने लगे। आँसुओं के साथ-साथ नदी से उठती नमी भी बढ़ने लगी थी। बहुत देर वह मेरी बाँहों में रोती रही और मैं उसे चूमता रहा, फिर धीरे-धीरे उसे ख़ुद में समेटे हुए बाइक की तरफ़ बढ़ गया।

उम्मीद की आँखें बड़ी अधीर होती हैं

क़ितारा डायरी

काज़ा– क्या ही अनोखी रात थी वह
जब हम बस झगड़ते ही रहे थे।

"कम ऑन यार! कब तक गुस्सा रहोगी?"

"मैंने तुम्हें पहले ही बताया था, मुझे इस तरह खुलेआम पीना बेहूदा बात लगती है।"

"अच्छा! कब से?"

"ऐसे तंज़ करने से क्या होगा! ठीक है, तुम्हारे साथ उस रोज़ ले ली थी। इसका मतलब यह नहीं है कि अब रोज़ ही लेंगे और सरेआम भी पीना शुरू कर दूँगी!"

"अरे बात का बतंगड़ बनाए चली जा रही हो! तुम समझ क्यों नहीं रही हो यार। मुझे बेहद थकान और ठंड महसूस हो रही है। आज की सारी ड्राइविंग अच्छी-ख़ासी टफ़ और थकाने वाली थी। फिर धूप का हाल देखा था! इतने पथरीले रास्तों पर बाइक चलाकर मेरे हाथों की नसें भी अकड़ गई हैं। इससे मुझे नींद ठीक आएगी और थकान उतर जाएगी। शौक़ के लिए नहीं पी रहा हूँ।"

"पीने वालों के पास पीने के हज़ार बहाने होते हैं। तुम फ़ौजी हो, इससे कहीं ज़्यादा गर्मी और भयंकर ठंड में पड़े रहने के आदी हो, वह भी बेहद मुश्किल हालात में। यह किसी और को बेवक़ूफ़ बनाना कि थकान, धूप या ठंड की वजह से पी रहे हो!"

मेरे यह कहते ही त्रिजल के चेहरे पर कुछ पल के लिए जैसे रौद्र रूप आया, पर जाने क्या सोचकर वह चुप रहा। थक तो मैं भी बहुत गई थी, फिर भी काज़ा पहुँचते ही होटल में सामान रख फ़ौरन बाहर निकलने को राज़ी हो गई थी। त्रिजल ने बताया था कि लाहौल स्पीति का सबसे सुंदर नगर है काज़ा, जो अपने बेमिसाल सौंदर्य, प्राचीन गाँवों और बौद्ध मठों के लिए जाना जाता है। काज़ा में दाख़िल होते हुए मैंने एक बोर्ड भी देखा था जहाँ लिखा था कि समुद्र तल से 3800 मीटर की ऊँचाई पर स्थित काज़ा लाहौल स्पीति का व्यापारिक केंद्र है और इसको ठंडे रेगिस्तान के नाम से भी जाना जाता है। मैं इस जगह को देखने और इसके गाँवों को घूमने के लिए बहुत उत्साहित थी। शाम इतनी बोझिल गुज़री थी कि मैं अब उस गहरी उदासी से बाहर आकर क़ुदरत के जादू को महसूस करना चाहती थी। छोटी-सी जगह में कितनी रौनक़ लगा रखी थी वहाँ के लोगों ने, पर त्रिजल के पीने ने मन ख़राब कर दिया था। मुझे भी जाने क्या ही ग़ुस्सा चढ़ा था! मैं जो बड़ी से बड़ी बात पर भी कोई प्रतिक्रिया नहीं देती, आज बस खीझे, झुँझलाए जा रही थी तो इतनी आसानी से चुप कहाँ होती! फिर शुरू हो गई।

"इस सुंदर-से रेस्तराँ में हम खाना खाने बैठे थे न! देखते-देखते तुमने शराब मँगा ली और यह तीसरा पैग पी चुके हो। मुझसे तो एक बार भी नहीं पूछा तुमने!"

"अच्छा इस बात का ग़ुस्सा है कि तुम्हें शराब ऑफ़र नहीं की!" उसने छेड़ने के अंदाज़ में कहा तो मैं और चिढ़ गई।

"क्या फ़ालतू बात किए जा रहे हो! मेरा मतलब था कि तुमने मँगाने से पहले पूछा तक नहीं कि पियूँ कि नहीं पियूँ। पहले ही मुझे बहुत तेज़ ग़ुस्सा आ रहा है, और मत चिढ़ाओ।"

मेरे इतना कहते ही वह हँसने लगा, "बिल्कुल बीवियों की तरह बर्ताव कर रही हो।"

"अच्छा, तुमको बड़ा बीवियों का अनुभव है!"

"देखे हैं न, दोस्तों की बीवियों के हाल। वैसे इतनी-सी व्हिस्की से मुझे कुछ नहीं होने वाला। खाना खाकर गाँव घूमते हैं।"

"तुम्हारे इतना पीने के बाद क्या खाक गाँव घूमेंगे! मुझसे तो तुम्हारे साथ

यहाँ बैठा तक नहीं जा रहा। घूमने की बात तो रहने ही दो।"

त्रिजल जो अब तक शांत होकर मेरी सब बात सुन रहा था, अचानक ग़ुस्से से भर उठा। उसने सख़्त लहजे में कहा, "जहाँ तक मुझे याद है, हमने जब से यह सफ़र शुरू किया है मैंने तुम्हारी कोई भी बात नहीं काटी है। इस बार अगर ले रहा हूँ, तो बात साफ़ है कि मैं ठीक महसूस नहीं कर रहा।"

मैं कुछ बोलती तभी रेस्तराँ में काम करने वाला लड़का खाना ले आया और मेज़ पर लगाने लगा। मैं इतने ग़ुस्से में थी कि मुँह फेरकर बैठ गई और खाना छुआ भी नहीं। त्रिजल को भूख तेज़ लगी थी। उसने खाना लगते ही खाना शुरू कर दिया, पर अगले कुछ मिनट में उसका ध्यान गया कि मैं खाना नहीं खा रही। पता नहीं उसने क्या सोचा जो एक निवाला बनाया और मेरे मुँह की तरफ़ बढ़ा दिया। मैं जो पहले से ही ग़ुस्से में थी और आगबबूला हो गई, "मैं शायद एक बार पहले भी तुमको बता चुकी हूँ कि मुझे यह पीडीए (पब्लिक डिस्प्ले ऑफ़ अफ़ेक्शन) बिल्कुल पसंद नहीं है। मुझे ये सब चोंचले तमाशा लगते हैं।"

"आज तो भई चंडी सवार है तुम पर। मैं जो भी करूँगा तुम्हें बुरा ही लगेगा। करो फिर जो तुम्हें करना है।" उसने हताशा से कहा और चुपचाप खाना खाने लगा। मैं तब भी ग़ुस्से से भरी बैठी रही और खाने को हाथ नहीं लगाया। थोड़ी देर बाद वह फिर बोला, "तीन दिन से लगातार यात्रा कर रहे हैं और अभी बहुत मुश्किल सफ़र बाक़ी है। शरीर को खाना भी चाहिए। ग़ुस्सा अपनी जगह है, खाना अपनी जगह। अब तमाशा तुम कर रही हो। चुपचाप थोड़ा-सा खा लो। समझदारी से काम लो।"

बात उसकी वाजिब थी। शरीर के लिए खाना बहुत ज़रूरी था। तीन दिन से लगातार बाइक पर सफ़र करने से थकान और कमज़ोरी बढ़ रही थी और फिर भूख तो मुझे भी लगी ही थी। पता नहीं क्यों मैं अपना ग़ुस्सा शांत नहीं कर पा रही थी। मैंने बहुत थोड़ा-सा खाया और उठ गई, "मैं होटल की तरफ़ जा रही हूँ। जब तुम्हारा खाना हो जाए, तब आ जाना।"

"क्या बदतमीज़ी है क़ितारा? थोड़ा-सा खाना बचा है। खाऊँ कि छोड़ दूँ? बैठो चुपचाप। होटल साथ ही वापस जाएँगे।"

इस दफ़ा त्रिजल का लहजा बेहद सर्द और कठोर था। मैं वापस बैठ गई। समझ गई कि अब मैं बात को वाक़ई बहुत ज़्यादा खींच रही हूँ। खाना ख़त्म

करके उसने बिल चुकाया और उठ गया। उसकी आँखों में नींद साफ़ दिख रही थी।

"मुझे नींद आ रही है।" मैं एकदम से बोली।

"अरे अचानक कैसे? तुम्हें तो अभी गाँव घूमना था न!"

"अब नहीं घूमना। नींद आ रही मुझे।"

"अजीब लड़की हो!"

"हाँ हूँ अजीब।"

वह कुछ नहीं बोला। हम दोनों चुपचाप धीरे-धीरे होटल की तरफ़ बढ़ने लगे। काज़ा के उस बाज़ार में रात के साढ़े आठ बजे भी अच्छी रौनक़ थी। बाहर से कुछ और भी बाइक राइडर्स और एडवेंचर लवर्स आए हुए थे। सब घूमते-फिरते मौसम का आनंद ले रहे थे।

हमारा होटल एक स्कूल जैसे कंपाउंड में था। बड़े गेट से अंदर जाकर पहले एक खुला मैदान था फिर बाईं तरफ़ दुकानें थीं। दाईं तरफ़ एक गेस्ट हाउस और सामने हमारा होटल। दुकानों में एक मीट शॉप भी थी। छाल उतारे हुए बकरे और मुर्ग़े टँगे हुए थे, पर वहाँ कुछ और भी ऐसा ज़रूर था जिसकी बेहद बुरी गंध आ रही थी। इतनी तीव्र कि त्रिजल तक को उबकाई आ गई। मुझे तो जैसे मौक़ा मिल गया।

"और पी लेते थोड़ी। अभी तो कम बुरा हाल है!"

उसने मुझे घूरकर देखा– बोला कुछ नहीं। होटल की सीढ़ियाँ एकदम खड़ी थीं। लगभग अस्सी डिग्री के कोण पर, इसलिए बहुत सावधानी से चढ़ना पड़ रहा था। सीढ़ियों में कोई बल्ब भी नहीं लगा था। होटल अच्छा नहीं था। बस ऐसा था कि रात बिताई जा सके। न पानी की सुविधा थी न ही साफ़-सुथरा था। बल्कि जगह-जगह से रंग उतरा हुआ, और दीवारों पर सीलन चढ़ी थी। बालकनी की रेलिंग तक टूटी हुई थी। त्रिजल ने बताया था– इस तरह के सफ़र में ऐसे होटल मिल जाना भी नेमत है। वरना छोटी जगहों और पहाड़ों के अंदरूनी हिस्सों में पहले तो होटल थे ही नहीं। वहाँ पर शराब पीने वाले बहुतायत में हैं यह तो मैंने देख लिया था। शायद ज़िंदा रहने की ज़रूरतों में, ठंड को सहने के लिए वहाँ पर शराब ज़रूरी लगती हो! दूसरी मंज़िल पर अपने कमरे के आगे पहुँच मैंने थकान से दीवार पर टेक लगा लिया और त्रिजल से कहा, "कमरा खोलो।"

उसने कमरे की चाबी के लिए जेब में हाथ डाला और अगले ही पल उसके चेहरे का रंग बदल गया। उसने दूसरी जेब में देखा। फिर से पहली, फिर दूसरी। दो मिनट वह हड़बड़ी में यही करता रहा और फिर उसने हताशा से मेरी तरफ़ देखकर कहा, "चाबी नहीं है। लगता है कहीं गिर गई मुझसे।"

उस रोज़ शाम बाद से ही मुझे कुछ हो गया था। पता नहीं क्या! मुझे बात-बात पर ग़ुस्सा आ रहा था। उसके यह कहते ही कि चाबी गिर गई मैं एकदम बिगड़ गई, "दिमाग़ तो ख़राब नहीं है तुम्हारा! चाबी कैसे गिर सकती है! अब इतनी रात को क्या करेंगे?"

"चाबी तो मेरी जेब में ही थी! कहाँ गई!"

वह मेरे चीख़ने पर बिना कोई प्रतिक्रिया दिए ख़ुद में गुम, जेबों में चाबी ढूँढ़ता रहा।

"जेब में होगी तो मिलेगी न!"

"ऐसा तो नहीं जहाँ खाना खाया वहीं गिर गई हो!"

"त्रिजल, वह रेस्तराँ तक़रीबन एक किलोमीटर दूर है यहाँ से। ठंड बढ़ रही है। रात के नौ बज चुके हैं। थकान की वजह से बुरा हाल है और तुम कह रहे हो कि चाबी वहाँ गिर गई होगी! और जो वहाँ भी नहीं मिली तो! मेरी तो हिम्मत भी नहीं है वहाँ तक जाने की।"

"अरे तो तुमको जाने को कौन कह रहा है! तुम यहीं रुको। मैं यूँ गया और यूँ आया।"

"मैं यहाँ पर अकेले! इस समय!"

"हाँ तो ऐसी कौन-सी बहुत रात हो रही है। वैसे भी पहाड़ों में ऐसा कोई डर नहीं होता। मैं फटाफट चाबी लेकर आता हूँ।"

"रिसेप्शन पर दूसरी चाबी नहीं मिलेगी क्या?"

"काहे का रिसेप्शन! थर्ड ग्रेड होटल है। यह भी मिल गया ग़नीमत समझो। इसका जो केयरटेकर है, वह शाम को ही मुश्किल से ढूँढ़ने पर मिला। तब भी नशे में धुत था। अब तो पता नहीं कहाँ होगा। वह तो जब पहले कमरा दिखाने आया था तब भी उसके हाथ नशे से काँप रहे थे। मैं अपनी ही चाबी ढूँढ़कर लाता हूँ। तुम यहीं इंतज़ार करो।"

मैं कुछ जवाब देती इससे पहले ही त्रिजल सीढ़ियों की तरफ़ बढ़ गया।

कमरों के बाहर जो कॉरिडोर था मैं उसकी रेलिंग पर कोहनियाँ टिकाकर खड़ी हो गई। वहाँ से काज़ा की गलियाँ दिखाई दे रही थीं। अगले ही पल मुझे नीचे त्रिजल दिखा जो सीढ़ियों से उतरकर तेज़ी से उस लोहे के गेट की तरफ़ बढ़ रहा था। पता नहीं क्या वजह थी कि उसको इस तरह अपने से दूर जाते देखकर बेहद घबराहट होने लगी– सिहरन भरी झुरझुरी। मैंने ख़ुद को संयत करने के लिए एक लंबी गहरी साँस ली और अपना ध्यान चाबी गुम हो जाने वाली बात से हटाकर, बीते हुए दिन के बारे में सोचना शुरू किया। सारे दिन का घटनाक्रम आँखों के आगे घूमने लगा था। दिन जहाँ एक बेहद ख़ूबसूरत सुबह के साथ शुरू हुआ वहीं कैरियर टूटने के बाद से मुश्किलें आती ही चली गईं। फिर कौंधा, शाम को नदी किनारे मेरा एक बार फिर से आँसुओं में डूब जाना और त्रिजल का फिर से मुझे सँभालना। पता नहीं मैं उस पर क्यों ग़ुस्सा हो रही थी जबकि वह मुझे लगातार बच्चे की तरह सँभाल रहा था! कहीं मेरे इस तरह बात-बात पर झुँझलाने की यही वजह तो नहीं थी! जिस तरह से मेरा त्रिजल के साथ लगाव बढ़ता जा रहा है और मैं अपनी जज़्बाती ज़रूरतों के लिए उस पर मुनहसिर होती जा रही थी, कहीं भीतर-भीतर यही बात तो मुझे परेशान नहीं कर रही थी! और त्रिजल की कोई ग़लती ना होते हुए भी मैं लगातार उस पर ग़ुस्सा निकाले जा रही थी! किसी भी शख़्स के लिए यह दुख बहुत भारी है कि उसे किसी से बेपनाह मोहब्बत हो जाए और जिससे मोहब्बत हो, वह उसे छोड़ जाए। मैं महसूस कर रही थी कि मैं बहुत गहरा त्रिजल से जुड़ रही हूँ। मैंने उसे जो कुछ भी बताया था, वह सब तो मैं ख़ुद तक से कहने की हिम्मत नहीं कर पाई थी। मेरा अवचेतन मुझे बार-बार आगाह कर रहा था कि अब त्रिजल मुझसे बेज़ार हो जाएगा। आख़िर क्यों कोई मुझ जैसी नापाक लड़की को प्यार करेगा, जिसके साथ इतने ख़ौफ़नाक ज़लालत भरे हादसे बीत चुके हों! दुनिया में कहीं भी चले जाओ, औरत की इज़्ज़त उसके जिस्म से ही वाबस्ता मानी जाती है। कोई कितना भी खुले और बड़े दिल का स्वाँग क्यों न रचाए, पर साथी के काले अतीत की बातें उसके ज़ेहन में कौंधती तो ज़रूर हैं। जज़्बाती होकर त्रिजल ने मुझे उस वक़्त गले से लगा तो लिया, ख़ूब प्यार भी किया, पर जब वह अकेला होगा तब वे सारे हादसे उस पर यक़ीनन हावी होंगे। उस पल मेरे लिए उसके दिल में बेज़ारी ज़रूर पनपेगी। तब वह मुझसे दूरी बनाएगा। यक़ीनन बनाएगा।

तब मैं इस तरह नकारा जाना कैसे बर्दाश्त कर पाऊँगी! इससे तो बेहतर है कि मैं ही ख़ुद को उससे दूर कर लूँ। मेरा तो सीरिया जाना वैसे भी तय है। उससे मन जोड़कर हासिल भी क्या होगा!

मैं अपनी इसी बेबसी की वजह से शायद उस पर इस तरह झुँझलाए जा रही थी। जबकि हर समय इस तरह लड़ते-झगड़ते रहना मेरी फ़ितरत है ही नहीं। पर वह भी तो किस तरह अजीब बर्ताव कर रहा था! मुझे नहीं लगता कि वह शराब का इतना आदी है कि उसे रोज़ चाहिए। फिर उसने इस तरह शराब क्यों ली! मेरे दुख उसको परेशान कर रहे थे! दुख नहीं, मेरे शरीर का इस तरह मैला होना उसको परेशान कर रहा होगा! वर्तमान के साथी का काला अतीत भी हम कहाँ पचा पाते हैं! शायद उसी काले अतीत को अपने गले से उतारने के लिए शराब का सहारा ले रहा हो! मुझे ख़ुद समझ नहीं आ रहा था, मैं क्या करूँ और क्या नहीं! ऐ ख़ुदा, मदद करो मेरी! कहकर मैंने आसमान की तरफ़ नज़रें उठाईं और जैसे उस पल कोई जादू देखा। मैं अवाक् रह गई। पूरा आकाश तारों से इस तरह भरा हुआ था कि नीचे से अगर कहीं हथेली भर टिकाने की जगह ढूँढ़ूँ तो वह भी न मिले। मैंने जीवन में इतने सारे तारे एक साथ इस तरह कभी नहीं देखे थे। लाखों बल्ब जैसे आसमान में टाँग दिए गए हों। मैं वहीं रेलिंग के पास धीरे-धीरे ज़मीन पर बैठ गई और तारों को अपलक निहारने लगी। सारा दिन बाइक पर और अब इतना चलने के बाद घुटने और पैर जवाब दे चुके थे। आदत भी तो नहीं थी बाइक पर इतने सफ़र की मुझे। यूँ तो आदत जीवन भर बहुत-सी बातों की नहीं थी, पर जाने क्या-क्या कहाँ-कहाँ सहती ही चली गई। मैं आसमान की तरफ़ टकटकी लगाए बैठी थी जब अचानक एक शोर हुआ। सीढ़ियों की तरफ़ से चार लड़के ज़ोर से हँसते-बोलते चले आ रहे थे। उनके रवैए और चाल से पता चल रहा था चारों ने बहुत पी रखी है। अतीत का बोझ बहुत भारी होता है, मेरे सारे बदन में एक पल में ही हज़ारों चींटियाँ रेंग गईं। दिल बेहद घबराने लगा। वे आपस में गंदे-भद्दे मज़ाक़ कर रहे थे। वहाँ बालकनी में बिल्कुल अँधेरा था। दूर से तो मैं उनको नहीं दिखाई दी होऊँगी यह तो मुझे पता था। मैं बालकनी के बिल्कुल कोने में सिमट गई। बालकनी से मुड़कर गलियारा था और उसी गलियारे में से कमरों के दरवाज़े खुलते थे। गलियारे का दरवाज़ा बिल्कुल मेरे पास से ही अंदर को खुल रहा था। चारों दरवाज़े तक आए और चौंककर रुक

गए। अब उनकी नज़र मुझ पर पड़ चुकी थी। मैंने दूसरी तरफ़ मुँह घुमा लिया। मैं साफ़ महसूस कर रही थी कि अंदर जाने के बजाय वे लोग वहीं खड़े मुझे देख रहे हैं। कुछ देर वहीं खड़े रहने के बाद वे गलियारे की तरफ़ बढ़ गए। वे अब पहले से भी ज़्यादा तेज़ हँसने लगे। भद्दे मज़ाक़ अब बेहद अश्लील बातों में बदल चुके थे। वे जानबूझकर अपने कमरे के दरवाज़े पर खड़े रहे और ऊँची आवाज़ में आपस में इस तरह बातें करने लगे जो, मुझे सुनाई दे।

"लड़की तो ग़ज़ब का मस्त माल है!"

"इसके साथ वाला हीरो कहाँ गया! यह वही तो है, जो सुबह पुल किनारे हमारे सामने बैठी मैगी खा रही थी।"

"लगता है उस हीरो से झगड़ा हो गया। इसे छोड़कर भाग गया होगा। उदास बैठी है अब बेचारी।"

"हाँ तो जा स्साले। गोद में बिठाकर तू आँसू पोंछकर पुचकार ले।"

मैं पहले से ही त्रिजल से बहुत ग़ुस्सा थी और उसके इस समय, इस तरह छोड़कर जाने से, अब यह सब जो होने लगा था, इससे मेरे अंदर ग़ुस्सा और बढ़ गया था। दिल किया कि पलटकर इन लड़कों पर चीख़ दूँ, पर ज़िंदगी मुझे इतना तो सिखा ही चुकी थी कि इस तरह कहीं भी किसी से उलझना अक़्लमंदी बिल्कुल नहीं है। मैं चुप ही रही। अपनी बकवास पर कोई प्रतिक्रिया ना पाकर वे खींखीं करते अपने कमरे के अंदर चले गए। त्रिजल को गए तक़रीबन आधा घंटा होने को आया था। मुझे अब बहुत ज़्यादा घबराहट होने लगी थी। इतना लंबा रास्ता तो नहीं था! कहाँ रह गया वह! इस लम्हा मुझे अपने से ज़्यादा अब उसकी फ़िक्र हो रही थी। वह नशे में भी था। कुछ हो न गया हो! पता नहीं कैसी-कैसी बातें मेरे ज़ेहन में लगातार आने लगीं।

समय की सुई जैसे-जैसे आगे सरक रही थी मेरी घबराहट हद से ज़्यादा बढ़ रही थी। इतना समय तो नहीं लग सकता! क्या मैं जाकर देखूँ, पर अगर मैं रास्ता भटक गई तो! मेरी आँखें डबडबा गईं। डर की वजह से नहीं, त्रिजल की फ़िक्र की वजह से। अब मुझे ख़ुद पर ही ग़ुस्सा आने लगा। वह सारे दिन का थका हुआ था। मुझे उससे नहीं लड़ना चाहिए था। फ़ौजी है, कठिन परिस्थितियों का आदी है, पर लगातार इतने दिन बाइक भी तो नहीं चलाई है उसने बहुत समय से। और फिर मैंने कौन-सी कम बदतमीज़ी की! खुलेआम तो उससे झगड़ा कर रही

थी। मुझे अगर पब्लिक डिस्प्ले ऑफ़ अफ़ेक्शन नापसंद है तो ऐसे पब्लिकली झगड़ा करना भी कौन-सा अच्छा है! क्यों मैंने उसको परेशान किया! जाने किस जज़्बात के तहत मेरी निगाहें फिर से सितारों की तरफ़ उठीं और दुआ में हाथ भी उठ गए– 'ए ख़ुदा, मेरे त्रिजल को सही-सलामत लौटा ला।'

उस लम्हा मैं यह भी नहीं जानती थी कि मेरे मुँह से त्रिजल की जगह 'मेरे त्रिजल' क्यों निकला! मेरी हालत अब फूट-फूटकर रोने जैसी हो चुकी थी। मैं नीचे उसको ढूँढ़ने जाने ही वाली थी कि सामने लोहे के गेट से वह अंदर आता दिखा। वह बहुत धीरे-धीरे आ रहा था, फ़ोन की टॉर्च जलाकर ज़मीन पर कुछ ढूँढ़ता हुआ। मैं समझ गई कि उसे चाबी नहीं मिल पाई है और पूरा रास्ता वह यही करता आ रहा है इसलिए उसको इतना समय लग गया। वहाँ पर स्ट्रीट लाइट जैसा कुछ नहीं था। आस-पास की इमारतों की बालकनी में लगे बल्ब मध्यम रोशनी के कुछ क़तरे फेंक तो रहे थे सड़क पर, लेकिन वो कुछ भी देखने के लिए नाकाफ़ी ही थे।

चाबी न मिलने का मतलब था कि यह रात बहुत भयानक जाने वाली है। उन चारों लड़कों का हँसना-बोलना बाहर तक सुनाई दे रहा था। पता नहीं इस होटल के बाक़ी कमरों में और कितने लोग ठहरे थे! कोई परिवार वाले लोग थे भी कि नहीं!

त्रिजल ऊपर आकर मेरे पास खड़ा हो गया, "सॉरी यार, चाबी नहीं मिली।"

"अब हम क्या करेंगे! यह सब तुम्हारी ग़लती है। न तुम नशा करते न फिर उस लापरवाही में तुमसे चाबी गिरती!" मैं जो इतनी देर से उसकी फ़िक्र कर रही थी उसके आते ही फिर उससे लड़ने लगी।

"कम ऑन यार। मैं पागलों की तरह कब से चाबी ढूँढ़ रहा हूँ। और मैं कोई नशे में नहीं हूँ। प्लीज़ अब झगड़ा बंद करो। मैंने जानबूझकर चाबी नहीं गुमाई है। और नशे में चाबी खो देने का क्या मतलब है ? मुझे जहाँ तक याद है जब हम खाना खाने बैठे थे मैंने जेब से रुमाल और पर्स निकालकर टेबल पर रख दिया था। मुझे लगता है चाबी उसी समय गिरी होगी। मैंने रेस्तराँ वाले से भी पूछा तो उसने कहा कि उसे कोई चाबी नहीं मिली। मैं वापसी में पूरे रास्ते देखता हुआ आया हूँ। मुझे ख़ुद समझ नहीं आ रहा आख़िर चाबी गई कहाँ!"

"अब हम रात भर क्या करेंगे! कैसे इस ठंड में बाहर बैठे रहेंगे! तुम तो

छोड़कर चले गए, घबराहट से मेरी जान जा रही थी। तुम्हारे पीछे से वही चार लड़के आए थे जो सुबह वहाँ पुल के पास वाले रेस्तराँ में भी थे, जहाँ मैगी खाई थी हमने। इसी साथ वाले कमरे में ठहरे हुए हैं। अभी तुम्हारे पीछे से जानबूझकर मुझे सुना-सुनाकर बेहूदा बातें कर हँस रहे थे। बस अभी ही कमरे के अंदर गए हैं। पता है मुझे कितना डर लग रहा था!"

त्रिजल के चेहरे पर यकायक इतना भयानक क्रूर भाव आया कि मैं सहम गई।

"कौन-से कमरे में रुके हैं? इस साथ वाले में? रुको ज़रा देखता हूँ, कौन दाँत फाड़ रहा था!"

"अरे-अरे रुको! कहाँ चले? तुम ज़्यादा हीरो मत बनो। ऐसा फ़िल्मों में होता है कि एक लड़का चार-चार लड़कों से भिड़ जाए।"

"लड़की, तुम भूल रही हो मेरी ट्रेनिंग कमांडो की है। मैं इन जैसे चार छिछोरे लड़कों को चार मिनट में सीधा कर सकता हूँ।"

"लड़की! क़ितारा से अब लड़की हो गई मैं!"

"अरे यार आज तुमको हुआ क्या है! बात, बिना बात, हर बात पर लड़ना है!"

"छोड़ो उन लड़कों को, मुझे पहले यह बताओ कि हम क्या करेंगे अब?"

"मैं जाकर उस शराबी केयरटेकर को ढूँढ़ता हूँ, कहीं तो मिलेगा। उसके पास दूसरी चाबी ज़रूर होगी।"

त्रिजल तेज़ी से सीढ़ियों की तरफ़ बढ़ गया बिना मेरे जवाब का इंतज़ार किए। अब तो मुझे वाक़ई रोना आने लगा था। ठंड लग रही थी। शरीर दर्द कर रहा था और माहौल ज़रूरत से ज़्यादा तनाव भरा होता जा रहा था। मैं फिर रेलिंग पर जा खड़ी हुई ताकि देख सकूँ कि त्रिजल कहाँ जा रहा है। नीचे उतरते ही वह बाएँ हाथ की तरफ़ बनी पहली इमारत में गया, फिर दूसरी, फिर तीसरी और फिर लौटकर आया और होटल के पास बने छोटे-से मकान का दरवाज़ा पीटने लगा। अंदर की बत्तियाँ जलीं, पर फिर भी दरवाज़ा नहीं खुला। वह लगातार उसका दरवाज़ा पीट रहा था। कुछ देर बाद दरवाज़ा खुला। एक आकृति दिखाई दी। यह वही केयरटेकर था, पर इतनी दूर से भी उस मध्यम रोशनी में यह साफ़ दिखाई दे रहा था कि वह ठीक से खड़ा भी नहीं हो पा रहा, यानी त्रिजल की बात

बिल्कुल ठीक थी कि वह बहुत ज़्यादा नशे में था। त्रिजल ने उसको कुछ कहा और फिर वे दोनों उस घर के अंदर चले गए। कोई दस मिनट बाद दोनों बाहर आए। उस केयरटेकर के हाथ में कुछ लंबी-सी चीज़ चमक रही थी, जाने क्या!

त्रिजल उस केयरटेकर के साथ अब वहीं आ रहा था। जब सीढ़ियों से दोनों ऊपर आए तो देखा उसके हाथ में एक आरी थी।

"यह क्या लेकर आए हो और क्यों? चाबी नहीं मिली क्या?"

"इसके पास दूसरी चाबी नहीं है, न ही कोई हथौड़ा जिससे यह ताला तोड़ा जा सके। शुक्र है कम-से-कम यह आरी मिल गई है। ताला काटना पड़ेगा।"

केयरटेकर नशे में धुत था। उसने धीरे-धीरे ताले पर आरी चलानी शुरू की। साथ ही वह बड़बड़ाए जा रहा था, "क्या बाबूजी! आप लोग लापरवाही करते हैं, हम लोग भुगतते हैं! यह ताला इतना महँगा है। आप ताला ख़राब करा देंगे।"

त्रिजल उस पर चिल्ला पड़ा, "ताला इतना महँगा है तो हर ताले के साथ तीन चाबियाँ होती हैं। बाक़ी चाबियाँ कहाँ हैं? इस तरह चाबी खो जाना एक आम बात है। दूसरी चाबी का इंतज़ाम रखना तुम्हारा काम है। अब आधी रात तमाशा मत करो। चुपचाप जल्दी से यह ताला काटो। इस ताले के पैसे मैं दे दूँगा।"

वह बहुत धीरे-धीरे उस पर आरी चला रहा था। नशे की वजह से उसका हाथ बार-बार फिसल रहा था।

"यह इतने नशे में है। कहीं अपने हाथ पर ही न आरी चला ले!"

त्रिजल अब इतने ग़ुस्से में था कि मेरे यह कहते ही उसने जलती हुई आँखों से मुझे देखा और फिर झपटकर आरी उस केयरटेकर के हाथ से छीन ली और उसको परे धकेल ख़ुद बहुत तेज़ी से ताले पर आरी चलाने लगा। वह केयरटेकर लड़खड़ाता हुआ ज़मीन पर गिरा और सिर पकड़कर बैठ गया।

"त्रिजल!" मैंने अवाक् हो उसे पुकारा तो उसने एक पल रुक कर लंबी गहरी साँस ली और सलीक़े से आरी को ताले पर रखा। फिर बिजली की तेज़ी से उसका हाथ चलने लगा। उसका हाथ इतनी बला की फुर्ती से चल रहा था कि अगर हल्का-सा भी हाथ फिसलता तो आरी उसकी अँगुलियों के आर-पार भी हो सकती थी। मेरा कलेजा मुँह में आ गया था। मैंने घबराकर आँखें बंद कर लीं। त्रिजल ने एक हाथ से ताला पकड़ा हुआ था, दूसरे हाथ से आरी चल रही

थी और जिस तेज़ी और ग़ुस्से से वह लगा हुआ था, कोई भी काँप जाए। ताला था ही इतना छोटा-सा कि बस एक बारीक ग़लती की देर थी। एक तरफ़ आरी के चलने की तेज़ सर-सर हो रही थी, दूसरी तरफ़ उन लड़कों के तेज़ हँसने की आवाज़ें आ रही थीं। मुझे डर था कि कहीं वे अंदर से कुछ ऐसी बात न बोल दें जो त्रिजल के कानों में पड़ जाए और फिर तो जाने क्या ही हो जाएगा!

तक़रीबन दस मिनट की मशक़्क़त के बाद त्रिजल ने ताला काट दिया और ग़ुस्से में ताला निकालकर ज़मीन पर ज़ोर से फेंका। फिर केयरटेकर की तरफ़ आरी पटकते हुए कहा, "अब निकलो यहाँ से। सुबह दे दूँगा पैसे।"

वह कुछ नहीं बोला। चुपचाप आरी उठाकर चला गया। त्रिजल ने दरवाज़े की कुंडी खोली और मेरी तरफ़ देखा। मेरा बदन अब भी घबराहट से काँप रहा था कि कहीं इस सब में त्रिजल की अँगुली...

"अब तुम्हें क्या हुआ? क्यों बुत बनी खड़ी हो? चलो अंदर, खुल तो गया दरवाज़ा।"

"खुल तो गया है, पर यह क्या पागलपन कर रहे थे? अगर अँगुलियाँ कट जातीं तो? तुम मेरा ग़ुस्सा उस ताले पर निकाल रहे थे क्या!"

"फ़ॉर गॉड सेक क़ितारा अब बस करो। मेरा दिमाग़ फट जाएगा इस चिकचिक से।"

त्रिजल ने ग़ुस्से में दरवाज़े को एक लात मारी और अंदर चला गया। मुझे भी इतना तेज़ ग़ुस्सा आ रहा था कि दिल किया कि उल्टे पाँव वहाँ से वापस कहीं भाग जाऊँ और कमरे में जाऊँ ही नहीं। पर मैं उसके पीछे-पीछे कमरे में गई और उल्टा उस पर और चिल्लाने लगी, "तुमको समझ भी आ रहा है तुम कैसा बर्ताव कर रहे हो मेरे साथ!"

वह कुछ बोलने को हुआ फिर शांत हो गया। दो मिनट बाद बहुत आहिस्ता से बोला, "क़ितू, मैं बहुत थक गया हूँ। प्लीज़ अब बस करो। तुम अकेली नहीं भुगत रही। मैं भी तो चाबी खोने की वजह से यह सब भुगत ही रहा हूँ।"

"अरे तुम तो अपनी ग़लती भुगत रहे हो। मुझे तो तुम्हारी वजह से ये सारी मुश्किल सहनी पड़ रही है। फिर ऊपर से तुम मुझे एक घंटे के लिए अकेला छोड़कर चले गए। तुमको अंदाज़ा भी है वे लड़के मुझे कैसे देख रहे थे! जैसे आँखों से ही मेरे कपड़े उतार रहे हों।"

"क्या बकवास किए जा रही हो! पागल तो नहीं हो गई हो! इतना दिमाग़ मत ख़राब करो मेरा कि मैं जाकर उन चारों की गर्दन उड़ा दूँ। तुमको अंदाज़ा भी नहीं है कि मैं अगर अपनी क्रूरता पर आ गया, तो क्या कर जाऊँगा।"

यह बात उसने जिस लहजे में कही मैं वाक़ई सहम गई। घबराहट में कुछ नहीं सूझा तो सीधी गुसलख़ाने में घुस गई। अंदर जाकर मैं बिलखकर रो दी। मैं क्यों लड़े जा रही हूँ उससे! कुछ भी तो नहीं किया उसने! ख़ुद नहीं समझ पा रही थी कि मैं कर क्या रही हूँ! कहाँ तो मैं उसको कसकर गले लगाकर कहना चाहती थी कि ख़ुदा का शुक्र है कि तुम ठीक हो और कहाँ मैं उससे बहुत ही नाजायज़ तरीक़े से झगड़ा किए जा रही हूँ! मुझे एहसास था कि मैं त्रिजल को बहुत ग़ुस्सा दिला चुकी हूँ और मेरा मन ख़ुद भी कोई सुकून में नहीं था।

मैं गुसलख़ाने से बाहर आई। तेज़ी से अपनी जैकेट उतारी और जूते-जुराब भी। फिर सीधी बिस्तर पर पड़े कंबल में घुसकर सिर तक उसे ढक लिया। मुझे सच में बहुत ठंड लग रही थी और शरीर का एक-एक जोड़ दुख रहा था। ज़ेहन एक पल शांत नहीं था। भीतर कुछ चिहुँक रहा था। त्रिजल को लग रहा था कि मैं लगातार लड़ रही हूँ, पर वह यह नहीं देख पा रहा था। यह मैं नहीं कर रही, मेरे भीतर की भयानक पीड़ा कर रही है। मेरे अंदर हज़ारों कीलें एक साथ भीतर से बाहर की तरफ़ उग आई हैं। मैं पेट पकड़ूँ कि नाभि! सिर सँभालूँ कि साँस! उसको नहीं पता कैसे मुझे ज़िंदगी के लिए लंबी गहरी साँस खींचनी पड़ रही थी, फिर भी जैसे वह फेफड़ों तक पहुँच नहीं रही थी। मेरे पूरे जिस्म में झनझनाहट थी। बाहर-भीतर सब जगह से ठंडा... बेहद ठंडा। सिर्फ़ मैं जानती थी कैसा पिघले बर्फ़-सा पानी बह रहा है रगों में, जो बार-बार असहनीय झुरझुरी दे रहा था मुझे। मैं डरी हुई थी। बहुत ज़्यादा डरी हुई थी। पर समझ नहीं पा रही किस चीज़ से! क्या मौत से! वह तो इतनी बार छूकर गई है कि उससे क्या ही डरूँगी! फिर यह बौखलाहट, इतनी तकलीफ़ किस बात की है! मेरे अपने लगातार मुझसे छूटते चले गए। खो देने की दहशत बहुत गहरे अंदर बैठ गई थी। इतनी गहरी कि ऐसा लगता है किसी भी चीज़, किसी भी शख़्स से अगर मेरा लगाव बढ़ेगा तो वह मुझसे छीन लिया जाएगा। कुछ हो जाएगा– बहुत बुरा, भयानक, वीभत्स। बहुत समय तक जिसके साथ सिर्फ़ बुरा और बुरा ही होता है उसके साथ जब कुछ अच्छा होने लगे तब भी वह दहशत से भर जाता है। यही

मेरा हाल था। मैं ख़ुद को बंद कर लूँगी। छुपा लूँगी अपने सारे एहसास अपने भीतर। अपने कछुए के सख़्त खोल में घुसकर दुबक जाऊँगी। बाहर आई तो लगाव बढ़ेगा और फिर से जुदाई की सुइयाँ चुभेंगी। सुइयों से दर्द होता है। सच में बहुत तेज़ दर्द होता है...

शब्द कुछ नहीं कहते, उनकी ध्वनि कहती है

त्रिजल डायरी

अब तक के सफ़र में एक बार भी मैंने क़ितारा को इस तरह बिगड़ते हुए नहीं देखा था। मुझे बिल्कुल समझ नहीं आ रहा था कि उसे हुआ क्या है। मुझे वह हमेशा शांत स्वभाव की लगी। बहुत सारी बातों पर तो कोई प्रतिक्रिया भी नहीं देती थी। पिछले तीन दिनों में जितना उसे जाना था, वह उसके बिल्कुल विपरीत व्यवहार कर रही थी। जब से काज़ा के बाज़ार पहुँचे थे, वह बात-बात पर बस बिगड़े जा रही थी। हालाँकि मैं यह समझ रहा था कि जिन बातों पर वह मुझसे लड़ रही थी, बात वो नहीं हो सकती। बात कुछ और ही थी। पर उसे क्या परेशान कर रहा था यह मुझे भी समझ नहीं आ रहा था। वह जब बॉथरूम से बाहर निकली तब बिना कुछ बोले, तेज़ी से जैकेट, जूते-जुराब उतारकर बेड पर पड़े कंबल में घुस गई। वह बिल्कुल छोटे बच्चों की तरह बर्ताव कर रही थी। मैं भी कुछ नहीं बोला। बस चुपचाप देखता रहा। मैंने बेड के कोने पर बैठकर अपने भी जूते-जुराब उतारे। मुझे बहुत थकान महसूस हो रही थी। नज़र दौड़ाई तो एहसास हुआ कि एक ग़लती और कर चुका हूँ। मैं एक बार फिर अलग कंबल के लिए बोलना भूल गया था। शाम को भी ध्यान नहीं दिया कि कमरे में सिर्फ़ एक कंबल है और ना ही रात को आकर अभी देखा। वरना साथ-साथ उस केयरटेकर से दूसरा कंबल मँगवा लेता। मैंने हताशा से क़ितारा की तरफ़ देखा। वह बच्चे की तरह कंबल को चारों तरफ़ से दबा कर लेटी थी। हम जितना झगड़ चुके थे, एक बेड पर सोना ही मुश्किल दिखाई दे रहा था, एक कंबल में तो बहुत दूर की बात थी। नशे की जिस हालत में वैसे वह केयरटेकर अब गया था, उसके

पीछे दोबारा जाना फ़िज़ूल था। मुझे बहुत देर दरवाज़ा फिर से पीटना पड़ता, फिर वह केयरटेकर ही पिट जाना था मेरे हाथों इसलिए मैं नीचे गया ही नहीं।

खिड़कियों से पर्दे अभी भी हटे हुए थे, बाहर चाँद दिखाई दे रहा था। मुझे बहुत तेज़ नींद आ रही थी। मैंने बत्ती बुझाई और बिस्तर के दूसरे कोने पर लेट गया। ठंड अच्छी-ख़ासी थी। मुझे शाम से अपनी तबीयत ठीक महसूस नहीं हो रही थी। कहीं अंदर कुछ गड़बड़ ज़रूर थी इसलिए ही मैंने थोड़ी-सी व्हिस्की भी ली कि गर्माहट आए और तभी से क़ितारा ने बस बात का बतंगड़ बनाना शुरू कर दिया था। मुझे बुख़ार जैसा महसूस होने लगा था। इतनी मुश्किल जगहों पर पोस्टिंग रही है, ज़ीरो डिग्री टेंपरेचर से भी नीचे रहा हूँ, पर उस रोज़ क्या हो रहा है मुझे ख़ुद नहीं समझ आ रहा था। मैंने उठकर अपनी जैकेट उठाई और ओढ़ ली, पर फिर भी ठंड लगनी बंद नहीं हुई। कमरे में हल्की रोशनी थी जो खिड़की से आ रही थी– चाँद की रोशनी। चाँदनी... मैंने पलटकर क़ितारा की तरफ़ देखा, वह सिर तक कंबल ओढ़े थी। मैं जानता था वह सोई नहीं है।

"कितू..." मैंने बहुत प्यार से पुकारा। उसने कोई जवाब नहीं दिया।

"क़ितारा, मुझे ठंड लग रही है और कमरे में दूसरा कंबल भी नहीं है।"

उसने अब भी कोई जवाब नहीं दिया।

मुझे भी जाने क्यों इस तरह तेज़ ग़ुस्सा आया कि मैंने जैकेट भी परे फेंक दी और क़ितारा की तरफ़ पीठ करके लेट गया। पाँच मिनट, दस मिनट, पंद्रह मिनट, समय बीत रहा था। मुझे ठंड लग रही थी बहुत ज़्यादा और मेरा ग़ुस्सा भी बढ़ता जा रहा था। वह जाग रही है यह मुझे अच्छे से पता था। थोड़ा समय और बीतते-बीतते मुझे कँपकँपी लगनी शुरू हो गई। मैंने अपने ही हाथों से अपने को जकड़ा और कँपकँपी रोकने की कोशिश की। मैं इसी जद्दोजहद में था कि क़ितारा एकदम तेज़ी से मेरे पास सरक आई और मुझे कंबल में ढक लिया। मैं कुछ सोचता-समझता, इससे पहले ही वह मुझसे कसकर लिपट चुकी थी। अपने हाथों से मेरे हाथ, पैरों से मेरे पैर गर्म करने लगी। चेहरे से चेहरा बिल्कुल सटा दिया था उसने। उसकी साँसें, बेहद गर्म साँसें मेरी गर्दन पर चिड़िया के पंखों की थिरकन जैसी लग रही थीं। क़ितारा कभी पीठ मलती, कभी सीना, कभी हाथ। मैं अवाक् था। वह बिल्कुल बौखलाई हुई थी और फुर्ती से उसके चारों हाथ-पैर चल रहे थे। यह सब इतनी तेज़ी से हुआ कि कुछ पल मुझे भी सुध-बुध ना रही।

चेतना लौटी तो मैंने उसको कंधों से पकड़ा और ख़ुद से थोड़ा दूर किया, "क्या हुआ है ? क्यों डर गई हो ऐसे ?"

"तुम काँप रहे थे!"

"हाँ पर मैं ठीक हूँ अब। शांत हो जाओ तुम भी।"

"नहीं! ठीक नहीं हो। ठीक होते तो ऐसे काँपते!"

"शायद हल्का बुख़ार है मुझे।"

"मेरी ही ग़लती है। मुझे देखना चाहिए था कि कमरे में एक ही कंबल है। तुम मेरी छोटी-छोटी बातों का ख़याल रखते हो। जब से अपने साथ लाए हो एक छोटे बच्चे की तरह मुझे सहेज रहे हो। कितना बेशुमार प्यार दे रहे हो और मैं कितनी बुरी हूँ। कैसे तुम्हें छोड़कर सो गई!"

वह रोने लगी और लगातार जाने क्या-क्या बोले जा रही थी। उसके आँसू मेरे चेहरे, मेरी गर्दन, मेरे सीने पर गिर रहे थे। मेरे मन में आया कि उसे कसकर बाँहों में भींच लूँ और बेतहाशा प्यार करूँ, पर मैं जानता था, ऐसा कुछ भी करूँगा, तो वह डर जाएगी। उसे प्यार करने का यह सही समय नहीं था। ज़िंदगी में सही बातों का सही समय पर होना बेहद ज़रूरी है। ग़लत समय पर की जाएँ, तो सही बातें भी गुनाह बन जाती हैं। इसलिए ख़ुद को मैंने रोक लिया।

"मैं ठीक हूँ मेरी जान।"

मैं ख़ुद ही चौंका अपने इस संबोधन पर और डर गया कि इस समय इस तरह पुकारने पर पता नहीं वह कैसे रियेक्ट करेगी! पर उसने तो जैसे मेरी बात सुनी ही नहीं।

"नहीं हो तुम ठीक। मैं तुमको थपकी देकर सुला देती हूँ।तुम कुछ मत बोलो, बस चुप करके सो जाओ।"

कहते हुए उसने मेरा सिर अपने सीने पर टिका लिया और मुझे बाँहों में कस लिया। मैं समझ नहीं पा रहा था कि यह सब क्या हो रहा है। अब वह मुझे छोटे बच्चे की तरह सुलाने की कोशिश कर रही थी। मुझे हँसी आई और साथ ही आया बहुत प्यार उस पर।

"मुझे सुलाती रहोगी तो ख़ुद कब सोओगी! थकान से तुम्हारा मुझसे ज़्यादा बुरा हाल है। पता चला सुबह तक तुम बीमार हो गई।" मैंने शरारत से कहा।

"त्रिजल, हम दोनों को ही बीमार नहीं पड़ना है। अभी तो बहुत सफ़र बाक़ी

है न? तुमने कहा था हम कल हिकिम्म पहुँचेंगे और उसके बाद वापसी करेंगे। मानती हूँ अभी मेरी ग़लती थी और मैंने बच्चों की तरह झगड़ा किया, पर अब मैं ख़याल रख रही हूँ न! अब कुछ मत कहो। बस चुपचाप सो जाओ। और रुको, बैग में दवाइयाँ हैं। मैं तुमको बुख़ार की दवाई देती हूँ। जो थोड़ी-बहुत दिक़्क़त है, वह भी ठीक हो जाएगी।"

मुझे उसकी धड़कन साफ़ सुनाई दे रही थी, जो उस वक़्त सुपर फ़ास्ट ट्रेन की तरह चल रही थी। मुझे बेहद, बेहिसाब प्यार आ रहा था। मेरा चेहरा उसके सीने पर टिका था। बार-बार मन किया कि होंठों की सिरहन उसकी धड़कनों में भर दूँ, पर रोक गया ख़ुद को। ईश्वर भी जमकर इम्तिहान ले रहे थे मेरा।

उसकी देह-गंध अलग थी। बेहद अलग। किसी नफ़ीस कारीगर ने दुनिया के सबसे ख़ूबसूरत फूलों को चुनकर जो बनाया होगा, उस इत्र की ख़ुशबू भी इससे ज़्यादा मदहोश करने वाली तो क्या ही रही होगी! क़ितराह... ऐसी नायाब देह-गंध की वजह से ही इसका नाम क़ितराह रखा गया होगा! मैं बेख़याली में अब जाने क्या ही सोच रहा था! मुझे ख़ुद को बहने से रोकना था। उसने ज़िंदगी भर बहुत दुख देखे थे। और शाम ढले उसने मुझे जो कुछ भी अपने बारे में बताया था, उसके बाद तो मेरी उसके लिए मोहब्बत और ज़्यादा बढ़ गई थी। जिस लड़की ने इतने भयानक अत्याचार सहे हों और उसके बावजूद ज़िंदगी से लड़ रही हो, लौटकर अपने वतन जाकर, अपने लोगों की मदद करना चाहती हो, उस लड़की को जितना प्यार दिया जाए, उतना कम है। मेरी नज़रों में उसकी इज़्ज़त कितनी बढ़ गई है इसका अंदाज़ा नहीं था उसे।

मैं चाहता था उसे बेपनाह प्यार करना, पर तब, जब वह ख़ुद भी चाहे कि मैं ऐसा करूँ और यह वो लम्हा नहीं था।

"अरे ऐसे घबराओ मत। मैं बिल्कुल ठीक हूँ जानाँ। दवाई की कोई ज़रूरत नहीं है। गर्माहट आने से अब ठीक भी लग रहा है। नींद भी आ जाएगी।"

"फ़िक्र हो रही है तुम्हारी बहुत। तुम ठीक तो हो न?"

"अरे कैसी पागल लड़की है! बिना बात लड़ती है और बिना बात रोने लगती है! कुछ नहीं हुआ मुझे।" मैंने उसको अपने से थोड़ा अलग किया, ऊपर की तरफ़ खिसककर उसका चेहरा अब अपने सीने पर टिका लिया। कसकर बाँहों में उसे भरा। उसके माथे पर सब ठीक है का आश्वासन भरा प्रेम रखा। मेरे

ऐसा करते ही वह और ज़्यादा मुझ में सिमट गई। उसने सीने से सिर उठाकर कुछ कहना चाहा। मैंने हथेली के दबाव से उसका सिर वापस सीने पर टिका लिया।

"श्श्श्श... अब कुछ मत बोलो। अच्छी बच्ची की तरह चुपचाप सो जाओ।"

मेरे यह कहते ही, पता नहीं उस पल अचानक क्या जादू हुआ। उसकी देह जो मैं साफ़ महसूस कर रहा था कि बहुत तनाव में थी, एकदम शिथिल होने लगी। शायद उसे यक़ीन था मेरी कही बात पर कि इस वक़्त मैं सिर्फ़ एक वात्सल्य भाव से उसे सीने से लगाए हूँ। इसी आश्वासन ने उसको निश्चिंत कर दिया। थोड़ी ही देर में उसके उठते-गिरते सीने की लय से मैं समझ गया था कि वह गहरी नींद में सो चुकी है।

क़ितारा सो चुकी थी और मेरी आँखों में नींद दूर-दूर तक नहीं थी। ज़िंदगी कितनी अप्रत्याशित चलती है। कुछ दिन पहले मैं जिस लड़की को जानता भी नहीं था, चार दिन की मुलाक़ात में वह लड़की मुझे बार-बार अचंभित करती रही। उसकी हिम्मत, जज़्बा और उसका मन, सब कुछ मुझे बुरी तरह उसकी तरफ़ खींचता गया और अब मैं उसे बेइंतहा प्यार करने लगा था। वह जिस तरह मुझे लेकर घबराई और मेरे पास सिमट आई थी, जहाँ तक मैं समझ रहा था, वह भी मुझसे जुड़ने लगी थी। मैं कोई बहुत आस्तिक नहीं हूँ, नास्तिक भी नहीं हूँ, पर अगर कोई ईश्वर है तो कमाल की माया है उसकी। वह लड़की जो मुझे बेहद ख़ूबसूरत लगती है, मन और आत्मा से बहुत आकर्षित करती है, उस वक़्त एक छोटे बच्चे की तरह मेरी बाँहों में सोई हुई थी और मेरे मन में उसको लेकर उस लम्हा, कैसा भी, कोई दूसरा भाव था ही नहीं! मैं बस उसके बाल सहलाते हुए, छोटे बच्चे की तरह ख़ुद में समेटे रखना चाहता था। चाहता था उसे दुनिया की हर ख़ुशी दूँ। उसके चेहरे पर हमेशा मुस्कराहट बनी रहे। समझता था कि वह दुनिया-जहान के दुख सहकर आई है और उनमें से कुछ तो ऐसे होंगे जो कभी वह मुझसे भी बाँट नहीं पाएगी। मैंने दुलार से उसे अपने पास थोड़ा-सा और समेट लिया। उसी क्षण खिड़की के बाहर बिजली चमकी। मैं मुस्करा दिया था। उस पल मैंने ईश्वर से कहा था-

"क्या बात है दोस्त! तुमको भी हम इतने ख़ूबसूरत लग रहे हैं कि फ़ोटो खींच रहे हो! डेवलप करके एक कॉपी इस तस्वीर की मेरे पास भी भेज देना।

यह लड़की जो मेरी बाँहों में बेसुध सोई है अपने ख़ुदा के साथ तुमको भी बहुत मानती है यार।"

मैं सोई हुई क़ितारा को निहारता रहा और फिर उस पर से अपना ध्यान हटाने के लिए अगले दिन की प्लानिंग करने लगा कि कितने किलोमीटर का पेट्रोल था, आगे का नक़्शा क्या था, कहाँ-कहाँ जाना था और कौन-सा रूट लेना था। यह सब सोचते धीरे-धीरे कब मैं नींद की गिरफ़्त में गया मुझे ख़ुद पता नहीं चला।

ब्लू मून इन द स्काई : जो अजनबी है ज़ेहन की दुनिया के लिए, वही आकर्षण का बिंदु है मन के लिए

क़िताारा डायरी

मैं हल्की नींद में थी, जब मुझे एहसास हुआ, जैसे कोई रूहानी पंख मेरी पेशानी सहला रहा है। नींद आहिस्ता-आहिस्ता टूटने लगी। बोझिल पलकें खोलीं तो ख़ुद को एक अलग दुनिया में पाया। एक बेहद महफ़ूज़ दायरे के अंदर बनी हुई एक नई दुनिया। त्रिजल की साँसें मेरे माथे से टकरा रही थीं। यह वही मोहिनी पंख था जो मैंने गहरी नींद में अपने मुस्तक़बिल पर महसूस किया। मेरी देह स्थिर थी, पर पलकें झपक रही थीं और झपकते हुए त्रिजल के गाल से टकरा रही थीं। इतना क़रीब था वह कि कहाँ से मैं ख़त्म हो रही हूँ कहाँ से वह शुरू, पता ही नहीं चल रहा था। मैं बहुत देर यूँ ही उसे महसूस करती रही। मेरी पलकों की हरकत ने शायद उसको भी एहसास करा दिया कि मैं जाग चुकी हूँ। मुझे लगा उसने आहिस्ता से पलकें खोली होंगी। मुझे देखा होगा। उसका मुझे देखना मैंने नहीं देखा क्योंकि उसका चेहरा मेरे चेहरे से थोड़ा ऊपर था, पर उसने बाँहों के घेरे को थोड़ा और कसा, मेरी पेशानी पर सुबह की दुआ छुआई और कहा, "सुप्रभात जानाँ!"

मैं मुस्करा दी। झुकी आँखों से ही धीरे से अलग होने लगी तो उसने हल्का-सा बाँहों का दबाव बढ़ा दिया जैसे रोक रहा हो। मैंने पलकें उठाकर उसकी तरफ़ देखा। उसकी आँखों में शरारत भरी मुस्कराहट थी। फिर उसने हाथ खोल दिए।

मैं तेज़ी से उठी तो वह बोला, "शरमाते हुए बहुत क्यूट लगती हो।"

मैं बिना कुछ बोले अपना सामान खोलकर दिन के सफ़र के लिए कपड़े निकालने लगी। उसने दोनों हाथ अपने सिर के नीचे टिका लिए और अधलेटा-सा मुझे देखता रहा।

कुछ निकाल रही थी तो कुछ गिर रहा था। मैं अजीब बौखलाहट से भरी थी।

"इतना परेशान क्यों हैं आप मोहतरमा! कुछ नहीं हुआ है रात को। मैं बहुत शरीफ़ लड़का हूँ। एक भी ग़लत हरकत नहीं की मुझ मासूम ने।"

मैं भीतर से मुस्काने लगी, पर मैंने अब भी कुछ नहीं कहा बल्कि उसकी तरफ़ पीठ करके सामान फिर से बैग में सेट करने लगी। वह बिस्तर से उठकर मेरे पीछे खड़ा है, यह भी मुझे महसूस हो गया था। उसने मेरे कंधे अपने दोनों हाथों से थामकर कहा, "ईज़ी लेडी, ईज़ी। सचमुच कुछ भी नहीं हुआ है।"

मैं पलटी और उसके सीने में बच्चे की तरह ख़ुद को छुपा लिया।

"प्यारी-सी बच्ची हो तुम।" कहकर उसने मेरा माथा चूमा फिर मेरे बैग से एक टी-शर्ट निकालकर मेरी तरफ़ बढ़ा दी, "यह पहनना, नीले रंग में बहुत अच्छी लगती हो।"

कहकर वह गुसलख़ाने की तरफ़ बढ़ गया। जाते-जाते दरवाज़े पर रुका और पलटकर बोला, "पाँच मिनट में आता हूँ फ्रेश होकर। फिर जल्दी निकलेंगे यहाँ से। तुम भी तैयार हो जाओ।"

कोई पंद्रह मिनट बाद ही हम नीचे बाइक के पास सामान के साथ थे। त्रिजल सामान बाँध रहा था और मैं आस-पास के मकानों को देख रही थी। जो इमारतें रात को अजीब-सी ख़ामोशी में भयावह लग रही थीं, वही सुबह ख़ूबसूरत सुकून से भरी थीं। सुबह के छह बजे थे। सफ़र फिर शुरू हुआ। त्रिजल ने सबसे पहले काज़ा के पेट्रोल पंप का पता किया।

"पेट्रोल अभी सुबह ही भरवाना ज़रूरी है क्या?"

"हाँ रिकांगपिओ से लिया था। अंदाज़ा था मुझे कि रास्ते भर कोई पेट्रोल पंप नहीं पड़ने वाला है। अभी हिक्किम आना-जाना भी बहुत हो जाएगा इसलिए ज़रूरी है कि पेट्रोल पूरा भरवा लें। आगे पहाड़ों में तो अब मिलना नामुमकिन ही है।"

बहुत कम लोग थे सुबह के समय सड़कों पर। पेट्रोल पंप का रास्ता पूछते-

पूछते जब वहाँ पहुँचे तो पता चला, वह आठ बजे से पहले खुलता ही नहीं। आधा घंटा पेट्रोल पंप ढूँढ़ने में लग चुका था। पर डेढ़ घंटा वहाँ बैठकर करते भी क्या! भूख भी लग आई थी। मैंने तो ग़ुस्से के मारे रात को भी कुछ नहीं खाया था। त्रिजल ने काज़ा के बाज़ार का रास्ता पूछा और उधर की तरफ़ बाइक मोड़ दी। बाज़ार में छोटी-छोटी गलियों में इधर-उधर एक-दो चक्कर लगाए तब जाकर एक छोटा-सा रेस्तराँ खुला दिखाई दिया। बाक़ी तो लगभग पूरा बाज़ार बंद था। हम दोनों वहीं बैठ गए।

"और भाई क्या खिलाएगा नाश्ते में?"

"इतनी सुबह तो सरजी आलू का पराठा या ऑमलेट ही मिल सकता है।"

"आलू के पराठे खिला दे फिर यार। ज़ोरों की भूख लगी है।"

वहाँ पर हम दोनों ख़ामोश बैठे सुबह को महसूस करते रहे, उस सुबह को जो एक बेहद अपनेपन से भरी रात के बाद आई थी। वह रात जिसने हम दोनों को यक़ीन के गहरे बंधन में बाँध दिया था। नाश्ता करते कभी-कभी एक-दूसरे से निगाहें टकरातीं तो हम मुस्करा देते। काज़ा के बाज़ार का वह छोटा-सा रेस्तराँ बहुत तंग गलियों में था। पहाड़ी जगह थी तो गलियाँ भी तिरछी यानी कहीं ढलान कहीं चढ़ाई लिए थीं। बाहर गली में बाइक लगाने की ठीक से जगह भी नहीं थी। हालाँकि त्रिजल ने बहुत एहतियात से कोने में लगाई थी फिर भी वहाँ से कोई गाड़ी क्रॉस करनी हो तो बाइक की वजह से मुश्किल हो रही थी। त्रिजल को दो बार नाश्ता छोड़कर बाइक आगे-पीछे करनी पड़ी, तब गाड़ी क्रॉस कर सकी। नाश्ते के बाद हमने फिर से सफ़र शुरू करने के लिए बंदाना पहने, हेलमेट डाले। मेरे बाइक पर बैठते ही त्रिजल ने बाइक स्टार्ट करके उसे मोड़ा, पर मोड़ते ही अचानक क्या हुआ समझ नहीं आया, बाइक एकदम से फिसल गई। उस गली में शायद कुछ तेल जैसा बिखरा हुआ था। त्रिजल ने बहुत सँभालने की कोशिश की, पर नहीं सँभाल सका। वहीं किनारे पर दो लोग खड़े थे जिन्होंने मुझे गिरने से पहले ही हवा में थाम लिया और मुझे चोट नहीं लगी। त्रिजल ज़मीन पर गिरा और बाइक उसके ऊपर गिरी, पर उस वक़्त बाज़ार में काफ़ी लोग आ चुके थे। जितनी तेज़ी से बाइक उसके ऊपर गिरी उतनी ही तेज़ी से लोगों ने उस बाइक को उसके ऊपर से उठा दिया। वह जब किसी का सहारा लेकर खड़ा हुआ तो मैं अवाक् उसे देख रही थी।

"चोट लगी?" मैंने घबराकर पूछा।

उसने इशारे से कहा, "कुछ नहीं हुआ।"

हालाँकि इतनी भारी बाइक पैर पर गिरी हो और कुछ हुआ न हो, यह कैसे मुमकिन! पर इतनी भीड़ में उसको क्या पूछती। उसने बाइक फिर से सँभाली और गली से थोड़ा-सा नीचे की तरफ़ लेकर आया। मैं चुपचाप साथ चलती रही।

"तुम ठीक हो न क़ितारा?"

"हाँ बल्कि तुमको चोट लगी है। इतनी भारी बाइक गिरी तुम पर।"

"नहीं, मुझे कुछ नहीं हुआ। आओ बैठो।" उसने बाइक स्टार्ट करते हुए जब यह कहा तो कुछ अजीब-सा अलार्म जैसा मेरे ज़ेहन में कौंधा। पिछले तीन दिनों में एक बार भी मुझे डर नहीं लगा था, पर आज लगा। मैं चेहरे पर अपना डर ज़ाहिर किए बिना बाइक पर पीछे बैठ गई। नहीं चाहती थी कि मेरे चेहरे की घबराहट त्रिजल देखे और परेशान हो जाए। उसने बाइक फिर से एक बार पेट्रोल पंप की तरफ़ बढ़ा दी। अब की पहुँचे तो देखा पेट्रोल पंप पर लंबी लाइन लग चुकी है। हम दोनों ने हताशा से एक-दूसरे की तरफ़ देखा कि देर में और कितनी देर होगी! पहाड़ों की धूप कटीली होती है और यहाँ तो इतना प्रदूषण रहित वातावरण था कि बादलों को चीरकर सूरज की किरणें सीधे खाल के आर-पार होती जा रही थीं। मौसम चाहे ठंडा था, पर फिर भी ऐसी धूप बर्दाश्त नहीं हो रही थी। त्रिजल ने कहा था, धूप शुरू होने से पहले ही ज़्यादा-से-ज़्यादा रास्ता कवर कर लेंगे। पर यहाँ तो लग ही नहीं रहा था कि साढ़े आठ बजे से पहले पेट्रोल मिलने का नंबर भी आएगा। हमें अंदाज़ा ही नहीं था कि हमारी तरह बहुत लोग पेट्रोल का इंतज़ार कर रहे हैं और खुलते ही लाइन लग जाएगी। मैं बाइक से उतरकर पेट्रोल पंप के बाहर सड़क किनारे पटरी पर जा बैठी। वहाँ बोर्ड लगा हुआ था कि वह दुनिया का सबसे ऊँचाई पर स्थित पेट्रोल पंप है। मैंने त्रिजल से इस बाबत पूछा तो उसने कहा, हिंदुस्तान में तो यक़ीनन यह सबसे ऊँचाई पर स्थित पेट्रोल पंप है, पर दुनिया में भी सबसे ऊँचाई पर है, यह बात शायद सच न हो। त्रिजल बाइक को लेकर लाइन में लगा रहा। कोई बीस मिनट बाद उसका नंबर आया। पेट्रोल भरवाकर वह मेरे पास आया। उससे पहले जब वह लाइन में लगा हुआ था तब वह आस-पास खड़े लोगों से बातें करता रहा। वहाँ कुछ बाइकर्स थे और तीन लोग थार जीप में भी थे। उनमें से जो थार पर थे, उन्हें मैंने

नाश्ता करते समय बाज़ार में भी देखा था।

"आज तो बड़ी गप्पें लग रही थीं लोगों से! पहले तो कभी तुम्हें लोगों से इतनी बात करते नहीं देखा!"

"अरे वो लोग आगे का रास्ता पूछ रहे थे। चंद्रताल होते हुए मनाली की तरफ़ से सर्किल पूरा करना चाहते थे। मेरा भी यही प्लान था, लेकिन पता चला कि इस समय आगे रास्ता बंद है। हमें यहीं से लौटना होगा। सर्किल नहीं पूरा कर पाएँगे।"

"सर्किल मतलब?"

"मतलब मेरी जान कि हमें यही रूट वापसी में लेने की ज़रूरत नहीं थी। वाया मनाली होते हुए तुम्हें और बहुत-सी ख़ूबसूरत वादियाँ दिखाता हुआ लाता, पर अब वह मुमकिन नहीं है। आगे मौसम ख़राब चल रहा है। पिछले कुछ दिनों में बहुत बारिश हुई है। उस वजह से आगे इतनी गारा-दलदल घुल गई है कि मिलिट्री वालों ने वह पूरा एरिया बंद कर दिया है। बाइक तो स्लिप हो ही रही हैं, गाड़ियाँ तक उसमें धँस रही हैं। कोई ज़रिया नहीं है उस रास्ते से अब आगे जाने का।"

हम दोनों अभी बात कर ही रहे थे कि थार में जो लोग थे उसमें से एक हमारे पास आया और त्रिजल से पूछा, "यार माल चाहिए। कुछ है क्या तुम्हारे पास?"

"नहीं भाई। मेरे पास कुछ नहीं है।" त्रिजल के जवाब पर वह मायूस-सा होकर चला गया।

"क्या माँग रहा था वह?" मैंने तुनककर पूछा।

"कुछ भी नहीं।"

"बताओ न?"

"अरे बाबा कुछ नहीं।"

"मुझे पता है तुम्हारे हिंदुस्तान में लड़कियों के लिए भी यही शब्द इस्तेमाल करते हैं न! माल! वह मुझे कोई कॉलगर्ल समझ रहा था न?"

"अरे दिमाग़ ख़राब है क्या तुम्हारा! ऐसा उसने बोला भी होता तो मुँह तोड़ देता मैं उसका। चरस, गाँजा, अफ़ीम, यह माँग रहा था। माल ड्रग्स को बोल रहा था, तुमको नहीं।"

त्रिजल ने हँसते हुए बाइक स्टार्ट की और बोला, "पहले ही बहुत देर हो

गई है, बैठो अब।"

मुझे भी हँसी आ रही थी, "माल! ड्रग्स! रियली!"

"येस, रियली।"

और हम दोनों हँस दिए। मैंने त्रिजल को नहीं बताया कि रात होटल में उसके पीछे से वो लड़के मुझे यही कह रहे थे। काज़ा अब पीछे छूट चुका था। हम हिक्किम की तरफ़ बढ़ रहे थे। सड़क इतनी सँकरी हो गई कि सड़क के नाम पर बस पगडंडी रह गई थी। पगडंडी भी वह जिस पर छोटे-छोटे बेशुमार कंकड़ पड़े थे और तिरछी इतनी कि जैसे बाइक पचहत्तर डिग्री के कोण पर चल रही हो। त्रिजल बाइक बहुत धीरे और एक सधी हुई रफ़्तार पर चला रहा था।

"इंजन पर बहुत लोड पड़ता है ऐसे खड़ी चढ़ाई पर। इससे ज़्यादा स्पीड नहीं बढ़ाई जा सकती है और न ही बढ़ानी चाहिए। तुमको कोई दिक़्क़त तो नहीं हो रही?"

"मुझे कोई दिक़्क़त क्यों होगी! बाइक तुम चला रहे हो। तुमको हो रही होगी।"

"नहीं। मुझे भी कोई दिक़्क़त नहीं हो रही, बस तुम थोड़ा सँभलकर बैठना।"

उसने कहा तो नहीं पर मैं समझ गई थी कि वह कह रहा है कि रास्ता इतना ख़तरनाक है कि वह मेरे लिए फ़िक्रमंद है। वाक़ई बेहद ख़तरनाक सड़क थी। खाई की तरफ़ देखा तो नीचे दर्रे, फिर से उसके नीचे दर्रे-ही-दर्रे नज़र आ रहे थे। जाने कितने सैकड़ों फ़ीट नीचे स्पीति बह रही थी। हम धीरे-धीरे बहुत ऊपर आ चुके थे। दूर तक कोई नज़र नहीं आ रहा था। पूरे रास्ते पर न तो एक भी बाइक मिली न ही कोई कार।

"क़िताारा काज़ा से हिक्किम, हिक्किम से कॉमिक, फिर लांग्ज़ा और फिर वापस हिक्किम। यह पूरा सर्किल तक़रीबन चालीस किलोमीटर का है जिसमें तीन से चार घंटे लग ही जाते हैं अगर लगातार किया जाए। काज़ा से हिक्किम पंद्रह किलोमीटर है जिसमें हमें तक़रीबन एक घंटे का समय लगेगा। अभी हमने नीचे की सड़क से काज़ा के लिए ऊपर जो रास्ता लिया, अगर वह न लेकर सीधे निकल जाते तो हिंदुस्तान का एक बहुत ही प्रसिद्ध पर्वतीय स्थल है मनाली, वह रास्ता हमें वहाँ ले जाता।"

मनाली। यह नाम भी मेरे लिए सुना-सुना था पर कहाँ, यह याद नहीं आया।

चार किलोमीटर इस रास्ते पर चढ़ने के बाद सड़क दो हिस्सों में बँट रही थी। एक हिक्किम की तरफ़ जा रही थी और दूसरी सीधे लांग्ज़ा। हमने सीधे हाथ की तरफ़ वाली सड़क ली जिस पर कोई दस किलोमीटर आगे जाने के बाद हिक्किम पहुँचे। वहाँ थोड़ी-थोड़ी दूर पर पहाड़ों की ख़ुशबू भी बदल रही थी। मैंने त्रिजल को कुछ देर बाइक रोकने को कहा। बाइक से उतरकर मैं लंबी-लंबी साँसें लेने लगी ताकि उस ख़ुशबू को अपने अंदर भर सकूँ। चारों तरफ़ की घाटी का जो नज़ारा था, उसे शब्दों में बयान करना नामुमकिन है। ऊँची-नीची, छोटी-बड़ी पहाड़ियाँ, बहुत दूर-दूर पर छोटे-छोटे सुंदर घर। बर्फ़पोश पहाड़ियों के बीच हरी घास के छोटे मैदान भी, ढलान भी, ऊँचाई भी। वहाँ से कुछ तस्वीरें खींचने के लिए दो क़दम चली तो साँस फूलने लगी। मैंने पलटकर त्रिजल से पूछा कि ऐसा क्यों हो रहा है तो उसने बताया, "हिक्किम 4400 मीटर की ऊँचाई यानी 14400 फ़ीट पर स्थित है। यहाँ की परिस्थितियाँ बहुत कठिन हैं। इसलिए यहाँ बहुत थोड़े से घर हैं। बहुत छोटा-सा गाँव है हिक्किम। ज़्यादा ऊँचाई पर होने से साँस लेने में कभी-कभी ऐसा महसूस होता है। वैसे पता है सर्दियों में यह जगह सफ़ेद तेंदुए के लिए भी प्रसिद्ध है। सोचो तुम सर्दियों के मौसम में यहाँ होतीं और अभी सफ़ेद तेंदुआ तुम पर लपक लेता।"

मैं त्रिजल की बात पर चौंकी और हैरानी से उसको देखा। वह खिलखिलाकर हँस दिया तब मैं समझी कि वह मुझे छेड़ रहा है। मैं भी मुस्करा दी। फिर वह और भी बहुत कुछ बताता रहा। मैं उस आलौकिक अचंभित वातावरण में खोई हुई उसकी बातें सुन रही थी। कुछ समय बाद हम हिक्किम में थे। वहाँ पहाड़ की चोटी पर एक छोटी-सी दुकान थी, जिसमें थोड़ा-बहुत खाने-पीने का सामान मिल रहा था और सोविनियर की तरह वहाँ से चीज़ें भी ख़रीद सकते थे। वहाँ पोस्ट करने के लिए पिक्चर पोस्टकार्ड भी मिल रहे थे। बहुत ख़ूबसूरत पोस्टकार्ड थे जिन पर अलग-अलग मंज़र छपे थे। किसी पर स्पीति की वादियाँ थीं, किसी पर बुद्ध की तस्वीर थी। मैंने वहाँ से बुद्धिस्ट लोगों का पवित्र मंत्र छपा एक छोटा, रंग-बिरंगा झालर लिया जिसमें दस छोटे-छोटे रंगीन झंडे थे। फिर वहाँ रखे पिक्चर पोस्टकार्ड अलट-पलटकर देखने लगी। मैंने उत्सुकता से त्रिजल से पूछा, "यहाँ इतनी ऊँचाई पर इतने सारे पोस्टकार्ड क्यों मिल रहे हैं?"

हमारे अलावा वहाँ पर कुछ और लोग भी थे जिन्होंने पोस्टकार्ड ख़रीदे थे।

वे लोग वहीं बेंच पर बैठकर उन पर कुछ संदेश लिख रहे थे।

त्रिजल ने मुस्कराते हुए मुझसे कहा, "यह जगह अपने पोस्ट ऑफ़िस के लिए बहुत प्रसिद्ध है। यहाँ बाहर जो बोर्ड लगा है उस पर दावा किया गया है कि यह विश्व में सबसे ऊँचाई पर स्थित पोस्ट ऑफ़िस है। हालाँकि यह बात सच नहीं है। पर हाँ, इसको सबसे ऊँचाई पर स्थित पोस्ट ऑफ़िसों में से एक तो यक़ीनन कहा ही जा सकता है। यहाँ आने वाले सैकड़ों सैलानियों के लिए यह पोस्ट ऑफ़िस सबसे बड़ा आकर्षण है।"

वह दुकान एक बहुत सुंदर महिला की थी। त्रिजल की बात पर उसने कहा, "कुछ साल पहले तक विश्व का सबसे ऊँचाई पर स्थित पोलिंग स्टेशन भी यहीं था, पर अब वह पास के दूसरे गाँव में शिफ़्ट कर दिया गया है। हिक्किम एक और बात के लिए भी प्रसिद्ध है- जीवाश्म (fossils), बशर्ते आपको पहचान हो।"

मैं उस जगह की विलक्षणता पर हैरान थी। उसी महिला ने बताया कि लोग वहाँ से पोस्टकार्ड ख़रीदकर, यहाँ सबसे ऊँचाई पर स्थित पोस्ट ऑफ़िस से पोस्ट करते हैं ताकि उनके ख़ास लोगों और उनके अपने ख़ुद के पास भी लौटकर पहुँच सके, जिसे वे यहाँ की याद की तरह रख सकें। अब मैं बहुत हसरत से उन पोस्टकाड्र्स को देख रही थी। पर मैं किसको भेजती!

त्रिजल मेरे पास खड़ा मुझे देख रहा था। अचानक उसने एक पोस्टकार्ड मेरे हाथ से ले लिया और कहा, "यह मैं तुम्हें भेजूँ?"

"मुझे! मुझे कहाँ भेजोगे! मेरा कौन-सा अब कोई घर बचा है!"

"तुम्हारा मैं तो बचा हूँ न अभी!"

मेरी उस उदासी भरी बात पर उसके इस अपनेपन से मेरा मन मायल हो उठा। उसने उस पोस्टकार्ड पर मुझे बिना दिखाए मेरे लिए कोई पैग़ाम लिखा और घर के पते में आदित्य का पता डाल दिया। साथ में लिखा- 'त्रिजल की तरफ़ से क़ितारा को'।

यह सफ़र मेरे लिए ख़ास से भी ख़ास होता जा रहा था। जाने कितने ऐसे लम्हे आए जब समझ नहीं आया कि रो दूँ या हँस दूँ। मैं खड़ी बस उसको देखती रही।

वहाँ से चारों तरफ़ नीचे की पहाड़ियों पर छोटे-छोटे सीढ़ीनुमा खेत थे। वहाँ

असीम सुकून था और थी बेपनाह ख़ूबसूरती।

"तुमको पता है क़ितारा, इनकी कमाई का मुख्य ज़रिया खेती है। ज़्यादातर साल तो ये नीचे के हिस्सों से कटे ही रहते हैं।भर सर्दी में जब बहुत बर्फ़ पड़ जाती होगी जाने कैसे निर्वाह होता होगा इनका या फिर ये नीचे काज़ा चले जाते होंगे शायद!"

हवा बेहद ठंडी थी लेकिन उस ठंडी हवा में मन बहुत शांत और सुकून महसूस कर रहा था। पर इस सारी ख़ुशी में एक चीज़ मुझे बेचैन कर रही थी। मुझे टॉयलेट जाना था और दूर-दूर तक ऐसा कुछ भी कहीं दिख नहीं रहा था। मैंने उस छोटी-सी दुकान पर बैठी महिला से पूछा तो उसने कहा कि यहाँ ऐसी कोई सुविधा नहीं है। काफ़ी नीचे उतरकर गाँव में जाना पड़ेगा और वहाँ भी कोई टॉयलेट जैसी सुविधा नहीं है। कच्चे पर ही जाना पड़ता है। नीचे गाँव तक इतनी सीधी पहाड़ी थी कि फिसलते हुए शायद नीचे पहुँच जाती, पर ऊपर आना बहुत मुश्किल हो जाता। मैंने त्रिजल की तरफ़ मायूसी से देखा, "क्या करूँ!"

वह मुस्कराकर बोला, "उस पहाड़ी के पीछे खुले में। और क्या करोगी।"

"पागल हो क्या! मैं ऐसे नहीं जा सकती।"

तब उस महिला ने कहा, "हम सब ऐसे ही जाते हैं यहाँ। इसमें कोई भी अजीब बात नहीं है। आने वाले सब सैलानियों को ऐसे ही जाना पड़ता है। आप उस पहाड़ी के पीछे हो आइए।"

मरती क्या न करती वाला हाल था मेरा। ठंड बढ़ रही थी और मेरी बेचैनी भी। बहुत देर से टॉयलेट रोकने की वजह से मेरे पेट में दर्द बढ़ता जा रहा था। ऐसे में आगे के सफ़र के लिए बाइक पर बैठना मेरे लिए नामुमकिन था। आख़िर मैं उस पहाड़ी की ओट में चली ही गई। उस पहाड़ी से दूर-दूर तक की सारी घाटी नज़र आ रही थी और नीचे की तरफ़ से आती हुई सड़क भी, जिस पर बहुत दूर, एक छोटी डिब्बी जैसी सफ़ेद कार दिख रही थी। मुझे लग रहा था कि उस कार में बैठे लोगों को शायद मैं इतनी दूर से यह सब करती दिख रही होऊँगी। बता नहीं सकती कि कितना बुरा लग रहा था मुझे, हालाँकि जब कार डिब्बी जैसी लग रही है फिर मैं तो क्या ही दिख रही होऊँगी! ख़ुद में बुदबुदाती जब मैं वहाँ से वापस आई तो त्रिजल ज़ोर से हँसने लगा।

"क्या हुआ?" मैंने हैरानी से पूछा।

"तुम एक और बात के लिए गर्व कर सकती हो।"

"किस बात के लिए?"

"यही कि तुम न सिर्फ़ दुनिया की वन ऑफ़ द हाईएस्ट मोटरेबल रोड पर गई हो बल्कि वहाँ पर टॉयलेट भी करके आई हो। इतनी ऊँचाई पर आकर अपने निशान छोड़ना बड़ी बात है भई!"

मुझे हँसी आई और प्यार भरा ग़ुस्सा भी। मैंने नीचे से कंकड़ उठाए और खींच के उसको मारे। वह हँसता हुआ पीछे हट गया।

हम दोनों साथ में बहुत ख़ुश थे। बच्चों की तरह, दोस्तों की तरह और अब मैं समझ चुकी थी प्रेमी-प्रेमिका की तरह भी। वहाँ से थोड़ा-सा ही नीचे उतरकर पोस्ट ऑफ़िस था।वह कच्ची पहाड़ी थी। मेरी तो वहाँ से उतरने की हिम्मत ही नहीं हुई। मैंने त्रिजल को कहा, "तुम ही जाओ और पोस्ट कर आओ।"

उसने अदा से मेरी तरफ़ देखा और फ़िल्मी अंदाज़ में बोला, "ना। अकेला तो नहीं जाऊँगा। जानेमन साथ लाया हूँ। साथ लेकर जाऊँगा।"

और बिना मेरे जवाब का इंतज़ार किए, मेरा हाथ थामा और नीचे की तरफ़ उतरने लगा। मुझे कई बार लगा कि मैं फिसल जाऊँगी, पर मुझे यक़ीन था वह मुझे गिरने नहीं देगा। कुछ मिनटों बाद हम पोस्ट ऑफ़िस पर थे। वहाँ नीचे जाकर देखा तो ताला लगा था। आस-पास देखा तो पहाड़ी पर एक बच्चा खड़ा नज़र आया।

"यह बंद क्यों है?"

"आज इतवार है न।"

उस बच्चे के यह कहने पर मैंने और त्रिजल ने एक-दूसरे की तरफ़ मायूसी से देखा। मुझे उदास देखकर त्रिजल एकदम चहकता हुआ बोला, "अरे अंदर ही तो नहीं जा सकते। बाहर से तो तस्वीरें ले ही सकते हैं। आओ इसके बोर्ड के सामने खड़ी हो जाओ।"

हमने वहाँ एक-दूसरे की तस्वीरें लीं और कुछ तस्वीरें साथ में भी लीं, पर मन अजीब-सा हो गया कि पोस्ट ऑफ़िस बंद है। वापस ऊपर चढ़कर आए तो उस दुकानदार महिला से पूछा कि अब क्या हल है। उसने कहा, "आप ये पोस्टकार्ड मुझे ही दे जाइए। मुझे भी ध्यान नहीं रहा कि आज इतवार है। मैं कल इसे यहाँ से पोस्ट कर दूँगी। आपने जहाँ भी भेजना चाहा है वहाँ यह पहुँच

जाएगा।"

हमने वह पोस्टकार्ड उसको दे दिया। इसके सिवा विकल्प भी क्या था कि उसकी बात पर ऐतबार किया जाए। फिर त्रिजल ने भी कहा कि पहाड़ी लोग ईमानदार, सच्चे और अच्छे ही होते हैं। मैं जब उस महिला से बात कर रही थी, त्रिजल के चेहरे पर अचानक कुछ बेचैनी उभरी और वह बाहर निकल गया। उस दुकान से कुछ मिनट बाद जब मैं बाहर आई तब वह लंबी-लंबी साँस ले रहा था।

"क्या हुआ ?"

"कुछ नहीं शुद्ध हवा फेफड़ों में भर रहा हूँ।"

जाने क्यों लगा कि वह झूठ बोल रहा है। ज़्यादा पूछा तो वह झल्लाने लगा। फिर मैं चुप हो गई। कुछ देर बाद हम हिक्किम से कॉमिक की तरफ़ निकल गए। कॉमिक वहाँ से तीन किलोमीटर आगे था।

"तुमको पता है क़ितारा कॉमिक का मतलब ?"

"नहीं।"

"कॉमिक का मतलब है 'आई ऑफ़ द स्नोकॉक' यानी पहाड़ी मुर्गे की आँख या यूँ कहो बर्फ़ीले मुर्गे की आँख। कॉमिक तक़रीबन साढ़े पंद्रह हज़ार फ़ीट की ऊँचाई पर है और दावा किया जाता है कि विश्व का सबसे ऊँचाई पर स्थित गाँव है, जो मोटरेबल रोड से जुड़ा है। वैसे दावा यह भी पूरी तरह से सच नहीं है।"

मुझे वाक़ई ऐसा लग रहा था कि मैं किसी और दुनिया में हूँ। कोई जन्नत होती होगी तो ऐसी ही दिखती होगी। कॉमिक में हम एक मोनेस्ट्री में भी गए। तंग्युद मोनेस्ट्री। वह बेहद ख़ूबसूरत थी। छोटी, पर इतनी सुंदर कि नज़र ना हटे। इस मोनेस्ट्री से जैसे पूरा काज़ा दिखाई दे रहा था। यह मोनेस्ट्री पाँच सौ साल पुरानी है ऐसा वहाँ लिखा था और यह भी कि वह 'वन ऑफ़ द हाईएस्ट एल्टीट्यूड गुम्पा इन इंडिया' है यानी भारत में सबसे ऊँचाई पर स्थित गुम्पा। पर इस मोनेस्ट्री की सबसे अजीब और बुरी बात जो मुझे लगी कि पूजा के समय यहाँ पर औरतों के दाख़िले पर पाबंदी थी। क्यों दुनिया में जगह-जगह ऐसा है कि हम जो दुनिया की आधी आबादी हैं, हमें बहुत सारे अधिकारों से यहाँ तक कि ईश्वर की पूजा, ख़ुदा की इबादतगाहों से दूर रखा जाता है! दिल बुझ गया था

मेरा। मेरी उदासी त्रिजल ने भी भाँप ली थी। कॉमिक में कुछ बोर्ड लगे थे जिन पर यह दावा किया गया था कि वह दुनिया का सबसे ऊँचाई पर स्थित गाँव है। त्रिजल वहाँ पर मेरी तस्वीरें उतारने लगा। मैं जानती थी ये सब तस्वीरें यादों का ऐसा एल्बम बनने वाली हैं कि या तो बहुत ख़ुशी देंगी या गहरी उदासी।

वहाँ पर कुछ यूरोपियन भी थे जो स्पेन, जर्मनी से आए थे। त्रिजल उनसे बात कर रहा था। उन लोगों ने दिल्ली से बाइक किराए पर ली थी और बाइक ट्रिप पर स्पीति एक्सपीडिशन के लिए निकले थे। मुझसे भी पूछा उन्होंने, "दिल्ली से यहाँ तक बाइक पर आई हैं?"

"जी हाँ।"

"टफ़ ब्रेव लेडी!"

मैं बस मुस्करा दी। मुझे ख़ुद नहीं पता कि मुझमें इतनी जान कहाँ से आ गई कि जो कभी ज़िंदगी में बाइक पर नहीं बैठी वह इतने लंबे सफ़र पर बाइक पर चली आई थी। थोड़ी देर के बाद हम कॉमिक से लांग्ज़ा की तरफ़ चल दिए, जो वहाँ से ग्यारह किलोमीटर था। हमें आधे घंटे का समय लगा। लांग्ज़ा दो हिस्सों में बँटा हुआ है। लांग्ज़ा गोंग्मा यानी अपर लांग्ज़ा, लांग्ज़ा योंग्मा यानी लोअर लांग्ज़ा। वहाँ एक बोर्ड पर लिखी जानकारी के अनुसार वहाँ की जनसंख्या 160 थी। तीस-चालीस घर दिखाई दे रहे थे। लांग्ज़ा से स्पीति वैली का दृश्य अद्‌भुत था।

"छटा देखती हो क़िताारा! यह सब कितना ख़ूबसूरत है न!"

"हाँ अलौकिक, अद्‌भुत, अचंभित करता हुआ है सब कुछ।"

"मैं तो यार तुम्हारी भाषा पर निसार हुआ जा रहा हूँ। अलौकिक! अचंभित! क्या बात है! सही में इतनी अच्छी हिंदी तो मेरी नहीं है।"

मैं मुस्करा दी।

"सामने वह चोटी देख रही हो? यहाँ की लोकल भाषा में लोग इसे चाऊ-चाऊ कांग निल्दा कहते हैं। पता है इसका मतलब क्या हुआ?"

"मुझे भला कैसे पता होगा! इतनी हिंदी ही मुश्किल से सीख पाई हूँ। यहाँ की भाषा तो क्या ही पता होगी!"

"ब्लू मून इन द स्काई।"

त्रिजल के यह कहने के बाद मैं एक बार फिर ध्यान से उस चोटी को देखने

लगी। कितना सही नाम दिया था उन्होंने उस चोटी को। ब्लू मून इन द स्काई। मैं कितनी देर चुप खड़ी उस चोटी को अपलक देखती रही। उस लम्हा मैंने महसूस किया कि मेरे क़दमों के नीचे से आसमान की ओर जाती वह सड़क, मेरी निगाहों के आगे किसी ख़ूबसूरत गलीचे की तरह खुल रही है। हालाँकि उस रोज़ मेरे पंख थे, पर मैंने नंगे पैरों से उस गलीचे पर चलना चुना। दरअसल, तलवों में इतने ज़ख़्म बन गए थे कि यह जादुई गलीचा यक़ीनन उन ज़ख़्मों को भर देगा यही मानकर तो मैं यहाँ आई थी। इस सड़क पर चलकर, इस नदी के साथ बहते हुए, उन पर्वतों के पार कुछ है। वह कुछ क्या है! यह मैं उस लम्हा नहीं जानती थी, पर मन जो बातें जानता हो उनकी तरफ़ वह आकर्षित वैसे भी कभी नहीं होता। दिल में कशिश हमेशा उन्हीं चीज़ों, उन्हीं लोगों, उन्हीं लम्हों के लिए पैदा होती है जो अक्सर हमने जिए ही नहीं। एक धुँधला खाका हमारे ज़ेहन में खिंच गया होता है कि वहाँ 'कुछ' ऐसा ज़रूर होगा जहाँ सुकून मिलेगा, वहाँ 'कोई' ऐसा ज़रूर होगा जिसके काँधे पर सिर रखकर ख़ामोशी को सुना जा सकेगा। तो क्या यह वही कंधा है! क्या मेरी तलाश पूरी हो गई! मेरे ज़ेहन ने मेरे मन की बात को काट दिया कि नहीं... तलाश तो अनंत होती है। जो मिल सकता हो, उसका आकर्षण नहीं होता। जो आकर्षित करता है वह मिल जाए तो आकर्षक ही नहीं रहता। यही मैं हमेशा सोचती और कहती आई हूँ। मैंने हमेशा माना कि मन जिन ख़यालों, जिन चीज़ों, जिन लोगों के पीछे भागता है उनके न होने में ही उनकी ख़ूबसूरती सदा बनी रहती है। इसलिए भी तो मैं त्रिजल से बढ़ते लगाव से इस क़दर घबराई और बौखलाई हुई थी। होता है कभी ऐसा कि कोई लम्हा छूकर ऐसे निकल जाता है कि वजूद पर उसकी सुगंध ताउम्र तारी रहती है। पर क्या यह अच्छा नहीं है कि गुज़र जाता है! जो रुक जाए तो भ्रम न टूट जाए। उम्मीद को बचाए रखने का, भ्रम ही तो सहारा है। अगर मैं यहाँ त्रिजल के पास रुक गई तो जो है, वह भी सब ख़त्म हो जाएगा। सारा जादू टूट जाएगा। लगाव होना बिल्कुल अच्छी बात नहीं है। एक दिन सबके हाथ छूट जाते हैं। यह डर बहुत भारी है। इस डर का बोझ इस डर से भी ज़्यादा भारी है। मैं चली जाऊँगी यहाँ से बहुत जल्द... वापस अपने मुल्क!

"अरे कहाँ खो गई हो?"

त्रिजल की आवाज़ से मैं चौंककर अपने भीतर से बाहर आई।

"कहीं नहीं। बस उस ब्लू मून इन द स्काई को देख रही थी।"

"पर लांग्जा का सबसे बड़ा अट्रैक्शन यह चोटी नहीं है। यहाँ का सबसे बड़ा अट्रैक्शन है वह सामने दिख रहा ग्रैंड बुद्ध स्टैचू।"

मैंने पलटकर देखा तो अवाक् रह गई। चारों तरफ़ बर्फ़ से ढके ऊँचे पहाड़ों से घिरी उस घाटी के बीचोबीच बुद्ध की विशाल मूर्ति सोने जैसी चमक रही थी।

"क़ितारा, इसे इतनी ऊँचाई पर कितनी मुश्किलों से बनाया गया होगा न! ये मूर्ति कितनी विराट और ख़ूबसूरत है। ऐसा लग रहा है जैसे पहाड़ों की गोद में भगवान बुद्ध बैठे हों।"

मैं बस चुप निहारती रही। स्टेचू के आस-पास कुछ लोग थे जो तस्वीरें उतार रहे थे। मैंने दूर से ही तस्वीरें लीं। कुछ पहाड़ों की, कुछ वादियों की और कुछ भगवान बुद्ध की। त्रिजल इस दौरान वहाँ से आस-पास की और जानकारी ले रहा था। वहीं रहने वाले एक शख़्स ने बताया कि लांग्जा के पास दो छोटी सुंदर झीलें भी हैं। त्सन्यती और चमो त्सो नाम की। वहाँ तक जाने का रास्ता ऐसा था कि जाने में ही कई घंटे लगते। त्रिजल ने मेरी तरफ़ देखा। सुबह से दोपहर होने को आई थी, हम बहुत ऊँचे पहाड़ों पर थे। ऑक्सीजन का लेवल भी बार-बार कम महसूस हो रहा था। कहीं-कहीं मुझे भी चक्कर आया और उल्टी जैसा महसूस होने लगा था। थोड़ा-सा चलते ही हाँफने लगती थी। झील तक के लिए मैंने ही त्रिजल को मना कर दिया। लांग्जा में कोई होटल भी नहीं था। वहाँ पर सिर्फ़ होमस्टे थे। वैसे तो त्रिजल ने कहाथा, वहाँ रात को रुकने में कोई दिक़्क़त नहीं है, वहाँ के लोग बहुत ही अच्छे हैं, पर जाने क्यों मेरा मन नहीं था। मैंने त्रिजल से कहा कि काज़ा वापस चलते हैं। इतने ऊँचे पहाड़ों पर इतना समय बहुत है, बस। वह मेरी तरफ़ देखकर कुछ बोलने को हुआ, पर चुप रह गया।

त्रिजल ने मुझसे वहाँ के एक और बेहद ख़ूबसूरत गाँव किब्बर का भी ज़िक्र किया, पर थकान की वजह से हम वहाँ भी नहीं गए। त्रिजल ने बताया कि कॉमिक से पहले वही सबसे ऊँचा गाँव माना जाता था दुनिया का। किब्बर तो छोड़ दिया, पर 'की मोनेस्ट्री' देखने का मोह मैं भी नहीं छोड़ पाई। 'की मोनेस्ट्री' काज़ा से बारह किलोमीटर दूर ही थी। त्रिजल ने बताया था– 'यह इतिहास का ऐसा दस्तावेज़ है जिसे हर किसी को देखना चाहिए। यह स्पीति की सबसे बड़ी मोनेस्ट्री है और इसकी स्थापना ग्यारहवीं शताब्दी में हुई थी। इस मोनेस्ट्री को

अनेक बार लूटा गया, पर उसके बावजूद यह क़ायम है। यहाँ तक कि 1975 में आए भयानक भूकंप में यहाँ बहुत नुक़सान हुआ फिर भी यह सुरक्षित रही। साल 2000 में दलाई लामा की उपस्थिति में इसका सहस्राब्दी दिवस भी मनाया गया था।"

इन्हीं सब बातों ने मेरे भीतर मोनेस्ट्री देखने की जिज्ञासा जगाई थी। मोनेस्ट्री वाक़ई बहुत सुंदर थी। उस अद्‌भुत मोनेस्ट्री को देखने के बाद हम वापसी के सफ़र पर हो लिए। हम एक बार फिर से बाइक पर थे और अब बाइक ढलान पर नीचे काज़ा की तरफ़ बढ़ रही थी। इतनी ढलान पर बाइक को कंट्रोल करने के लिए चालक का कुशल होना बहुत ज़रूरी था। मैं त्रिजल की दक्षता देखकर दंग थी। कहीं-कहीं इतनी ज़्यादा ढलान थी कि मुझे भी भीतर-भीतर घबराहट होने लगी थी। कंकड़ भरी सड़क थी। त्रिजल ने कहा हमसे यह ग़लती हुई है कि इतनी ऊँचाई पर आने से पहले नीचे काज़ा में ही कहीं सामान रखवा देना चाहिए था। कैरियर बहुत ढंग से नहीं जुड़ा था। उस पर बहुत ज़्यादा वज़न पड़ रहा था। वापसी में काज़ा तक पहुँचते-पहुँचते कैरियर फिर एक बार टूट गया। अब तो मैं भी बुरी तरह से झल्ला चुकी थी। त्रिजल भी उसके बार-बार टूटने से बेहद परेशान हो बोला, "इसका कोई ढंग का इलाज ही देखना पड़ेगा। काज़ा में कोई बड़ी दुकान ज़रूर होगी। पहले वहाँ पर तसल्ली से समय लगाकर इसको ठीक कराना ज़रूरी है।"

भीतर की खिड़कियों से दिल का क़ब्रिस्तान दिखता है

त्रिजल डायरी

कैरियर एक बार फिर से फ़िक्स हो चुका था। हालाँकि अब मैं उसे लेकर बिल्कुल आश्वस्त नहीं था। वह दो बार ऐसे टूट चुका था कि आगे का सफ़र सामान के साथ बड़ा मुश्किल दिखाई दे रहा था। कॉमिक की जितनी ऊँचाई और कठिन रास्तों से हम लौटकर आए थे, थकान का आलम भी अपने चरम पर था। मेरी समझ नहीं आ रहा था कि आख़िर मुझे कल से इतनी दिक़्क़त हो क्यों रही थी! इतनी ख़तरनाक जगहों पर पोस्टेड रहा हूँ, इतने ऊँचे पहाड़ों पर भी मुझे कभी ऑक्सीजन के दबाव से दिक़्क़त महसूस नहीं हुई, पर अब बार-बार हो रही थी। शायद हल्का बुख़ार है मुझे या कोई और वजह! क़ितारा को बता भी नहीं सकता था, वह परेशान हो जाती। हालाँकि मैं जानता था, उसने ऊपर गाँव में भी नोटिस किया जब मैं बाइक रोककर कई बार लंबी-लंबी साँस ले रहा था। मैंने चाहे बात को कितना भी मज़ाक़ में उड़ा दिया हो, पर मैं जानता हूँ, उसको मेरी फ़िक्र है और वह समझ गई है कि मेरी तबीयत ठीक नहीं है।

कहीं-कहीं दिक़्क़त क़ितारा को भी हुई ऑक्सीजन लेवल से। वह तो इतनी ऊँचाई पर पहली बार आई थी। मेरे साथ तो ऐसा नहीं होना चाहिए था! लांग्जा से जब लौटकर काज़ा आए तो इस कैरियर को फ़िक्स कराने की जद्दोजहद में बहुत सारा समय चला गया। सुबह जहाँ से पेट्रोल लिया था वहीं से जाकर पूछा था कि कैरियर कहाँ लगाया जा सकता है। कोई ऐसी दुकान जो वाक़ई पक्का काम कर दे। पेट्रोल पंप वाले ने जिस दुकान का पता बताया, गलियों

में थोड़ा ढूँढ़कर मिल तो गई थी, पर वह इस तरह ऊँचाई पर थी कि वहाँ तक बाइक को लेकर जाना भी अपने आप में एक संघर्ष था। मैं सोच में पड़ गया था कि इसकी दुकान तक गाड़ियाँ या वेल्डिंग का सामान, लोहा वग़ैरह सब पहुँचता कैसे होगा! मैंने सीधे जाकर उस दुकानदार से ही पूछा तब उसने दिखाया चढ़ाई पर डाले हुए दो लोहे के पटरे जिनके ऊपर से चढ़कर बाइक दुकान तक पहुँच सकती थी। सच में हम हिंदुस्तानियों के पास जुगाड़ तो हर चीज़ का है। सामान के साथ उन लोहे के पटरों पर से बाइक ले जाना थोड़ा मुश्किल था। मैंने दुकानदार से मदद माँगी। उसने पीछे की तरफ़ से बाइक को आगे धकेला तो बाइक चढ़ गई। धूप बहुत तेज़ थी। पहाड़ों की धूप जानलेवा तो होती ही है। साथ की इमारत की छत पर लगी एक बड़ी-सी छतरी की छाया से छोटा-सा घेरा सड़क के किनारे बन रहा था। क़ितारा उसी घेरे के नीचे जाकर खड़ी हो गई थी। दुकानदार ने बताया कि कैरियर फ़िक्स करने में आधा घंटा लगेगा तभी पक्का काम हो पाएगा। तब मैं दुकान से नीचे उतरकर क़ितारा को बुलाने आया। "कब तक यहाँ खड़ी रहोगी? आओ मेरे साथ ऊपर चलो।"

"अरे नहीं। यह दुकान अंदर को घुसी कितनी अजीब-सी लग रही है। मैं यहीं सही हूँ।"

"मानो बात को। अभी आधा घंटा लगेगा। साफ़ दिख रहा है कि तुम भी बहुत ज़्यादा थक चुकी हो। अंदर से दुकान काफ़ी बड़ी और साफ़-सुथरी है। बैठने के लिए वहाँ कुर्सियाँ भी हैं। अंदर कोई बहुत लोग नहीं हैं। सिर्फ़ दो आदमी हैं। तुम चलो ऊपर मेरे साथ।"

मैंने उसका हाथ पकड़कर उसको लगभग खींचते हुए कहा। कभी-कभी पता नहीं क्यों, वह बच्चों की-सी ज़िद करने लगती थी। बिना बात यूँ सड़क पर खड़े रहने की कोई तुक नहीं थी। दुकान के अंदर वे दो लोग आपस में दुनिया भर की राजनीति पर बड़ी गंभीरता से चर्चा कर रहे थे। उनमें से एक काफ़ी उम्रदराज़ थे जो कुर्सी पर चाय लिए बैठे थे और दूसरा बात करते-करते मेरी बाइक का कैरियर सही कर रहा था। बीच-बीच में मैं भी उनकी बातों में शामिल हो जाता, जब वे कश्मीर में पाकिस्तान द्वारा फैलाए गए आतंकवाद पर बात करते। हालाँकि मैंने उनको बताया नहीं था कि मैं फ़ौज से हूँ। जब ये सब बातें चल रही थीं तब क़ितारा के चेहरे पर बहुत सारे भाव आ-जा रहे थे। पाकिस्तान

और आतंकवाद की बात होते-होते हथियारों की सप्लाई पर, अमेरिका के द्वारा हथियार देने की बात होने लगी और अचानक जाने क़ितारा को क्या हुआ कि वह बोल पड़ी, "पूरी दुनिया में फैलाए गए आतंकवाद के पीछे अमेरिका ही है। अपनी फ़ैक्ट्रियों में बनाए गए हथियारों को खपाने के लिए पूरी दुनिया को उसने युद्ध में ढकेल रखा है। आतंकवादी भी वह ख़ुद ही तैयार करता है और बाद में उन्हें मारने के लिए ख़ुद ही फ़ौज भेजने का तमाशा भी करता है। पूरे-पूरे देश इसने ख़त्म कर दिए हैं।"

क़ितारा की आवाज़ इतनी अधीर और तीव्रता भरी थी कि वे दोनों भी चौंक गए। उनमें से जो बुज़ुर्ग कुर्सी पर चाय लेकर बैठे थे उन्होंने कहा, "हाँ बिटिया, कह तो तुम ठीक रही हो। मैं तीस साल पत्रकारिता में रहकर रिटायर हुआ हूँ। ख़ूब जानता हूँ कि यह सब राजनीति का किया-धरा ही है। आम इंसान को वरना रोज़ी-रोटी से फ़ुर्सत ही कहाँ है इन झमेलों में पड़ने की!"

"सीरिया के बारे में जानते हैं आप अंकल?" क़ितारा ने उनसे उत्सुकता से पूछा।

"हाँ बेटा, थोड़ी-बहुत ख़बर तो है ही। बाक़ी यहाँ के बहुत छोटे से, लोकल न्यूज़ पेपर में काम करता था तो बहुत ज़्यादा नहीं पता। बस इतनी ख़बर है कि पूरा देश तबाह हो चुका है। सीरिया के राष्ट्रपति के साथ वहाँ के नौजवानों की कुछ भिड़ंत के बाद ही वहाँ हालात बिगड़ते गए और देखते-देखते गृहयुद्ध छिड़ गया।"

"अंकल शुरुआत ज़रूर ऐसे ही हुई थी, पर बाद में सब कुछ वहाँ पर बदल गया। जानना चाहते हैं कि वहाँ क्या और कैसे हुआ?"

"बेटा, तुम भी क्या किसी अख़बार में काम करती हो?"

"नहीं अंकल। ऐसे डायरेक्ट तो अख़बार के लिए काम नहीं करती थी। पर हाँ, मैं वहाँ के हालात पर बहुत-सी रिपोर्ट्स बनाकर इंटरनेशनल मीडिया तक पहुँचाने की कोशिश करती थी। ताकि बाहर के लोगों को हमारे देश की हालत पता चले। मुझे इसलिए भी वहाँ का सब पता है क्योंकि मैं सीरिया से ही आई हूँ। वहाँ के अवाम की छाती पर गिराए गए बमों के घाव मुझ पर भी हैं। आत्मा पर अपनों की लाशों का बोझ है। कितना कुछ देखा और सहा है, यह तो बस मैं ही जानती हूँ।"

कहकर क़ितारा ने अपनी उदास नज़रें नीचे झुका लीं। कुछ देर उस दुकान में बिल्कुल सन्नाटा छाया रहा। फिर उन बुज़ुर्ग ने क़ितारा से पूछा, "इस सबकी शुरुआत कैसे हुई बेटा? हम जानते हैं वह देश बिल्कुल ख़त्म हो चुका है। ठीक-ठीक वजह क्या है और सब कुछ कैसे हुआ, यह नहीं पता हमें।"

"अंकल, सीरिया की मौजूदा राजनीतिक अस्थिरता मार्च 2011 में तब शुरू हुई थी जब कुछ युवाओं ने दीवारों पर सरकार विरोधी नारे लिख दिए। पिछले चालीस वर्ष से असद परिवार सीरिया का शासक है, इसी परिवार के 'बशर हाफ़िज़ अल-असद' मौजूदा राष्ट्रपति हैं। सुन्नियों का बहुमत होने के बावजूद राष्ट्रपति शिया हैं। यह समस्या सभी मुस्लिम देशों की है। सुन्नी-शिया विवाद किसी भी अन्य धर्म से ज़्यादा बड़ा है। सीरिया में असद शासन के ख़िलाफ़ नारे लिखने वाले सभी युवक सुन्नी समुदाय के थे। सुन्नियों में रोष की वजह बशर अल-असद की ओर से सभी सरकारी संस्थानों का फ़ायदा सिर्फ़ शियाओं तक पहुँचाना था जिसके चलते सुन्नियों, कुर्दों और यजीदियों का जीना दूभर हो गया है। पिछले आठ साल के सूखे ने ग्रामीणों का जीवन मुश्किल कर दिया था और उनका शहरों में पलायन हो रहा था। उनका जीवन स्तर गिरता जा रहा था। दीवारों पर असद विरोधी नारे लिखने की शुरुआत सीमांत शहर दाराआ से हुई थी। अगले ही दिन वहाँ की पुलिस ने सुन्नी समुदाय के पंद्रह युवाओं को गिरफ़्तार कर लिया और थाने ले जाकर उन पर ज़ुल्म किया। थर्ड डिग्री का इस्तेमाल करते हुए उनके नाख़ून तक उखाड़ दिए गए। उसके बाद दाराआ में पुलिस अत्याचारों के ख़िलाफ़ जुलूस निकला। तीन-चार दिन में मुख़ालिफ़त की आवाज़ सीरिया के अन्य शहरों और गाँवों में भी फैल गई। बशर अल-असद समझ गए थे कि लंबे समय से दबा हुआ आक्रोश अब खुलकर सामने आ गया है इसलिए उन्होंने इस आक्रोश को दबाने के लिए हिंसा का सहारा लिया। शांतिपूर्ण प्रदर्शनकारियों पर गोलीबारी शुरू कर दी गई। फिर पुलिस और फ़ौज के ख़िलाफ़ अवाम ने भी विद्रोह कर दिया। कुछ लोगों का मानना है कि ईरान का समर्थन पाने के लिए बशर अल-असद ने रणनीति के तहत यह किया। अब ईरान की तरफ़ से सीरिया की असद सरकार को समर्थन मिल रहा है और विद्रोहियों को सऊदी अरब और क़तर से समर्थन मिल रहा है।"

कहते-कहते क़ितारा का स्वर भारी होने लगा और वह रुक गई। मैं बेहद

हैरानी से उसकी तरफ़ देख रहा था कि राजनीति को लेकर उसकी समझ कितनी गहरी है! वह चुप हुई तो वह बुज़ुर्ग बोले, "बिटिया, तुम्हें वह सब याद कर, उन यादों से गुज़रने में तकलीफ़ हो रही है तो मत कहो।"

"नहीं अंकल। जितनी तकलीफ़ झेल चुकी हूँ उसके आगे यह सब तो कुछ मायने ही नहीं रखता। दुनिया को तो सही-सही पता ही नहीं है कि सीरिया के अंदर लोगों पर क्या बीत रही है!"

क़ितारा के चेहरे पर गहरी पीड़ा थी। वह कुछ देर चुप रही और फिर से बताने लगी, "अंकल, 2012 आते-आते सीरिया बुरी तरह से गृहयुद्ध में प्रवेश कर चुका था। सैकड़ों विद्रोही गुटों ने एक समानांतर व्यवस्था स्थापित कर ली ताकि सीरिया पर उनका नियंत्रण क़ायम हो सके। इसका नतीजा यह हुआ कि यह लड़ाई असद और उनके विरोधियों से आगे निकल गई। सीरिया की लड़ाई में क्षेत्रीय और दुनिया की ताक़तों की एंट्री हुई। इसमें ईरान, रूस, सऊदी अरब और अमेरिका का सीधा हस्तक्षेप सामने आया। इन देशों ने असद और उनके विरोधियों को सैन्य, वित्तीय और राजनीतिक समर्थन देना शुरू किया। सीरिया में कई देशों की एंट्री से युद्ध की स्थिति और गंभीर हो गई और सीरिया दुनिया का एक छद्म युद्ध मैदान बन गया। बाहरी देशों पर सीरिया में सांप्रदायिक दरार पैदा करने का भी आरोप लगा। सुन्नी बहुल सीरिया में राष्ट्रपति बशर अल-असद शिया हैं, इसी संघर्ष में शिया बनाम सुन्नी की स्थिति पैदा हुई और इस दरार के कारण ज़ुल्म और बढ़ा। इस मतभेद से न केवल हज़ारों लोग मारे गए बल्कि सभी समुदायों में राजनीतिक तब्दीली की उम्मीदों पर भी पानी फिर गया। जिहादी ग्रुपों को शिया-सुन्नी का विभाजन रास आया और उन्हें भी यहाँ पैर पसारने का मौक़ा मिला। इस युद्ध में जिहादियों के आने से पूरी तस्वीर ही बदल गई।"

उन बुज़ुर्ग ने क़ितारा की बातों में गहरी दिलचस्पी लेते हुए उससे पूछा, "आईएसआईएस की इसमें क्या भूमिका रही, बेटा?"

"अंकल, कथित इस्लामिक स्टेट आईएसआईएस ने उत्तरी और पूर्वी सीरिया के व्यापक हिस्सों पर क़ब्ज़ा कर लिया है। यहाँ सरकारी बलों, विद्रोही गुटों, कुर्दिश चरमपंथियों, रूसी हवाई हमलों के साथ अमेरिकी नेतृत्व वाले गठबंधन देशों के बीच संघर्ष शुरू हुआ। ईरान, लेबनान, इराक़, अफ़गानिस्तान और यमन से हज़ारों की संख्या में शिया लड़ाके सीरियाई आर्मी की तरफ़ से

लड़ने के लिए पहुँचे ताकि उनकी पवित्र जगह की रक्षा की जा सके। असद के लिए सीरिया में स्थिति मुश्किल होती जा रही थी। असद ने अपना नियंत्रण हासिल करने के लिए विद्रोहियों के क़ब्ज़े वाले इलाक़े में सितंबर 2015 में हवाई हमले तक कर दिए। रूस ने असद का खुलकर साथ दिया। रूस का कहना है कि हवाई हमले में केवल आतंकवादियों को निशाना बनाया जा रहा है हालाँकि सच सबको पता है कि हमला पश्चिमी देशों के समर्थन वाले विद्रोही ग्रुपों पर किया गया। शिया बहुल देश ईरान के बारे में भी कहा जाता है कि उसने सीरिया में अरबों डॉलर ख़र्च कर असद सरकार को बचाने में मदद की। ईरान ने सैन्य मदद के साथ कई तरह की मदद की। सीरिया में ईरान ने सैकड़ों लड़ाके भेजे। 2014 से लेकर अब तक अमेरिका ने सीरिया में कई हवाई हमले किए हैं। सुन्नी बहुल सऊदी अरब अब ईरान के ख़िलाफ़ सीरिया में विद्रोहियों की मदद कर रहा है। असद के ख़िलाफ़ विद्रोहियों को मदद करने में सऊदी अरब की सबसे बड़ी भूमिका है। सऊदी अरब इस्लामिक स्टेट को भी असद के ख़िलाफ़ मदद पहुँचा रहा है। सीरिया में तुर्की भी असद के विरोधियों को मदद कर रहा है।

"इस गृहयुद्ध में सीरिया में लाखों लोग अब तक मारे जा चुके हैं और तक़रीबन एक करोड़ लोग विस्थापित हो चुके हैं। वहाँ इस्तेमाल होने वाली विस्फोटक सामग्री और हथियार अमेरिका के कारख़ानों में बने हुए हैं। अमेरिका की ओर से सीरिया को बाज़ार की तरह इस्तेमाल किया जा रहा है। अमेरिका, अफ़गानिस्तान और इराक़ से निकल चुका है लेकिन अलक़ायदा के लोग दोनों जगहों पर मौजूद हैं। अलक़ायदा के नए रूप 'आईएसआईएस' ने इराक़ के एक-तिहाई हिस्से पर क़ब्ज़ा कर रखा है। उसने अपना नाम बदलकर आईएसआईएस इस्लामिक स्टेट ऑफ़ इराक़ एंड सीरिया कर लिया है। उसका मुख्य अभियान इराक़ और सीरिया के उन पहाड़ी इलाक़ों में चल रहा है जहाँ यजीदी समुदाय के लोग रहते हैं।"

"यजीदियों से इनकी कुछ ख़ास दुश्मनी है क्या?" उन बुज़ुर्ग ने क़ितारा से पूछा।

"अंकल, यजीदी समुदाय को अलग आदिवासी समुदाय की मान्यता दी गई है। ये कुर्दों के पूर्वज हैं। जिन यजीदियों ने इस्लाम धर्म अपना लिया उन्हें कुर्दिश कहा जाता है। कुर्द हालाँकि मुसलमान हैं; लेकिन सुन्नी उन्हें भी अपना

नहीं मानते। इराक़ के अलावा जर्मनी में सर्वाधिक संख्या में यजीदी रहते हैं। अरमेनिया, तुर्की, सीरिया, ईरान, जॉर्जिया स्वीडन और नीदरलैंड में भी कहीं-कहीं रहते हैं। पूरी दुनिया में इनकी आबादी चौदह-पंद्रह लाख से ज़्यादा नहीं है। सुन्नियों का मानना है कि क़ुरान में जिस शैतान का ज़िक्र किया गया है, वह शैतान यही यजीदी समुदाय है। इसलिए अफ़गानिस्तान में बुद्ध की मूर्तियाँ तोड़े जाने के बाद अब इस्लामिक कट्टरपंथी, आदिवासी यजीदी समुदाय को समाप्त करने पर तुले हैं। आईएसआईएस इराक़ और सीरिया से ग़ैर-मुस्लिमों का सफ़ाया करने के अभियान में यजीदी समुदाय का सर्वाधिक क़त्लेआम कर रहा है।"

क़ितारा लगातार बोले चली जा रही थी। मैं हैरानी से उसको देख रहा था। वह बिल्कुल किसी सधे हुए जर्नलिस्ट की तरह ही बात कर रही थी, जिसके पास सिलसिलेवार पूरी जानकारी थी। लेकिन बात करते-करते बहुत बार ऐसा हुआ कि उसका गला रुँध गया। मैं अब उसे और बोलने नहीं दे सकता था। साफ़ दिखाई दे रहा था कि वह हाँफने लगी थी। मैंने पानी की बोतल का ढक्कन खोला, उसके कंधे पर हाथ रखा और बोतल उसकी तरफ़ बढ़ा दी और आँखों के इशारे से कहा– 'बस अब चुप हो जाओ।'

कैरियर लग चुका था। मैंने एक बार फिर से बाइक पर सामान बाँधना शुरू किया। वह अपने आँसुओं से संघर्ष करती हुई धीरे-धीरे पानी के घूँट भर रही थी। सामने कुर्सी पर बैठे वह बुज़ुर्ग उसे बहुत ध्यान से देख रहे थे। माहौल बहुत भारी हो चुका था। वही सब बातें करते रहने का कोई औचित्य था भी नहीं। मैंने तेज़ी से सामान बाइक पर बाँधा, मैकेनिक को पैसे दिए, उन बुज़ुर्ग और उस मैकेनिक को शुक्रिया कहा फिर क़ितारा की तरफ़ देख बहुत प्यार से उसे कहा, "आओ चलें। आगे का सुंदर सफ़र तुम्हारा इंतज़ार कर रहा है, क़ितारा। पीछे की बातें पीछे छोड़ दो।" वह कुछ देर मेरी तरफ़ देखती रही फिर कुर्सी से ऐसे उठी जैसे बहुत गहरी थकान के बोझ तले दबी हुई है। मैंने आगे बढ़कर उसे कंधे से थाम लिया। चलते-चलते जाने क़ितारा को क्या हुआ कि वह मुड़ी और उन बुज़ुर्ग के पैर छुए। उन्होंने भी बहुत आत्मीयता से क़ितारा के सिर पर हाथ रखा और आशीर्वाद देते हुए कहा, "प्रभु तेरी सब मुश्किलें दूर करें बिटिया। ख़ुश रहो।"

थोड़ी देर बाद हम फिर से काज़ा की सड़कों पर थे, वापस ताबो की तरफ़।

कल रात से ही मुझे तबीयत ठीक नहीं महसूस हो रही थी। सफ़र शुरू हुए दस मिनट भी नहीं हुए कि मुझे बाइक रोकनी पड़ी।

"क्या हुआ त्रिजल?"

"गला सूख रहा है।सिर में भयंकर दर्द है। थोड़ा पानी पीकर देखता हूँ।"

क़ितारा ने बैग से निकालकर मुझे पानी की बोतल दी। मैंने ढक्कन खोलकर जो एक बार बोतल मुँह से लगाई तो गटागट पूरी बोतल पी गया।

"तुम डिहाइड्रेट फ़ील कर रहे हो?"

"हाँ शायद।"

पानी की बोतल क़ितारा को वापस देकर मैंने फिर से बाइक आगे बढ़ा दी। हालाँकि वहाँ से ताबो की दूरी बहुत ज़्यादा नहीं थी और सड़क भी एकदम साफ़-सुथरी थी फिर भी मुझे रास्ते में दो बार और बाइक रोकनी पड़ी। सिर बुरी तरह से घूम रहा था।

"त्रिजल तुम ठीक नहीं होन?"

"कुछ अजीब बेचैनी महसूस हो रही है। पर तुम फ़िक्र मत करो। हो जाऊँगा ठीक।"

"अब ताबो आएगा न, जहाँ की मोनेस्ट्री का तुमने ज़िक्र किया था कि बहुत सुंदर है?"

"हाँ वही।"

"आज ताबो ही रुकेंगे। मैं थक गई हूँ। आज का सफ़र बहुत ज़्यादा थकान भरा हो चुका है।"

मैं मुस्करा दिया। समझ गया था कि वह रुकने की बात अपनी नहीं, मेरी वजह से कर रही है। पर नाम अपना दे रही है ताकि मैं रुकने को मना कर ही न पाऊँ।

"मैं सोच रहा था कम-से-कम नाको तक तो चलते।"

"नहीं, बिल्कुल नहीं। नाको तक का रास्ता बहुत ख़तरनाक हो जाएगा। तुम्हारी हालत ठीक नहीं है। और इस वक़्त हम दोनों ही बहुत थक चुके हैं। चार बज रहे हैं। थोड़ी देर में बस शाम हो जाएगी। इन ख़तरनाक पहाड़ियों पर अब और आगे नहीं जाना।"

मैंने कुछ देर सोचा और फिर हाँ कर दी। क़ितारा बिल्कुल सही कह रही

थी। इस हालत में इन ख़तरनाक रास्तों पर क़ितारा के साथ जोखिम उठाना बिल्कुल समझदारी नहीं थी। थकान ज़रूरत से इतनी ज़्यादा थी कि पिछले दिनों के बनिस्बत आज हम दोनों बिल्कुल शांत थे। कहाँ तो अब तक ख़ूबसूरत नज़ारों के बीच सड़क पर जब बाइक दौड़ती थी तो हम दोनों ही खिलखिलाते-मुस्कराते रहते थे, गाते-गुनगुनाते रहते थे, पर आज दोनों बिल्कुल चुप थे। कोई पौने घंटे में हम ताबो पहुँच गए।

आते हुए जिस दुकान से चिप्स और कोल्ड ड्रिंक लिया था, उसी दुकान के आगे मैंने बाइक रोक दी।

"भाईजी, यहाँ रात रुकने के लिए कोई गेस्ट हाउस है ?"

"तक़रीबन आधा किलोमीटर आगे, सीधे हाथ पर आपको गेस्ट हाउस मिलेगा।"

"धन्यवाद भाई।" अगले पाँच मिनट में हम गेस्ट हाउस के बाहर थे।

"तुम यहीं बाइक के पास रुको। मैं अंदर कमरे के बारे में पता करके आता हूँ।"

क़ितारा को ताकीद कर मैं गेस्ट हाउस के अंदर की तरफ़ बढ़ गया। पाँच मिनट बाद वापस आया, "कमरा तो है इनके पास और मैं देखकर भी आया हूँ, पर बहुत छोटे कमरे हैं। किराया ज़्यादा नहीं है, पर कमरा भी तुम्हारे लायक़ नहीं है। चलो कहीं और देखते हैं।"

"रुको कमरा मुझे देखने दो। छोटे-बड़े से कोई फ़र्क़ नहीं पड़ता। बस साफ़ होना चाहिए।"

"ठीक है। आओ देख लो तुम भी।"

अंदर रिसेप्शन के सामने सोफ़े पर तीन लड़के बैठे थे। क़ितारा उन्हें देखते ही पहचान गई। वो तीनों ऊपर हिकिम्म मोनेस्ट्री के बाहर भी थे। हालाँकि मुझे उन्हें देखकर यह याद नहीं आया था। जब क़ितारा ने टोका तब ध्यान आया। उन तीनों में से एक ने आगे बढ़कर क़ितारा से बात शुरू की, "हेलो। आप तो वही हैं न जो ऊपर मोनेस्ट्री पर भी थीं ?"

"जी हाँ।" मैंने अपना बंदाना सिर से उतारते हुए मुस्कराकर जवाब दिया, हालाँकि सवाल उसने क़ितारा से किया था।

मेरे जवाब देने से वह चौंका और अगले ही पल बोला, "सॉरी बडी, तुमको

नहीं पहचान पाए। सिर पर बँधे इस बंदाना की वजह से शायद!"

मैं मुस्करा दिया। मन-ही-मन सोचा, हाँ बेटा सुंदर लड़की को सब जल्दी पहचान जाते हैं। मुझे क्यों पहचानोगे!

"क्या आप भी यहीं रुके हैं?" मैंने उनसे उस गेस्ट हाउस का फ़ीडबैक लेने के इरादे से पूछा।

"नहीं हम यहाँ बस खाना खाने रुके हैं। अब निकलेंगे सीधा और जितना रात आठ बजे तक कवर कर पाएँगे उतना करेंगे।"

"ओके, हैव अ सेफ़ जर्नी।"

फिर मैंने रिसेप्शन वाले लड़के से कहा, "आप इन्हें कमरा दिखा दीजिए।"

क़ितारा उस लड़के के साथ कमरा देखने चली गई और मैं उन तीन लड़कों से उनके सफ़र के बारे में बात करता रहा कि वे कहाँ-कहाँ होकर आए हैं और आगे कहाँ जाएँगे।

रिसेप्शन से पीछे की तरफ़ जो दरवाज़ा खुलता था वहाँ से ख़ूब हरियाली और ऊँची पहाड़ियाँ दिखाई दे रही थीं। उस दरवाज़े से बाहर निकलकर दाहिनी तरफ़ एक छोटी-सी गैलरी थी जिसमें उस गेस्ट हाउस में बने कमरों की खिड़कियाँ खुलती थीं। दरवाज़े की बाईं तरफ़ एक छोटा-सा कमरा था जो शायद उस गेस्ट हाउस की रसोई थी। वहाँ पर एक उम्रदराज़ महिला और एक अठारह-बीस साल की लड़की काम में लगी थीं।

जो गेस्ट हाउस सड़क से बराबरी पर दिख रहा था वह पीछे की तरफ़ देखने में ऊँचाई पर था। जैसे आप पहली मंज़िल पर खड़े हों और वह गैलरी नहीं बालकनी है। पीछे की तरफ़ एक घास का मैदान भी था जिसमें रंग-बिरंगे छह टेंट लगे थे। क़ितारा को उस लड़के के साथ अकेला भेजकर मुझे अजीब बेचैनी होने लगी। पाँच मिनट बाद मैं भी उनके पीछे चला गया। वह गैलरी, अंत में जाकर सीधे हाथ की तरफ़ मुड़ती थी और उसके बाद फिर से एक बार सीधी तरफ़ को मुड़कर कमरों के दरवाज़े थे। उस गेस्ट हाउस का सेटअप एक अजीब-सी भूल-भुलैया लग रहा था।

उस लड़के ने एक बार फिर कमरा खोला। कमरा साफ़-सुथरा था। मेज़, दो कुर्सियाँ और एक बेड। बेड की बाईं तरफ़ एक छोटी-सी अलमारी रखी थी। कमरा काफ़ी छोटा था। इतना कि मुश्किल से चार क़दम चला जा सके। क़ितारा

ने बाथरूम का दरवाज़ा खोलकर देखा तो बाथरूम बिल्कुल साफ़-सुथरा था हालाँकि वह भी बहुत छोटा था, पर क़ितारा के लिए बाथरूम का साफ़ होना, कमरे को हाँ करने के लिए बहुत था।

मैंने क़ितारा की तरफ़ देखकर पूछा, "ठीक है कमरा?"

"हाँ साफ़ है और यहाँ का माहौल भी सुकून भरा है। यहीं रुक जाते हैं। थकान भी बहुत हो रही है। आगे जाने की हिम्मत नहीं है।"

"हिम्मत मेरी भी नहीं हो रही थी, पर कमरा बहुत छोटा था इसलिए झिझक रहा था। ठीक है तो तुम रुको कमरे में, मैं रिसेप्शन पर एंट्री कर देता हूँ।"

"सुनो, सामान खोलकर पहले किसी के हाथ अंदर भिजवा देना। रिसेप्शन पर साइन वग़ैरह बाद में करते रहना।"

"येस मैडम।" मैंने फ़ौजी अंदाज़ में उसे सैल्यूट करते हुए कहा और कमरे के बाहर चला गया। पीछे से जब उसकी फुलझड़ी-सी खिलखिलाहट सुनाई दी तो मेरी मुस्कान और बड़ी हो गई।

जो सहज होने का स्वाँग न रचना जानते
तो जीवन को कैसे चलाते हम!

क़ितारा डायरी

त्रिजल के जाने के थोड़ी देर बाद दरवाज़े पर दस्तक हुई। उसने बाइक से सामान खुलवाकर कमरे में भिजवा दिया था। मैंने सारा सामान रखवाकर दरवाज़ा अंदर से बंद कर लिया। मैंने जैकेट, जूते-जुराब सब उतारे और गुसलख़ाने में जाकर मुँह-हाथ धोए। फिर खिड़की पर खड़ी त्रिजल का इंतज़ार करने लगी। बीस मिनट बीत गए तो मुझे बेचैनी होने लगी कि त्रिजल कहाँ रह गया। मैं बाहर जाकर देखने ही वाली थी कि दरवाज़े पर फिर किसी ने दस्तक दी। खोला तो त्रिजल ही खड़ा था।

"कहाँ रह गए थे तुम? मुझे फ़िक्र हो रही थी। एक तो तुम्हारी तबीयत भी ठीक नहीं है!"

"अरे ईज़ी लेडी। दनादन फ़ायर कर रही हो। उन तीन लड़कों से बात कर रहा था। पूछ रहा था कि वो क्या-क्या कवर करके आए हैं और आगे कहाँ-कहाँ जाएँगे। इस तरह बात करने से अक्सर कुछ नई जगहों की जानकारी मिल जाती है। ये लोग भी यहाँ आते हुए छितकुल होकर आए हैं।"

"छितकुल वही जगह न जिसके बारे में हाटू मंदिर के बाहर वो लड़के बात कर रहे थे!"

"हाँ वही है। ये लोग भी वहाँ की बहुत तारीफ़ कर रहे थे।"

बात करते-करते त्रिजल ने भी जैकेट और जूते उतार दिए।

"मुझे ख़ुद पर बहुत धूल-धक्कड़ महसूस हो रहा है। मैं भी हाथ-मुँह धो

लेता हूँ।"

हाथ-मुँह धोने के बाद त्रिजल के चेहरे पर और भी थकान लग रही थी। उसके आने से पहले ही मैंने उसके लिए तौलिया निकाल दिया था। वह मुस्कराकर बोला, "तुमको पता है, जैसे तुम मेरा ध्यान रख रही हो, ऐसे तो पत्नी रखती है।"

"मैं यह ख़ास तुम्हारे लिए नहीं कर रही। अपने आस-पास सबका ध्यान रखना मेरी फ़ितरत में है।"

"हाँ जी ठीक है। याद दिलाने की ज़रूरत नहीं है कि मैं तुम्हारे लिए कुछ स्पेशल नहीं हूँ।"

"मैंने ऐसा तो नहीं कहा!"

त्रिजल ने कुछ जवाब नहीं दिया तो मैं फिर बोली, "ऐसा करो, तुम अब थोड़ी देर आराम कर लो।"

"हाँ। मेरे सिर में भयंकर दर्द भी हो रहा है। अब तो लग रहा है कि नसें फट जाएँगी। अभी आते-आते देखा बाइक का टायर भी पंक्चर है। पता किया है, पंक्चर वाला तक़रीबन चार किलोमीटर आगे है। पर अभी जाने की मेरी हिम्मत नहीं हो रही। रिसेप्शन वाला कह रहा था कि वह साढ़े पाँच तक दुकान बंद करके चला जाता है। साढ़े चार तो होने वाले हैं। क्या करूँ, समझ नहीं आ रहा।"

"इसमें समझना क्या है! जो काम करना है वह तो करना ही है। तुम एक दर्द की गोली लेकर पंद्रह मिनट लेट जाओ। उसके बाद जाना।"

त्रिजल इन पेन किलर दवाइयों के हक़ में बिल्कुल नहीं रहता, पर इस वक़्त सब काम देखने के लिए यह ज़रूरी हो गया था। मैंने पेन किलर की एक गोली बैग से निकाली और पानी के साथ उसकी तरफ़ बढ़ा दी। उसने कुछ नहीं कहा और चुपचाप ले ली।

"अब पीछे होकर ठीक से बिस्तर पर लेट जाओ। दवाई असर करने में बीस मिनट लेती ही है। बाइक ठीक करवाने उसके बाद जाना।"

दवाई खाने के बाद उसने आँखें बंद कर लीं। पाँच मिनट के अंदर ही मुझे त्रिजल के हल्के खर्राटे सुनाई देने लगे। मैं मुस्करा दी। तीन रातों से मैंने एक बार भी त्रिजल को ऐसे खर्राटे लेते नहीं सुना था। साफ़ ज़ाहिर था कि जनाब बेइंतहा थक गए थे। हालाँकि एक फ़ौजी के लिए यह सफ़र, यह रफ़्तार तो क्या

ही मायने रखती होगी, पर जितना मैं समझ पा रही थी, त्रिजल को ज़ेहनी थकान बहुत ज़्यादा थी। इस वजह से भी शायद ऐसा हो रहा था।

माँ की तरह इतना दुलार आया मेरे मन में उसके लिए कि मैं उसके पास बैठकर धीरे-धीरे उसका माथा सहलाने लगी। वह गहरी नींद सोया रहा। यूँ ही वक़्त सरकता गया और आधा घंटा बीत गया। मुझे याद था कि त्रिजल ने कहा है कि कल सुबह सफ़र जल्दी शुरू करेंगे। बाइक अभी ठीक करवाना इसलिए ज़रूरी था कि सुबह-सुबह कोई मैकेनिक नहीं मिलेगा। मैंने उसका सिर सहलाते हुए उसके कान में धीरे से कहा, "उठिए जनाब। शाम ढल रही है। वह मैकेनिक दुकान बंद कर जाएगा तो दिक़्क़त हो जाएगी।"

मेरे इतना कहते ही त्रिजल झटके से उठ बैठा, "अरे! मैं सो गया था क्या!"

"हाँ... और वह भी गहरी नींद।"

"क्या समय हुआ है।"

"पाँच बजने वाले हैं।"

"अरे यार कहीं मैकेनिक निकल न जाए!"

"मैंने बैग से तुम्हारी चप्पलें निकाल दी हैं। जूते पहनने के चक्कर में मत पड़ो। यह लो चाबी और जाओ बस।"

उसने मेरे हाथ से चाबी ली, अपना पर्स उठाया, चप्पलों में पैर घुसाए और तेज़ी से बाहर निकल गया। उसके पीछे-पीछे मैं भी बाहर निकली और बालकनी में जा खड़ी हुई। हवा ठंडी चल रही थी। पहाड़ सामने थे और पता भी था कि पहाड़ और मेरे दरमियान जो फ़ासला है, इसी फ़ासले के बीच कहीं स्पीति नदी भी ठाठें मार रही थी। उसी हलचल के साथ, जिस हलचल से उस वक़्त मेरा दिल उथल-पुथल था। हूक उठ रही थी सीने में गहरी, अपनों की याद की। कितना कुछ तो बाँट चुकी थी त्रिजल से, पर मैं यह भी जानती थी कि कह भर देने से दुख काँधे से नहीं उतरता। चार क़दम आगे बढ़ जाने से यादें पीछे नहीं छूटतीं। कभी दहशत, कभी टूटन, कभी उम्मीद, इन सब एहसासों से ही बने हैं हम सब... कितने तो चेहरे हैं, हमारे एक चेहरे के भीतर। जो सहज होने का स्वाँग न रचना जानते तो जीवन को कैसे चलाते हम! और फिर हम असल होते ही कब हैं! हम क्लोन में जीने का अभिनय रचते हैं और अपने हर क्लोन को दूर खड़े देख, अपने रचयिता होने का दंभ भरते हैं। तब तक, जब तक हमारा

अपना क्लोन हमारे असल पर पलटकर वार नहीं करता। ये भी मेरी फ़ितरत की बात थी– बात के नीचे की हर बात को ढककर रखना, ऐसा ही था मेरा क़िस्सा कि इंसानों से किनारा कर, परछाइयों से मोहब्बत करना। इसलिए भी मैंने ख़ुद को परछाइयों में रखा और परछाइयों का क्या है, उनको रखा... नहीं रखा...

फिर यह भी तो कड़वा सच है कि एक दिन याद करने से भी नहीं आएगी वह एक बात याद, जिस पर दिल अटका था किसी के पहलू से। एक दिन इतना पुराना हो जाता है ख़ुशी का इंतज़ार कि इंतज़ार का ख़त्म होना भी बासी ही लगता है। यूँ अचानक मिली ख़ुशी, भुरभुरी दीमक की तरह उगती दिखती है हथेली पर और हम रिफ़्लेक्स एक्शन में झटक देते हैं उसे दूर ख़ुद से। हालाँकि मुझे अब भी यह बात हैरान करती है कि हम सब दरअसल सारी उम्र, दुनिया-जहान का ताम-झाम जोड़ते हैं, बचपन के किसी एक अभाव को भरने के लिए और अभाव के गड्ढे में भरता है निल बटे सन्नाटा।

किसने सोचा था एक रोज़ ज़िंदगी ऐसे करवट ले लेगी। देखते-देखते सब कुछ बदल जाएगा। अपने कहीं बहुत पीछे छूट जाएँगे और किसी अनजान से बढ़ता अपनापन यूँ जानलेवा होने लगेगा। शरीर से ज़्यादा मुझे ज़ेहनी थकान महसूस हो रही थी। मन कर रहा था कि अब शाम नदी किनारे सुकून से बैठकर कहीं तन्हाई में बिताऊँ।

बाईं तरफ़ देखा तो बालकनी के बिल्कुल आख़िर में जो दरवाज़ा था, जो रसोई की तरफ़ खुलता था, वहाँ दो औरतें तन्मयता से काम में लगी हुई थीं। भूख लगी थी और कुछ गरम खाने की इच्छा थी। मैंने उनके पास जाकर पूछा, "मैगी मिल जाएगी?"

"हाँ जी मिल जाएगी।"

"आप दो मैगी बना दीजिए, पर आधे घंटे तक भेजिएगा।"

उसने हाँ में सिर हिला दिया। मैं धीरे-धीरे टहलती हुई वापस कमरे में आ गई। कुर्सी पर बैठकर खिड़की से बाहर देखने लगी।

पौने छह बज गए थे। मैं पता नहीं किन ख़यालों में खोई थी, जब वह छोटी लड़की मैगी लेकर आ गई।

"अरे आप तो ले भी आईं! अभी तक मेरे साथी बाहर से आए नहीं हैं। वह बाइक ठीक कराने गए हैं।"

"वह आ गए हैं, बल्कि वह भी रसोई में यही ऑर्डर करने आए थे। जब हमने बताया कि आप पहले ही ऑर्डर कर चुकी हो, उन्होंने कहा कि कमरे में ले जाइए। वह बस आ रहे हैं।"

"ओह! अच्छा ठीक है। बहुत शुक्रिया!"

"शुक्रिया तो आपका मोहतरमा। अच्छा हुआ आपने पेन किलर दे दिया। अब मैं बहुत अच्छा महसूस कर रहा हूँ।" त्रिजल ने कमरे में दाख़िल होते हुए कहा।

"बाइक ठीक हो गई?"

"हाँ बिल्कुल सही समय पर पहुँचा। वह दुकान बंद ही कर रहा था। अच्छा आदमी था। चंद मिनटों में ही उससे बढ़िया दोस्ती हो गई। जब वह पंक्चर लगा रहा था तो मैं उसी की साइकिल लेकर आगे मोनेस्ट्री तक चक्कर भी लगा आया। बेहद ख़ूबसूरत जगह है। तुमको भी लेकर चलूँगा। और इस बात का भी शुक्रिया कि तुमने समय से उठा दिया वरना दुकान बंद ही मिलती और तीसरा शुक्रिया इस बात का कि मुझे बहुत तेज़ भूख लगी थी और आकर देखता हूँ कि पहले से ही मैगी ऑर्डर की जा चुकी है।"

त्रिजल बच्चे की तरह चहक रहा था। जैसे सारी ज़ेहनी-जिस्मानी थकान फुर्र हो गई हो। उसकी मुस्कान इतनी सुंदर थी कि मैं भी मन से मुस्कराने लगी।

"तुम्हारी तबीयत कैसी है?"

"पहले से बहुत बेहतर महसूस कर रही हूँ।"

"थकान तो हो ही जानी थी। सुबह छह बजे के हम निकले हुए हैं। कमर अकड़ गई होगी बाइक पर बैठे-बैठे!"

"हाँ इतने ख़तरनाक दुर्गम रास्ते आज तक मैंने सिर्फ़ फ़िल्मों में देखे थे।"

"पर तुम्हारी हिम्मत की दाद देनी पड़ेगी। कोई यक़ीन नहीं करेगा कि यह लड़की पहली बार इतने ख़तरनाक पहाड़ों पर आई है। एक शिकन नहीं थी तुम्हारे माथे पर!"

"वह तो ठीक है, पर अब तुम सच बताओगे कि तुमको हुआ क्या था? मुझे लग नहीं रहा कि यह सिर्फ़ जिस्मानी थकान थी!"

वह कुछ देर मुझे देखता रहा फिर बोला, "हैरान तो मैं ख़ुद भी हूँ। मैं तो कश्मीर के बेहद ठंडे इलाक़ों में भी पोस्टेड रहा हूँ, पर आज पता नहीं क्या हुआ।

हिक्किम में जब पोस्ट ऑफ़िस के पास हम थे तब अचानक मुझे साँस लेने में दिक़्क़त होने लगी थी। तब मैं एकदम उस दुकान से बाहर निकल गया था। तुम मुझसे पूछ भी रही थीं कि कुछ बात है क्या, पर तुमको अगर उस वक़्त कह देता कि मुझे साँस लेने में दिक़्क़त हो रही है तो तुम घबरा जातीं। इसलिए जब तुमने मुझसे बार-बार पूछा कि क्या हो रहा है तो मैं झल्लाकर तुम पर ग़ुस्सा कर बैठा। सॉरी! सच में मन से माफ़ी।"

वह एक हाथ से अपना कान पकड़ता हुआ बोला तो मैं मुस्करा दी।

"हाँ हैरानी तो मुझे भी हुई थी कि तुम इस तरह सबके बीच में मुझ पर चिल्ला क्यों रहे हो! हालाँकि मैं यह समझ गई थी कि तुम ठीक नहीं हो। और वह झल्लाना मुझ पर नहीं, तुम्हारी ख़ुद पर ही खीझ है।"

"हाँ, क्योंकि तुम वहाँ पर सामान्य दिख रही थीं जबकि तुम मुझे कह चुकी थीं कि ऑक्सीजन की कमी से तुमको दिक़्क़त होती है। वहाँ तुमको कुछ नहीं हुआ, और मुझे परेशानी हो रही थी। मैं तुमको पैनिक नहीं करना चाहता था इसलिए भी यह बात तब नहीं बताई। हम बहुत ऊँचाई पर थे और वहाँ से बाइक उतारना और भी मुश्किल था। ख़ासकर तब जब सड़क के नाम पर सिर्फ़ पतली पथरीली पगडंडी हो। मैं तो ये देखकर हैरान था कि तब भी तुम कितनी आसानी से वीडियोज़ बना रही थीं। मुस्कराते हुए गाने गा रही थीं।"

"मेरा मन ख़ुश होता है तो मेरी तबीयत ठीक ही रहती है। तुम्हारा साथ इतना महफ़ूज़, इतना सुकूनभरा है कि लगता है मैं सब कुछ कर सकती हूँ। सब आसान है। कोई तकलीफ़, कुछ बुरा महसूस होता ही नहीं।"

वह मुस्कराते हुए बोला, "चलो अब मैगी ख़त्म कर लेते हैं। ठंडी हो रही है।"

"त्रिजल, अगर अब तुम्हारी तबीयत ठीक है तो कहीं नदी किनारे चलकर बैठें?"

"अरे वाह! भला इससे अच्छी बात और क्या होगी! पहले मोनेस्ट्री की तरफ़ चलते हैं फिर वहाँ से किसी से रास्ता पूछकर कहीं नदी किनारे बैठ जाएँगे।"

"हाँ।" नदी के तसव्वुर भर से ही मैं चहक उठी थी।

हम अधूरे छूट गए चुंबनों के बीच का कोई भय थे

क़िताना डायरी

'ज़े-हाले-मिस्कीन मकुन ब-रंजिश; ब-हाले-हिज्राँ बेचारा दिल है...'

फ़िज़ाओं में गीत गूँज रहा था। कमरों के पीछे लगे टेंट में किसी ने यह गाना बजा रखा था।

जैसे ही मैंने त्रिजल को कहा नदी किनारे बैठने का मन है तो वह बिस्तर से यूँ कूदकर उठा कि बस मैं कुछ मुँह से निकालूँ और वह उसे पूरा कर दे।

वह फटाफट जूते पहनने लगा तो मैंने कहा, "चप्पल में चलें? मेरा फिर से यह ताम-झाम कसने का मन नहीं है।"

"चल सकते हैं, पर तुम्हें बाइक पर चप्पल में मुश्किल होगी और नदी के लिए हो सकता है थोड़ा-सा पहाड़ नीचे उतरना पड़े। ऐसा न हो कि चप्पल में पैर फिसल जाए। जूते ही ज़्यादा सही रहेंगे। हाँ, वैसे मुझे तो कैसे भी दिक़्क़त नहीं है, पर तुम हो थोड़ी नाज़ुक, कहीं पैर-वैर न मोड़ बैठो।"

वह शरारती अंदाज़ में मुझे छेड़ते हुए बोला।

"अच्छा जी! मैं नाज़ुक हूँ? भूल गए ऊपर वह यूरोपियन लोग कैसे मेरी हिम्मत और जज़्बे पर निसार हो रहे थे। इतनी बुरी बाइक चलाते हो फिर भी एक शब्द नहीं कहती, न डरती हूँ।" मैंने भी उसे चिढ़ाया।

"हाँ जी... हाँ जी... आप तो हैं ही झाँसी की रानी। ग़ज़ब का जज़्बा तो है आपका। पर मैं बाइक बुरी नहीं चलाता हूँ मोहतरमा।"

"हाँ ठीक है, पर बस मान जाओ कि तुम होगे नाज़ुक-वाज़ुक, मैं तो नहीं हूँ। और यह झाँसी की रानी कौन थी? नाम तो सुना-सुना सा है।"

"वीरांगना रही हैं बहुत महान। कभी सुनाऊँगा इनकी गाथा। अभी फटाफट जूते पहनो। पहाड़ों में शाम बहुत..."

"...तेज़ी से ढल जाती है।" यह बात वह इतनी बार कह चुका था कि मैंने उसकी बात पूरी करने से पहले ही पूरी कर दी। हम दोनों हँसने लगे।

मैं जूते पहनकर अपना हेलमेट उठाने लगी तो वह बोला, "हेलमेट क्या करेंगे यार! पास में ही तो जाना है। दो-तीन किलोमीटर तक कहीं-न-कहीं नदी से नीचे उतरने की जगह मिल ही जाएगी। फिर हेलमेट सँभालना और मुश्किल होगा।"

"पर बाइक पर बाल उड़ते हैं। मैं कम-से-कम अपना बंदाना ले लूँ।"

"तुम ले लो, मैं नहीं लगा रहा। बाक़ी कभी इन ज़ुल्फ़ों को खुला भी छोड़ दो जानाँ कि इन्हें भी साँस लेने का हक़ है।"

"मेजर साहब, आज कुछ ज़्यादा ही रूमानी नहीं हो रहे आप!"

"संगत का असर है। वैसे क्या खाक संगत का असर होगा! आपके यहाँ तो सूखा पड़ा है।" वह ख़ुद की ही बात काटता हुआ बोला।

"आप और आपकी हाज़िर जवाबी..." मैंने मुस्कराकर बस इतना ही कहा।

जब हम दोनों बाहर निकले, गेस्ट हाउस का मैनेजर अपनी सीट पर बैठा किसी से फ़ोन पर ख़ूब हँस-हँसकर बात कर रहा था। त्रिजल ने धीरे से मुझे कहा, "बाहर चलते हैं।"

"पूछना नहीं है नदी का रास्ता?"

"बाहर पूछ लेंगे किसी से यार। आओ तो सही। वैसे यहाँ थोड़ा आगे जाकर एक मोनेस्ट्री है बहुत प्रसिद्ध, चलो पहले वहाँ चलते हैं।"

"पैदल चलें? मौसम बहुत सुहाना हो रहा है।"

"मोनेस्ट्री तो पैदल जा सकते हैं, पर अगर वहाँ से नदी की तरफ़ जाने का रास्ता नहीं मिला तो फिर बाइक के लिए इतना ही वापस आना पड़ेगा।"

"अच्छा! चलो ठीक है फिर बाइक पर चलते हैं।"

हम बाहर आए तो पार्किंग वाली जगह एक एसयूवी और कुछ बाइक्स खड़ी थीं। कुछ विदेशी लड़के-लड़कियाँ थे और कुछ हिंदुस्तानी, जो स्पीति

एक्सपीडिशन पर आए थे। वे लोग अपनी गाड़ी और बाइक्स पर से सामान खोल रहे थे। वे सब हँसते-खिलखिलाते, मस्ती-मज़ाक़ में लगे हुए थे। तभी उनमें से किसी ने एक वाहियात-सा जुमला बोला और सारे ज़ोर से हँसने लगे। त्रिजल ने उस बेहूदा बात पर बुरा-सा मुँह बनाया और मैंने भी आँखें झुका लीं। त्रिजल और मेरे बीच एक मन का रिश्ता जुड़ रहा था, पर उससे कहीं पहले और उससे कहीं ज़्यादा गहरा, एक सम्मान का रिश्ता था हमारे बीच। उसने तेज़ी से बाइक स्टार्ट की और आँख के इशारे से मुझे बैठने को कहा। मेरा मन अजीब उदासी से भरा था। हालाँकि हम बहुत देर से हँस ही रहे थे, पर कुछ अंदर-अंदर दुख दे रहा था। जाने क्या! कुछ पल बाद मैंने देखा त्रिजल मुझे रियरव्यू मिरर में देख रहा है और अचानक उसने बाइक की स्पीड बहुत बढ़ा दी। रिफ़्लेक्स एक्शन में मैंने एकदम कसकर उसे पीछे से पकड़ लिया। वह खिलखिला उठा, "डर गई!"

"अरे डरना क्या है! मैं बिल्कुल रिलैक्स बैठी थी। तुमने एकदम स्पीड बढ़ा दी। चौंक गई। गिर जाती तो?"

"गिर तो तब जाती न, जब मैं गिरने देता!"

"आए बड़े सुपर हीरो! तुम भूल रहे हो, आज सुबह ही हम गिरे हैं काज़ा के बाज़ार में। शुक्र करो कि लगी नहीं।"

"अरे वह मेरी ग़लती नहीं थी। सड़क पर तेल बिखरा हुआ था।" कहकर उसने स्पीड और बढ़ा दी।

"अरे पागल हो गए हो क्या!"

"फ़ील द विंड बेबी। एकदम सपाट सड़क है, कुछ नहीं होगा। एक तरफ़ पहाड़ियाँ हैं, दूसरी तरफ़ नदी है, वो भी थोड़ी दूरी पर। खाई नहीं है। कहीं नहीं गिरने वालीं तुम। बस मुझे कस के पकड़ लो। और इन वादियों में, इन तेज़ हवाओं को महसूस करो। इस बंदाना को भी खोल दो। बालों को उड़ने दो।"

उसने जिस लहजे और जिस अपनेपन से कहा, मुझे उस पर बेपनाह प्यार आया। मैंने उसे और कसकर थाम लिया और उसकी पीठ पर अपना बायाँ गाल टिका दिया। एक हाथ से खींचकर बंदाना भी खोल दिया। अब बाल हवा में उड़ रहे थे। ठीक वैसे ही जैसे उसने चाहा था उस पल। मेन सड़क से सीधे हाथ की तरफ़ एक पक्की सड़क कट रही थी।

"यह सड़क मोनेस्ट्री की तरफ़ जाती है, तक़रीबन एक किलोमीटर आगे

इस पर मोनेस्ट्री है।"

सड़क काफ़ी चौड़ी थी। दोनों तरफ़ घने पेड़ थे। रेलिंग पर तीन रंग के पेंट किए हुए थे। बौद्ध धर्म के झंडे दोनों तरफ़ लगे थे। उस रास्ते पर कोई नहीं था। त्रिजल बाइक की स्पीड बढ़ाता ही जा रहा था। यूँ तो मैं हँस रही थी, पर अजीब भी लग रहा था। आख़िर मुझे उसे कहना ही पड़ा, "बस करो त्रिजल। अब सामने लोग भी दिख रहे हैं। लगता है मोनेस्ट्री आ गई। स्पीड कम करो।"

त्रिजल बच्चों-सी मस्ती के मूड में था। उसने स्पीड कम नहीं की। उस सड़क से मोनेस्ट्री के साथ-साथ एक छोटी गली अंदर की तरफ़ जा रही थी, शायद मोनेस्ट्री के मेन गेट की तरफ़। उस गली में दुकानें थीं– बुद्धिस्ट औरतों की लगाई हुईं दुकानें। कुछ और लड़के-लड़कियाँ भी आए हुए थे मोनेस्ट्री घूमने, जो उस वक़्त गली में मौजूद थे। उस तंग गली में कोई बहुत ज़्यादा लोग नहीं थे, पर जिस तरह से त्रिजल इतनी तेज़ी से स्पोर्ट्स बाइक को वहाँ से निकालता चला गया, सब चौंककर हमें ही देख रहे थे। मुझे इस तरह लोगों का ध्यान अपनी तरफ़ खींचना बिल्कुल अच्छा नहीं लग रहा था।

"तुम यह करतब इसलिए ही कर रहे हो न कि लोग हमें नमूना समझ, हमारी तरफ़ ताकने लगें?"

हम मोनेस्ट्री के मेन गेट तक पहुँच गए थे। त्रिजल ने वहीं बाइक रोक दी। बाइक रोकते ही वहाँ के गार्ड ने कहा, "आप यहाँ पर इसे नहीं लगा सकते। दूसरी तरफ़ पार्किंग है वहाँ जाइए।"

मुझे ग़ुस्सा आ रहा था और त्रिजल को पता नहीं किस बात पर इतनी मस्ती सूझ रही थी।

त्रिजल ने बाइक मोड़ते हुए मुझे कहा, "मुझे पता था यहाँ बाइक लगाने नहीं देंगे और पार्किंग दूसरी तरफ़ है। मुझे तो यूँ ही इस पतली गली से झंडों के बीच में से यहाँ तक बाइक लाने का फ़ील लेना था।"

"क्या हो गया है तुमको! कॉलेज के बिगड़े लड़कों की तरह हरकतें कर रहे हो!"

"हाँ तो! अरे जब बिगड़ने के दिन थे तब कुछ ज़रूरत से ज़्यादा ही गंभीर रह गया मैं। सोचता हूँ अब सब अरमान निकाल लूँ और अब तो तुम भी साथ हो।"

मैंने हताशा से सिर हिलाया। लग नहीं रहा था कि आज उस पर मेरी किसी भी बात का कोई असर होने वाला है। वापसी में भी उसने बाइक उतनी ही तेज़ी से निकाली, पर कुछ देर बाद उसने बाइक की स्पीड कम कर ली। शायद वह समझ गया था कि मुझे सच में बुरा लग रहा है।

"अरे अब तो मुस्करा दो। अब तो स्पीड कम कर ली!"

"ऐसे इतने लोग देखने लगते हैं तो मुझे बहुत अजीब लगता है।"

"अच्छा बाबा, अब तेज़ नहीं करूँगा। तीन दिन से कभी एक बार भी स्पीड ऐसे तेज़ की है! आज इतनी खुली सड़क मिली है। इतना बढ़िया मौसम है। कोई डर नहीं है। हेलमेट नहीं है। ऐसा लग रहा था खुली हवा में उड़ रहा हूँ। पंखों को फैलाता जाऊँ। जैसे तुमको अपने साथ बादलों के पार ले जाऊँ। मैं बस इस दिलकश उड़ान को, जो तुम्हारे साथ से महसूस होने लगी है, अपने रोम-रोम में भरना चाहता था।"

इस दफ़ा मैं कुछ नहीं बोली, बस मुस्करा दी। थोड़ा आगे जाने पर एक छोटा लड़का दिखाई दिया। त्रिजल ने उससे पूछा, "दोस्त, नीचे नदी के पास जाने का रास्ता बताओगे?"

"आपको नहीं मिलेगा सर जी। चलिए मैं चलता हूँ साथ। आप बाइक सामने लगा दीजिए और मेरे पीछे आइए।"

मैंने थोड़ा शक की नज़रों से उस लड़के को देखा। त्रिजल बाइक साइड में खड़ी करने लगा। मैंने उसे बाइक से उतरते हुए कहा, "तुम्हें विश्वास है कि यह सच कह रहा! पता नहीं कहाँ ले जाएगा!"

"अरे ज़्यादा मत सोचो। पहाड़ों में लोग सीधे-सच्चे होते हैं।"

थोड़ी दूर पर एक टूटा-फूटा मकान दिख रहा था। वह हमें उसी की तरफ़ ले जाने लगा।

"यह क्या अजीब जगह है! यहाँ से कौन-सा रास्ता जाएगा!"

पता नहीं क्यों मुझे बार-बार ऐसा लग रहा था जैसे उसके साथ नहीं जाना चाहिए और फिर वह उजड़ा टूटा हुआ घर बिल्कुल मुझे मेरे शहर होम्स की याद दिलाने लगा। दहशत और कँपकँपी होने लगी मुझे।

"यह पता नहीं कहाँ ले जा रहा है और तुम भी बस चले जा रहे हो!"

"मैं साथ हूँ न तो डर क्यों रही हो?"

पास पहुँचने पर वह घर ऐसा लग रहा था जैसे थोड़े समय पहले बनाना शुरू किया गया हो और फिर बीच में ही अधूरा छोड़ दिया गया हो। ईंटों की आधी-अधूरी दीवारें खड़ी थीं बस, बाक़ी कुछ नहीं था। अजीब डरावना-सा माहौल लग रहा था। मैं रुक गई तो उस लड़के ने पलटकर पीछे देखा और कहा, "अरे दीदी, बस थोड़ी ही दूर और है।"

मैंने त्रिजल की तरफ़ देखकर कहा, "पता नहीं कहाँ जा रहे हम! यहाँ सब कितना सुनसान-सा है!"

"चलो तो। थोड़ा और आगे तक जाकर देखते हैं।"

उस घर को पार करके जो पहाड़ का हिस्सा आया वह बेहद गंदा था। जैसे उस पूरे क़स्बे का कूड़ा लाकर वहीं डाल दिया गया हो। वहाँ से छोटी-सी पगडंडी नीचे उतर रही थी नदी की तरफ़। पगडंडी छोटी तो थी ही, उस पर दरदरी बजरी-सी रेत ही रेत थी।

"इस पर पैर फिसल गया तो नीचे जाकर पता नहीं कहाँ गिरेंगे! यह कोई रास्ता थोड़ी है। हर तरफ़ कूड़ा और गंदगी पड़ी है। नदी भी देखो तक़रीबन आधा किलोमीटर नीचे तो होगी। मैं नहीं जाऊँगी इस रास्ते से।"

त्रिजल ने रास्ते को ध्यान से देखा और फिर उस लड़के से कहा, "छोटे उस्ताद, कोई और रास्ता नहीं है क्या? यह तो वाक़ई बहुत ख़राब है।"

"भैया, आपको ऐसे ही लग रहा है कि ख़राब है। आराम से नीचे पहुँच जाएँगे।"

त्रिजल ने मेरी तरफ़ देखकर कहा, "मैं साथ हूँ तो सही। कोशिश करोगी तो नीचे तक उतर सकते हैं।"

"यहाँ से अगर गिरे तो किसी को पता भी नहीं चलेगा कि कहाँ मर खप गए। और चलो उतर भी गए तब भी वापस ऊपर चढ़कर आना मेरे लिए तो नामुमकिन है।"

"छोटू और कोई रास्ता है कि नहीं?"

"भैया, और तो कोई रास्ता नहीं है यहाँ। आपको फिर दस किलोमीटर आगे ही जाना पड़ेगा। वहाँ से सड़क अपने आप ही नीचे की तरफ़ जा रही है। उधर से नदी की तरफ़ उतरने में आसानी रहती है।"

"ठीक है बच्चे। तुम जाओ। हम देख लेंगे।"

त्रिजल ने ₹10 का नोट निकालकर उस लड़के को दिया। वह ख़ुशी-ख़ुशी चला गया। त्रिजल ने मेरा हाथ पकड़ा और कहा, "चलो वापस चलते हैं। कोई और रास्ता ढूँढ़ते हैं।"

त्रिजल उस आधे-अधूरे मकान की तरफ़ बढ़ने लगा। मैं ठिठककर रुक गई, "कहाँ जा रहे हो ?"

"इस मकान के दूसरे छोर पर देखते हैं। शायद वहाँ से नदी की तरफ़ जाने का कोई रास्ता हो। बिल्कुल नदी के पास ना भी पहुँचे तो क्या पता पीछे की तरफ़ कोई साफ़-सुथरा बैठने का स्थान हो। जहाँ से नदी भी दिखाई देती हो। वहाँ बैठकर आराम से बात करेंगे।"

मैंने कुछ नहीं कहा। उस मकान को पार कर जब दूसरे छोर पर पहुँचे तो देखा वहाँ पहले से ही एक कार खड़ी है। यानी वहाँ तक पहुँचने का कोई और भी रास्ता था। उस कार के आस-पास कुछ लड़के बैठे थे और कुछ खड़े थे। सबके हाथ में शराब की बोतलें थीं।

"ये लड़के शायद यहीं के हैं।" मैंने उन्हें देखकर कहा।

"कार का नंबर बता रहा है कि ये पहाड़ों के नहीं हैं। नीचे मैदानों से आए हैं।"

अब तक उन लड़कों ने भी हमें देख लिया था। वह सब अब मुझे ही घूर रहे थे। ऐसी हवस मैंने अपने देश में इतनी बार, इतनी अनगिनत आँखों में देखी थी कि सामूहिक बलात्कार की बेशुमार दुर्घटनाएँ मेरे ज़ेहन में एक साथ कौंध गईं। फिर वही कँपकँपी अंदर शुरू हो गई, जिस डर से ख़ुद को निकालने के लिए मैं लगातार जूझ रही थी। त्रिजल ने पल भर में ही मेरे चेहरे के बदले हुए भावों को समझ लिया। उसने मेरे कंधे पर हाथ रखा और अपने पास कर लिया। एक कड़ी नज़र उन लड़कों पर डाली और हम वापस मुड़ गए।

"चलो वापस चलें। यह जगह तुम्हारे बैठने के लायक़ क्या, खड़े होने के लायक़ भी नहीं है। और तुम एकदम ऐसे घबरा क्यों जाती हो! भूलो मत तुम एक ट्रेंड आर्मी ऑफ़िसर के साथ हो।"

मैं त्रिजल को क्या कहती! इसलिए चुप ही रही। कोई-कोई डर जीवन भर नहीं निकल सकते। कभी भी नहीं। किसी के साथ भी नहीं। यह मैं उसे कैसे समझाती कि जो मेरा हाल है अगर वह वर्दी में होता तो मुझे उससे भी डर

लगता..."

हम दोनों चुप साथ-साथ चलते वापस बाइक के पास आ गए। इस सारे घटनाक्रम में आधा घंटा पहले ही बीत चुका था। शाम तेज़ी से ढल रही थी। मुझे एक बार फिर गहरी थकान और मायूसी ने आ घेरा था।

"कितने मन से सोचा था कि कहीं नदी किनारे बैठेंगे।"

"चलो बैठो तो बाइक पर। देखते हैं आगे जाकर।"

"नहीं, अब गेस्ट हाउस वापस चलो। रात हो रही है, अब कहीं नहीं जाना।"

बाइक पर बैठते ही मैंने उसकी पीठ पर सिर टिका लिया और आँखें बंद कर लीं। बाइक चली तो मुझे लगा कि हम गेस्ट हाउस की तरफ़ ही जा रहे हैं। पर नहीं, त्रिजल ने बाइक बिल्कुल दूसरी तरफ़ ली थी। चूँकि मेरी आँखें बंद थीं, तो मुझे पता ही नहीं चला। जब बाइक चलते-चलते पंद्रह-बीस मिनट बीत गए तब मुझे एहसास हुआ कि गेस्ट हाउस तो बहुत पास ही था! अब तक हम पहुँचे कैसे नहीं! मैंने आँखें खोलकर देखा तो दूर-दूर तक सब कुछ सुनसान था और हम किसी और ही रास्ते पर थे।

"यह कहाँ आ गए हैं हम?

"क़स्बे से थोड़ी दूर।"

"अरे यह क्या किया त्रिजल! अब तो वैसे भी रात होने वाली है।"

"कल जब हम इस रास्ते से गुज़रे थे तो मुझे याद है कि मैंने पीछे एक पगडंडी देखी थी जो बिल्कुल नदी तक जाती थी। काफ़ी ख़ूबसूरत लग रही थी वह जगह। बस आने ही वाली है।"

"बहुत रात हो जाएगी त्रिजल। यह तुमने सही नहीं किया। पता नहीं क्यों, पर आज मेरा मन बहुत घबरा रहा है।"

"अरे यार बस भी करो। कभी तो किसी बात को पॉज़िटिवली लिया करो। देखो आ भी गए। एक घड़ी आँख खोलकर, ठीक से सामने का नज़ारा देखो तो! बहुत सहम चुकी हो जानाँ... अब ज़िंदगी की तरफ़ देखो, वादियों को देखो, हवा को महसूस करो और बाक़ी सब भूल जाओ।"

जहाँ पहुँचे वह जगह वाक़ई बहुत ख़ूबसूरत थी, पर नदी अब भी आधा किलोमीटर से ज़्यादा दूरी पर नीचे दिखाई दे रही थी। हाँ नीचे जाने की पगडंडी ज़रूर एकदम साफ़-सुथरी थी।

"इस समय, यहाँ कहाँ जाएँगे! नीचे पहुँचते-पहुँचते तक ही रात हो जाएगी। यहाँ कोई रोशनी भी नहीं है। चलो उतर भी जाएँगे तो वापस कैसे आएँगे? दूर-दूर तक कोई नहीं है, कितनी तो सुनसान जगह है।"

मैं न जाने क्यों लगातार घबराहट में बस बोलती ही जा रही थी। त्रिजल ने मुड़कर मेरे होंठों पर अँगुली रख दी–"श्श्श्श... चुप एकदम। उतरो नीचे।"

मैं बाइक से उतरी। उसने बाइक सड़क के किनारे खड़ी की और मेरा हाथ पकड़कर नीचे की तरफ़ चल दिया। पगडंडी इतनी साफ़ और इतनी ढलान पर थी कि कोई दस मिनट में ही हम आधा रास्ता तय कर चुके थे। यहाँ से न सिर्फ़ नदी दिखाई दे रही थी बल्कि मैं पानी की आवाज़ भी साफ़ सुन रही थी। सब कुछ बहुत सुकून भरा था। आस-पास के दरख़्तों पर बैठे नन्हे परिंदे चहचहाते हुए शाम ढले अपने घोंसले में लौट आए थे। सूरज पहाड़ी के पीछे डूबने से ठीक पहले आसमान में गुलाबी केसरी चटक रंग बिखेर रहा था। जब बस सौ मीटर नीचे बहती नदी दिखी तो मैं त्रिजल का हाथ छोड़ तेज़ी से झाड़ियों को पकड़कर नीचे उतर गई। पानी के लिए मेरे पागलपन से अब तो वह भी वाक़िफ़ था। सो उसने न रोका न कुछ कहा। हमेशा की तरह अपना कैमरा निकाल लिया। कुछ तस्वीरें ऊपर से लीं और फिर कुछ नीचे मेरे पास आकर। कुछ मुझे बताकर और कुछ बिना बताए।

त्रिजल ने जो तस्वीरें मुझे बिना बताए ली हैं उनकी यादें और भी गहरी, मन में रहने वाली हैं कि मैं जानती हूँ, जो यादें अनजाने में बनती हैं, वही सबसे ख़ूबसूरत भी होती हैं।

किनारे पर लकड़ी के फट्टों को बाँधकर एक प्लेटफ़ॉर्म जैसा कुछ बना रखा था किसी ने। मैं उस पर चढ़ गई।

"वापस आओ क़ितारा। ये लकड़ी के फट्टे बस एक पेड़ के तने पर टिके हैं। डग-मग हिल रहा है यह नाज़ुक जुगाड़। गिर जाओगी तो मर जाओगी।" त्रिजल ने मुझे डराते हुए कहा।

मैंने मुस्कराकर पूछा, "मछली भी पानी में कहीं मरती है क्या? वैसे तुम्हारे लिए ज़िंदा होने की परिभाषा है क्या?"

वह मुस्कराने लगा और मैं भी।

मैं जाने किस धुन में बोल उठी, "पता है त्रिजल, किसी भी लड़की के

लिए मछली हो जाना सहज नहीं है। न किसी बहते दरिया की, न किसी शानदार एक्वेरियम की। लचीली डंडियों के छोर पर लहराती डोरियों के हर सिरे पर काँटे हैं... वो काँटे जो हलक में फँसते तो हैं, पर मौत का सामान बन जाएँ ऐसा कोई ज़रूरी भी नहीं। बाज़ दफ़ा ये उससे भी बदतर स्थिति का आगाज़ होते हैं। उसके बावजूद जाने क्यों मैंने हमेशा चाहा– मछली हो जाना। और फिर... ज़िंदगी आँख में तैरती मछली हो गई। समय पानी-सा बहता रहा– तेज़, बहुत तेज़।"

मेरी बात पर त्रिजल चुप रहा। ढलते-ढलते शाम पूरी ढल गई। तब त्रिजल ने कहा, "चलो जानाँ, अब वापस चलें, शाम ढल चुकी है। अँधेरा गहरा हो इससे पहले वापस चलते हैं।"

मेरा मन तो नहीं था, पर सड़क काफ़ी ऊपर थी, इसलिए मैं चुपचाप उस प्लेटफ़ॉर्म से उतरकर त्रिजल के पास आ गई। वह मेरा हाथ पकड़कर ऊपर की तरफ़ बढ़ने लगा। अभी आधा भी रास्ता पार नहीं हुआ था कि मैं रुक गई, "मुझे यहीं बैठना है। यहाँ से दूर तक कितना दिलकश नज़ारा दिख रहा है। यहाँ थोड़ी ऊँचाई है, नदी है, पहाड़ है, परिंदे हैं। यह कितनी मुकम्मल शाम है।"

त्रिजल ने कुछ देर सोचा और फिर पूछा, "यहीं रुकना है?"

"बिल्कुल यहीं।"

वहाँ ऊपर उस पगडंडी पर अब न तो घास का कोई निशान था और न ही बड़े पत्थर थे बैठने के लिए। त्रिजल ने कमरे से चलते हुए एक छोटा बैकपैक उठाया था और जाने क्या रखा था उसमें। उसने वह बैग खोला और उसमें से अख़बार निकाला।

"अख़बार क्या करोगे?"

"मुझे लगा मेरी हीरोइन, रेत में बैठना शायद पसंद न करे, इसलिए अख़बार ले लिया।"

मैंने उसकी तरफ़ हैरानी से देखा, "ख़ुदा का ख़ौफ़ खाओ! कितना झूठ बोलते हो! निकलने से पहले थोड़ी पता था कि पत्थरों में बैठेंगे या रेत पर।"

त्रिजल मेरी बात पर हँस दिया। उसने अख़बार खोला और ठीक से नीचे बिछा दिया, "आओ बैठो।"

"ज़्यादा पास-पास नहीं हो जाएगा!"

"आ जाओ यार अब। ज़्यादा नाटक ना करो। जितना बाइक पर पास होते

हैं उससे ज़्यादा पास क्या होंगे! तुम्हारे भी इतने शेड्स है ना कि मैं भी चक्कर खा जाता हूँ। कभी बच्चों सी चुलबुली हो तो कभी दादी माँ-सी समझदार !"

इस दफ़ा तो मैं भी खिलखिलाकर हँस दी। वह और मैं दोनों अख़बार पर साथ-साथ बैठ गए। मेरे बैठने के बाद उसने बैग खोला और उसमें से व्हिस्की की बोतल निकाली, एक गिलास और नमकीन का पैकेट भी। मैं देखते ही चौंक गई।

"यह कब रखा ?"

"आने से पहले जब तुम वॉशरूम गई थीं, तब।"

"अरे हद है! कल हम इसी पीने की वजह से लगभग कुत्ते-बिल्ली जैसा लड़ रहे थे रात को। अब फिर वही काम!"

मुझे याद आया, मैंने कमरे से निकलते हुए पूछा भी था कि इस बैग में क्या है, तब उसने कहा था, पानी की बोतल और कुछ खाने को रखा है बस। मैंने बिना देखे ही बाइक पर बैठते हुए बैग कंधे पर ले लिया था।

"हाँ तो कल की बात तो कल पर ख़त्म हो गई। आज तो नया दिन है। नई शाम और आने वाली नई रात। कल वैसे भी झगड़ा बाज़ार में खुलेआम पीने पर ही तो था! यही कहा था न तुमने कि मुझे यूँ सबके बीच में इस तरह खुलेआम पीना-पिलाना पसंद नहीं है! आज यहाँ कौन है ? तुम और मैं ही तो, बस।" उसने शरारती मुस्कान के साथ कहा।

मैंने कुछ जवाब नहीं दिया तो वह फिर बोला, "मुझे सफ़र में बहुत सारी बेशुमार यादें बनानी हैं तुम्हारे साथ। जैसे उस शाम को मटियाना की बालकनी में बैठकर जिया था। ऐसे ही एक ख़्वाब देखा कि खुली वादियों में नदी किनारे इस तरह तुम्हारे साथ बेपरवाह बैठकर इन पलों को जिया जाए।"

उसने इतनी मासूमियत से कहा कि मेरा सारा ग़ुस्सा ही चला गया। मैं उसे कहना चाहती थी कि यादें जोड़ने में एक मुकम्मल इंसान पूरा ख़र्च हो जाता है कि ज़िंदगी के हिसाब बहुत पक्के हैं। पर मैंने कहा, "वह तो ठीक है त्रिजल, पर हमें यहाँ से वापस भी जाना है।उस दिन की तरह कमरे में नहीं हैं हम। तुमको बाइक भी चलानी है। नशे के बाद कैसे चलाओगे!"

"अरे इतना बुरा स्टेमिना नहीं है मेरा। ज़रा-सी तो बची थी इस बोतल में, पानी मिलाकर वही उठा लाया हूँ। दोनों थोड़ी-थोड़ी ले लेते हैं फिर चलेंगे यहाँ

से। बाइक चलाने में कोई दिक़्क़त नहीं होगी, तुम निश्चिंत रहो।"

उसकी बच्चों जैसी ज़िद देखकर मेरा और टोकने का मन नहीं किया। उस आब-ओ-हवा में इतना सुकून भरा था कि मैं ख़ुद-ब-ख़ुद एकदम शांत हो गई। उसने गिलास में डालकर थोड़ी-सी मेरी तरफ़ बढ़ा दी और ख़ुद बॉटल से लेने लगा। मैंने चुपचाप गिलास ले लिया। सामने हरी-भरी पहाड़ियाँ थीं। पहाड़ियों के नीचे नीली-सफ़ेद कलकल करती स्पीति नदी, जिसकी लहरों की आवाज़ कानों को सुंदर संगीत की तरह लग रही थी। बहुत दूर दिखने वाले पहाड़ों पर बर्फ़ बिछी थी। हवा सर्द हो चुकी थी। सूरज डूब चुका था। सुर्ख़ गुलों-सी शाम थी। नज़ारा बेहद मादकता भरा और सुहाना था। हम दोनों बार-बार एक-दूसरे की तरफ़ देखते, मुस्करा देते, पर कुछ नहीं बोलते।

अचानक त्रिजल ने जेब से फ़ोन निकाला और अपनी म्यूज़िक गैलरी में जाकर एक ग़ज़ल बजा दी जिसकी पहली लाइन सुनते ही मैं ज़ोर से हँस पड़ी।

'आपको देखकर देखता रह गया... क्या कहूँ और कहने को क्या रह गया...'

"हँसो मत भई। आई मीन इट। मैंने जब तुम्हें पहली बार देखा था मैं तभी समझ गया था, अब अपना दिल, अपना नहीं रहा।"

मैं फिर एक बार खुलकर हँसी, "मुझे नहीं पता था कि तुम इतने फ़िल्मी हो!"

"लो बताओ, फ़िल्मी की क्या बात है जी! अब बंदा सच भी ना कहे!"

मुस्कराती आँखें एक-दूसरे को कुछ पल देखती रहीं फिर नज़ारों में खो गईं। शाम ढल चुकी थी। रात अपना दामन पसार रही थी। सामने कहीं दूर बहुत सारी बत्तियाँ एक साथ चमक रही थीं।

"वह क्या जगह होगी! जहाँ इतनी सारी बत्तियाँ जल रही हैं?"

"पता नहीं कोई बड़ा स्कूल, कॉलेज या कोई सरकारी प्रोजेक्ट प्लांट कुछ भी हो सकता है। कितनी क़रीने से लगी हुई हैं न लाइट्स। दूर से बैठकर ऐसा लग रहा है जैसे कोई नेकलेस हो।"

"हाँ बेहद ख़ूबसूरत नज़ारा है। वैसे क़ायदे से तो यह नेकलेस वाली बात मुझे कहनी चाहिए थी। लड़कियों के दिमाग़ में ज़ेवरों की बातें जल्दी आती हैं, पर मेरे ज़ेहन में यह बात नहीं आई। मुझे तो वह आधे चाँद जैसा लगा।"

त्रिजल ने मेरी तरफ़ देखा और कुछ पल देखते रहने के बाद कहा, "मेरे दिमाग़ में यह हार वाली बात इसलिए आई कि काश मैं उसके दो सिरे पकड़कर तुम्हारे गले में पहना सकता।"

चुप्पी फिर रोशन होने लगी। निगाहें फिर मुस्कराने लगीं दरमियाँ... और मेरा मन अपने से ही गुफ़्तगू में मशगूल हो गया।

'इसके पास तेज़ हवा है, मुट्ठियों में बंद। मेरे पास बहुत से धूल के दाने हैं, मुट्ठियों में बंद। यह मुझे और मैं इसे, कब से देख रहे हैं! मन हो रहा है, मैं आगे बढ़कर इसे आलिंगन में ले लूँ। पर मैं इसे गले लगाऊँगी तो मुझे ये धूल के दाने इसकी पीठ पर छोड़ने पड़ेंगे। इसकी कमीज़ तो सफ़ेद रंग की है! उस पर दाग़ लग जाएँगे। छोड़ो! जाने दो। गले लगना शायद इतनी अच्छी बात ना रहे, दूर से देखना ही ज़्यादा अच्छा है। यह जाने क्या ही सोचता होगा इस लम्हा! शायद यह भी सोचता होगा कि इसकी मुट्ठियों में भरी हुई हवा मेरे बालों को अस्त-व्यस्त कर देगी। हवा पेशानी पर दाग़ भी छोड़ सकती है ऐसा भी हो सकता है सोचा हो, इसलिए यह भी दूर से ही मुझे देख रहा है। यह अपनी मुट्ठियों में हवा भरकर लाएगा, यह बात इसने मुझे बताई नहीं है, पर मैंने महसूस कर ली थी।

हमारा मन जो तय करता है आख़िरी लम्हे में बिल्कुल उसका उलट कर देता है। यह कितनी ख़राब बात है। हम आस-पास घटती हुई घटनाओं को हमारे उस वक़्त के मन और जी हुई ज़िंदगी के अनुभवों के हिसाब से अनफ़ोल्ड करते हैं। यह और भी ज़्यादा ख़राब बात है।

बीच के फ़ासले में मैंने मुट्ठियों के भरे दाने छोड़ दिए। वह छोड़ रहा था अपनी मुट्ठियों में भरी हवा को। अब बीच में आँधी थी, बवंडर था, धुँधलका था और थी बहुत सारी अनिश्चितता।

'किसी प्रेमिल आलिंगन का यूँ मर जाना, दुनिया की सबसे ख़राब बात है...'

हमारे बीच की चुप्पी भारी हो रही थी।

रात होने लगी थी। मुझसे तो चौथाई गिलास भी ख़त्म नहीं हुआ था और वह सीधा बॉटल से पी रहा था। बॉटल में थोड़ी-सी नहीं थी। आधी से ज़्यादा थी और वह काफ़ी पी चुका था। मुझे उस चौथाई गिलास में ही हल्का नशा लगने

लगा था। जब मेरा ध्यान बॉटल की तरफ़ गया तो मैं एकदम तनाव में आकर फ़ौरन खड़ी हो गई। जैसे ही खड़ी हुई वैसे ही लड़खड़ा गई। त्रिजल अगर समय पर पकड़ नहीं लेता तो धड़ाम से नीचे गिरती।

उसने पत्थर पर रखा बैग उठाकर बची हुई बोतल वापस बैग में रख ली।

मैंने घूरकर देखा तो उसने कहा, "अरे कहीं रास्ते में डस्टबिन में फेंक दूँगा भई! यहाँ पहाड़ों में गंदगी थोड़े ही फैलानी है!"

मैं मुस्करा दी। चलते हुए उसने मेरी कमर में हाथ डाला और कहा, "चलो जानाँ, चलें अब।"

मैं वहीं खड़ी रही और उसको देखती रही फिर उसके हाथ की तरफ़ देखा जो कमर पर था।

"अच्छा इस हाथ से ऐतराज़ है?"

मैंने हाँ में सिर हिलाया।

"अरे अभी लड़खड़ाई थी न! गिर जाती तो! कितनी चोट लगती! अब अँधेरा हो गया है इसलिए ऐसे पकड़ा है ताकि तुमको गिरने न दूँ।"

बात यह होकर भी यह नहीं थी, यह मुझे पता था। मैं फिर से मुस्करा दी और कुछ नहीं कहा। हम साथ-साथ चाँद की रोशनी में धीरे-धीरे ऊपर की तरफ़ बढ़ने लगे।

"मैं नहीं गिरूँगी। मुझसे कहीं ज़्यादा नशे में तुम लग रहे हो और जहाँ तक मैं समझ पा रही हूँ मुझे नहीं लगता कि तुम भी कोई रोज़ाना पीने वालों में से हो।"

"हाँ मुझे तो पार्टीज़ तक में पीना पसंद नहीं। मैं बहुत रेयर ही कभी लेता हूँ।"

"वह तो दिख रहा है। फिर यहाँ बैठकर इतनी कैसे पी ली! अब बाइक पर वापस कैसे जाएँगे!"

"अरे कुछ नहीं होगा ना यार। इतनी भी नहीं चढ़ी है।"

मैं और चिड़चिड़ ना करूँ शायद इसलिए उसने गाना शुरू कर दिया। एक और ख़ूबसूरत हिंदी फ़िल्मी गाना– 'तुम हो साथ मेरे... पास मेरे...'

यूँ ही ऊपर की तरफ़ बढ़ते गुनगुनाते-मुस्कराते हम बाइक तक पहुँच गए। दोनों बाइक पर बैठे और बाइक ने एक बार फिर से रफ़्तार ले ली।

"त्रिजल, इतनी तेज़ मत चलाओ। तुमने पी रखी है फिर रात का समय है।"

"मुझे कसके पकड़कर बैठो बस। कुछ नहीं होगा। मैं पूरे होश में हूँ।"

शाम से ही देख रही थी कि त्रिजल अलग ही मस्ती में था। बाइक की रफ़्तार तेज़ होती जा रही थी और उसका गाना भी। एक बार फिर से उसने एक नया गाना छेड़ दिया– 'गुलाबी आँखें जो तेरी देखी शराबी ये दिल हो गया...'

उसकी इन टीनएज-सी हरकतों पर मैं हँस तो रही थी, पर अंदर-अंदर पता नहीं क्यों घबराहट भी थी। वह ख़ाली सड़क पर लहराते हुए बाइक चलाने लगा। सड़क अच्छी थी पर एक तरफ़ खाई थी, दूसरी तरफ़ मिट्टी के पहाड़ थे। मैंने उसे फिर से टोका, "स्पीड कम करो और इस तरह से मज़ाक़ मत करो। दिल घबरा रहा है मेरा ऐसे। तुम नशे में हो।"

"अरे मैं बिल्कुल ठीक हूँ जानाँ। चिंता मत करो।"

वह इतना ख़ुश और मस्ती में था कि मेरे टोकने कि उसको उस समय बिल्कुल परवाह नहीं थी। फिर अचानक जाने कैसे क्या हुआ। एक पल में ही सब कुछ हो गया। त्रिजल की बहुत तेज़ चिल्लाने की आवाज़ मेरे कान में पड़ी

"गॉड!"

उसने बहुत तेज़ ब्रेक मारा। बाइक स्किड कर चुकी थी और कुछ ही पलों में हम बाइक समेत पहाड़ से टकराकर गिर पड़े थे। त्रिजल बाइक में उलझा हुआ था और मैं बाइक के, पहाड़ से टकराने के तेज़ झटके से, बाइक से उछलकर उस मिट्टी के पहाड़ पर जा गिरी थी। त्रिजल बहुत तेज़ी से बाइक छोड़कर खड़ा हुआ और एकदम मेरे पास आया।

"तुम ठीक हो न?"

वह बेहद घबरा गया था।

"हाँ मैं बिल्कुल ठीक हूँ। और तुम?"

"मैं भी ठीक हूँ।"

"पर यह हुआ कैसे अचानक? मैं पहले ही कह रही थी कि शराब पीकर इतनी तेज़ मत चलाओ। तुम सुन ही नहीं रहे आज मेरी बात। ऊपर से बाइक भी लहराए जा रहे थे।"

मैं बोले जा रही थी और मैंने ख़ुद भी ध्यान नहीं दिया कि मैंने दोनों हाथों से अपना सीधा पैर एड़ी के पास से कसकर थामा हुआ है। त्रिजल ने देखा और

झट अपने हाथों को मेरे हाथों पर रख दिया और बेचैन हो पूछा, "चोट लगी है न? दर्द हो रहा है न?"

"मैं ठीक हूँ। मुझे कुछ नहीं हुआ। पर तुम यह बताओ कि यह एक्सीडेंट हुआ कैसे! शराब की वजह से ही न?"

"अरे नहीं भई। पता नहीं कौन-सा जानवर था। बिल्ली या सियार था शायद। एकदम सड़क पर सामने आ गया। ब्रेक मारते-मारते भी बाइक नहीं सँभाल पाया। हाँ पर तुम ठीक कह रही हो। अगर मैं नशे में नहीं होता तो शायद मैनेज कर लेता।"

"अब क्या करें? कैसे जाएँगे?"

"अब धीरे और ध्यान से चलाऊँगा। गेस्ट हाउस बस पास ही है। डरो मत। उठ सकती हो?"

मैंने त्रिजल के सहारे से उठने की कोशिश की तो बुरी तरह चीख़ निकल गई। मेरे पैर में वाक़ई काफ़ी तेज़ चोट लगी थी। त्रिजल ने मुझे वापस वही मिट्टी पर बैठा दिया और जाकर सड़क पर से बाइक उठाई। बाइक मेरे पास लाया। मुझे हाथ के सहारे से फिर से उठाया।

"बैठो हिम्मत करके। बस थोड़ी ही दूर जाना है।"

"दर्द हो रहा है पैर में बहुत।"

"आओ मैं सहारे से बिठाता हूँ।"

हालाँकि मुझे असहनीय दर्द हो रहा था, पर त्रिजल इतना परेशान लग रहा था कि अगर मैंने बार-बार कहा कि मुझे दर्द हो रहा है तो वह और घबरा जाता। मैं पीछे बैठ गई और उसकी पीठ पर हाथ टिकाते हुए कहा, "मैं ठीक हूँ। मुझे लेकर परेशान मत होओ। सामने सड़क पर ध्यान दो। यहाँ कोई स्ट्रीट लाइट नहीं है। अँधेरा और सन्नाटा बढ़ चुका है। बहुत ध्यान से चलाओ अब।"

मैं उसे किसी छोटे बच्चे की तरह ताकीद कर रही थी और वह बस चुपचाप सिर हिला रहा था। बिना कुछ भी कहे। मैं समझ रही थी कि मुझे चोट लगने से वह काफ़ी घबरा गया है। गेस्ट हाउस की दूरी कोई बहुत ज़्यादा नहीं थी। अगर पहले वाली रफ़्तार से चलते तो अगले तीन-चार मिनट में ही पहुँच जाते, पर त्रिजल बहुत धीरे-धीरे लाया। दस मिनट बाद हम गेस्ट हाउस पहुँचे।

त्रिजल बाइक से उतरा और फिर मुझे सहारे से उतारा। मैं उसके कंधे का

सहारा लेकर धीरे-धीरे अंदर की तरफ़ बढ़ने लगी। रिसेप्शन के आगे से जब जा रहे थे तब वे लड़के-लड़कियाँ वहाँ मौजूद थे जो शाम को हँसी-मज़ाक़ में लगे थे। उन्होंने नोटिस कर लिया कि मुझे चलने में दिक़्क़त हो रही है।

"आप लोगों का एक्सीडेंट हुआ है?" उनमें से एक ने पूछा।

मैं कुछ बोलती इससे पहले ही त्रिजल ने जवाब दिया, "नहीं कोई एक्सीडेंट नहीं हुआ। नदी किनारे उतरते हुए पैर मुड़ गया इनका।"

फिर त्रिजल ने रिसेप्शन पर बैठे आदमी से पूछा, "आयोडेक्स या वॉलिनी कुछ मिल जाएगा क्या यहाँ आस-पास?"

"बाहर निकलकर, उल्टे हाथ की तरफ़ थोड़ा-सा आगे जाकर एक दुकान है। शायद वहाँ मिल जाए।"

त्रिजल मुझे धीरे-धीरे कमरे तक लाया। बिस्तर पर बैठाया और उल्टे पाँव यह कहता हुआ बाहर निकल गया, "तुम आराम करो मैं अभी इस पर लगाने के लिए कुछ लेकर आता हूँ।"

मैं आँखें बंद करके लेट गई। दस मिनट में ही त्रिजल लौट आया। उसके हाथ में एक छोटी-सी रंगीन बोतल थी।

"यह क्या है?"

"जड़ी-बूटियों से बना तेल। उस दुकानदार ने कहा है कि यह बहुत असरदार रहेगा मोच पर, इसलिए ले आया हूँ।"

मैं कुछ कहती इससे पहले ही वह ज़मीन पर बैठ गया और मेरा पैर अपनी गोद में रख लिया। वह बहुत परेशान लग रहा था और परेशान से कहीं ज़्यादा ग्लानि से भरा हुआ भी। वह हाथ में तेल लेकर धीरे-धीरे पैर की मालिश करने लगा और मैं उसके लगाव और आत्मीयता से भरे चेहरे को अपलक निहारने लगी।

चोट लग चुकी थी। दर्द होना भी लाज़मी था। तेल का काम दर्द कम करना था या नहीं, पता नहीं। पर दर्द कम करने का ज़िम्मा स्पर्श का ज़रूर रहा होगा। फिर स्पर्श जब प्रेमिल हो तो वह अपनी ज़िम्मेदारी बख़ूबी निभाता है। कभी-कभी यूँ भी होता है कि जो होना चाहिए उससे इतर कुछ होने लगे और ध्यान बँट जाए, तब भी दर्द कम हो जाता है।

इन पलों में दर्द पर एक गहरा प्रेम भरा स्पर्श था, हो सकता दर्द इसलिए भी

उन लम्हों में गुम हो हूँकना भूल गया हो! तेल की मालिश करते-करते त्रिजल मेरी उसे निहारती हुई आँखों में ख़ुद भी खो गया। अब थीं बस दो जोड़ी आँखें, जो एक-दूसरे को अपलक निहार रही थीं। जब दो जोड़ी आँखें एक-दूसरे को यूँ रिझाने लगें तो फिर दर्द, दर्द नहीं रहता। एक प्रेम का समंदर उमड़-उमड़ आता है चहुँ ओर। यूँ तो दुनिया के सारे समंदर ज़मीं पर ही बहते हैं, पर एक प्रेम का समंदर है जो ज़मीं पर नहीं हवा में घुलता है। एक आँख से दूसरी आँख तक एक लय पर सवार होकर धीरे-धीरे बहता हुआ जाता है। उसमें चाहतों, अरमानों, सपनों की मछलियाँ तैरा करती हैं। मछलियाँ कभी-कभी आँखों में डुबकी लगाकर सीने तक उतर जाती हैं। ऐसे में जब प्रेमी मन खिलखिलाते हैं तब जुगनू चमकते हैं। ये जुगनू फिर होंठों के स्पर्श सहेज, एक-दूसरे की देह पर छोड़ आते हैं। समय सरक नहीं रहा था और समंदर ठाठें मारने लगा। जुगनू और तेज़ चमकने लगे। चमकते जुगनू कभी माथे, कभी आँखों, कभी होंठ पर ठहरने लगे और जब इतना ख़ूबसूरत जादुई चित्र ख़ुदा बनाने लगते हैं तो वह अपनी बेहद सुंदर रचना, प्रेम की प्रतिमूर्ति तितलियाँ भी हथेली से छोड़ देते हैं, किसी के मन में, किसी के पेट में। जब तितलियाँ उड़ती हैं तो उनके पँखों की ध्वनि से प्रेम का संगीत निकलता है जिस पर दो मन गुनगुन कर महकने-चहकने लगते हैं।

लेकिन, अभी चित्र के पूरा होने का शायद समय नहीं था। बाहर एक तेज़ आवाज़ हुई। शायद किसी के हाथ से कोई सामान छूटा था। वह आवाज़ इतनी तीखी, इतनी तेज़ थी कि उसके असर ने जादू को ही स्थगित कर दिया।

संगीत रुक गया। पंखों की ध्वनि लुप्त हो गई। मन अपने-अपने दायरों में लौट गए।

त्रिजल तेज़ी से उठा और बाथरूम में जाकर वाश बेसिन पर तेल-लगे हाथ धोकर, बिना मेरी तरफ़ देखे ही सीधा बाहर की तरफ़ चल दिया। दरवाज़े तक जाकर एक पल रुका और बिना मुड़े बोला, "तुम आराम करो। मैं कमरा बाहर से बंद करके जा रहा हूँ।"

"कहाँ, नीचे उन लड़के-लड़कियों के पास? वैसे भी जिस लड़की ने दुनिया-जहान के झाले नाक-कान में लटका रखे थे, वह तुम में कुछ ज़्यादा ही दिलचस्पी ले रही थी।"

वह चौंककर पलटा और फिर शरारत से बोला, "अच्छा! ऐसा है क्या?

मैंने कैसे नहीं नोटिस की यह बात!"

"हाँ-हाँ जाओ। उसी के पास जाओ तुम तो..."

"मैं किसी के पास नहीं जा रहा। बस थोड़ी देर बाहर टहलकर आता हूँ। बाहर हवा अच्छी है।"

मैं कुछ नहीं बोली। मैं उसे रोक लेना चाहती थी, पर कुछ ना कह सकी। मैं तकिए पर सिर टिकाकर लेट गई। सिर भारी था और नींद आँखों से कोसों दूर।

मैंने कमरे की सब बत्तियाँ बुझा दीं कि आँखों को आराम मिले। बॉथरूम से आती हुई हल्की रोशनी ही थी कमरे में अब। मैं खिड़की से बाहर देखने लगी। उस कमरे में बड़ी-बड़ी खिड़कियाँ थीं जिनमें ग्रिल नहीं लगी थी, बस शीशे के पल्ले थे। कमरे में रोशनी हो तो भीतर तक पूरा कमरा साफ़ दिखाई देता इसलिए पहले जब बतियाँ जलाई थीं तब खिड़की पर पर्दे कर दिए थे, पर अब लेटते हुए हटा दिए। बाहर से चाँद की हल्की रोशनी आ रही थी। पहाड़ों के काले साए दिख रहे थे और गहरी गाढ़ी परछाइयों जैसे दरख़्त भी हवा के संगीत पर झूमते हुए जैसे रिझा रहे थे।

उन सब लड़के-लड़कियों ने शायद टेंट ही लिए थे रहने के लिए। खिड़की के नीचे बालकनी के सामने हरी घास पर उनके टेंट थे। उनमें से कोई गिटार बजा रहा था और बाक़ी कुछ लोग मिलकर गा रहे थे। मुझे ठीक से समझ नहीं आ रहा था वे क्या गा रहे हैं। कोई क्षेत्रीय भाषा थी... शायद पंजाबी। थोड़ी देर बाद गाना बंद हो गया, पर गिटार का संगीत फ़िज़ा में गूँजता रहा– इतना मोहक और इतना सुकूनदेह कि मेरी पलकें बोझिल होने लगीं।

सन्नाटे की भी एक आवाज़ होती है और सन्नाटे की आवाज़ ही सबसे भयानक होती है। मैं चौंककर उठी। शायद मेरी आँख लग गई थी। संगीत की आवाज़ अब बंद थी। रात गहरी हो चुकी थी। शायद गेस्ट हाउस की लाइट भी चली गई थी क्योंकि अब बाथरूम से भी रोशनी नहीं आ रही थी। मैंने अँधेरे में बिस्तर पर टटोला कि मेरे हाथ में मेरा फ़ोन आए तो समय देखूँ और फ़ोन की टॉर्च जलाऊँ पर फ़ोन नहीं मिला। मैं उठकर खिड़की के पास गई और बाहर देखने की कोशिश करने लगी। बाहर भी कुछ साफ़ नज़र नहीं आ रहा था। मुझे डर लगने लगा। मैंने अनगिनत ऐसी भयानक रातें अकेले बिताई हैं। वो सब फिर से कौंधने लगीं।

"उफ़्फ़ त्रिजल, कहाँ चले गए हो तुम!"

"यहीं तो हूँ जानाँ तुम्हारे पास।"

मैं बुरी तरह डरकर चौंकी। त्रिजल कमरे में था और मुझे पता ही नहीं चला! मैं लगभग चीख़ ही पड़ी थी डर से।

"अरे-अरे ऐसे क्यों डर रही हो! मैं ही तो हूँ।"

"तुम कब आए? मुझे पता कैसे नहीं चला! कमरे का दरवाज़ा कब खुला! मैं इतनी गहरी नींद में थी क्या? और अँधेरे में तुम दिखे भी नहीं कि कमरे में ही हो!"

"मैं दरवाज़े से आया ही नहीं। खिड़की के पर्दे हटे हुए थे। खिड़की के शीशे पर हाथ रखा, तो देखा खिड़की खुली हुई है। मैं खिड़की से ही आ गया। आकर यहीं कुर्सी पर बैठा था। तुम इतनी गहरी नींद में थीं कि अगर पास जाकर बिस्तर पर लेटता, तो तुम्हारी नींद खुल जाती।"

"पर ऐसे कौन करता है! डर से मेरी जान निकल जाती अभी।"

"ऐसे कैसे निकल जाती! जो चीज़ अब तुम्हारी रही ही नहीं उसे कौन ले जाता!"

उसने बेहद मुलायम स्वर में मेरे हाथ को थामते हुए यह बात कही।

मैं अचानक से बच्चे की तरह फफककर रो पड़ी। त्रिजल एकदम घबरा गया, "अरे यार! आज का तो दिन ही ख़राब है। पहले तबीयत ख़राब हो गई, फिर एक्सीडेंट हो गया और अब तुमको रुला बैठा। मेरा तुम्हें डराने का कोई इरादा नहीं था जानाँ।"

कहकर उसने मुझे बाँहों में भरकर गले लगा लिया।

"जितना तुम्हें हँसाने और ख़ुश करने की कोशिश करता हूँ उतनी ही ग़लती हुई जा रही है। मुझे नहीं पता था तुम इस तरह डर जाओगी।"

मेरे अंदर इतने सारे डर क़ाबिज़ थे कि मेरी देह का कंपन रुक ही नहीं रहा था और यह बात त्रिजल ने भी महसूस कर ली थी।

"तुम काँप रही हो!"

मैं बिना कुछ कहे और कसकर गले लग गई। त्रिजल ने मुझे धीरे से थोड़ा अलग किया और बेहिसाब बेशुमार फूल मेरे चेहरे पर बेहद नफ़ासत से उगाने लगा। माथे पर, आँखों पर, गालों पर, कानों पर, गर्दन पर और आख़िर में उसने

एक बेहद मोहक और सुगंधित फूल मेरे होठों पर रख दिया। उसकी सुगंध फैलती गई... फैलती गई... पूरी देह में... धीरे-धीरे उसकी सुगंध का फैलाव इतना बढ़ गया कि देह, देह न रही, विस्तृत घास का मैदान बनने लगी जिस पर फूलों की खेती लहलहाने को अधीर थी।

लेकिन, कुछ था जो अभी रोक रहा था और बार-बार रोक रहा था। यहाँ मन था कि बह जाने को आतुर था। रात के किसी पक्षी का तीखा क्रंदन गूँजा और त्रिजल एक झटके से मुझसे अलग हो गया। मैं भी जैसे गहरी नींद से जागी। एक चुप्पी हम दोनों के बीच फिर से फैल गई। वह अपने बालों में हाथ फिराता हुआ खिड़की की तरफ़ जा खड़ा हुआ और बहुत शांत स्वर में बोला, "सो जाओ तुम। जाने आज बार-बार क्या हो रहा है! मन बस में नहीं है मेरा।"

मन तो मेरा भी आज अलग ही परवाज़ पर था। मैं चुपचाप जाकर बिस्तर के एक कोने में कंबल ओढ़कर लेट गई। पर चैन नहीं आया तो पलटी और कहा, "तुम भी सारा दिन के थके हो त्रिजल, प्लीज़ आओ। सो जाओ तुम भी।"

वह बिना कुछ बोले बिस्तर के दूसरे कोने पर आकर मेरी तरफ़ पीठ करके लेट गया। रात भारी थी। इतनी भारी कि उसकी चाल बहुत आहिस्ता हो चुकी थी और आँखों में तो और भी ज़्यादा, धीरे-धीरे गुज़र रही थी।

हम अधूरे छूट गए चुंबनों के बीच का कोई भय थे। रोशनी के धब्बे हमारी आत्मा से निकलकर हमारी देह पर हथेलियों के निशान बना रहे थे- चिकने और गीले। उस लम्हा सीने के ठीक बीच में एक पानी की लकीर उठकर नाभि में गिर रही थी। हम एक-दूसरे से पीठ कर लेटे रहे। हम जानते थे, लकीर को और बहने दिया तो बह जाएगी उसमें वह संभावना भी कि हमारे बीच कभी कोई प्रेम हो सकता है, जो अभी नहीं था, जिसको अभी आना था। जो दरवाज़े पर खड़ा था टकटकी लगाए, पर क्या सचमुच अभी तक वह आया नहीं था!

क्योंकि हैरानी की बात यह थी कि सुबह जब नींद खुली तो हम एक बार फिर एक-दूसरे की बाँहों में ही सो रहे थे।

सुबह सुंदर थी और अलग थी। दोनों की नींद लगभग एक साथ खुली। दोनों एक-दूसरे की आँखों में देखकर मुस्कराए। मन में ऐसा सुकून था जैसे हमेशा से ऐसे ही सोने के आदी हों। कोई झिझक नहीं थी कोई अजनबीपन भी नहीं था। त्रिजल ने बेहद अपनेपन से कहा, "सुप्रभात जानाँ!"

आहिस्ता से मैंने भी मुस्कराकर कहा, "ख़ुश सुबह साहेब जान।" कुछ देर दोनों ही चुप रहे फिर मैं ही बोली-

"क्या समय हुआ है? तुम बोल रहे थे न आज जल्दी निकलना है!"

उसने अपनी बाँहों में से मुझे दूर किए बिना ही हल्का-सा उठकर बेड की साइड टेबल से फ़ोन उठाया, "साढ़े पाँच बज रहे हैं, चलो थोड़ा फटाफट करते हैं और पंद्रह मिनट तक निकल लेते हैं। पैर में दर्द कैसा है?"

"अब तो ठीक लग रहा है।" कहते हुए मैं उठने को हुई तो उसने बाँहें फिर कस दीं।

"फिर शरारत!"

"नहीं शरारत नहीं। बस इतना बताना था, तुम हो तो ख़ूबसूरत पर सुबह जब मेरी बाँहों में उठती हो तो बला की ख़ूबसूरत लगती हो।"

दुनिया-जहान की संजीदगी ओढ़कर वह बोला।

"हद है सच!" मैंने हँसते हुए उसे पीछे धकेला और बिस्तर से उठ गई।

अतीत की काली स्मृतियों से वर्तमान के चित्र उकेरो तो भविष्य स्याह हो जाता है

त्रिजल डायरी

ताबो की वह सुबह मेरे लिए सुनहरा नीलाभ लिए थी। क़िताारा जब बाथरूम से बाहर आई तो मैं उसे देखता रह गया। उसने गहरे नीले रंग की टी-शर्ट और उसी रंग की कार्गो पैंट पहनी थी। बंदाना भी नीले रंग का और गले में स्कार्फ़ भी। बेख़याली में मेरे मुँह से एकदम निकला था, "आसमान गहरा नीला है आज! लगता है छम-छम बरसात होने वाली है।"

"तुम फ़ौज में कहाँ चले गए! फ़िल्मों में होना चाहिए था तुम्हें तो। एक्टिंग ही ख़त्म नहीं होती।"

"लो बताओ, सच्चे इमोशन की कोई क़द्र ही नहीं।"

"अहा– सच्चे! आओ सामान समेटें ताकि तेज़ धूप से पहले ज़्यादा-से-ज़्यादा सफ़र तय हो सके।"

"क्या बात है मोहतरमा! मेरी तरह समझदार हो गई हो।"

"हाँ जी, हाँ जी बिल्कुल। पहले तो हम निहायत ही बेवक़ूफ़ थे। अब आपकी सोहबत से ख़ाकसार को अक़्ल आई है।"

हम दोनों हँसते हुए समान समेटने लगे। बाहर हल्का-हल्का उजाला होना शुरू हो गया था। आज हम दोनों एक साथ बाहर निकले। मैं बाइक पर सामान बाँधने लगा और क़िताारा पास खड़ी पल-पल खुलती सुबह को महसूस करने लगी। तभी रात को गेस्ट हाउस के टेंट में ठहरे उन लड़के-लड़कियों में से एक लड़का बाहर आया और देखते ही बोला, "अरे वाह! आप लोग तो इतनी जल्दी

'गेट सेट गो' वाली फ़ॉर्म में आ गए!"

"हाँ अब एक्सपीडिशन पर निकले हैं तो जितनी जल्दी सफ़र शुरू करेंगे उतना ज़्यादा कवर कर पाएँगे। ताकि दोपहर बाद जिस भी जगह पहुँचें वहाँ की ख़ूबसूरत शाम महसूस कर सकें। वहाँ के गलियों-बाज़ारों में घूम सकें। पहाड़ों की धूप भी हद से ज़्यादा चुभने वाली होती है तो सुबह-सुबह जितना सफ़र कट जाए उतना अच्छा।"

"हाँ यह बात तो आपने सही कही। बाइक के सफ़र में यह सब भी तो देखना पड़ता है, पर मेरे साथी इस मामले में निकम्मे और आलसी हैं। कोई भी दस बजे से पहले नहीं उठेगा। आप लकी हैं कि आप दोनों में ऐसी ट्यूनिंग है। आगे की यात्रा के लिए आप दोनों को गुडलक!"

हम दोनों ने बाइक पर बैठते हुए उसे शुक्रिया कहा। मुस्कराते हुए थम्सअप किया और वहाँ से निकल चले। उस सुबह में कुछ अलग ताज़गी महसूस हो रही थी। क़ितारा का तो नहीं पता, पर मुझे अपने अंदर बहुत बड़ा बदलाव महसूस हुआ था। ऐसा लग रहा था जैसे पिछले कुछ समय में जितने काँटे मेरी आत्मा पर उग आए थे, धीरे-धीरे क़ितारा के कोमल हाथ उन्हें बीन रहे थे। मेरी देह से उन्हें अलग कर वहाँ पर कोई फूल बिछाए जा रहे थे। जैसे मेरे अंदर से कोई भीनी-भीनी ख़ुशबू आने लगी थी। शायद क़ितारा भी कुछ सोच रही थी। पता नहीं क्या! हमारी नज़रें कितनी बार रियरव्यू मिरर में टकराईं और हम आँखों ही में मुस्करा दिए थे। धूप का तो कोई नाम-ओ-निशान ही नहीं था। बड़ी प्यारी और सुंदर सुबह थी। ताबो से निकलने के बाद एक बार फिर से नज़ारा बदलना शुरू हो गया। पहाड़ियाँ फिर से थोड़ी हरी होने लगी थीं। ख़ूब सारी छोटी-बड़ी चट्टानें भी वहाँ फैली थीं। वह बिल्कुल अलग ही नज़ारा था। जब से निकले थे हर दिन नई तरह की पहाड़ियाँ सामने खुलती थीं। आगे जाकर मोड़ एक बार फिर से घुमावदार होने शुरू हो गए। हम फिर से ऊँचाई की तरफ़ बढ़ने लगे। धीरे-धीरे ऊँचाई खड़ी होती जा रही थी, इतनी खड़ी कि इन चार दिनों में पहली बार मुझे फ़िक्र हुई थी कि सब सही रहे। ऐसा क्यों लग रहा था, यह मुझे ख़ुद भी समझ नहीं आ रहा था! या पिछले दिन में हुए दो हादसे मुझे डरा रहे थे। काज़ा के बाज़ार में बाइक जब फिसली तब लोग मदद ना करते और वह बाइक अगर क़ितारा के पैर पर गिरी होती तो जाने क्या ही होता! और दूसरा पिछली रात

वाला। मेरी बेवक़ूफ़ी की वजह से क़ितारा को चोट लगी थी और मैं उस ग्लानि से उबर नहीं पा रहा था। शायद यही वजह थी कि मुझे यूँ डर लग रहा था, पर पहले मुझे कब ऐसे डर लगा! फिर अब क्यों लग रहा था! शायद मेरे भीतर जो बदला है वह मुझे अब ज़िंदगी की तरफ़ खींच रहा था! शायद मेरा अवचेतन क़ितारा के साथ एक भविष्य के सपने देखने लगा था! शायद अब मैं इस प्रेम को जीना और महसूस करना चाहता था! पर क्या मुझे ऐसा सोचने का भी हक़ है! क्या मैं वाक़ई क़ितारा के साथ जीवन भर हो सकता हूँ! उसे तो लौटकर अपने सीरिया वापस जाना है। और मैं किसी हाल में अपनी आर्मी की जॉब नहीं छोड़ सकता। आर्मी मेरे लिए सिर्फ़ एक नौकरी नहीं है, मेरे देश के लिए मेरा गहरा प्यार है। वैसा ही प्यार जैसा क़ितारा को अपने देश से है। यही सब सोचते नसों में तनाव घुला तो मेरी बाइक की स्पीड ख़ुद-ब-ख़ुद बढ़ती चली गई थी।

"त्रिजल, आज इतनी तेज़ मत चलाओ। आज मुझे डर लग रहा है।"

"अरे! ऐसे कैसे डर लगने लगा मेरी हीरोइन को! वो तो हिक्किम जैसी ख़तरनाक ऊँचाई पर भी नहीं डरी!"

"पता नहीं क्यों, पर आज एक अलग-सा इनट्यूशन, एक अलग-सी घबराहट है। मत करो बाइक तेज़। थोड़ा देर से ही सही, पहुँच जाएँगे।"

फ़िक्रमंद तो मैं ख़ुद भी था। मैंने बाइक धीरे कर दी थी। चले हुए दो घंटे बीत चुके थे। सुबह के बस आठ बजे थे, पर थकान महसूस होने लगी थी। आबादी का इलाक़ा आया तो हम लोग एक छोटे-से ढाबे पर नाश्ते के लिए रुक गए। चारों तरफ़ पहाड़ियाँ थीं और बीच में दो पुरानी इमारतें जिनके बरामदे में मेज़-कुर्सियाँ लगी हुई थीं। वहीं बैठकर हमने पनीर के पराठे और चाय ली। जाने थकान थी या दोनों के मन बात कर रहे थे, हम कुछ बोले नहीं, बस चारों तरफ़ देखते रहे और चुपचाप नाश्ता होता रहा। नाश्ता लगाने में उसने पंद्रह मिनट लिए और दस मिनट हमने खाने में, फिर बस उठ गए। उस वक़्त मुझे बस आगे का रास्ता दिखाई दे रहा था। मुझे पता था आगे का रास्ता और भी थकाने वाला है। पूह की पहाड़ियों का हाल तो देखा ही था। छितकुल जाने के लिए वापस नाको होते हुए पूह से ही गुज़रना था। उसके बाद छितकुल का रास्ता सांगला से कटना था। इस बार सफ़र शुरू हुआ तो मैंने बाइक को रफ़्तार दे दी कि अब धूप तेज़ होने लगी थी। मैं चाहता था कि यह पथरीला रास्ता जल्दी कट जाए।

इस बार क़ितारा ने भी नहीं टोका। बस मुझे कस के पकड़कर उसने मेरी पीठ पर सिर टिका दिया। नाको के लिए जो रास्ता कटता था वह आकर निकल गया। हम मेन हाईवे पर ही रहे। पूह की पहाड़ियाँ शुरू हुईं। शुरू होते ही देखा, रास्ता रोका गया है। मेजर लैंडस्लाइड था। तीन क्रेनें लगी हुई थीं। तक़रीबन एक किलोमीटर लंबी गाड़ियों की लाइन देखते ही क़ितारा का चेहरा उतर गया। मुझे भी बिना बात की इस देरी से कोफ़्त हुई।

"सोचते कुछ हैं और हो क्या जाता है! कैसे कटेगा यह रास्ता आज ऐसे!"

"कोई बात नहीं। छितकुल नहीं पहुँच पाए तो और कहीं रुक जाएँगे। इतना परेशान क्यों हो रही हो!"

"मैंने बहुत दिल से चाहा था कि समय से छितकुल पहुँच जाएँ। हमारे पास दिन भी तो सीमित हैं।"

"अरे कोई ट्रेन थोड़े ही छूटी जा रही है! आदित्य को फ़ोन कर दूँगा कि एक दिन लेट हो जाएगा, उसमें क्या है!"

क़ितारा बिना कुछ कहे पहाड़ की ओट में छाया में जाकर खड़ी हो गई। मैं सड़क की दूसरी तरफ़, खाई के पास जाकर खड़ा हो गया। मैं कभी नीचे बहती सतलुज को देखता, कभी ऊँची पहाड़ियों को और कभी बेचैनी से क्रेनों की तरफ़, जो रास्ता साफ़ कर रही थीं। फिर वहीं खड़े कुछ लोगों से बात करने लगा। बीच-बीच में क़ितारा को भी देखता जो अब सड़क के कोने में गिरे एक बड़े से पत्थर पर बैठ गई थी। वहाँ धूल भी बहुत उड़ रही थी। ऐसा लग रहा था आसमान से धूल की बरसात हो रही है। कपड़ों पर धूल की परत जमनी शुरू हो गई थी। सफ़र में इतनी धूल से यह पहली बार पाला पड़ रहा था वरना तो पहाड़ों में इतना शुद्ध वातावरण था कि साँस लेते हुए फेफड़ों को भी ख़ुशी महसूस हो रही थी। ज़्यादातर गाड़ियाँ वहाँ के लोकल लोगों की थीं। कुछ हमारे जैसे बाइकर्स थे और कुछ टूरिस्ट, कारों में भी थे। तभी गाड़ियों में तेज़ हलचल होनी शुरू हो गई। रास्ता खुल रहा था। मैंने क़ितारा को इशारा किया कि वह जल्दी आए। मैंने बाइक स्टार्ट की, इतने में वह भी आकर पीछे बैठ गई। सफ़र फिर से शुरू हो गया, पर रास्ता ख़राब से ख़राब होता जा रहा था। बार-बार बाइक रोकनी पड़ रही थी। थोड़ी-थोड़ी दूर पर बहुत जगह काम चल रहा था। जिस हाल में हम सड़क परसों छोड़कर गए थे उससे कहीं ज़्यादा ख़राब हाल

में आज थी। इसी तरह तक़रीबन दो घंटे का सफ़र और हो चुका था जब फिर से एक मेजर लैंडस्लाइड आया। बाइक फिर रोकनी पड़ी और इस बार दूर-दूर तक कहीं कोई छाया नहीं थी। क़ितारा बाइक से उतरकर एक ट्रक की आड़ में खड़ी हो गई। सुबह से ही वह बहुत थकी हुई नज़र आ रही थी।

मैं कुछ देर बाइक पर बैठा रहा फिर उठकर उसके पास जाकर खड़ा हो गया। मैंने देख लिया था कि ट्रक का ड्राइवर साइड मिरर में लगातार उसे घूर रहा है इसलिए ही मैं उसके पास जाकर खड़ा हुआ था। ड्राइवर ने तब अपनी नज़र घुमा ली। क़ितारा ने मुझसे आँखों के इशारे से पूछा कि मैं ऐसे अचानक उसके पास आकर क्यों खड़ा हो गया। मैं मुस्करा दिया और कुछ नहीं कहा। पता नहीं मेरे मन में क्या आया कि मैं अपलक उसे देखने लगा। उसने इधर-उधर देखा फिर नज़र नीचे कर ली। मैं तब भी उसको ही देखता रहा। आस-पास बहुत लोग थे। अच्छा-ख़ासा जाम लगा था। फिर भी मैं सबसे बेख़बर बस उसे ही देखता रहा। अचानक वह खीझ उठी।

"यह क्या कर रहे हो! लोग देख रहे हैं। यह कोई जगह है यह सब करने की!"

मैं शरारत से मुस्करा दिया पर उसके चेहरे से नज़र नहीं हटाई।

"पब्लिक प्लेस पर तमाशा बना रहे हो! यह कोई अच्छा लग रहा है तुम्हें!"

"तमाशा!"

"तो और क्या है यह!"

क़ितारा का स्वर इतना तीखा था कि मेरा मन बिल्कुल उखड़ गया। मैं झटके से मुड़ा और तेज़ी से चलकर खाई की तरफ़ जा खड़ा हुआ। मुझे तेज़ गुस्सा आ रहा था। क़ितारा पर नहीं, ख़ुद पर। कर तो मैं टीनएज हरकत ही रहा था। शायद उस ड्राइवर के इस तरह क़ितारा को देखने से मैं इतना चिढ़ चुका था कि आस-पास खड़े हर किसी को यह जता देना चाहता था कि 'दिस गर्ल इज़ माइन'। क़ितारा अपनी जगह सही थी। इस तरह का व्यवहार करना मेरा स्वभाव था भी नहीं। दरअसल, मोहब्बत में दिमाग़ काम कहाँ करता है! हम अक्सर वह बन जाते हैं जो हम होते ही नहीं।

क़ितारा भी तो रह-रहकर कितनी तल्ख़ हो जाती थी। मैं वहाँ खड़ा सोचने लगा था कि कुछ अनुभूतियाँ कितनी क्षणिक होती हैं, पर क्षणिक अनुभूतियाँ

भी उतनी ही सच्ची हो सकती हैं जितनी कि कोई स्थायी अनुभूति, और स्थायी अनुभूति भी उतना ही बड़ा भ्रम हो सकता है जितनी कि कोई क्षणिक। कभी-कभी दो लोगों के बीच जो घटित हो रहा होता है उसमें एक की अनुभूति क्षणिक होती है। उसमें अतीत की छाया भी नहीं होती, न ही भविष्य की उम्मीद। वह सिर्फ़ वर्तमान में साँस लेने वाली अनुभूति होती है। वर्तमान के अतीत होते ही वह उसी तरह उड़ जाती है जैसे पानी भाप बन जाए। ठीक उसी समय दूसरा इंसान, दूसरे फ्रेम ऑफ़ माइंड में होता है। वह वर्तमान में होते हुए अतीत के सारे संचित भाव उसमें ले आता है और वर्तमान-अतीत दोनों को मिलाकर एक भविष्य अपने ज़ेहन में बुन लेता है। यही होती हैं वे सबसे दुखद परिस्थितियाँ जिनमें दोष किसका है यह ठीक-ठीक निर्धारित करना लगभग असंभव है। एक बात जो यक़ीनन है, जिसने तीनों समय को एक समय में जोड़ा है, उसके हिस्से में दुख बहुत ही ज़्यादा आने वाला है। और इस वक़्त यह भी तय नहीं था कि यह क़ितारा कर रही है या मैं! जबकि हम दोनों जानते थे कि हमारा भविष्य साथ में नहीं है।

मुझे पता था उसकी आँखें मेरी पीठ पर चिपकी हुई हैं, पर मैंने एक बार भी मुड़कर नहीं देखा। उसकी ग़लती थी नहीं, और अपनी मैं मानना नहीं चाहता था।

यूँ ही खड़े-खड़े कोई बीस मिनट बीत गए, तब फिर से गाड़ियों में हलचल हुई। मैं आया और बाइक स्टार्ट करके बाइक को रेस देता रहा। एक बार भी उसकी तरफ़ नहीं देखा। वह चुपचाप आकर पीछे बैठ गई थी। न वह कुछ बोली, न मैं कुछ बोला। दोपहर होने वाली थी। मुझे पता था क़ितारा को भूख लग आई होगी। मैंने रास्ते में आए बाज़ार के छोटे-से ढाबे के पास बाइक रोकी। वहाँ मैंने मैगी का ऑर्डर दिया। हम दोनों चुपचाप खाते रहे। वह उदास थी। मैं भी अपने अंतर्द्वंद्व से जूझ रहा था। मेरी वजह से शायद उसकी उदासी बढ़ रही थी। मैं ख़ुद को ही नहीं समझ पा रहा था उसे क्या समझाता। पर मुझे ख़ुद को ठीक करना था। मैं उसे ख़ुश रखने के लिए लाया हूँ यहाँ, यह बात मुझे बार-बार याद आ रही थी। खाकर वहाँ से जब उठे तो थोड़े समय बाद ही नज़ारा बदलने लगा था। हवा ख़ुशगवार हो गई, पहाड़ हरे और सड़कें चौड़ी। हम करछम पहुँच गए थे। बातचीत फिर से शुरू करने के इरादे से मैं क़ितारा को बताने लगा।

"यह सामने जो देख रही हो, यह करछम वांगतू जलविद्युत डैम है। हिमाचल

प्रदेश के किन्नौर ज़िले की इस वांगतू बस्ती में, सतलुज नदी के ऊपर बना है। यह जल विद्युत बिजलीघर एक हज़ार मेगावाट बिजली उत्पन्न करता है।"

वह कुछ नहीं बोली, बस आस-पास के नज़ारों को निहारती रही। मैं बीच-बीच में यूँ ही उसे आस-पास का सब कुछ बताता रहा।

करछम से सांगला एक घंटे का रास्ता था। सांगला से छितकुल का रास्ता यूँ तो अट्ठाईस किलोमीटर था पर रोड बहुत ख़तरनाक और ख़राब थी। दो घंटे लग गए उस रास्ते में। शुक्र है कि ज़्यादा नहीं खाया था वरना इतने गड्ढों के बाद तो उल्टी आने की पूरी संभावना थी। सीधे हाथ की तरफ़ नीचे बसपा नदी बहती दिख रही थी, उल्टे हाथ को पहाड़ थे। चारों तरफ़ का बेइंतहा ख़ूबसूरत मंज़र, भीतर का सब निर्मल करने लगा था। हम दोनों ही अब शांत हो बस नज़ारों में खोए हुए थे।

साबुत तस्वीरों की टुकड़ा-टुकड़ा तहरीरें थीं और थीं सब मुख़्तलिफ़

क़ितारा डायरी

उन पहाड़ों में कुछ बेहद अजीब था। जैसे-जैसे बाइक आगे बढ़ती जा रही थी, पीछे बैठी मैं स्तब्ध होती जा रही थी। हैरान, बेहद हैरान। बाइक चला रहे त्रिजल के कान में मैंने कहा, "मुझे लगता है, मैं पहले यहाँ आई हूँ।"

"कब?"

"इस जन्म में तो यक़ीनन नहीं आई, पर मैं यहाँ आई ज़रूर हूँ।"

त्रिजल मेरी बात पर हँस दिया।

"तुमको मज़ाक़ लग रहा है!"

"और नहीं तो क्या! अब इस सदी में तुम पुनर्जन्म की बातें करोगी!"

"मत करो यक़ीन, पर मैं सच कह रही हूँ। यह सब कुछ मेरा देखा हुआ है। मैं यहाँ पहले आई हूँ।" मैंने बच्चों-सी हठ में कहा।

आगे कच्ची पुलिया थी जिसके नीचे से तेज़ नदी बह रही थी। उस पुल को पार करके उस तरफ़ जाना था। बड़ी-बड़ी चट्टानें थीं, हरे-भरे पेड़ थे। मन लुभाती हुई नरम गलीचे-सी घास थी। हल्की-हल्की फुहारें पड़ने लगी थीं। बादल रुई के गुच्छों की तरह इधर से उधर ढुलकते हुए कभी मुझे तो कभी त्रिजल को छूकर निकल जाते थे। पहाड़ों में किस हद तक और कितनी तेज़ी से मौसम बदलता है मैं यह देख हैरान हो रही थी।

"पुनर्जन्म! हद हो यार तुम!" त्रिजल मेरी बात पर हँसता ही जा रहा था और मुझे बार-बार छेड़ रहा था।

"अरे हँसो मत। मुझे सचमुच यही लग रहा है।" मैंने लाख कोशिश की कि मेरी घबराहट न पता चले, पर मुझे ख़ुद के कानों में ही साफ़ सुनाई दे रहा था कि मेरी आवाज़ अब ख़ौफ़जदा होती जा रही थी। कुछ तो था जो बेहद जाना-पहचाना था।

रक्छाम पार करते ही आस-पास हर जगह छोटी-बड़ी चट्टानें नज़र आने लगी थीं। चट्टानें भी इस तरह से सेट थीं जैसे वो किसी इतिहास के भूले हुए शहर के अवशेष हों। बहुत-सी चट्टानों के आकार तो इंसानी शरीर-से प्रतीत हो रहे थे। उन पर उगी घास और चिपकी हुई बर्फ़ भिन्न-भिन्न प्रकार की पोशाकों का भ्रम पैदा कर रही थी।

त्रिजल के कंधे पर रखे मेरे हाथों में हल्का कंपन होने लगा और उसने शायद यह महसूस कर लिया था। उसने बाइक रोक दी। मेरी तरफ़ देख बेहद प्यार से पूछा, "क्या सच में?"

"हाँ त्रिजल, मैं परेशान हो रही हूँ। पता नहीं क्यों मुझे कुछ अजीब लग रहा है। वह सामने बड़ी-सी चट्टान देख रहे हो, उसको देखकर मैं पहली बार चौंकी।"

"कौन-सी?"

"वही बड़ी चट्टान जो थोड़ी तिरछी भी है, जहाँ पर लोग खड़े फ़ोटो खिंचवा रहे हैं। जैसे-जैसे हम आगे बढ़ रहे हैं, सब कुछ मुझे बेहद हैरान कर रहा है। मैंने देखा हुआ है, यह सब। जैसे बिल्कुल छपा हुआ हो मेरे ज़ेहन में, जैसे मैं यहाँ बहुत समय रही हूँ या आई हूँ। यहीं-कहीं आस-पास घर है कोई, जिसमें सीमेंट के फ़र्शों पर लाल और पीले पत्थरों के कुछ डिज़ाइन बने हैं। मेन दरवाज़े के ठीक साथ से, ऊपर की तरफ़ जाती सीढ़ियों की रेलिंग है जो लकड़ी की है। तुम हो उस घर में। मैं भी हूँ। एक और औरत भी दिख रही है। पता नहीं कौन है!"

यह सब मैं एक साँस में बोलती गई थी। आँखें बंद करके, जैसे कोई सिनेमा मेरी आँखों के आगे चल रहा हो। अचानक मैंने आँखें खोलीं और बाइक से उतर गई। त्रिजल भी नीचे उतर गया। उसने मेरा हाथ अपने हाथों में लेकर दबाया और पूछा, "तुम ठीक तो हो न?"

"मुझे नहीं पता। मेरे भीतर अजीब-सी हलचल हो रही है। नाभि के आस-

पास, सीने में, गर्दन में, कानों के इर्द-गिर्द।"

यकायक मैं उसका हाथ छोड़ तेज़ी से बढ़ी, पुल के नीचे बहती नदी के पास जाने के लिए और नीचे जाती ढलान के पत्थरों पर पैर जमाने लगी। मैं किसी सधी हुई पहाड़ी लड़की की तरह बिना घबराए नीचे उतरती चली गई थी। मुझको यूँ तेज़ी से नीचे जाते देख त्रिजल घबरा गया, "कहाँ जा रही हो?"

"डरो मत। कुछ नहीं होगा। मुझे ऐसा लग रहा है जैसे मैं इन पत्थरों पर चलने की आदी हूँ।"

मैं बहुत तेज़ी से नीचे उतर गई। त्रिजल देखता रह गया था। नदी के पास पहुँचकर मैंने पानी के छींटे आँखों पर मारने शुरू किए। एक के बाद एक, और अचानक मैं फफककर रोने लगी। अब तक त्रिजल भी नीचे उतर आया था। उसने मुझे दोनों कंधों से पकड़ा और अपनी तरफ़ मोड़कर कहा, "हुआ क्या है तुम्हें?"

वह अब बेहद हैरान था, क्योंकि मैं उसे पहले ही बातों-बातों में बता चुकी थी कि न तो मैं अंधविश्वासी हूँ, न ही इस तरह के जन्म-पुनर्जन्म, भूत-प्रेतों की बातों पर यक़ीन करती हूँ। पर मैं ख़ुद ही सब अटपटी बातें कहे जा रही थी।

"मुझे ख़ुद समझ नहीं आ रहा!"

"बारिश तेज़ होती जा रही है, चलो अब चलें यहाँ से।"

त्रिजल मेरा हाथ थामे नदी से वापस ऊपर सड़क की तरफ़ चढ़ने लगा। बाइक के पास पहुँचकर दोनों ने अपने-अपने हेलमेट पहने। उसने बाइक स्टार्ट की और कहा, "बैठो।"

मैं बैठ गई और दोनों हाथ पीछे से उसके सीने पर रख लिए, "बाइक थोड़ा धीमे चलाना।"

"ठीक है, धीरे ही चलाऊँगा।"

सफ़र फिर एक बार शुरू हुआ। त्रिजल मुझे मुस्कान देने के लिए फिर से गाने लगा– 'उन आँखों का हँसना भी क्या जिन आँखों में पानी न हो...'

मैंने पीछे से उसकी सधी आवाज़ में अपनी आवाज़ भी मिला दी, पर मेरा दम लगातार घुट रहा था। मैंने धीरे से पूछा, "क्या मैं हेलमेट उतार दूँ?"

"नहीं जानाँ! हेलमेट नहीं उतारना, रास्ता इतना ऊबड़-खाबड़ है कि बाइक स्किड भी हो सकती है। ऊपर से बारिश भी हो रही है जगह-जगह कीचड़ है।

यह हिंदुस्तान की सबसे ख़तरनाक सड़कों में से एक है और फिर यहाँ पर बहुत अंधे मोड़ भी हैं। मैं अकेला होता तो मुझे कोई घबराहट नहीं थी। तुम्हारे साथ मैं किसी भी तरह का रिस्क नहीं ले सकता, इसलिए हेलमेट मत उतारो।"

रियरव्यू मिरर में मेरे चेहरे पर उदासी देख मेरा ध्यान बँटाने के लिए उसने कहा, "सामने वादियों को तो देखो! कितनी ख़ूबसूरत लग रही हैं।"

वह जगह वाक़ई बेहद ख़ूबसूरत थी। धीरे-धीरे मैं भी मुग्ध होने लगी। पहाड़ों से बेहद दिलकश ख़ूबसूरत बसपा नदी आ रही थी बहती हुई, पत्थरों से इश्क़ फ़रमाती, इठलाती। कभी सफ़ेद झाग के बोसे छोड़ती, कभी बादल की तरह आकाश में उड़ने को तैयार लगती। हरे पहाड़ों के पीछे बुलंद बर्फ़पोश पहाड़ों पर बादल की अठखेलियाँ जादू बिखेर रही थीं। सांग्ला से निकलकर जैसे-जैसे हम बढ़ते गए, पल-पल वहाँ के नज़ारे बदलते गए। पहाड़ों से उछलते-कूदते झरने भी सड़क की सीधी तरफ़ बहती बसपा नदी की तरफ़ यूँ बढ़ रहे थे जैसे उसकी आग़ोश में जाने को बेक़रार हों। रास्ते भर छोटे-बड़े पुल पड़ते रहे। हर पुल इतना ख़ूबसूरत, इतना मनमोहक था कि मेरा मन कर रहा था बाइक बार-बार रुकवा लूँ और हम दोनों वहीं बैठ पुल को निहारते रहें। चट्टानों से टकराते हुए पानी की झंकार दिल में हूक उठा रही थी। ज़्यादातर पुलों के दोनों तरफ़ अनेक रंग-बिरंगे बौद्ध झंडे लगे थे। बौद्ध झंडे अपने आप में ही ऐसा असीम शांति का भाव समेटे होते हैं कि अंतस भी मुस्कानसे भर जाता है। जैसे-जैसे बाइक आगे बढ़ती जा रही थी, मैं और अचंभित होती जा रही थी।

"त्रिजल, मैं यहाँ पहले कभी नहीं आई फिर ऐसा कैसे हो रहा है कि मुझे सब कुछ इतना जाना-पहचाना लग रहा है! मुझे घबराहट हो रही है। मैं परेशान महसूस कर रही हूँ। कुछ अंदर अटक गया है। यह सब क्या हो रहा है!"

"कुछ नहीं हो रहा। तुम बहुत ज़्यादा सपने देखती हो। हाइपर इमेजिनेटिव तो हो ही। पता नहीं ज़ेहन में क्या-क्या पहाड़ बना लेती हो। ख़यालों में पूरा गाँव बसा लेना कोई तुमसे सीखे। तुमने ज़रूर जब स्पीति के बारे में पहले कहीं पढ़ा या देखा होगा तब दिमाग़ में कोई इमेज़ बना ली होगी।"

"हाँ स्पीति के बारे में मैंने आदित्य भाई की तस्वीरों में देखा और जाना। पर छितकुल का ज़िक्र तो वहाँ भी नहीं था! यह सब तो किसी तस्वीरों में भी नहीं देखा मैंने, फिर क्यों कौंध रहा है!"

त्रिजल ने कोई जवाब नहीं दिया। मैं भी वादियों को निहारने लगी। धीरे-धीरे वह आलौकिक सौंदर्य से नहाया गाँव छितकुल दिखना शुरू हुआ।

"क़ितारा सामने घर देख रही हो? लकड़ी और पत्थर की बनी छोटी-छोटी कुटिया-नुमा घर छितकुल गाँव की विशिष्ट पहचान हैं।"

उसी पल मंदिर की घंटियाँ सुनी थीं मैंने। मंदिरकी घंटियों की आवाज़ के साथ दिखने लगे खिलखिलाते ख़ूबसूरत बच्चे। मुस्कराती पहाड़ी लड़कियाँ। काम में लगीं औरतें। किन्नौरी टोपी पहने आदमी।

"क़ितारा, यह गाँव इतने ज़्यादा इंटीरियर में है और रास्ता इतना दुर्गम कि यहाँ पर सैलानी बेहद कम आते हैं। छितकुल चीन की तरफ़ लगते भारत के बिल्कुल आख़िरी छोर का गाँव है। यहाँ का जीवन बहुत कठिन है। गाँव की आबादी मुश्किल से कोई आठ सौ लोगों की है। मेरा दोस्त बता रहा था, सर्दियों में यहाँ इतनी बर्फ़ पड़ती है कि गाँव वालों को अपने घर ख़ाली कर निचले इलाक़ों में जाना पड़ता।"

मैं त्रिजल को सुनते हुए चारों तरफ़ अवाक्-सा देख रही थी। उस जगह ने मुझे किसी तिलिस्म में जकड़ लिया था। वहाँ एक बोर्ड लगा था जिस पर छितकुल की भौगोलिक जानकारी भी लिखी थी। मैंने उस बोर्ड की तस्वीर भी उतारी–

'छितकुल समुद्र तल से 3,450 मीटर की ऊँचाई पर हिमाचल प्रदेश के किन्नौर ज़िले में स्थित बसपा घाटी का अंतिम और सबसे ऊँचा ग्राम है। बसपा नदी के दाहिने तट पर स्थित इस ग्राम में स्थानीय देवी माथी के तीन मंदिर बने हुए हैं। कहा जाता है कि माथी के सबसे प्रमुख मंदिर को 500 वर्ष पहले गढ़वाल के एक निवासी ने बनवाया था। इस स्थान की ख़ूबसूरती अतुल्य है। इस गाँव को किन्नौर ज़िले का क्राउन भी कहा जाता है।'

हम दोनों ने बोर्ड पढ़ा और आगे बढ़ गए।

त्रिजल ने बताया कि इस गाँव के तीन किलोमीटर आगे जाकर एक मिलिट्री चेक पोस्ट भी है, जिसके आगे जाने की परिमशन किसी सिविलियन को नहीं है।

सुबह से शाम हो गई थी बाइक के सफ़र पर। हम दोनों काफ़ी थक चुके थे। राष्ट्रीय राजमार्ग बाईस से करछम होते हुए, फिर वहाँ से सांगला और सांगला के रास्ते रक्छाम होते हुए, छितकुल पहुँचे थे। रक्छाम के पास ही मैंने चीड़ के

बहुत सारे पेड़ भी देखे। तब त्रिजल ने बताया था-

"यह जगह अपने चिलग़ोज़े के लिए भी प्रसिद्ध है। चिलग़ोज़ा या न्योज़ा एक ऐसा उत्पाद है जो सिर्फ़ सांगला घाटी या हिमाचल प्रदेश के किन्नौर गाँव में ही मिल सकता है।"

हम वहाँ से आगे बढ़े तो सामने एक बेहद ख़ूबसूरत मंदिर दिखने लगा था।

"सामने वह माथी देवी का मंदिर देख रही हो, उसके वर्ग का संदूक़, अखरोट की लकड़ी से बना है और कपड़े से ढका हुआ रहता है।"

"तुमको यहाँ की इतनी जानकारी कैसे है?"

"यहाँ से तीन किलोमीटर आगे जो चेक पोस्ट है मेरा एक दोस्त था वहाँ पर। उससे अक्सर बात होती थी। फिर मैंने एक आर्टिकल भी पढ़ा था यहाँ के बारे में, उसी में यह सब जानकारी थी।"

त्रिजल बहुत धीरे-धीरे बाइक चला रहा था। वहाँ की औरतें, लड़कियाँ, बच्चे, आदमी सब कौतूहल से हम दोनों को देख रहे थे। आगे जाकर सीमेंट की स्लेटें बिछाकर एक छोटी-सी सड़क बनाई गई थी। एक पक्का रास्ता। त्रिजल ने बाइक उस पर डाल दी। थोड़ी दूर जाकर कुछ पक्के मकान दिखाई देने लगे तो उसने बाइक रोकी और पास से गुज़रते एक बूढ़े बाबा से पूछा, "यहाँ कहीं रात रहने की जगह है क्या?"

बाबा ने एक नज़र उसके चेहरे पर डाली। ध्यान से उसे देखते हुए अजीब-सा मुँह बनाया जैसे कुछ याद करने की कोशिश कर रहें हो। त्रिजल ने फिर पूछा, "बाबा यहाँ कोई होटल मिलेगा क्या?"

उन्होंने अँगुली से सामने की तरफ़ बने गुलाबी घर की तरफ़ इशारा कर दिया जिस पर लिखा था- 'होमस्टे'।

'धन्यवाद बाबा' कहकर त्रिजल ने बाइक आगे बढ़ा दी।

"यहाँ होटल नहीं होते क्या?"

"ख़ुश हो जाओ कि कम-से-कम होमस्टे की व्यवस्था अब होने लगी यहाँ। कुछ साल पहले तक तो टेंट गाड़कर ही रहना पड़ता था।

"इस बर्फ़ीली हवा और बारिश में!"

"तो और क्या।"

बारिश तेज़ होने लगी थी। बाइक पर बँधा हुआ सारा सामान भी भीग रहा

था। उस छोटे-से गुलाबी घर के बाहर छज्जे के नीचे त्रिजल ने बाइक लगाई, पर छज्जा इतना छोटा था कि बाइक अब भी भीग रही थी।

उसने कहा, "मैं सामान खोलता हूँ तुम अंदर जाकर कमरे का पता करो।"

मैंने हाँ में सिर हिला दिया और अंदर बढ़ गई। दरवाज़े के ठीक सामने ही, घर की छोटी-सी लॉबी को, एक मेज़ और कुछ कुर्सियाँ लगाकर रिसेप्शन जैसा बना रखा था। अंदर दो लोग पहले से बैठे थे। एक आदमी और एक औरत। वे भी कमरे की ही बात कर रहे थे।

मैं जैसे अंदर गई वैसे ही पलटकर वापस बाहर आई।

"एक अंकल-आंटी अंदर बहस कर रहे हैं। उनकी बहस ख़त्म होती है तो मैं पूछती हूँ कि कमरा है कि नहीं। इतने सामान खुलवाने में तुम्हारी मदद कर देती हूँ।"

"नहीं मैं खोल लूँगा तुम बारिश में मत भीगो। जाओ अंदर। वैसे भीगना तुम्हारा तय है। यहाँ पर बूँदों की बारिश है, अंदर सवालों की होने वाली है।" त्रिजल ने हँसते हुए कहा।

मैं चौंकी, "ऐसा क्यों?"

"तुम जानती नहीं हो इन टिपिकल नॉर्थ इंडियन आंटियों को। अभी मुझे और तुमको ऐसे घूर रही थी जैसे मैं उसकी किसी पड़ोसन की लड़की को भगा लाया हूँ। देखना अभी, पूरा कच्चा-चिट्ठा पूछ डालेगी तुम्हारा और मेरा।"

"क्या तुम भी! दुनिया बहुत बदल गई है। कौन किस से मतलब रखता है और तुमको क्या पता वह नॉर्थ इंडियन है कि साऊथ?"

"उसके चेहरे पर लिखा है।" कहकर उसने सामान कंधे पर लिया और हम एक साथ भीतर आए।

वो अंकल और आंटी रिसेप्शन पर बैठी महिला से बहस कर रहे थे कि उन्होंने दिल्ली से ही ओयो के ज़रिए कमरा बुक कराया था। पर रिसेप्शन वाली आंटी कह रही थी कि उनका और ओयो का टाई-अप कब का ख़त्म हो चुका है इसलिए उनके पास ऐसी कोई सूचना नहीं है। त्रिजल समझ गया था कि यह बहस तो लंबी चलने वाली है इसलिए उसने बीच में ही पूछ लिया, "आंटी जी, हमें कमरा चाहिए, मिल सकता है क्या?"

"हाँ, पर हमारे पास बस दो ही कमरे ख़ाली हैं।"

"अरे हमें तो एक ही चाहिए, एक आप इन बच्चों को दे दीजिए।"

इतनी देर से अपनी जिज्ञासा दबाए बैठी वह आंटी बोली और फिर सीधा ही त्रिजल से पूछ भी लिया, "कहाँ से आ रहे हो बेटा?"

"जी दिल्ली से।"

"इस बाइक पर!" दरवाज़े के बाहर खड़ी बाइक की तरफ़ इशारा करते हुए उन्होंने पूछा।

"जी हाँ बाइक पर।"

आंटी की आँखें हैरानी से किसी गाड़ी की ख़राब हुई टेललाइट-सी जलने-बुझने लगीं।

वह कुछ सँभली तो फिर मुझसे पूछा, "मेहँदी लगी है। नई-नई शादी हुई लगती है!"

"हमारी शादी नहीं हुई है आंटी जी। हम सिर्फ़ दोस्त हैं।" मैंने फ़ौरन कहा।

आंटी के चेहरे पर दुनिया-जहान के भाव एक साथ आए। आंटी ने कहा, "अच्छा! अच्छा! अच्छा।"

"तीन बार 'अच्छा' बोलने की इंटेंसिटी बदली है आंटीजी ने, टीवी सीरियलों की तरह। तीन बार 'अच्छा' बोलकर इसने अपने टिपिकल नॉर्थ इंडियन होने की सेटिंग पर मुहर भी लगा दी।" त्रिजल ने धीरे से मेरे कान में कहा।

मुझे अपनी हँसी रोकने में मुश्किल हो रही थी।

"बालाजी के सीरियल!"

"दिखाऊँगा कभी, जब सिर के बाल नोचने का मन होगा।" त्रिजल हँसी दबाते हुए बोला।

आंटी की जिज्ञासा की प्यास अभी बुझी कहाँ थी, उन्होंने फिर पूछा, "कितने दिन लगे दिल्ली से यहाँ तक बाइक पर?" वह बेहद हैरान थी।

"जी रुकते-रुकते आए हैं। पूरा हिमाचल घूमने निकले हैं।"

"यह लड़की भी तभी से साथ है!"

त्रिजल चिढ़ कर कुछ कहने को हुआ ही था कि इतने में ही रिसेप्शन के उस तरफ़ बैठी आंटी ने किसी लड़के को आवाज़ मारकर कहा, "बाबू, सात नंबर कमरा इनके लिए खोल दो।"

उन्होंने फिर त्रिजल को कहा, "बेटा जी, कमरे के साथ ही एक छोटी-सी

रसोई लगी हुई है। ज़रूरत का सब सामान आपको वहीं मिल जाएगा। थोड़े-से बर्तन हैं। चाय का सब सामान, मैगी, आलू, प्याज़, थोड़ा आटा और मसाले भी रखे हैं। खाना-पीना आप लोगों को ख़ुद ही देखना पड़ेगा जो भी बनाना है। आप रसोई में से जो जितना इस्तेमाल करेंगे वह आपके बिल में बाद में जुड़ जाएगा। कोई दिक़्क़त तो नहीं न?"

"जी नहीं आंटी जी, कोई दिक़्क़त नहीं।" कहकर त्रिजल रिसेप्शन पर रजिस्टर में एंट्री करने लगा। मैंने एक बैग और दोनों हेलमेट हाथ में लिए और उस रूम खोलने वाले बाबू के पीछे सीढ़ियाँ चढ़ने लगी। कुछ मिनटों बाद जब त्रिजल ऊपर आया तब मैं कमरे की बालकनी में खड़ी, बच्चों जैसे बारिश की बूँदों को पीने की कोशिश कर रही थी। त्रिजल ने कमरे में चारों तरफ़ देखते हुए कहा, "कमरा छोटा ज़रूर है, पर है एकदम साफ़-सुथरा। और यहाँ से व्यू भी कितना अच्छा है।"

वह सामान रखते हुए मेरे पास बालकनी में आ खड़ा हुआ। सच में बालकनी के बाहर जो नज़ारा था वह किसी भी प्रकृति प्रेमी को मदहोश कर देने के लिए काफ़ी था।

"त्रिजल, यहाँ से वह दरिया कितना ख़ूबसूरत दिख रहा है! इसी दरिया पर रोज़ सूरज की किरणें पुल बनाती होंगी न।"

"हाँ, और इसी दरिया पर चाँदनी रोज़ बदन भी बिछाती है। यह बसपा नदी है। दिलकश और बिल्कुल तुम्हारी तरह निर्मल।"

उसने मुझे निहारते हुए कहा फिर मेरे हाथ अपने हाथ में लेकर बोला, "बताओ तो ज़रा मोहतरमा, नई शादी हुई है तुम्हारी?"

मैंने हया से आँखें भींच लीं और उसने अपने लब हिना के बूटों पर रख दिए। शाम की बेताबी, रात से लिपटने को बढ़ रही थी। दो जोड़ी आँखें एक-दूसरे के बदन पर ठहर फिर से गुलों के बूटे काढ़ने लगीं। अचानक त्रिजल बोला, "पहले पेट की क्षुधा शांत कर ली जाए!"

उसने उन पलों में उमड़ते आवेग को मध्यम करने की ग़रज़ से यह बात कही थी, यह मैं भी समझ गई थी।

"और बारिश भी रुक गई है। कुछ खा-पीकर चलो गाँव का चक्कर लगा आते हैं। अभी तो बहुत रोशनी है। शाम ढले नदी का नज़ारा भी अलग ही होगा।"

थोड़ी देर बाद मैं बाइक पर फिर से त्रिजल के साथ थी। हम वहाँ लोगों से रास्ता पूछते हुए बसपा नदी की तरफ़ बढ़ रहे थे ताकि उसके किनारे बैठ सकें। वह पक्की सड़क आगे जाकर एक तिरछी ढलान में बदल गई।

"यह तो बहुत तिरछी है। यहाँ से लोगे बाइक नीचे?"

"अरे तुम डर क्यों रही हो, कोई दिक़्क़त नहीं है।"

"यहाँ से उतार तो लोगे पर आगे तो बिल्कुल कच्चा है और कितने तो पत्थर पड़े हैं।"

"तुम मुझे बस मज़बूती से पकड़े रखो, कुछ नहीं होगा।"

त्रिजल ने बाइक उस ढलान पर डाल दी। ज़ूम स्पीड पर, कुछ ही पलों में बाइक नीचे थी और उन पत्थरों पर हिचकोले खाती हुई बिल्कुल नदी के किनारे की तरफ़ बढ़ रही थी। थोड़ा-सा और आगे जाकर त्रिजल ने बाइक खड़ी कर दी। मेरा हाथ पकड़ा और नदी की तरफ़ बढ़ चला।

उस तरफ़ कुछ लड़के बैठे शराब पी रहे थे। त्रिजल ने बुरा-सा मुँह बनाया। हम और आगे बढ़ गए। बढ़ते-बढ़ते हम काफ़ी आगे आ गए। छितकुल का मौसम बिल्कुल अलग था। ठंडी हवा थी। धूप बिल्कुल नहीं थी। बादल इस तरह आस-पास घूम रहे थे जैसे बादल नहीं हम बादलों में घूम रहे हैं। बीच-बीच में बहुत हल्की कनियाँ पड़ने लगती थीं। बूँदें तो नहीं ही कह सकते उन्हें। इतना बारीक फुहार जैसा एहसास। एक सबसे ख़ूबसूरत बात मैंने बसपा नदी की देखी, उसके किनारे जो पत्थर थे, उनके रंग। इतने सारे रंगों के पत्थर मैंने कभी नहीं देखे थे। सात रंग तो मैंने ही गिन लिए। नदी की तली में न जाने और कितने रंग होंगे। सामने पहाड़ों पर बर्फ़ बिछी थी। चारों तरफ़ बहुत हरियाली थी। पर उस लम्हा मेरे मन में कुछ और ही चल रहा था। मुझे त्रिजल से कुछ बात करनी थी, बेहद ज़रूरी।

"तुम तो ऐसी जगहों पर पहले भी रहे हो न, त्रिजल?"

"हाँ, कश्मीर का पहलगाम कुछ-कुछ ऐसा ही है। पहलगाम भी बहुत ख़ूबसूरत जगह है। यूँ तो पूरा कश्मीर ही बहुत ख़ूबसूरत है, पर आतंकवाद ने उसकी शक्ल बिगाड़ दी है। ऐसा हाल कर दिया है कि गहरी दहशत पसरी रहती है वहाँ पर। सरहद पार से आने वाले आतंकवादियों ने वहाँ के अधिकांश अवाम और नौजवानों को बरगला लिया है। कश्मीर के लिए कहा जाता है कि 'अगर

कहीं जन्नत है तो यहीं है', पर अब वह जन्नत तो दोज़ख़-सी झुलस रही है।" यह सब कहते-कहते त्रिजल उदास हो गया।

"त्रिजल, तुम मुझे कितना अपना समझते हो?"

मेरे अचानक ऐसा पूछते से वह चलते-चलते रुक गया और पलटकर मेरी तरफ़ देखा। मुझे बाँहों में भरकर अपने और पास कर लिया। माथे पर एक सितारा रखकर कहा, "इन वादियों की क़सम, इस पूरी कायनात में मैंने दो ही स्त्रियों को चाहा है। एक माँ और अब एक तुम।"

मैंने उसके सीने पर सिर टिका लिया। फिर आहिस्ता से उससे दूर हुई, उसका हाथ थामा और नदी किनारे एक पत्थर पर बैठते हुए बोली, "बैठो मेरे पास।"

"क्या बात है, इतनी अदा से पास बिठा रही हो। प्रपोज़ करने वाली हो क्या?" त्रिजल ने हँसते हुए कहा और मेरे पास बैठ गया। मैंने उसके दोनों हाथ अपने हाथों में ले लिए। कुछ पल यूँ ही गुज़र जाने दिए फिर बहुत प्यार से पूछा, "त्रिजल, मैं जानना चाहती हूँ ऐसा क्या हुआ था तुम्हारे आख़िरी मिशन में जो तुमको इतना मानसिक सदमा लगा कि तुमको यह छुट्टी दी गई।"

मेरे इतना कहते ही त्रिजल के चेहरे के भाव एकदम बदल गए। उसने चेहरा दूसरी तरफ़ घुमा लिया। मैंने आगे बढ़कर उसका चेहरा अपने दोनों हाथों में समेटा और फिर उसकी तरफ़ देखकर उसकी दोनों आँखों पर होंठों के फूल रखे।

"प्लीज़ बताओ त्रिजल। ऐसे चुप मत रहो। तुमको बहुत ज़रूरत है कि तुम भी एक बार उस बात को मन से निकालो। प्लीज़ मुझे बताओ हुआ क्या था?"

कुछ देर हमारे बीच चुप्पी रही। वह न जाने क्या सोचता रहा और फिर बोल पड़ा, "क़ितारा, मैं वह सपना नहीं भूलता।"

"सपना!"

"हाँ, उस रात मुझे बेहद अजीब-सा सपना आया था। सपना देखते हुए कहाँ जानता था कि आगे क्या होने वाला है।"

"क्या सपना था, त्रिजल?"

मैं नंगे पाँव सड़क पर भाग रहा था। इतना तेज़, इतना तेज़ कि बुरी तरह

हाँफने लगा था। सिर से टपकता हुआ पसीना आँखों में जाकर दृष्टि को धुँधला करने लगा, इतना धुँधला कि सड़क पर कुछ आगे है यह भी मैं नहीं देख पाया। ठोकर लगी और मैं मुँह के बल ज़मीन पर गिर पड़ा। सिर सड़क पर टकराया। सिर से ख़ून टपकने लगा। ख़ून टपकते-टपकते तेज़ बहने लगा और आस-पास ख़ून फैलने लगा। मैं भौंचक-सा देख रहा था। पर मेरे लिए हैरानी की बात ख़ून का फैलना नहीं था। ख़ून का टपकना, फैलना, दिखना मेरे लिए सब कुछ बेहद मामूली बात हो चुकी थी। हैरानी मुझे इस बात पर थी कि मेरा आधा शरीर स्त्री का था। आधा स्त्री शरीर जिस पर थी एक सफ़ेद साड़ी और साड़ी पर थे लाल धब्बे। ख़ून के धब्बे। इस बार ख़ून के वो धब्बे देखकर मैं डरा और इतना डरा कि बौखलाहट से भरकर तेज़ी से उठा और उठकर फिर पूरी ताक़त लगाकर भागने लगा। मैं इतनी तेज़ी से भाग रहा था कि मेरी साँस उखड़ने लगी थी। धुँधली होती दृष्टि और उखड़ती हुई साँस। एक बार फिर से मुझे सड़क पर कुछ पड़ा है, यह दिखाई नहीं दिया। मैं फिर से टकराया और फिर से गिर गया। इस बार भी मैं उसी चीज़ से टकराया था जिससे पिछली बार टकराया था। इंसानी मांस के टुकड़े। मांस के वे टुकड़े जो किसी इंसानी शरीर के परखच्चे उड़ने के बाद हवा पर, ज़मीन पर, मेरे ज़ेहन पर और आत्मा पर चिपक रहे थे। इस बार मैं उन टुकड़ों को देखकर चीख़ा और ज़मीन पर गिरे-गिरे झटके से ख़ुद को पीछे की तरफ़ धकेलने लगा ताकि उन टुकड़ों से ख़ुद को दूर कर सकूँ। जब मैं ख़ुद को पीछे की तरफ़ घसीट रहा था तभी मेरी नज़र अपने दोनों पैरों पर जाती है। अब मेरा शरीर आधा स्त्री का नहीं था। मेरे आधे शरीर पर एक आर्मी ऑफ़िसर के कपड़े थे और आधे पर मेरी फेवरेट जींस। वह जींस जो मेरे ज़िगरी दोस्त ने मुझे मेरे पिछले जन्मदिन पर दी थी। मैंने बौखलाहट और परेशानी में अपनी दोनों टाँगों को देखते हुए, अपने सिर की तरफ़ हाथ बढ़ाया कि सिर की नसें विस्फोटक स्थिति में आ चुकी थीं। हाथ बढ़ाया तो महसूस हुआ कि मेरा एक ही हाथ था– सीधा हाथ। उल्टे हाथ की तरफ़ कुछ था ही नहीं। कंधे पर मांस का लोथड़ा लटक रहा था। उससे लगातार ख़ून टपक रहा था। मैं इस बार सहम गया। मैंने फिर से ख़ुद को उठाया और उठकर भागने की कोशिश करने लगा। तभी मेरा सीधा हाथ किसी ने कसकर पकड़ लिया। वो एक छोटी बच्ची थी। दो-तीन साल की एक छोटी बच्ची। मैं कुछ समझ पाऊँ उससे पहले ही वह

बच्ची बोली– पापा!

मैं जवाब नहीं देता तो बच्ची का स्वर तेज़ होते-होते चीख़ों में बदल जाता है– पापा... पापा... पापा...

बच्ची का चेहरा आँसुओं से तर था। मैं कभी अपनी कटे हुए हाथ को देख रहा था, कभी उस बच्ची को। मेरे पूरे शरीर में तेज़ सिहरन होने लगी थी। मैंने बच्ची का हाथ झटका और एक बार फिर से अंधाधुंध भाग लिया। वातावरण में धुआँ बढ़ने लगा, हर तरफ़ चीख़-पुकार, बहुत शोर। शोर गोलियों का, बम फटने का, चीख़ने का, रोने का। अचानक एक गोली कहीं से मेरे सिर पर आकर लगी। शांत! सब शांत!

इस सपने से मेरी नींद एक झटके से खुली थी। मैं सिर थामे बैठा था कि तभी मैंने महसूस किया, कोई आवाज़ अब भी हो रही थी। वह आवाज़ फ़ोन की घंटी की थी। फ़ोन बज रहा था। लगातार बज रहा था। मुझे कुछ समय लगा यह समझने में कि यह सब कुछ जो अभी मेरे साथ बीत रहा था दरअसल वह एक सपना था। मैं कुछ पल सोच में पड़ा रहा कि यह कैसा भयानक सपना था, पर मैं सोचता ही रहूँ इतना समय नहीं था मेरे पास क्योंकि फ़ोन मेरे कमांडिंग ऑफ़िसर का था। घड़ी पर नज़र गई। रात के साढ़े तीन बज रहे थे। मैंने फ़ोन उठाया, "यस सर! राइट सर! श्योर सर! ऑन द वे सर!"

सपने की तरफ़ से अब मेरा ध्यान हट गया था। बेहद गंभीर परिस्थितियों में मेरे कमांडिंग ऑफ़िसर का फ़ोन आया था और दूसरी तरफ़ से जो कुछ भी कहा गया था वह बेहद चिंताजनक था।मैंने तेज़ी से यूनिफ़ॉर्म पहनी और अपने क्वॉर्टर से निकल गया। कश्मीर पोस्टिंग के बाद मैं कभी नींद भर सोया, मुझे याद भी नहीं पड़ता। नींद पूरी हुए तो महीनों बीत चुके थे और घर बात किए तो सात महीने से ज़्यादा।

आदेशानुसार मुझे अपनी टीम के साथ हेड क्वॉर्टर रिपोर्ट करना था, वह भी जल्द से जल्द। मैं लगातार फ़ोन मिला रहा था अपनी टीम के बाक़ी सदस्यों को, टीम यानी कैट (कॉम्बैट एक्शन टीम)। बीच रास्ते मुझे अपने नेबरिंग ऑफ़िसर की याद आई। नेबरिंग ऑफ़िसर यानी अनंतनाग के जिस इलाक़े में उन तीन मिलिटेंट्स के होने की ख़बर आई थी वह इलाक़ा मेरे जिगरी दोस्त, जो

मेरा नेबरिंग ऑफ़िसर भी था, उसके अथॉरिटी एरिया से लगता हुआ था। बॉर्डर विलेज। यानी कि हम दोनों के अथॉरिटी एरिया का कॉमन एरिया। मैंने अपने दोस्त को फ़ोन किया, उसके पास भी सीओ का फ़ोन पहुँच चुका था। वह भी अपनी टीम के साथ हेड क्वॉर्टर रिपोर्ट करने के लिए निकल चुका था। हम सब जब हेड क्वॉर्टर पहुँचे तो वहाँ लोकल पुलिस ऑफ़िसर भी पहले से मौजूद थे। बहुत तेज़ी से सारा प्लान सेट किया गया। कॉवर्डन एरिया डिसाइड किया गया। ग्यारह टीमें सिलेक्ट की गईं। राष्ट्रीय राइफ़ल बटालियन के अंदर छह कंपनियाँ थीं और हर कंपनी से कुछ कैट टीम्स सिलेक्ट की गईं। ग्यारह टीमें, हर टीम में दस सदस्य। अनंतनाग की घनी आबादी वाले जिस मकान में आतंकवादी छुपे थे वहाँ तक पहुँचना भी आसान नहीं था। हम जानते थे कि हमें वहाँ कश्मीरियों का विरोध झेलना पड़ेगा। कश्मीर में पत्थरबाज़ी की घटनाएँ बहुत ज़्यादा बढ़ चुकी थीं और यह भी तय था कि वे अपनी हर मुमकिन कोशिश करेंगे आर्मी को रोकने की। एक्शन प्लान सेट होते-होते सुबह हो चुकी थी। लोकल लोगों के विरोध की वजह से दिन के समय कश्मीर के किसी भी इलाक़े में मिलिट्री ऑपरेशन दुगना जोखिम भरा हो जाता है, पर रात होने का इंतज़ार नहीं किया जा सकता था। जैश-ए-मोहम्मद के जिन आतंकवादियों के वहाँ होने की ख़बर थी, अनगिनत बम ब्लास्ट और हत्याओं में उनका हाथ था। बहुत समय से आर्मी उनकी तलाश में थी। लंबी खोज के बाद आज हमारे हाथ यह मौक़ा आया था इसलिए हम किसी हाल यह अवसर गँवाना नहीं चाहते थे। सुबह के दस बजे तक हम पूरे इलाक़े को क्वॉर्डन कर चुके थे। आउटर पैरामीटर, इनर पैरामीटर, सर्च टीम सब सेट हो चुका था। सब अपनी-अपनी पोजीशंस पर थे। मेरे सीओ ने मुझे फ्रंट फ़ुट पर ऑपरेशन को लीड करने का आदेश दिया कि ताबड़तोड़ हमला करो, किसी भी हाल में ये लोग भागने नहीं चाहिए। मैंने अपने दोस्त, जो नेबरिंग कमांडिंग ऑफ़िसर भी था, को इस मिशन पर लीड करने के लिए फ्रंट पर अपने साथ रखा और साथ ही इसमें उस ऑफ़िसर की भी मदद माँगी थी जो मुझसे पहले उस इलाक़े का इंचार्ज था। वह वहाँ के चप्पे-चप्पे से बख़ूबी वाक़िफ़ था। इस समय हम तीनों ही लीड कर रहे थे। मैं ख़ुद, मेरा दोस्त कबीर और उस इलाक़े का फ़ॉर्मर कमांडिंग ऑफ़िसर रवीश सिंह।

अतीत में हम तीनों कई मिलिट्री ऑपरेशंस एक साथ हैंडल कर चुके थे

इसलिए भी हम तीनों की ट्यूनिंग आपस में ज़बरदस्त थी। इतनी कि आँखों के महीन इशारे भर से हम तीनों एक-दूसरे की बात समझ लेते थे कि आगे क्या एक्शन लेना है। इस ऑपरेशन की शुरुआत ही बेहद मुश्किल रही। जिस समय हमने क्वॉर्डन करना शुरू किया था ठीक उसी समय लोकल लोगों ने भयंकर पत्थरबाज़ी शुरू कर दी थी। पत्थरबाज़ी इतनी ज़्यादा बढ़ गई थी कि आईएस(इमिडियट सिचुएशन) कंट्रोल करने के लिए सीआरपीएफ़ (सेंट्रल रिज़र्व पुलिस फ़ोर्स) को भी बैकअप के लिए बुलाना पड़ा। उनकी मदद के बिना उस एरिया को क्वॉर्डन करना असंभव था। सीआरपीएफ़ ने एक आउटर पैरामीटर बनाकर पूरा इलाक़ा घेर लिया ताकि पत्थरबाज़ों को हमारी तरफ़ बढ़ने से रोका जा सके और हम अपने टार्गेट पर कंसन्ट्रेट कर पाएँ।

हमारा सीईओ हमारे साथ लगातार संपर्क में था और हम तीनों अपनी बाक़ी सारी टीम्स को लीड करते हुए, धीरे-धीरे घेराबंदी को टाइट करने लगे। जैसे-जैसे घेरा छोटा होता चला गया, टेंशन बढ़ने लगी थी। जब हम उस मकान को लगभग पूरी तरह से घेर चुके थे तभी उस मकान के अंदर से गोली चली।

आपस में हम सब टीम्स में कॉन्टेक्ट हुआ और इन्फ़ॉर्मेशन आई कि मकान की सबसे ऊपरी मंज़िल के बाईं तरफ़ की खिड़की से गोली चलाई गई है। कॉन्टेक्ट हो चुका था तो अब यह कन्फ़र्म था कि आतंकवादी अंदर ही हैं और वह भी पूरी तैयारी के साथ। धीरे-धीरे मैं अपने साथियों के साथ आगे बढ़ने लगा। इस दौरान बार-बार ऊपर से गोलियाँ चलतीं और हम लोग भी जवाबी फ़ायर करते हुए आगे बढ़ते रहे। पर पूरी एहतियात बरतने के बावजूद तीन सैनिक शहीद हो चुके थे। ऊपरी मंज़िल पर होने का आतंकवादियों को यह फ़ायदा था कि वे हम आर्मी वालों को साफ़-साफ़ देख पा रहे थे और हम नहीं। बाईं तरफ़ ऊपर की खिड़की पर जो भी था उसका निशाना अचूक था। वह ट्रेंड स्नाइपर मालूम होता था। अपने तीन जवानों के शहीद होने के बाद मैंने अपने सीईओ को कॉन्टेक्ट किया कि आगे कैसे प्रोसीड करना है। उनका वही जवाब था, फ्रंट फ़ुट पर अटैक करो, जो भी ठीक लगे वह करो, पर आतंकवादियों को नेस्तनाबूद कर दो। वहाँ से हाँ होते ही मैंने निर्णय लिया कि मैं, अपने नेबरिंग ऑफ़िसर दोस्त कबीर और पास्ट इंचार्ज रवीश, दोनों को लेकर मकान के दरवाज़े की तरफ़ बढ़ूँगा और हम सीधे-सीधे घर में घुसकर मुक़ाबला करेंगे। कबीर और रवीश

दोनों इतने दिलेर थे कि कभी किसी चीज़ से, किसी भी परिस्थिति में डरे नहीं थे। पर हम सबके मुक़ाबले कबीर में दिलेरी के साथ-साथ धैर्य भी ज़्यादा था। कबीर इंडियन आर्मी के बेहतरीन ऑफ़िसर्स में से एक था। मैंने कबीर की तरफ़ देखा और हाथ से इशारा किया कि सीधे एंटर करते हैं। कबीर ने भी थम्सअप किया। रवीश को कॉन्टेक्ट किया, उसने भी थम्सअप किया। तीनों अलग-अलग टीम लीड कर रहे थे। तीनों ने कवरिंग फ़ायर माँगा और घर के दरवाज़े की तरफ़ दौड़ लगा दी। पलक झपकते ही तीनों घर का दरवाज़ा तोड़कर अंदर थे। पर यह निर्णय बिल्कुल ग़लत साबित हो गया क्योंकि हमारे पास इन्फ़ॉर्मेशन ही ग़लत थी। ऊपर तीन तरफ़ से गोलियाँ चल रही थीं और हमारे पास इन्फ़ॉर्मेशन भी तीन आतंकवादियों की ही थी। हमको बिल्कुल अंदाज़ा नहीं था कि वे संख्या में इतने ज़्यादा हो सकते हैं। वे तीन नहीं सात आतंकवादी थे। घर के अंदर घुसते ही नीचे मौजूद चारों आतंकवादियों ने हम पर ताबड़तोड़ गोलियाँ चलाईं। इससे पहले कि हम कुछ समझते उनकी गोलियाँ रवीश का बुलेट प्रूफ़ फाड़ती हुई उसके पेट में जा धँसीं। इस अप्रत्याशित हमले से पल भर के लिए हम लोग ऑफ़ बैलेंस हुए, पर फ़ौरन ही सँभल गए। मैं जवाबी फ़ायर करके उन्हें रोकने लगा और कबीर तेज़ी से रवीश को वापस खींचता हुआ घर के बाहर निकल गया। मैं ख़ुद भी उनकी गोलियों का जवाब देते हुए पीछे हट रहा था, रवीश और कबीर को कवर करते हुए। कुछ और साथी भाग कर पास पहुँचे और रवीश को अपने घेरे के अंदर लिया और उसे खींचते हुए पीछे हटते चले गए। रवीश का बुलेट प्रूफ़ फट चुका था। साफ़ ज़ाहिर था कि उन आतंकवादियों के पास बहुत ही एडवांस वेपेंस थे। यह समझना भी कोई मुश्किल काम नहीं था कि उनकी ट्रेनिंग और इन आर्म्स की सप्लाई उनको पाकिस्तानी आर्मी से हुई है वरना आम राइफ़ल की गोली, बुलेट प्रूफ़ नहीं फाड़ सकती। जितना हमने सोचा था सिचुएशन उससे बहुत ज़्यादा ख़राब थी।

मैंने एक बार पीछे मुड़कर अपने साथियों को ख़ून से लथपथ रवीश को ले जाते हुए देखा और अचानक मेरे सिर पर भयंकर क्रोध ने क़ब्ज़ा कर लिया। मैं कुछ भी सोचे बिना भागते हुए बाईं तरफ़ के घर में दरवाज़ा तोड़कर घुस गया। मेरे घुसते ही उस घर में रहने वाले लोगों ने चीख़-पुकार मचाई, पर मैं बिना किसी की परवाह किए सामने दिख रही सीढ़ियों पर भागता चला गया। कबीर

भी मेरे पीछे भागता हुआ आया। उस मकान की छत पर जाकर मुँडेर की ओट में बैठ मैंने ताबड़तोड़ बाईं तरफ़ की खिड़की पर गोलियाँ चलानी शुरू की जहाँ से वो आतंकवादी बार-बार हमला कर रहे थे। दोनों तरफ़ से बिना रुके ही फ़ायरिंग हो रही थी। कबीर मेरे साथ लगातार था। उसने मुझे दो बार टोका कि 'तू दिमाग़ ठंडा रख', पर मैं तो जैसे ग़ुस्से से पागल हो चुका था।

पर कुछ समय गुज़रते-गुज़रते मैं भी यह बात समझ चुका था कि इस तरह की फ़ायरिंग से कुछ हासिल नहीं होगा। आतंकवादी सेफ़ पोजीशन पर बैठे हैं और जब तक हम लोग उनको कैप्चर कर पाएँगे तब तक बहुत सारे साथियों के शहीद हो जाने की संभावना बनी रहेगी। आँखों ही आँखों मैंने कबीर को इशारा किया कि नीचे अपने साथियों को इस खिड़की पर एजीएल (ऑटोमेटिक ग्रेनेड लॉन्चर) इस्तेमाल करने के लिए बोलते हैं। क्योंकि अगर एक बार इन आतंकवादियों को घायल कर दिया तो इन पर क़ाबू पाना ज़्यादा आसान होगा।

वहाँ से आपस में कॉन्टेक्ट करने का कोई ज़रिया नहीं था। एजीएल इस्तेमाल करने के लिए छत पर से ख़ुद ही नीचे अपने साथियों को इशारा करना था। मैं मुँडेर की ओट से ख़ुद उठने लगा था नीचे एजीएल के लिए बोलने, पर कबीर ने खींचकर मुझे नीचे कर दिया।

"तेरी राइफ़ल की गोलियाँ ख़त्म हो गई हैं तू रीलोड कर, मैं बोलता हूँ।" मैंने हाँ में सर हिला दिया। जैसे ही इशारा करने के लिए कबीर ने छत की मुँडेर से सिर उठाया, अगले ही पल गोली उसका हेलमेट फाड़ती हुई सिर में घुसी... शॉट इतना पॉवरफ़ुल था कि उसके सिर के परखच्चे उड़ गए...

मैं फ्रीज हो गया था... बस आँखें फाड़े देखता रहा... कबीर...

त्रिजल एक बार फिर से फ्रीज़ हो चुका था। मैंने कसकर उसके हाथों को दबाया और फिर उठकर उसे ख़ुद में समेट लिया। उसका चेहरा मेरे पेट पर टिका था और पहली बार ऐसा हुआ कि जिस त्रिजल को इतने दिन से मैंने हमेशा मज़बूत देखा वह त्रिजल फफककर रो दिया था। मैं उसके बाल सहलाती रही, चुपचाप।

त्रिजल फिर से बोलने लगा, "क़ितारा वह सब क्या हुआ! कैसे हुआ! एक पल में सब कुछ मेरी आँखों के आगे हो गया और मैं देखता रह गया! कुछ

नहीं कर सका। कैसे बताऊँ मुझे कैसा लगा था! मेरे सामने कबीर का शरीर था। उसका आधा सिर ग़ायब था। मुझे लगा मेरी आँखें फट जाएँगी। मेरा शरीर जड़ हो गया था। मैं यक़ीन नहीं कर पा रहा था कि यह हो चुका है। सब कुछ रुक गया था मेरे लिए। यह सब मेरी ग़लती थी। मैं ही ग़ुस्से में पागलों की तरह भागकर उस घर की छत पर गया था। कबीर मुझे बचाने के लिए ही मेरे पीछे भागा था। एजीएल के लिए मैं कहने वाला था, पर उसने मुझे खींचकर नीचे कर दिया कि मैं पहले राइफ़ल में गोलियाँ लोड कर लूँ और वह ख़ुद उठ गया। वह गोली मेरे सिर के लिए लिखी थी। वह मेरे लिए बनी थी जो कबीर ने अपने सिर पर ले ली। मेरी वजह से कबीर की मौत हुई। उसकी मौत का ज़िम्मेदार पूरी तरह से मैं हूँ क़ितारा।"

त्रिजल फफक रहा था और मैंने उसे कसकर ख़ुद में समेट रखा था।

"क़ितारा वह टेररिस्ट ऑपरेशन इक्कीस घंटे चला तब जाकर उन पर क़ाबू पाया जा सका। मैं तो उस समय जैसे पागल हो चुका था। कुछ पल सुन्न बैठने के बाद मैं ख़ुद ही नीचे भागता हुआ गया और मैंने एजीएल इस्तेमाल कर उस खिड़की को उड़ा दिया। वहाँ भी और उसके बाद लगातार और जगह भी मैंने एजीएल इस्तेमाल किया। मैं ठीक-ठीक नहीं बता सकता कि उसके बाद क्या-क्या होता चला गया। पर एक-एक करके हमने सब आतंकवादियों को ढेर कर दिया था। पर क़ितारा, यह मिलिट्री ऑपरेशन जैसे मुझे लूटकर... पूरी तरह से ख़ाली कर गया। रवीश की इंजरी सिवियर थी। कबीर को मैंने खो दिया। और तुम जानती हो क़ितारा सबसे बुरा क्या हुआ!"

"क्या?"

"सबसे बुरा यह हुआ कि मेरे कमांडिंग ऑफ़िसर ने कबीर की डेड बॉडी लेकर उसके घर मुझे ही भेजा। जबकि मैं नहीं जाना चाहता था।"

"पर क्यों त्रिजल? वह तो तुम्हारा सबसे क़रीबी दोस्त था न! तो तुम्हारा जाने का तो फ़र्ज़ भी बनता था।"

"हाँ, वह मेरा जिगरी था। इसलिए ही तो मैं नहीं जाना चाहता था। मैं नहीं सह सकता था, उसकी पत्नी की रोती आँखें, उसकी मासूम बच्ची के सवाल। उसके बेबस माता-पिता का सामना करने की हिम्मत नहीं थी मुझमें। पर मैं मना भी नहीं कर सकता था। मैं और कबीर बहुत समय से साथ थे। उसकी पत्नी

से जब भी बात होती थी मैं हमेशा उनको कहता था कि 'मैडम, बहुत स्टाइल से मिलूँगा आपसे और इतने स्टाइल से कि देखना इसको छोड़ दोगी आप। यह कबीर तो कंजूस है, मैं तो बहुत दिलदार हूँ। ऐसे-ऐसे तोहफ़े लाऊँगा कि आपको पछतावा होने लगेगा कि मैंने किस बेवक़ूफ़ से शादी कर ली, इससे तो त्रिजल से ही कर लेती!' अक्सर ऐसा होता जब वह अपनी पत्नी से वीडियो कॉल पर बात कर रहा होता था तो मैं भी साथ में हँसी-मज़ाक़ करने लगता था। हम तीनों ही बहुत अच्छे दोस्त बन चुके थे। पर देखो न क़ितारा, पहली बार गया भी तो कैसे! क्या तोहफ़ा ले गया! टुकड़ों में सिला हुआ उसका सिर! इकलौता बेटा था वह अपने बूढ़े माँ-बाप का, चार साल की बच्ची है उसकी... कैसा माहौल था...

"क़ितारा, कबीर की पत्नी फटी आँखों से मुझे बार-बार देख रही थी। जैसे पूछ रही हो– 'यह तोहफ़ा लाए हो!'

"वह बच्ची जो मुझसे वीडियो कॉल पर चाचू-चाचू बोल गिफ़्ट्स लाने को कहती थी, वह मेरा हाथ हिलाकर बार-बार पूछ रही थी– 'आप पापा के फ़ोन वाले फ्रेंड हो न! आप और पापा तो साथ होते हो। आप आए हो तो फिर पापा कहाँ हैं!'

"मैं क्या बोलता उसको क़ितारा! वह मुझसे पूछ रही थी– 'चाचू, आपके आने से सारे रोने क्यों लगे! दादी क्यों चीख़ रही हैं। आप इतने बड़े बॉक्स में क्या लाए हो! गिफ़्ट लाए हो! गिफ़्ट लाए हो तो सब रो क्यों रहे हैं! गिफ़्ट खोलो, दिखाओ मुझे।'

"मैं उसे क्या दिखाता क़ितारा! उसके पापा का कटा-फटा सिर!

"उस रोज़ कबीर के होमटाउन का एक-एक शख़्स जैसे उसके फ़्यूनरल में था। हर कोई रो रहा था। जैसे सब मुझसे सवाल कर रहे थे कि हम लोग क्यों नहीं बचा सके अपने साथी को!

"जबकि उसकी मौत का ज़िम्मेदार तो पूरी तरह से मैं ही था। सैकड़ों नज़रें सुइयाँ बनकर मेरे शरीर के आर-पार हो रही थीं। मैं उस मातम का माहौल कैसे बताऊँ तुमको! कबीर की माँ की चीख़ें तो आसमान छू रही थीं। हम जब उसको दाह संस्कार के लिए ले जाने लगे, वह बेहोश होकर कटे पेड़ जैसी सुन्न हो गईं। मुझे एहसास था कि मुझे उन्हें सँभालना है हर हाल में, जो कि मैंने उस समय किया भी। जितना मेरे बस में था उतना किया। उसके पिता को सीने से

लगा के रखा। माँ को घंटों अपनी गोद में समेटा। पत्नी के सिर पर हाथ रख बड़े भाई की तरह हौसला दिया। उस मासूम फूल-सी बच्ची को कलेजे में जगह दी। और यह सब मैंने इसलिए नहीं किया कि कोई मेरा फ़र्ज़ था। मुझे सच में लगा कि वह मेरा ही परिवार है और मेरा भाई चला गया है हमेशा के लिए हम सबको छोड़कर। उस समय मेरे अंदर जो घटित हो रहा था, वह मैं ही जानता था। क़ितारा, मैं भाग जाना चाहता था उसी समय वहाँ से। बहुत दूर भाग जाना चाहता था, पर मैं वहाँ बना रहा। कबीर की चिता की आख़िरी चिंगारी के बुझने तक मैं वहाँ बना रहा। पर मैं उसके बाद यूनिट पर लौटकर नहीं जा सका। मैं भाग गया वहाँ से जंगलों में। जंगलों में अकेला पड़ा चीख़-चीख़कर रोता रहा।

"कुछ दिन बाद मैंने वापस कॉन्टेक्ट किया और कहा मैं अभी नहीं आ सकूँगा। मैं मर जाऊँगा, पागल हो जाऊँगा। तब उन्होंने मुझे एक महीने का ऑफ़ दे दिया। फिर मैं घर लौट आया कि अपनी माँ को भी तसल्ली दे सकूँ।

"यूनिट से ही मुझे बताया गया कि मेरी माँ की हालत बहुत ख़राब है। वह मेरी फ़िक्र में रो-रोकर जान दे रही थी। पता नहीं कायर हूँ, बुज़दिल हूँ, क्या हूँ, पर जानता हूँ इतना कच्चा दिल किसी मिलिट्री ऑफ़िसर का नहीं होना चाहिए। पर हूँ तो मैं भी इंसान ही न क़ितारा! कबीर मेरी वजह से मारा गया। मैडम से मिलने गया क्या लेकर गया! बच्ची को क्या तोहफ़ा दिया!"

त्रिजल मेरी गोद में सिर रखे बोलता जा रहा था, जैसे एक छोटा बच्चा ख़ौफ़ज़दा होकर माँ से लिपटा हो।

उन सारे दुख भरे पलों में एक ऐसा जादुई पल भी आया जिसमें सारे समीकरण बदल गए। अगर ईश्वर का कोई चेहरा है तो मैं कह सकती हूँ अब कि उस रोज़ ईश्वर मेरी गोद में चेहरा छुपाए हुए था और मैं बाल सहलाते-सहलाते जाने कब दुलार से थपकी देने लगी। इसलिए मैंने इस पल को जादुई कहा कि इससे पहले मैं नहीं जानती थी कि स्नेह के अतिरेक में पवित्रता अपने चरम पर होती है। देह नगण्य हो जाती है, भाव सुप्रीम हो जाता है। कोई दैवी दृष्टि रखता हो तो उसको नज़र आता कि आलिंगनबद्ध दो देह, जो प्रथम दृष्टि में किसी प्रेमी-प्रेमिका के लगते हैं, ठीक उसी वक़्त एक वात्सल्य से भरी माँ और एक प्रेम से भरा पुत्र भी थे। और लाख जतन करके भी मैं समझ नहीं पा रही कि इस भावना को कैसे शब्द दूँ! कैसे बताया जा सकता है इस बात को कि कुछ पल

के लिए ही सही, पर प्रेम में ईश्वर की माँ होना कैसा होता है!

वह रोता जा रहा था फिर अचानक पता नहीं क्या हुआ कि वह एकदम से अलग हुआ और जाकर बिल्कुल नदी के किनारे खड़ा हो गया। शायद उसे महसूस हो गया था कि वह कैसे बच्चों की तरह रो रहा है। मैं कुछ देर उसको देखती रही फिर पीछे से जाकर उसको बाँहों में भर उसकी पीठ पर सिर टिका दिया। जाने कितने सारे लम्हे ऐसे ही गुज़र गए। अब भी लगातार फुहारें पड़ रही थीं। हम दोनों उस बर्फ़ीली फ़िज़ा में यूँ ही खड़े रहे। अब आस-पास कुछ और लोग भी घूमते-फिरते आ गए थे। वहाँ पर आर्मी का कैंप भी था। वे लोग भी अब कैंप से बाहर आकर अपने हँसी-मज़ाक़ में लगे थे। अचानक मैंने त्रिजल का कंधा पकड़कर उसे अपनी तरफ़ पलटा और पूछा, "तुम जानते हो न मुझे पीडीए (पब्लिक डिस्प्ले ऑफ़ अफ़ेक्शन) बिल्कुल पसंद नहीं है?"

"हाँ तो मैंने क्या किया?"

"तुमने कुछ नहीं किया, करूँगी तो मैं।"

मैं पंजों के बल उचकी और झट से अपने होंठ उसके होंठों पर रख दिए। उसके बदन में हल्की सिहरन हुई और फिर उसके हाथ मेरी पीठ पर कसते चले गए। थोड़ी देर बाद आर्मी वालों ने हँसते हुए तालियाँ बजा दीं। मैंने झेंपकर चेहरा त्रिजल में छुपा लिया। अब वह भी हँसने लगा था। शुक्र है, उसे उन भयानक यादों से उस पल लौटा पाई मैं।

"यहाँ से चलें अब? बारिश तेज़ होती जा रही है और हम पहले ही काफ़ी भीग चुके हैं। मैं तो सह लूँगा जानाँ। ऐसा न हो कि तुम बीमार हो जाओ।"

उसने मेरा हाथ पकड़ मुझे बाइक की तरफ़ ले जाते हुए कहा। एक बार हम फिर बाइक पर थे। उस ढलान पर से ऊपर बाइक ले जाते हुए त्रिजल ने स्पीड इतनी तेज़ कर दी कि मैं खिलखिला उठी।

संवाद के कोटर में मौन ने घर बना लिया

त्रिजल डायरी

पहाड़ों की बारिश भी यूँ औचक पड़ने लगती है कि बच्चों-सा कौतूहल होने लगता है। जैसे कोई नया खेल-तमाशा प्रकृति के जादूगर ने अचानक शुरू कर दिया हो। किसी पल तेज़, किसी पल कम और किसी पल सब ग़ायब हो जाता। बसपा नदी से ऊपर गाँव में पहुँचे तो बारिश रुक चुकी थी। हम होमस्टे जाने के बजाय वहीं गाँव में रुक गए। मैंने ही कहा क़ितारा को कि उसे गाँव घुमा देता हूँ। मैं ख़ुद भी उन यादों से उस पल बाहर आना चाहता था।

उस पल मेरी देह मेरी आत्मा का वाहन नहीं थी। वह पीड़ा से भरी हुई स्मृतियों का वाहन थी। हर स्मृति कटी-फटी, ख़ून से लथपथ और बहुत-सी तो अचेत मरणासन्न अवस्था में थी। जैसे यह पूरा वाहन एक चलती-फिरती मॉर्चरी हो। मेरी साँस के घोड़े जो मेरे ज़ेहन की रस्सियों से बँधे हैं, इस वाहन का भार खींच रहे हों जैसे। उन स्मृतियों के साथ की क़ीमत थी उनसे दूर रहना। उनसे संवाद का एक ही ज़रिया था, पूरी तरह मौन हो जाना। लगता यह है जैसे कोई विरोधाभास हो, पर यही जटिल स्थिति थी मेरे मन की।

मैं बेहद अजीब तरीक़े से ख़ुद को समेट रहा था। इतने अजीब कि ख़ुद की परतों की तह लगाते-लगाते अक्सर मुझे यह भी याद नहीं रहता कि मैंने अभी तह क्या किया है! मुझे बहुत कुछ समेट देने की जल्दी थी हालाँकि मेरे पास इस 'समेट देने के बाद' करने के जैसा कोई काम नहीं था। यूँ भी, हम जो कर रहे होते हैं और उसके बाद जो करना होता है, वह ज़रूरी, यह जो कर रहे होते हैं,

इसके होते रहने की अवधि तक ही ज़रूरी रहता है। जब हम बाद वाले काम के हिस्से में पहुँच जाते हैं तो उसकी भी इच्छा मर चुकी होती है। पर मैं यह बात जानबूझकर भुलाए रखता हूँ।

इन दिनों मेरे पास एक सपना उग आया है हालाँकि इस सपने तक पहुँचने के लिए मेरे पास कोई तयशुदा रास्ता नहीं था, पर यह बात मैं ठीक-ठीक जानता था कि जिस रोज़ मैं इस सपने को पूरा करने की सही राह की बिल्कुल शुरुआत में पहुँच जाऊँगा, मैं आगे जाने के बजाय शायद वहीं मर जाऊँ। एक असभ्य मौत।

मैं क़िताारा को चाहे कितना भी प्यार करूँ, पर उसके लिए भी मैं आर्मी की ड्यूटी से पीछे नहीं हट सकता था। वह कह चुकी थी कि वह यहाँ नहीं रुकेगी और मैं... मैं जब तक आर्मी में हूँ तब तक उसके देश नहीं जा सकता था। इन दिनों 'मैं' ख़ुद में होकर भी नहीं था। मेरी ताक़त 'मेरा होना' कभी थी भी नहीं। मेरी ताक़त हमेशा से 'मेरा कुछ ना होना' ही रहा। मेरे ना होने में, पर कितना कुछ होता चला गया, जैसे कि उस 'होने ने', 'न होने' को आगे बढ़कर ख़ुद चुन लिया हो।

"कहाँ खो गए हो साहेब जान! देखो तो सामने कितना सुंदर मंदिर है। आओ वहीं चलते हैं पहले।"

क़िताारा ने आज तीसरी बार मुझे इस संबोधन से पुकारा था। पता नहीं इसमें ऐसा क्या था कि रोम-रोम निसार हुआ जाता था उस पर। उसका भोला मासूम चेहरा मन को लगातार जीवन की ओर खींच रहा था। मैं उसके साथ मंदिर की तरफ़ बढ़ गया। आगे गए तो पता चला कि वहाँ से मंदिर का रास्ता है ही नहीं, सिर्फ़ मंदिर की इमारत दिख रही है। गाँव के एक लड़के ने कहा कि थोड़ा-सा घूमकर जाना होगा। उस छोटी गली से बाहर आए तो कमाल का नज़ारा देखा। उस छोटे-से गाँव में भी नेट बँधा हुआ था और कुछ लड़के वॉलीबॉल खेल रहे थे। ख़ुशी हुई मुझे यह देखकर कि छोटे-छोटे गाँवों में भी इस तरह के स्पोर्ट्स खेले जा रहे हैं। फिर ध्यान आया यहाँ मिलिट्री चेक पोस्ट है। यह सब उन्होंने ही किया होगा क्योंकि कुछ लड़कों की क़द-काठी मिलिट्री के जवानों-सी ही थी। वे पक्का आर्मी के ही लड़के थे और उनके साथ थे कुछ गाँव वाले। उनको साथ खेलता देख मुझे बेहद ख़ुशी हुई। अपने देश का यह नज़ारा देखकर मैंने बहुत

गर्व से यह बात क़ितारा को भी बताई। बात करते-करते हम मंदिर तक पहुँच गए थे। क़ितारा कुछ देर खड़ी मंदिर की सीढ़ियाँ देखती रही फिर जूते-जुराब उतारकर बहुत श्रद्धा से आगे बढ़ी और मंदिर की घंटियों को लगातार बजाने लगी। मैंने वहाँ पर उसकी कुछ तस्वीरें उतारीं। वह मुस्करा रही थी, पर उसकी मुस्कान में उदासी दिख रही था। हमने मंदिर के आँगन में प्रवेश किया। बहुत अलग सुगंध और असीम शांति अनुभव होने लगी। क़ितारा मंदिर के एक खंभे से कंधा टिकाकर खड़ी होकर मंदिर निहारने लगी।

मैं उसके पास गया तो बोली, "त्रिजल, तुमने कभी नोटिस किया कि इन प्राचीन मंदिरों का एक अपना प्रभाव होता है। अद्‌भुत-सा। इन मंदिरों का वास्तु या इनमें बसे विग्रह या जाने क्या है ऐसा, जो यहाँ की हवा में बेहद सुकून है। जब मंदिर की घंटियाँ बजती हैं तब ज़ेहन और मन के तार अलग क़िस्म का रूहानी संगीत मध्यम सुर में गाने लगते हैं इन प्राचीन मंदिरों के ठंडे फ़र्श पर नंगे पैर जब चलते हैं तो मीलों की थकान मिनटों में काफ़ूर हो जाती है। इन मंदिरों की भव्य आरतियाँ, ढोल-मंजीरे बड़े-बड़े आरती के दीपक घुमाते पंडित, सब एक अलग दिव्य सुख का आभास देने लगते हैं। तब हम ज़मीं पर होकर भी ज़मीं के नहीं होते। सब कितना रूहानी हो जाता है।"

जब वह यह सब कह रही थी तब मैं एकटक उसका श्रद्धा-भाव देख रहा था। वह कुछ देर चुप रही और फिर बोली, "पता है, ठीक ऐसा ही एहसास हुआ था मुझे उस लम्हा... जब मैं रो-रोकर उठा रही थी, ऊँची पहाड़-सी दीवारें अपने चारों तरफ़ और टाँग दी थी, बेरुख़ी की तख़्ती बाहर, जिस पर लिखा था काले अक्षरों से बड़ा-बड़ा– 'प्रवेश निषेध', पर तुम दरकिनार करते हुए ऐसी हर तख़्ती, भेदकर हर एक दीवार, मेरे क़रीब आकर मेरी हर कड़वाहट झेलकर भी मुझे आलिंगनबद्ध कर मेरे सिर पर थपकी देते हुए, आँखों पर फूँक मारकर, कान में बुदबुदा रहे थे– 'श्शश... मुझे इस समय अपना पिता समझो, प्रेमी नहीं और छोड़ दो सब कुछ निश्चिंत होकर मुझ पर। मैं सब सँभाल लूँगा'... उस पल भी मुझे यही लगा था कि मैं मंदिर में हूँ और विग्रह बस विग्रह नहीं होता।"

मैं मुस्करा दिया। मुझे याद आया, काज़ा की जिस रात वह लगातार लड़ और रो रही थी, मैंने उसे सोते में गले लगाते हुए किसी क्षण ये शब्द कहे थे कि मुझे प्रेमी नहीं, पिता समझो और निश्चिंत हो मासूम बच्चे की तरह सो जाओ।

मैंने फिर एक बार एक पिता की तरह उसके सिर पर हाथ फेरा। वह मुस्करा दी। इस बार उसकी मुस्कान उसकी आँखों तक गई। मेरा मन खिल गया। यही वह मुस्कराहट थी, जिसका मैं चार दिन से इंतज़ार कर रहा था।

हम उस समय माथी देवी के मंदिर में थे।

मैं मंदिर के पंडित जी से बात करने लगा, उस मंदिर और गाँव के इतिहास के बारे में। उन्होंने ही हमें बताया, " यह मंदिर देवी श्री माथी को समर्पित है। इस गाँव में ऐसे तीन मंदिर हैं। छितकुल गाँव का नाम छह कुहलों के पानी के नाम पर पड़ा है। मान्यता है कि हज़ारों साल पहले इस जगह पर पानी की छह कुहलें बहती थीं। बाद में जब जलस्तर कम हुआ तो छह कुहल के मध्य यह गाँव बस गया, इसलिए इसका नाम छितकुल पड़ा। किन्नौरी भाषा में छित का मतलब छह और कुल का मतलब, पानी की कुहल होता है।"

हम उनकी ये रोचक बातें बहुत दिलचस्पी से सुन रहे थे। उसके बाद उनको धन्यवाद कहकर फिर से गाँव की तरफ़ मुड़ गए। गाँव में एक तरफ़ सूखी लकड़ियों के गोदाम जैसे बने हुए थे। वहाँ बैठे एक आदमी से मैंने पूछा कि इतनी लकड़ियाँ क्यों इकट्ठी की हैं तब उसने बताया-

"यहाँ अगस्त के बाद कड़ाके की सर्दी पड़ना शुरू हो जाती है। तब लोग ठंड से बचने के लिए आग जलाना शुरू कर देते हैं, जिसे हम बुखारी जलाना कहते है। सर्दियों के दिनों में गाँव की औरतें एक साथ बुखारी सेंकती है।"

उसकी बात सुनने के बाद क़ितारा ने मुझसे कहा था कि यह कैसा अद्भुत और अलग-सा गाँव है। कितना कुछ अनोखा है यहाँ पर। मैं मुस्कराता हुआ उसका हाथ थामे गाँव में टहलता रहा।

थोड़ा आगे बढ़े तो खेती करते लोग नज़र आए। वहाँ जो फ़सलें लगी थीं उनसे मैं पूरी तरह अनभिज्ञ था। जानकारी के लिए मैंने उनसे पूछा तो उन किसानों में से एक ने बताया, "बाबू साहेब, किन्नौर में सभी ग्रामीण क्षेत्रों की मुख्य फ़सल सेब है, लेकिन छितकुल एक ऐसा गाँव हैं, जहाँ सेब नहीं होते। अधिक ऊँचाई और ठंड की वजह से यहाँ सेब के पौधे सफल नहीं होते। हमारी मुख्य फ़सल ओगला व फाफड़ा है।" फिर उस किसान ने बहुत गर्व से बताया, "हमारा गाँव दुनिया भर में अपने आलू के लिए भी लोकप्रिय है। यहाँ उगाए आलू को दुनिया में सबसे अच्छा माना जाता है।"

हमने मुस्कराते हुए उनके गाँव की तारीफ़ की। उन्हें बताया कि कैसे छितकुल में चौड़े खेतों में लहलहाते रंग-बिरंगे ओगला, फाफड़ा की फ़सल हमारा मन मोह रही है। वहाँ से आगे बढ़े तो क़ितारा ने कहा कि आदित्य से बात कर लेते हैं। पर फ़ोन में सिग्नल नहीं था। वह परेशान हो उठी।

"क़ितारा, यहाँ की भौगोलिक परिस्थितियाँ बहुत कठिन हैं। यहाँ संचार सुविधा न के बराबर है। और छितकुल आने वाली सड़कों की हालत कितनी ख़स्ता है, यह तो तुम देख ही चुकी हो। छितकुल में क़रीब सोलह फ़ीट बर्फ़बारी होती है और चार महीने तक इस गाँव के लोग बाहरी दुनिया से कट जाते हैं। ऐसे में लोगों को बहुत परेशानियों का सामना करना पड़ता है। गाँव में केवल बीएसएनएल संचार सुविधा है। आज के समय में जहाँ दुनिया 5जी नेटवर्क से रूबरू है वहीं घाटी में 2जी नेटवर्क की सुविधाएँ भी ढंग से नहीं मिल पातीं।"

मैं गाँव घूमते-घूमते यह सारी जानकारी क़ितारा को दे रहा था जो मैंने ख़ुद भी यहाँ के बारे में कुछ आलेख पढ़कर इकट्ठी की थी। वहाँ बने लकड़ी के मकान बेहद ख़ूबसूरत थे। किसी-किसी मकान पर बहुत सुंदर चित्रकारी हो रखी थी। मैं गाँव में घूमती क़ितारा की तस्वीरें उतार रहा था और क़ितारा उन चित्रों की। घूमते-घूमते एक बार फिर बारिश तेज़ होने लगी। हम दोनों तेज़ी से उस तरफ़ बढ़े जहाँ मेरी बाइक खड़ी थी। थोड़ी देर में बिल्कुल भीगे हुए, हँसते-खिलखिलाते हम उस होमस्टे में वापस आ चुके थे। मुझे नहीं पता कि वजह क्या हो सकती है, पर बहुत गहरा अपनापन आज क़ितारा के लिए महसूस हो रहा था। हम दोनों ने उस रसोई में मिलकर आलू-प्याज़ के पराठे और चाय बनाई। तब पहली बार ऐसा हुआ कि वह मुझे और मैं उसे खिला रहा था। हम बिस्तर पर बैठे थे, खाना बीच में रखा था और साथ-साथ अपने बचपन की यादें ताज़ा कर रहे थे। खाना खाने के बाद बर्तन समेटकर दोनों बिस्तर पर आ गए। खिड़की से परदे हटा दिए थे। रात उठान पर थी। आसमान से बादल छँट चुके थे। खिड़की से चमकता चाँद साफ़ दिखाई दे रहा था। वह मेरे बहुत पास थी। उसकी देह में समर्पण का भाव मैं महसूस कर पा रहा था। पिछली दो रातों से मैं ख़ुद को रोक रहा था, पर कब तक रोकता...

तुम मेरी आत्मा का सबसे सटीक अनुवाद हो

क़ितारा डायरी

जिस पल त्रिजल मुझे अपने हाथों से खाना खिला रहा था, उस वक़्त बाबा बहुत याद आ रहे थे। इन पाँच दिनों में एक स्त्री और पुरुष में जितने भी रिश्ते हो सकते हैं- दोस्ती का, पिता-पुत्री का, माँ-बेटे का, प्रेमी-प्रेमिका का, सभी तो जी लिए थे मैंने त्रिजल के साथ। कहाँ सोचा था कि जीवन में ऐसे पल अब आएँगे भी कभी, जब इतना बेशुमार प्रेम मुझे मिलेगा!

जिस पल त्रिजल मुझे बच्चों-सा खाना खिला रहा था मनुहार-इसरार से, मैंने उसी पल सोच लिया था कि आज मुझे ख़ुद को त्रिजल को सौंप देना है। सीरिया लौटने से पहले मैं त्रिजल को पूरी तरह से जीना चाहती थी। मुझे नहीं पता था कि मेरा जीवन कितना बचा है, पर मुझे इतना पता था कि अगर बचा है तो बस अब त्रिजल के ही नाम है। चाहे उससे हज़ारों मील की दूरी पर ही क्यों न रहूँ, आजीवन उसी की रहूँगी।

नियति ने क्या लिखा है यह कैसे पता हो! मैं अपनी नियति में लिखा हुआ पलट भी कैसे सकती थी! इसलिए भी मैंने आधी दृष्टि से पूरा सच नहीं रचा। मैंने आँख की काली पुतली के ठीक बीच में से एक सुरंग तैयार की, सृष्टि के दूसरे छोर तक। इस गुमनाम रास्ते का पता मेरे इच्छित मेल बॉक्स में कभी नहीं आया और न ही आया सही समय पर। वह आया, उस उम्र को लाँघ गई बुढ़िया के बर्फ़ीले छितरे हुए बालों की तरह जिसमें अनुभव पहले आ गए और देह बाद में ढली। साँस की लय-गति में बनी रहूँ इसलिए मैं अपनी उम्र पूरी हो जाने के

बाद भी ज़िंदा रह गई। यक़ीनन यह भी अनिच्छा से टाँका हुआ समय ही था। स्पष्ट अंत की, अस्पष्ट सुरंग के दूसरे छोर तक जाते हुए जितने पड़ाव थे, उन सब पर आदम और हव्वा के बीच का सारा गणित एकदम सीधा घटित होता है, हमेशा ही, बिना किसी घटत-बढ़त के सिलसिले वार। मैंने तो न सिर्फ़ यह सुना था बल्कि इसका सबसे वीभत्स रूप जिया था। मेरी देह पर अनचाहे स्पर्शों की अनगिनत कीलें ठोंकी गई थीं जिनमें बीतते वक़्त के साथ मवाद भर उठा था।

मैंने ख़ुदा पर आरोप लगाया! यह कैसी क़िस्मत बाँची! यह कैसा विधान सुनाया! मुझे तब लगा था कि उन्होंने कहा है– 'यह सुरंग ही तुम्हारा यातना शिविर है। भय, जकड़न, बंधन, मुक्ति और आस। इन सबकी मिली-जुली गंध से दहकती हैं, तुम्हारे यातना शिविर की सारी दीवारें, वह भी एक साथ।' तब मैं मुस्कराई थी विक्षिप्त हो। फिर माया से बनी सृष्टि की दृष्टि पर और समय के ठीक मध्य में मैं ठहर गई। मेरे होने की संपूर्ण शीतलता तो इसी दहकती जलन में थी। मैं हर रात उस अंतिम छोर को छूकर लौट आती थी, नए दिन की पुरानी यातना में फिर से एक अंत रचने– स्पष्ट अंत।

पर मैं ग़लत थी। मेरे लिए यह विधान नहीं रचा गया था। त्रिजल को देखती हूँ तो माँ के शिव पर आस्था और बढ़ती जाती है।

कैसी रात आई यह जीवन में!

खिड़की के बाहर झूमते पेड़ों की पत्तियाँ घनी थीं और टहनियाँ मोटी। आसमान से गिरती चाँदनी की नन्ही बूँदें छप-छप करके सब पर अपना अस्तित्व छोड़ रही थीं। मेरे बिस्तर और हमारी देह पर भी। चाँद आसमान के नीले पोखर के बीचोबीच तैरता हुआ इतरा रहा था। पोखर के नीचे यहाँ धरती पर जैसे घास तक सावधान मुद्रा में खड़ी हो गई थी, हम दोनों के बीच फूटते प्रेम के आने की आहटें सुनकर। बिस्तर बिल्कुल खिड़की के साथ सटा था। सामने वाली इमारत की रोशनी नीचे के बग़ीचों पर पड़ रही थी। वो नन्ही-नन्ही क्यारियाँ जो बहुत जतन से वहाँ के लोगों ने सजाई थीं, रोशनी से दमक रही थीं। फूलों का महीना था। जो फूल सूरज के ढलते ही ख़ुद को ख़ुद में बंद करते हैं या फिर अपनी लचीली डंडियों से एक तरफ़ झुक जाते हैं, उस पल मैंने देखा कि वे भी प्रेम के दृश्यों के गवाह बनने के लिए खड़े हैं... तत्पर... आतुर। यह सब मेरा भ्रम तो नहीं हो सकता! मैं मंद-मंद मुस्करा रही थी। जादुई रात का जादू धीरे-धीरे

खुल रहा था। रात में खिला हुआ सूरजमुखी देखा है कभी! देर रात यह असंभव भी यहाँ पर संभव होता मैंने देखा। मैंने देखा पीले फूल की पीली आँखें, नीले फूलों की नीली आँखें, सफ़ेद फूलों की गुलाबी आँखें, और तो और, हर काँटे की नोंक पर उग आई थीं आँखें और सारी प्रकृति एकदम अलर्ट की मुद्रा में थी। जैसे एक नन्हा-सा फूल भी नहीं चाहता था कि प्रणय का कोई भी दृश्य अपनी आँख की ज़द से देखने से चूक जाए। मुझे तो लगा दृश्य के खुलने का इंतज़ार चाँद को भी है। चाँदनी की बूँदें ख़ुद को हीरे-मोतियों में तब्दील कर खिड़की के शीशों पर जगमग करने लगी थीं। फूल अपनी ख़ुशबू को फ़िज़ा में गहरे तक घोल रहे थे हम दोनों जैसे अलग-अलग दिशाओं से आए, अलग-अलग परिवेश से, अलग-अलग दुनिया से। हम दोनों को देखकर कौन कह सकता था कि ये कभी प्रेम में भी पड़ सकते हैं! बल्कि जीवन की इतनी त्रासदियों से गुज़र जाने के बाद तो मुझे लगता था कि मैं अब कभी प्रेम में पड़ ही नहीं सकती। प्रेम कहाँ बचा था मेरे भीतर! बची थी तो सिर्फ़ कड़वाहट–वितृष्णा।

लेकिन, आज जैसे ख़ास रातों के, ख़ास नक्षत्रों में, एक ख़ास समय में, किसी मंत्र के द्वारा खुलने वाले किसी तिलिस्म का हिस्सा हों, ये पल ऐसे खुल रहे थे।

संसार के सारे बंधनों से परे, सारी सामाजिक रूढ़ियों से परे, समाज के बनाए सारे क़ानूनों से परे, रात में उस ख़ास नक्षत्र में हम दोनों उन पलों में सिर्फ़ दो आत्माएँ थे, जिनकी देह गौण थी।

कैसा अद्भुत जादू घट रहा था। कभी हँसी-ठट्ठा गूँजता। कभी रुदन। कभी उस अद्भुत खेल को खेलते हम हिरन-हिरनी बन जाते तो कभी ख़रगोश, तो कभी तितलियाँ और कभी कछुए भी। ऐसी अजीब-ओ-ग़रीब ख़्वाहिशों से भरे हैं हम, यह हम दोनों को ही नहीं पता था। मैंने साफ़ महसूस किया था, जितनी अचंभित, अवाक् इन दृश्यों के खुलने से मैं थी, उतना ही वह भी था।

यह कैसी रात आई! जिसमें हवा ने दरख़्तों को खुले आसमान के नीचे नहीं, चार दीवारों और एक छत के दायरे में हिलाया। हिलाया तो हिलने से पत्तों के साथ इत्र झड़ा। चाँद आसमान से उतरकर कमरे की छत पर आ टँगा फिर बिस्तर के पायों के चक्कर लगाने लगा। झींगुरों की आवाज़ें सिलवटों के बनने से लयबद्ध होकर चटकने लगीं और उसी पल दो बूँदें सिलवटों की दरार में

समाहित हुईं। यह हुआ... और ऐसा होता ही चला गया।

प्रेम का पहला रुदन फूटा तो त्रिजल ने उसे होंठों से चुगते हुए कहा, "ईश्वर के, ख़ुशी में गिरे इस पहले आँसू पर मेरा हक़ है।"

मैं अपने ईश्वर का लिपि बाँचना देखती रही।

बाहर दूर कहीं नीली-सफ़ेद बर्फ़ की चादर दमक रही थी। अंदर बंद गुफा में नव-निर्माण हो रहे थे... जब भी एक-दूसरे की आँखों के लाल बारीक रेशों में हम ख़ुद को देखते, दोनों की देह कमल के फूल-सी बन जाती। अचानक से बिस्तर के चक्कर लगाता चाँद तकिए के पास ठहर गया। उसकी रोशनी में हमारे सायों ने एक रूप ले लिया।एक-सी रंगत, एक-सी शक्ल। चाँदनी गिर रही थी अब बिस्तर पर लगातार, तो लाल सिलवटों पर मखमल उगने लगी। जुगनू ने तितली के कान में कहा– 'ज़रा ठहर... नज़र में भर तो लूँ तुझे। तेरे रंगों से सराबोर पंखों में अपने सतरंगी सपने खोल तो लूँ कि मुद्दत बाद होता है ऐसा, बल्कि सदियों में कभी कि रंग में रोशनी घुले तो मंदिर में घंटियाँ रुनझुन बजें।'

ईश्वर! ईश्वर का आह्वान हो।

रेशम के धागों से ढकी प्रीत की हांडी से मीठा शहद टपकता रहा। अनछुए मेहराबों की रोशनी ने दस अँगुलियों में बीस आँखें उगा दीं।उन आँखों ने शब भर, बिखरी हुई गुलाबी पंखुड़ियों पर चुन-चुनकर तारे सजाए। रात के तीसरे पहर नदी ने अपना रुख़ फिर मोड़ा। अंबर ने करवट ली और अंबु में ख़ुद को छोड़ दिया। नीले ने, नीले से पूछा, "तू नीला कि मैं नीला!"

हवा में महकती लाली मुस्काई और सिर पर हाथ मारा, "बुद्धू प्रेम! तू कितना सुंदर है रे!"

आलिंगन खिलखिलाया, ख़ुशबू ने साए किए। कस्तूरी ने बाँध खोला... बाँधा और फिर खोला। दिशाओं ने सब झिर्रियों से यकायक प्रवेश किया। छोटे-छोटे अनगिनत मोती... धवल मोती... दमकने लगे। अग्नि सुलगी, दहकी फिर महकने लगी। मोतियों ने झालरें सजा लीं ख़ुद-ब-ख़ुद और बेतहाशा दौड़ गए, दो देह की पगडंडियों पर। भाप के गोलों ने टुकुर-टुकुर बादलों को निहारा। बादलों ने इनायत की और बारिशों को छोड़ दिया। दुआएँ यूँ भी तो क़ुबूल होती हैं... गूँज फिर उठी– 'ईश्वर का आह्वान हो!'

ईश्वर ने उन नन्हे ईश्वरों को देखा और सुकून से आँखें मूँद लीं।

मोतियों से ढका मासूम प्रेम अब अपने प्रतिबिंब के साथ सो रहा था। कमरे की खिड़की पर बैठे जुगनू और तितली सजदे में थे। आफ़ताब ने लाल डोरों पर उस रोज़ दुआओं के पैग़ाम भेजे। घाटी में उस रोज़ एक भी फूल मुरझाया नहीं। उस रोज़ सृष्टि की सबसे अनोखी घटना घटी थी।

एक पुरुष ने स्त्री को जन्म दिया।

उस रात त्रिजल ने क़ितारा को जन्म दिया।

सुबह की फूटती लालिमा में कमरे की रंगत बदलने लगी थी।

मैं उस अस्त-व्यस्त बिस्तर पर पेट के बल आधे कपड़ों में लेटी थी। देह, आधी जागी आधी सोई थी। ज़ेहन पूरा जागा हुआ था और मन अपने ही प्रतिबिंब को टुकुर-टुकुर बंद आँखों से निहार रहा था। मैं इतनी सहजता से ऐसी हालत में, ऐसे अस्त-व्यस्त बिस्तर पर, ऐसे अस्त-व्यस्त कपड़ों में, कभी अकेले में भी सहज नहीं रही, जैसे आज उस के सान्निध्य में, उसके सामने, उसका होने के बाद थी। बिस्तर के सामने उस कमरे के दरवाज़े पर रसोई आँख खोले खड़ी थी। रसोई की आँख की पुतली के ठीक बीच में जिसका अक्स झिलमिला रहा था, उसके बारे में मेरी याददाश्त के आख़िरी कोने तक टटोल लेने के बावजूद मुझे कोई भी ऐसा नक़्श नहीं मिला जो कह सके कि मुलाक़ात सिर्फ़ चंद दिनों की है। मैं कितने जन्मों से उसका हिस्सा हूँ, नक़्श तो मुझे यह भी नहीं मिला, पर उसी का हिस्सा हूँ जन्मों से यह एक अकाट्य सत्य था, है और रहेगा।

काले रंग की टी-शर्ट और ट्रैक-पैंट में खड़ा वह, मैगी के लिए प्याज़ भूनता हुआ, पैकेट के अंदर ही मैगी को तोड़ता हुआ, एक बर्तन में दूध के पैकेट को कैंची से काटकर उड़ेलने के बाद उबलने के लिए चढ़ाता हुआ, कभी फ्राई पैन उठाता, कभी चाय की केतली धोता हुआ और कभी-कभी मेरी तरफ़ देखकर मुस्कराता हुआ और उसमें भी किसी-किसी लम्हे आकर मुझे हौले से चूमकर लौट जाता हुआ, लौटकर दरवाज़े को उढ़ालता हुआ कि रसोई की आँख की रोशनी मेरी आँख पर न पड़े और मैं सोई रहूँ, उस सुकून की नींद जिसकी चाहत उसको बहुत समय से थी। मैं उस रोज़ प्रेम में उसे अपनी माँ बनते हुए देखती रही या शायद अपनी माँ से भी बहुत आगे। उसका दुलार, उसका सहेजना, उसका समेटना सब कुछ माँ जैसा ही तो था।

प्रेम को इतना सहज, इतना पवित्र, इतना समर्पित मैंने इतने नज़दीक से, इस तरह से, ऐसे हालात में, इन लम्हों में, कभी नहीं देखा था। ऐसा कभी सोचा तक नहीं कि ऐसी भी दुनिया है! दिल किताबों में पढ़ता तो था, पर यक़ीन न करता था। आज उस कमरे में एक पूरी दुनिया थी और उस दुनिया का आधार वह था। मेरी दृष्टि में पूरी सृष्टि वही था और उससे जन्मी मैं थी।

सब कुछ सच था सिवाय एक बात के... मेरी नींद एक स्वाँग था सच को भूलने का। वह सच जो इस दुनिया के बाहर की दुनिया का था, वह सच जो भूलकर भी भूल नहीं रहा था।

प्रेम में स्वाँग करना एक बेहद बुरी बात है, मैं यह बात जानती हूँ। फिर भी...

अचंभा कुछ भी मार सकता है

त्रिजल डायरी

क़िताराा ऊपर तैयार हो रही थी। मैं नीचे चला आया था यह कहकर कि बाइक पर सामान बाँध दूँ और होमस्टे का बिल चुका दूँ। सुबह जब से वापसी के सफ़र की बात हुई, एक अजीब चुप पसर गई थी हमारे दरमियान। ऐसी रूहानी रात के बाद होना तो यह चाहिए था कि मेरे पैर ज़मीं पर न पड़ते, पर इसके ठीक विपरीत मेरा मन घोर विचलन से भर गया था। मैंने अक्सर महसूस किया मेरा ज़ेहन और मैं दो मुख़्तलिफ़ शख़्सियत हैं। जिन बातों पर मैं ध्यान नहीं दे पाता, उनको मेरा ज़ेहन बहुत बारीकी से रजिस्टर कर लेता है। कितनी बार ऐसा हुआ कि जब कोई इंसान मेरे लिए बहुत मायने रखता तब उसके साथ होते हुए मैं उसकी दुनिया, उसी के नज़रिए से देखता, उसी दुनिया का हिस्सा हो, उसी को जीने लगता। आर्मी की अलग-अलग जगहों की पोस्टिंग में, अलग-अलग शख़्सियतों के साथ काम करते हुए यही सब होता रहा। मैं शायद सामने वाले की उम्मीद के हिसाब से जहाँ-जहाँ मुस्कराना होता है, उसकी बातें सुनते हुए वहाँ-वहाँ मुस्करा देता हूँ, जहाँ चुप रहना होता है, वहाँ चुप रह जाता हूँ या यह भी कह सकते हैं कि जैसा रिएक्शन उस माहौल में दिया जाना चाहिए, मैं बिल्कुल वैसा ही करता चला जाता हूँ। पर इसके विपरीत मैं जब भी उस माहौल के बाहर होता हूँ तो बड़े लम्हों के बीच में जो छोटे-छोटे लम्हे गुज़रे होते हैं, वे बहुत गहरे तक मेरे ज़ेहन पर चोट करते हैं। आधे वाक्य, आधे जेस्चर जो बड़े फ्रेम्ड वाक्यों में अनचाही घास की तरह अचानक फूटे और उतनी ही तेज़ी से तालू के नीचे दबाए गए। जैसे आसमान की सेटिंग ऐसी थी कि जैसे ही बिजली

कौंधी, जिसकी रोशनी में कुछ साफ़-साफ़ नज़र आए, वैसे ही घने काले बादल से ढक भी दी गई।

ऐसे अनगिनत छोटे-छोटे जेस्चर उस माहौल के बीच में अचानक आए और लुप्त कर दिए गए। वह सब भी मेरा ज़ेहन उस वक़्त स्टोर कर रहा है, यह बात मुझे तब बिल्कुल भी पता नहीं चलती। पर फिर ऐसा क्या होता है कि कुछ समय बीत जाने के बाद वे छोटे-छोटे लम्हों के ब्रश स्ट्रोक, उकेरना शुरू करते हैं, एक बिल्कुल अलग तस्वीर, ज़ेहन के कैनवस पर। तस्वीर सही हालात की, सही माहौल की, जो उससे काफ़ी अलग होता है, जैसा मेरी आँखों ने और मन ने देखा होता है उस समय। मन के गुलाबी पटल पर जो चलचित्र मोहित कर रहा होता है उस पर झरझर करती हुई बहुत सारी नीली, काली, सफ़ेद लकीरें उभरने लगती हैं और पूरा दृश्य बाधित हो जाता है। तरन्नुम, लय, ताल, सब टूट जाती है उस मिस्टिक चलचित्र की।

क़ितारा को क्या लग रहा था कि मेरा ज़ेहन पढ़ नहीं पा रहा उसके भीतर चलते अंतर्द्वंद्व को। वह मुझे जिस तरह टूट कर प्यार कर रही थी और जिस हद तक समर्पित थी, मुझे साफ़ समझ आ रहा था वह क्या है।

वह मुझे छोड़कर जाने की तैयारी कर रही थी।

मैं जानता हूँ किस शिद्दत से मैंने उसे रात अपनी आराध्या महसूस कर पूजा था, पर अनगिनत ऐसे पल आए जब उसकी आँखों में बिछोह की असहनीय पीड़ा देखी मैंने, जिसे उसने बार-बार ढक लिया। पर दिक़्क़त तो यह थी कि यूँ छोड़कर जाने के लिए, न तो मैं उसे दोषी ठहरा सकता था, न उसे रोक सकता था। उसे अपने बाबा का अस्पताल फिर से खोलना था। अपने लोगों के बीच वापस जाना था। यही उसका धर्म था, यही उसका कर्तव्य और जीवन उद्देश्य भी। मैं जब ख़ुद अपने देश के प्रति अपने कर्तव्य से पीछे नहीं हट सकता तो उसे कैसे रोक सकता था, पर मुझे लगातार कुछ चुभ रहा था।

"गाँठ लग चुकी है त्रिजल, और कितना खींचोगे? रस्सी टूट जाएगी।"

मैं ख़ुद में बड़बड़ाता सामान बाँध रहा था, जब क़ितारा पीछे आ खड़ी हुई।

"तुम कब आईं?"

"थोड़ी देर हो गई। तुम लगातार इस रस्सी से कुश्ती लड़ रहे हो। बस छोड़ दो उसे। सामान बँध चुका है।"

मैं बिना कुछ कहे उठ गया और हेलमेट पहन बाइक स्टार्ट कर दी। क़ितारा की तरफ़ मैं देख ही नहीं पा रहा था। क्या ही बचपना था मेरा। सब समझता भी था और मन को समझा भी नहीं पा रहा था।

"तुम यूँ ही रूठे-रूठे रहो पिया पर कह तो दो, ग़लती हुई क्या है हमसे?" उसने प्यार से मुझसे लिपटते हुए कहा।

"ग़लती क्या! इतनी ख़ूबसूरत जगह है। यहाँ आज तो रुकते कम-से-कम। पर सुबह उठते ही रट लगा दी कि बस वापस चलो।"

"त्रिजल, बताया तो यहाँ कुछ है ऐसा जो लगातार मेरे भीतर एक डर क़ाबिज़ कर रहा है।"

"कल रात के बाद भी?"

मैंने यह कह तो दिया, पर कहते ही लगा ग़लती हो गई। रात की बात यूँ इस तरह बीच में लाना सही नहीं था। क़ितारा एकदम चुप हो गई। थोड़ी देर बाद मैंने ही कहा, "सॉरी क़ितारा!"

"नहीं त्रिजल, तुम्हारी कुछ ग़लती नहीं है। ज़िंदगी है ही अजीबोग़रीब खेल-तमाशा, और यह हमारे हिसाब से तो चलती नहीं।"

"क़ितारा तुम साफ़-साफ़ बोलोगी तुम्हारे भीतर चल क्या रहा है। यह सुबह से जो तुम ख़ुश दिखने की एक्टिंग कर रही हो और मिश्री घोल कर बात कर रही हो यह छद्म रूप सुहा नहीं रहा मुझे। जो मन में है वह साफ़ कहो।"

वह कुछ देर चुप रही फिर उसने अपनी वही पहेलीनुमा बातें शुरू कर दीं, "त्रिजल, बहुत छोटे होते ज़िंदगी की रंगत अलग ही होती है। जैसे-जैसे आँखें दृश्यों को समझने लगती हैं, महसूस होता है आप हरे-भरे खुले मैदान में हैं। लहराते पेड़ हैं, संगीत सुनाती चिड़ियाँ हैं, आकाश में फुदकते हुए बादल हैं। सब सुंदर है। पर थोड़े और बड़े होने पर अक्सर रंग गड़बड़ होने लगते हैं। आँखों के ज़रिए जो कुछ भी दिखाई देता है ज़ेहन उन चीज़ों को ठीक से डिकोड नहीं कर पा रहा होता। जो जैसा दिखता है वह दरअसल वैसा नहीं है, कहीं-न-कहीं, यह सिग्नल दिमाग़ लेने लग जाता है। थोड़ा और बड़े हो जाने पर ज़िंदगी लंबी टनल यानी सुरंग में बदल जाती है। ऐसी सुरंग जिसमें अधिकतर अँधेरा है, भटकाव है और अगले पल आप किस चीज़ से टकराएँगे, इसका कोई अंदाज़ा आप नहीं लगा सकते। आप इसी अँधेरे में लड़खड़ाते हैं, घबराते हैं,

डर से चीख़ते-चिल्लाते हैं और कभी-कभी डर इतना बढ़ जाता है कि घुटनों पर बैठकर सिसकते हैं। कुछ अपवाद अगर छोड़ दें तो अधिकतर आप जहाँ सुरंग में खड़े हैं, वहाँ से लौटने के रास्ते तो नामुमकिन हैं ही, सफ़र को बीच रास्ते में ख़त्म करने की गुंजाइश भी न के बराबर होती है कि जिनके पास ज़िम्मेदारियों के पुलिंदे होते हैं, मर जाने जैसी सहूलियतें उनके लिए विकल्प नहीं होतीं। उन्हें हर हाल में आगे ही बढ़ना होता है, चाहे अँधेरा कितना भी गहरा जाए। समय के साथ पुलिंदों का भार बढ़ता जाता है, कंधों पर भी और पैरों में बँधी ज़ंजीरों का भी। आप लौट नहीं सकते, मर नहीं सकते तो सुरंग की दूसरी तरफ़ निकलने की क़वायद में लगे रहते हैं। कभी-कभी सुरंग में कुछ छेद दिखाई देते हैं, जिनमें से बाहर की रोशनी ख़ुदा की नेमत की तरह आती है। आप कुछ पल उसे निहारते हैं, जीते हैं, जज़्ब करते हैं कि आप ख़ुद भी जानते हैं यही वह संजीवनी है जो आगे के गहन अँधेरों में लगातार चलते रहने की हिम्मत देगी।"

"फिर वही पहेलियाँ! यह कहानी सुनाने के बजाय साफ़-साफ़ कहोगी, मतलब क्या है इस सबका?"

"वही बता रही हूँ। कभी-कभी इन छेद के मुहाने पर कुछ लोग भी मिलते हैं। हम उनके साथ वक़्त बिताते हैं, हँसते हैं, मुस्कराते हैं। ये वही लोग होते हैं जो आपको ज़िंदगी के सबसे ख़ूबसूरत पल देते हैं, बशर्ते कि आप कुछ समय के बाद वहाँ से आगे बढ़ जाएँ क्योंकि बहुत मुमकिन है अगर उसके बाद का रास्ता साथ तय करने की आपने कोशिश की तो आगे जाकर अँधेरे में एक नहीं, दो लोग एक साथ सिसकते हुए मिलेंगे, जो दरअसल एक ख़ौफ़नाक बात है। साथ रोना मुझे नहीं भाता, साथ हँसना अच्छा है। रोने के लिए एक अदद अकेलापन चाहिए होता है जिसमें किसी और के होने की गुंजाइश नहीं है।

"तुम आसमान में भेजी गई वह दुआ हो जो क़ुबूल हुई। जिसने रोशनी में लपेटकर अचंभित करने जैसे दृश्य मेरी आँखों के आगे एक के बाद एक खोले। मेरे अब तक के जीवन के सबसे ख़ुशनुमा दिन हैं ये। गिनती में महज़ पाँच ही सही, पर कभी-कभी लोगों की पूरी ज़िंदगी गुज़र जाती है और पाँच पल नसीब नहीं होते। बड़े ख़ुशक़िस्मत होते हैं वे लोग जो ज़िंदगी में पाँच दिन तो जिए हों कभी। ऐसे रोशनी भरे दिन देने के लिए तुम्हारा शुक्रिया, बार-बार शुक्रिया। इतना मिल पाना भी ख़ुदा की नेमत है त्रिजल। दरअसल हम इंसानों की क़ौम एक

नाशुक्री क़ौम है। जो नहीं मिलता, हमेशा उसमें अटकी रहती है और जो मिला होता है उसे याद करके शुक्रगुज़ार और ख़ुश होने के बजाय उसके न होने में पीड़ा और भय से भरी रहती है। जबकि सच तो यह है कि जिस भी चीज़ को परमानेंट बनाओगे उसका असर ज़िंदगी से ख़त्म हो जाएगा। ख़ुशी भी तब तक ख़ुशी है जब वह लंबे दुखों के बीच में मिले। अगर वह लगातार बनी रहे तो उसका भी असर ख़त्म हो जाता है।"

"हो गया तुम्हारा प्रवचन! तुम इतनी भी समझदार नहीं हो जितना बन रही हो। मुझे तो यह समझ नहीं आ रहा कि तुम कन्विन्स किसको करना चाहती हो! ख़ुद को या मुझको?"

मैंने उसके दर्शन ज्ञान पर चिढ़ कर कहा।

"जा रही हो तो जाओ पर कम-से-कम मुझे यह परमानेंट और टेंपरेरी वाली फ़िलॉसफ़ी न पढ़ाओ। हम जिस रिश्ते में बँध गए हैं वहाँ इंसान देह से बेशक दूर हो जाए, मन-आत्मा से कभी नहीं हो सकता।"

"हमारा यह आख़िरी दिन है साथ त्रिजल, मत झगड़ा करो।"

"मैं झगड़ रहा हूँ!"

वह चुप हो गई और मैंने बाइक को रफ़्तार दे दी। वैसे झगड़ तो मैं ही रहा था। मैं ठीक वैसा ही बिहेव कर रहा था जैसा क़ितारा काज़ा में कर रही थी। आज वह आश्चर्यजनक रूप से शांत थी और मैं बेहद विचलित।

हल्की-हल्की बारिश फिर से शुरू हो गई। सड़क पर ट्रैफ़िक नहीं, बादलों की आवाजाही से रास्ता बाधित हो रहा था। हम अब वहीं रक्छाम से गुज़र रहे थे जहाँ से कल शाम गुज़रते हुए क़ितारा बहुत बेचैन थी। क़ितारा फिर से परेशान दिखने लगी थी मुझे। उसकी हथेलियों ने मेरे कंधों को घबराहट से जकड़ रखा था। मैं समझ नहीं पा रहा था कि इस जगह का उस पर ऐसा असर हो क्यों रहा है।

"कुछ दिक़्क़त हो रही है तुम्हें?"

"दिक़्क़त क्या होगी! बस ठंड बढ़ गई है।" उसने झूठ बोला। बारिश तेज़ हो गई थी। मैंने बात बदलने की ग़र्ज़ से कहा, "पक्की और कच्ची सड़क पर एक साथ टप और छप्प की आवाज़ का अपना साझा संगीत है न!"

"पर इस संगीत में लय महसूस होगी या बिखराव यह हमारी मन:स्थिति

पर निर्भर करता है।"

"सुनो तो बूँदों का संगीत कितना सुंदर है। जैसे अलग-अलग सुर लग रहे हों। यह प्रेम में डूबा मन है।"

"साथ में बैठा मन जब जीवन से ऊबा हुआ, उदासी में खोया हुआ, हर शै से बेज़ार हो तो कैसा संगीत!"

उसने उलाहना दिया, "और तुम कुछ भी सुन रहे हो। टप और छप्प, टप और छप्प ही संगीत नहीं है।"

क़ितारा ने उतरे चेहरे से कहा। मैं ग्लानि से भर उठा। सड़क किनारे एक चाय की टपरी दिखी। मैंने बाइक वहाँ रोक दी।

"आओ चाय लेते हैं यहाँ। मौक़ा है, मौसम है, दस्तूर है।"

मैं उसे बिना वजह उदास किए जा रहा था जबकि इन हालात में उसका कोई कसूर था ही नहीं। जाते-जाते उसके साथ यह करना सही नहीं था। मैं फिर एक बार उसको प्यार की बारिश से नहलाने की जुगत में लग गया।

"ऐसे क्या देख रहे हो मुझे!"

"तुम्हें नहीं तुम्हारी आँखों में देख रहा हूँ।"

"क्या?"

"परछाइयों से प्रेम करने वाले प्रेम में अक्सर एक-दूसरे की परछाईं में ख़ुद का अक्स देखने लगते हैं।"

वह मुस्करा दी।

मैंने चाय वाले को आवाज़ दी, "ओ भाई! गरमा-गरम चाय पिलाओ तो ज़रा। दूध-चीनी कम रखना और पत्ती तेज़। हमारी मैडम ज़रा तेज़ मिज़ाज हैं, तो स्ट्रॉन्ग लेती हैं चाय।"

मेरे ऐसा कहते ही क़ितारा ने मुझे घूर कर देखा तो मैं आँखें झपका कर हँस दिया।

"हाँ जी साहब। बस देता हूँ पाँच मिनट में।" उस टपरी वाले ने मुस्करा कर कहा।

वहाँ उस खोखे में रखी लकड़ी की छोटी बेंच पर मैं और क़ितारा साथ-साथ बैठकर घाटी में गिरती बारिश की भीनी-भीनी ख़ुशबू महसूस करने लगे। हम इतने पास बैठे थे कि मेरा कंधा उसके कंधे से छू रहा था। कैसा तो आत्मीय

पल था यह। बीती रात के बाद तो क़ितारा मुझे न सिर्फ़ अपने दिल और रूह का हिस्सा लग रही थी बल्कि जैसे मेरी देह में समाहित हो गई थी। रोम-रोम में। लहू बन नसों में। साँस में। हर एहसास में वह थी।

चाय वाला चाय देकर चला गया। हमने अपने हाथों में काँच के गिलास इस तरह थाम रखे थे कि ठंड से जमती अँगुलियों में गर्माहट महसूस हो। चाय से उठती हल्की-हल्की भाप को क़ितारा एकटक देखने लगी।

"क्या सोच रही हो?"

"त्रिजल, मैं जब सफ़र में तुम्हारे कंधे से अपने कंधे को छूता हुआ देखती हूँ और देखती हूँ सफ़र के हर अच्छे-बुरे, कठिन-सरल दौर में दोनों को यूँ साथ तो सोचती हूँ कैसा होता होगा ईश्वर का कलेजा जब वह एक साँचे में डालता है विशुद्ध पिघलता प्रेम, फिर ठीक बीचोबीच छुरी से काट के अलग करके, बना देता है दो आकृतियाँ और दोनों को भेज देता है अलग-अलग परिवेश, अलग-अलग काल और कभी-कभी दो बिल्कुल अलग दुनियाओं में! फिर भी एक रोज़ जब दोनों मिल जाते हैं नियति के विरुद्ध और रचने लगते हैं एक अपनी अलग अलौकिक दुनिया... क्या मुस्कराता होगा उस पल ईश्वर!"

मैं उसकी इस मासूम बात पर मुस्कराया। ऐसा घनघोर प्यार आया कि बस समेट लूँ ख़ुद में और बिखर जाऊँ उस पर। लेकिन मैं अपलक देखता रहा उसे कि यह भी क्या जादू था, उस पल जो मैं महसूस कर रहा था वह भी वही महसूस कर रही थी।

"तुम्हारी आँखों में दृश्य बन रहे हैं क़ितारा।"

"कैसे दृश्य?"

"पानी के।"

उसकी आँखें डबडबा आईं। वह फिर बोली, "पानी! पता है त्रिजल, जब स्पीति नदी के पवित्र जल में, किसी डूबती उभरती छोटी-सी चट्टान पर, सिमटे होते थे हम दोनों के पैर... पैर जो लहरों में यूँ आभास देते थे जैसे ज़मीन पर पानी का स्लेटी बादल है और पैर उस मीठे कलकल संगीत पर नृत्य मग्न हैं। उस दृश्य को बाँध लिया है मेरी नज़र ने कि उससे सुंदर दृश्य जाने क्या ही होता होगा प्रेम की दुनिया में! और तुमने उस प्राचीन मंदिर से जब वह काला धागा लिया तब मैं नहीं जानती थी कि तुम क्या करोगे उसका। तुमने कहा मुझे

नज़र से बचाएगा कि मैं बहुत ख़ूबसूरत हूँ, पर क्या तुम्हें पता है तुम कितने सुंदर हो! इसलिए जब तुमने मुझे उस काले धागे को पायल की तरह पहनाया तब मैंने भी पहना दिया तुम्हारे पैर के अँगूठे में। पर इसलिए नहीं कि वह किसी नज़र से बचाता है, बस इसलिए कि कुछ मैं तुम में, और तुम मुझ में दिखाई दो प्रत्यक्ष भी, एक रंग से बँधे। जब भी तुम्हारे और अपने पैर को साथ-साथ देखती तो सोचती, दुनिया कितनी भी बड़ी हो जाए, कितने भी रास्ते पथरीले हो जाएँ, कितना भी पानी का बहाव तेज़ हो, अगर इस क़दम का साथी यह क़दम है तो सब सरल है, सब नापा जा सकता है, सारे रास्ते तय करने के लिए ही बने हैं, फिर मंज़िलें कुछ हैं ही नहीं, मंज़िलों की दरकार भी नहीं है। तुम्हारे साथ तो पूरी उम्र एक सफ़र में जी ली जैसे मैंने।"

मैं उसके प्यार की गहराई पर मंत्रमुग्ध होता जा रहा था। कितनी गहरी है यह लड़की! जितना उतरता हूँ उतना इसमें ख़ुद को पाता हूँ। इसको टूट कर यूँ प्यार ना करता तो क्या करता! मेरे बस में नहीं था। मेरे बस में अब भी नहीं है। यह मेरी ज़द से चाहे कितनी भी दूर रहे मैं इसे ताउम्र चाहूँगा... ताउम्र।

वह अपनी धुन में बोल रही थी और मैं मंत्रमुग्ध उसे सुन रहा था।

"त्रिजल, मैं जब भी देखती थी राहों में किसी जोड़े को हाथों में हाथ डाले तो मुझे बेहद बचकाना लगता था। मैं बोलती थी यह पब्लिक डिस्प्ले ऑफ़ अफ़ेक्शन मुझे बहुत बेहूदा लगता है, पर अब हैरान होती हूँ अपने बदले स्वरूप को देखकर कि कैसे बिना मुझे ख़ुद को भी पता चले कब भीड़ में मेरी अँगुलियाँ तुम्हारी हथेली में कसी होती हैं! जो किसी धक्के से भीड़ के, छूट जाए हाथ पल भर को भी तो कैसे एक अबोध बच्चे जैसा, जो मेले में अपनी माँ का हाथ छोड़ बैठे ऐसा महसूस होने लगता है मुझे। बौखलाया, घबराया और ख़ूब सारे अनजाने भयों से भरा। और इससे पहले कि भय मुझे अपनी गिरफ़्त में लें, तुम्हारी हथेली तेज़ी से ढूँढ़ लेती है मेरी अँगुलियों को फिर से। और तुमको तो इस बात की ख़बर भी नहीं है कि जहाँ स्त्री महसूस करती है महफ़ूज़, ख़ुद को ढका हुआ कपड़ों में, वहीं मैंने महसूस किया ख़ुद को महफ़ूज़, सिर्फ़ और सिर्फ़ तब ही, जब मेरी देह ढकी थी तुम्हारी देह से और उसके बीच में... उसके दरमियान किसी कण की, यहाँ तक की हवा की भी गुंजाइश नहीं थी। तुम्हारी अँगुलियाँ जिस तरह से बिछती जा रही थीं हर हिस्से पर मेरे... अनगिनत सितारे मेरे भीतर

जगमगा रहे हैं तब से। रोशन हो गया है मेरा होना, मेरे लिए भी। तुमसे जाना है मैंने, ज़िंदा होना, होता क्या है त्रिजल।"

कहते-कहते क़ितारा का गला रुँधने लगा, पर वह किसी नदी-सा अविरल बहती रही। मैं हैरान था कि वह कितना कुछ आज लगातार बोले चली रहा रही है! जैसे उसके अंदर कोई आवेग हो, जिसका आज छूट जाना बहुत ज़रूरी हो।

"त्रिजल, तुम्हें शायद दिखाई ना दे, पर इस लम्हा मेरी अँगुलियों में बहुत सारे रंग लगे हैं। रंगों के मायने बदल गए हैं मेरे लिए। भूरा रंग मुझे याद दिलाएगा पैरों को छूते उन नदियों के पानी की, जो मिट्टी को ख़ुद में समेट ख़ुद का रंग बदल चुका था और उस भूरे पानी में डूबे हमारे पैरों का भी। पीला रंग मुझे याद दिला रहा है उस फूल की जो तुमने यूँ ही चलते-चलते अचानक से शाख़ से उतारकर मेरी हथेली पर रखा था। ढलती शामों का नारंगी रंग मेरी आँखों में अब हमेशा भरेगा मुस्कराहट कि इस रंग की टी-शर्ट में बहुत ख़ूबसूरत दिखाई देते हो तुम। भूरे और काले रंग को साथ देखूँगी तो याद आएगा किस तरह इन रंगों-सा घुल-मिल गए थे हम, जब तुमने अपने हाथों से ओढ़ाया था मुझे लाल दुपट्टा और पहनाया था बादामी कुर्ता जो जाने कब-कब में तुमने ख़रीद लिया मेरे लिए और फिर तुमने शीशे में हम दोनों की तस्वीर उतारी। मैं तुम्हारे आगे खड़ी थी और मेरे पीछे तुम, उस काली कमीज़ में। सब कुछ इतना लयबद्ध था जैसे कपड़ों से उठ रही थी कोई चित्रधुन जिसकी सरगम मन तक जा रही थी। और इस पल सृष्टि के नीले रंग में नज़र आ रहा है मुझे, किस तरह एक फूल रात तुम्हारे ऊपर खिला था... गहरे नीले रंग का, तुम्हें लगभग पूरा ढकता हुआ। उस नीले फूल के आस-पास चमक रहे थे जुगनू और सबसे ज़्यादा चमकदार थे वे सितारे जो हमारी आँखों में थे। बताओ न! इन रंगों को महज़ रंग समझकर कैसे देखूँगी अब कभी!"

"जानाँ..."

मैं भीतर तक भीग गया था उसके असीम प्यार से। मेरा अंतस काँप रहा था। वह जिस तरह की बातें कर रही थी, साफ़ ज़ाहिर था कि वो विदा की बातें हैं... और मैं उन्हें स्वीकार नहीं पा रहा था।

मैंने वहीं उसे कसकर गले लगा लिया। घाटी में बारिश नहीं कतरा-कतरा नेह बरस रहा था। फिर हम बहुत देर वहाँ चुप बैठे रहे। बारिश थमी तो बिना

कुछ कहे, मैं उसका हाथ थाम कर बाइक की तरफ़ बढ़ गया। वापसी का सफ़र था। मन भारी था, पर उसी पल में मैंने ख़ुद से कहा, जब तक वह मेरे साथ है, आख़िरी क्षण तक उसे हँसाते रहना है।

मैं उसको हँसाने की ग़रज़ से फिर एक बार ज़ोर-ज़ोर से गाने लगा। मौसम बेइंतहा रूमानी था। मस्ती में बाइक चल रही थी। वह कभी हँसती तो कभी मुझे टोकती कि ध्यान से चलाओ। बारिश के बाद सड़कों पर कीचड़ हो चुका था। बाइक बार-बार झटके ले रही थी।

"आराम से चलाओ, त्रिजल। इतनी दिलकश वादी है। इतने ख़ूबसूरत नज़ारे हैं। इनका लुत्फ़ उठाते चलते हैं न।"

मैं और ज़ोर से गला फाड़कर गाने लगा– "तेरे चेहरे से नज़र नहीं हटती नज़ारे हम क्या देखें..."

वह खिलखिला कर हँसती गई, "हद है! कितने फ़िल्मी हो तुम सच!"

"तुमसे अगाध प्रेम, श्रद्धा, स्नेह, आत्मीयता, समर्पण... सब एक साथ है रे।"

मैंने राजेश खन्ना की फ़िल्मी स्टाइल में कहा। और ठीक उन्हीं ख़ुशनुमा पलों में मैंने अपने जीवन की सबसे बड़ी ग़लती कर दी।

पहाड़ों में किसी भी हाल में, किसी भी वजह से, कभी भी बेसिक रूल नहीं तोड़ना चाहिए। उतरते वक़्त हमेशा गाड़ी बाईं तरफ़ रखी जाती है और नीचे से आने वाला, पहाड़ की तरफ़ होता है। सड़क पर आगे पानी भरा गड्ढा था और मैंने उस गड्ढे को बचाने के लिए बाइक पहाड़ से नीचे उतरते वक़्त, उल्टे हाथ की तरफ़ रखने के बजाय सीधे हाथ की तरफ़ कर दी। बाइक स्पीड में थी, मैं मस्ती में था और आगे अंधा मोड़ था। अगले ही क्षण नीचे से एक स्कॉर्पियो गाड़ी बहुत तेज़ी से ऊपर चढ़ी। मेरा ध्यान बिल्कुल नहीं था और बाइक रॉन्ग साइड थी...

पलक झपकते ही सब कुछ हो गया। गाड़ी की तेज़ टक्कर से मैं बाइक से उछल कर दूर जा गिरा। मेरे देखते-देखते बाइक तेज़ी से क़ितारा समेत सड़क पर दूर तक घिसटती हुई खाई की तरफ़ गई और जब तक मैं कुछ समझ पाता...

सहरा में खुलतीं बारिशें

"ओह! क़ितारा... उफ़्फ़! इतनी सुंदर प्रेम कहानी का ऐसा हश्र!" सायशा ने डूबती आवाज़ में कहा।

इस एक बात के बाद उस कमरे में बहुत देर चुप्पी तैरती रही। गहरी साँस खींचते हुए जिसे फिर से सायशा ने ही भेदा।

"बीते सालों में कितना कुछ हो गया न आदित्य! छह महीने से तो तुमने मुझसे ढंग से बात ही नहीं की। पिछले दो हफ़्ते से मेरे फोन तक नहीं उठाए थे इसलिए ही मुझे अमेरिका में अपना सारा काम छोड़कर यहाँ आना पड़ा। मुझे तो लगा था मुझे छोड़कर तुम्हारा मन अब किसी और पर आ गया है। पता नहीं अपने दिमाग़ में अंदर-अंदर कितने गुंजल बना लिए थे मैंने। अभी अगर तुम मुझे यह सब नहीं बताते तो मैं रो-रोकर वैसे ही मर जाती कि तुम मुझे छोड़कर जाना चाहते हो इसलिए मुझे समय नहीं दे रहे।"

"त्रिजल के अचानक ग़ायब हो जाने से मैं इतना बदहवास था सायशा कि मुझे ख़ुद का ही होश नहीं रहा था। यह मेरी ग़लती है कि मैंने सोचा ही नहीं कि तुम इस क़दर परेशान हो उठोगी कि सब कुछ छोड़कर यहाँ हिंदुस्तान आ जाओगी।"

" हाँ ऊपर से जब यहाँ घर पहुँची तो तुम्हारे घरवालों को भी कुछ पता नहीं था कि तुम कहाँ ग़ायब हो।"

"मैं पिछले दो दिन से त्रिजल के साथ ही था।उसकी लास्ट मिनट की सारी अरेंजमेंट करवा रहा था। त्रिजल को छोड़कर एयरपोर्ट से घर लौटा तब तक तो तुमने ज़ार-ज़ार रोकर आसमान सिर पर उठा लिया। कितना तो कहा तुमको पर तुम मेरी बात पर यक़ीन ही नहीं कर रही थी कि कोई और लड़की नहीं है। अब

तो मैंने तुमको तफ़्सील से क़ितारा और त्रिजल की डायरी भी सुना दी। अब तो तुमको मुझ पर यक़ीन आया होगा कि मैं इन्हीं में उलझा हुआ था!"

"पर तुमने मुझे यह सब पहले क्यों नहीं बताया?"

"तुम अपनी थीसिस की तैयारी में जुटी हुई थीं और बहुत ज़्यादा तनाव में थीं। हमारी लंबी बात हो ही कहाँ पा रही थी! याद करो, काफ़ी समय पहले एक बार मैंने ज़िक्र किया था त्रिजल का। बताया था तुम्हें कि मेरा सबसे गहरा दोस्त त्रिजल है जो आर्मी में मेजर है। यह भी बताया था कि वह मेरी कज़िन क़ितारा, जो सीरिया से आई है, उसको स्पीति के ट्रिप पर ले गया है।"

"पर इतना कुछ होता चला गया उसके बाद! यह सब तो बताना चाहिए था न! फ़ोन पर तो बात कर ही रहे थे हम!"

"हाँ, पर पिछले तीन साल में तुम्हारी और मेरी बात ही कितनी हो पाई है! टाइमज़ोन का फ़र्क़, फिर बैक-टू-बैक तुम्हारे प्रोजेक्ट और यहाँ पर मैं भी बहुत सारी चीज़ों में उलझा रहा। फ़ोन पर हम अपने बारे में बात कर लें, वही बहुत था और यह सब इतनी तेज़ी से घटा कि बस उन दिनों इस बारे में बात नहीं हुई कि तब तुम्हारे एग्ज़ाम चल रहे थे। फिर बस ज़िक्र चला ही नहीं और साल बीतते गए।"

"पर त्रिजल का ग़ायब होना और अभी तुम्हारा उसे एयरपोर्ट छोड़ना! मैं समझी नहीं कुछ! उनका तो एक्सीडेंट हुआ था ना! त्रिजल का क्या हुआ उसके बाद, आदित्य?"

"त्रिजल... उसके बाद उसकी पोस्टिंग कश्मीर के इंटीरियर्स में बहुत सेंसिटिव इलाक़ों में रही। उन दिनों कश्मीर में आतंकवाद की घटनाएँ भी इतनी ज़्यादा थीं कि आए दिन वह किसी-न-किसी ख़तरनाक ऑपरेशन में इन्वॉल्व रहता। पता नहीं अपनी जान का ख़ुद ही दुश्मन हो गया था क्या! हर जगह आगे बढ़ कर ख़ुद ही जोखिम उठा रहा था। कई बार उसको अपने सीनियर्स से इस बात के लिए कड़ी चेतावनी भी मिली, पर उस पर तो अब कोई जुनून ही सवार हो गया था। जैसे ख़ुद ही अपना वजूद मिटा देना चाहता हो। हाँ, आर्मी की सर्विस में पूरी शिद्दत से अपना फ़र्ज़ निभाने में उसने कभी कोताही नहीं की। ख़ैर, होता वही है जो ईश्वर को मंज़ूर होता है! ऐसे ही एक ख़तरनाक ऑपरेशन में एक रोज़ उसके कान के पास बम फटा और उसके एक कान से सुनने की शक्ति

चली गई।कोई इलाज काम नहीं आया। सारी टेस्टिंग्स के बाद आर्मी डॉक्टर्स ने उसको फ़ील्ड ऑपरेशंस के लिए अनफ़िट डिक्लेयर कर दिया। और उसे एलएमसी (लो मेडिकल कैटेगरी) में डाल दिया गया। त्रिजल एसएससी (शॉर्ट सर्विस कमीशन) में था। उसने सोचा था, साढ़े नौ साल की सर्विस के बाद वह सारे मेडिकल टेस्ट क्लियर कर परमानेंट कमीशन ले लेगा क्योंकि उसका सर्विस रिकॉर्ड भी शानदार था। उसकी सर्विस को नौ साल हुए थे जब यह हादसा हुआ। एक साल तक उसने कंटिन्यू किया, पर वह डेस्क जॉब नहीं कर सका। मन नहीं टिका पाया वहाँ।

"वैसे भी जैसा उसका जिगर और टेंपरामेंट है, वह सिर्फ़ फ़ील्ड जॉब के लिए ही बना था। वह आर्मी में किसी आजीवन आर्थिक सुरक्षा या सिर्फ़ शान दिखाने के लिए नहीं गया था। वह वाक़ई देश के लिए मर-मिटना चाहता था। उसे इंस्ट्रक्टर की तरह कैडिट्स को ट्रेनिंग देने के लिए भी फ़िट नहीं माना गया। वह बहुत निराश हो चुका था। फिर उसने दस साल की सर्विस पूरी होने पर आर्मी से रिलीज़ ले लिया।"

"रिलीज़!"

"हाँ, वह जब रिलीज़ होकर घर लौटा तो मैं समझ ही रहा था कि वह गहरी निराशा में होगा। पहले वह आर्मी में रहते हुए सीरिया नहीं जा सकता था क्योंकि यह आर्मी के रूल्स के अगेंस्ट है। अब क़ितारा भी चली गई थी और आर्मी भी छूट गई। मैं मिलने पहुँचा तो मेरे पहुँचने से पहले ही वह ग़ायब हो गया। मैं छह महीने से पागलों जैसा उसे ढूँढ़ रहा था। इसलिए ही तो मेरा यह हाल हो गया। अब जाकर वह कुछ दिन पहले मुझे मिला। और जब मिला तब मैं उससे कुछ शिकायत करता उससे पहले ही उसने वो पेपर्स मेरे हाथ में रख दिए।"

"कैसे पेपर्स?"

"सीरिया का टिकट, उसका वीज़ा, उसका जर्नलिस्ट का आईडी। गृहयुद्ध में तबाह देश सीरिया पर एक विस्तृत रिपोर्ट तैयार करने वह छह महीने के लिए सीरिया जा रहा था।"

"जर्नलिस्ट! और यूँ अचानक सीरिया! मतलब अब सीरिया क्यों! वहाँ उसके लिए क्या बचा था!"

"दरअसल क़ितारा जाने से पहले अपनी डायरी मुझे त्रिजल को देने के

लिए दे गई थी।"

"एक मिनट! अभी तुमने बताया ना कि वह तो एक्सीडेंट में...!"

"हाँ तो मैंने यह कब कहा कि उसे कुछ हो गया था!"

"हद है! तुम भी कैसे डरा-डरा कर सब बता रहे हो मुझे!"

"त्रिजल ने उसको बचा लिया था। जिस चट्टान को देख कर वह बहुत बेचैन थी, दरअसल उसी चट्टान की वजह से उसकी जान बच गई। वह बाइक के साथ में घिसटती चली गई और नीचे गिरते-गिरते चट्टान और ज़मीन के बीच में जो दरार थी उसका पैर उसमें फँस गया। बाइक खाई में गिर गई और वह चट्टान में फँसी रह गई। वह खाई में आधी लटकी हुई थी, जब त्रिजल तेज़ी से उस तक पहुँचा और उसको किसी तरह वापस खींचा। पर क़ितारा को बहुत ज़्यादा चोट आई थी। उसका वह पैर लगभग चकनाचूर हो चुका था। सीधा हाथ भी। जिन लोगों से एक्सीडेंट हुआ था उन्हीं की मदद से त्रिजल उसको लेकर रामपुर सिविल अस्पताल पहुँचा, जो वहाँ से ढाई घंटे दूर था। क्या-क्या नहीं किया उसने उसे बचाने के लिए। जब डॉक्टरों ने कहा कि कंडीशन क्रिटिकल है और बचाना मुश्किल है तो डॉक्टरों से ही भिड़ गया। फिर उसने अपने आर्मी वाले डॉक्टर दोस्तों की भी मदद ली। आर्मी के डॉक्टर दोस्तों ने वहाँ के सिविल अस्पताल के डॉक्टरों से बात की तब जाकर चीज़ें ठीक से सिस्टम में आईं। हम भी अगले दिन तक पहुँच ही गए थे। बाइक में अटक जाने से क़ितारा के सीधे पैर की हड्डी चूर हो चुकी थी। और भी बहुत चोटें और फ्रैक्चर थे। त्रिजल को ख़ुद कोई बहुत ज़्यादा चोट नहीं आई थी। वह ग्लानि में डूब रहा था कि इस एक्सीडेंट में पूरी तरह से उसी की ग़लती थी और ख़ामियाजा सारा क़ितारा भुगत रही थी। जब तक क़ितारा की एक के बाद एक सर्जरी चलती रही, वह बौखलाया, बदहवास पागलों जैसा हो गया कि उसी की वजह से क़ितारा की यह हालत है। क़ितारा के पैर में परमानेंट डिफ़ेक्ट आ चुका था। अब वह पहले की तरह फुर्ती से चल-फिर नहीं सकती थी। त्रिजल लगातार उसके साथ बना रहा लेकिन उसकी छुट्टी दो महीने से ऊपर एक्सटेंड नहीं हो सकती थी। उस पर बहुत प्रेशर था। और वह क़ितारा को भी उस हाल में छोड़ना नहीं चाहता था तो उसने आर्मी ही छोड़ने का फ़ैसला कर लिया। लेकिन क़ितारा जो अपने देश के लिए ख़ुद मर-मिटने का जज़्बा रखती थी, वह त्रिजल को ऐसा कैसे करने

देती! क़ितारा को यह भी लग रहा था कि उसका पैर ख़राब हो जाने से अब वह त्रिजल के लायक़ नहीं रही। उसके लिए बोझ बन जाएगी। वह यह बात बर्दाश्त नहीं कर पा रही थी। उसको त्रिजल की प्यार की हर बात सहानुभूति लगती। उन दोनों के बीच में लगातार बहस होती रही और एक दिन क़ितारा ने कुछ ऐसा कह दिया जो नहीं कहना चाहिए था।"

"क्या!"

"कि 'जो अपने देश का न हो सका वह मेरा क्या होगा!' ...मैंने तब क़ितारा को बोला भी था, यह क्या किया तुमने! तुमको पता भी है तुमने उसको गहरी चोट पहुँचाई है!' त्रिजल का ग़ुस्सा तो मैंने तुमको पहले भी बताया है कि आसानी से आता नहीं, पर जब आता है तो वह बिल्कुल शिव का तीसरा नेत्र हो जाता है। वह भी ग़ुस्से में क़सम खाकर निकल गया कि अब जब तक ड्यूटी में हूँ, न शक्ल देखूँगा, न दिखाऊँगा। क़ितारा को ठीक होते-होते आठ महीने लग गए, पर वह एक बार भी पलट कर नहीं आया। यहाँ तक कि जब क़ितारा सीरिया लौटी तब एयरपोर्ट पर भी उसकी नज़रें लगातार इंतज़ार में बनी रहीं, पर वह नहीं आया। उसने क़ितारा का कोई कॉल नहीं लिया। मेरा फ़ोन भी मुश्किल से लेता था। मैं जब भी क़ितारा की बात शुरू करता मेरा भी फ़ोन काट देता। आहत मन से क़ितारा वापस लौट गई। और जाते-जाते मुझे अपनी डायरी दे गई कि मैं वह त्रिजल को दे दूँ। त्रिजल तो उसके बाद घर आया ही नहीं। होली-दिवाली पर भी नहीं। मेरी उससे मुलाक़ात ही नहीं हो पा रही थी। ऐसे में एक रोज़ मैं उसके घर गया कि उसके मम्मी-पापा का हाल ले लूँगा और क़ितारा की अमानत भी वहाँ रख आऊँगा। जाने क्या सोच कर मैं क़ितारा की डायरी त्रिजल की स्टडी टेबल की दराज़ में रख आया। जब वह रिलीज़ लेकर घर लौटा तो उसकी अगली ही सुबह त्रिजल की मम्मी का फ़ोन आया। घबराई हुई हालत में उन्होंने बताया कि देर रात त्रिजल आया था। किसी से ज़्यादा बात भी नहीं की और सुबह-सुबह ही कहीं निकल गया। तब से फ़ोन फिर से बंद है। मैं ख़ुद बौखला गया। फटाफट उसके घर पहुँचा। पता नहीं दिमाग़ ने क्या सिग्नल दिया कि सीधे उसके कमरे में जाकर दराज़ खोली। वहाँ डायरी नहीं थी यानी उसने रात को क़ितारा की डायरी देखी और पढ़ ली।"

"क्या था उसकी डायरी में ऐसा!"

“बाक़ी तो मैंने तुम्हें सब कुछ सुना ही दिया है। क़ितारा की डायरी का आख़िरी पन्ना भी सुन लो।”

क़ितारा डायरी

मेरे पास नहीं था सलीक़ा प्रेम का।

मैंने चुप्पी की छोटी-छोटी ढेरियाँ सजा दीं उसके इर्द-गिर्द।

मैंने इंतज़ार किया, वह इन सब कच्ची ढेरियों को गूँथकर बना लेगा एक़ अदद बात– एक प्रेम की बात।

ख़ामोशी की ढेरियाँ गूँथी जाती हैं, बहुत आहिस्ता-आहिस्ता, अँजुरी भर एहसासों के पानी से।

मैं इतनी बेसलीक़ा थी कि मान बैठी यह बात...सब प्रेम करने वालों को पता होती है और इतनी बेसलीक़ा कि भूल बैठी, यह हुनर भी आदम की ज़ात को सीखने में ज़माने लगते हैं– कभी तो जन्म भी।

प्रेम और मोह के बीच की बात अधूरी रही सदा!

मोह ने ओढ़े प्रेम के आवरण
मोह के पास नहीं थी प्रेम की अँजुरी
मोह के पास थे लबालब बादल
बेसब्र बारिशों ने बहा दीं ढेरियाँ।
ऐसा होना किसका कसूर था साहेब जान!

तुम्हारी जानाँ
(मेरी माँ, मेरे बाबा को साहेब जान कहती थीं त्रिजल)

“जब वह लौट के आया तो उसने शायद यही डायरी पढ़ी क्योंकि वह आते ही ग़ायब हो गया। त्रिजल ने क़ितारा को स्पीति के पोस्ट ऑफ़िस से एक पोस्ट

कार्ड भी भेजा था। मेरे घर के पते पर। उसने उस पोस्टकार्ड पर क़ितारा को एक प्रेम संदेश लिखा था। जाते-जाते क़ितारा वह पोस्टकार्ड भी वापस कर गई। मैंने वह पोस्टकार्ड भी क़ितारा की डायरी में ही रख दिया था।"

"उस पोस्टकार्ड पर क्या लिखा था, आदित्य?"

"त्रिजल को एहसास था कि क़ितारा लौट कर अपने वतन जाएगी ही शायद इसलिए उसने यह संदेश उसके लिए भेजा था। उस पोस्टकार्ड पर लिखा था– 'लंबी जुदाई प्यार को कमज़ोर और प्यार में कमज़ोर नहीं करेगी। मेरा इंतज़ार करना। मैं आऊँगा।'

"त्रिजल अगले ही दिन से ग़ायब हो गया। उसके बाद से मैं ख़ुद बदहवास लगातार उसको ढूँढ़ता रहा। इसलिए भी मैं तुमसे बात नहीं कर पा रहा था। मैं ख़ुद को ही दोषी समझ रहा था कि मैंने क़ितारा की डायरी वहाँ क्यों छोड़ी। मुझे तब ख़ुद नहीं पता था इसमें ऐसा क्या था और त्रिजल ने क्या पढ़ा, क्या समझा और उस पर क्या असर हुआ! मैं तब से लगातार उसको ढूँढ़ ही रहा था। दो हफ़्ते पहले मुझे पता चला कि उसको इसी शहर में देखा गया है तो मैं बस पागलों की तरह उसे ढूँढ़ने में लग गया। फिर अभी एक दिन पहले वह ख़ुद ही घर लौट आया। मैं मिलने गया तो पता चला यहाँ तो अब पासा ही पलट गया है।"

"क्या मतलब?"

"वह फ़ाइनल पैकिंग के लिए घर आया था। अंकल-आंटी परेशान थे, पर उसको रोक कौन सकता था! जब उसने बताया वह जर्नलिस्ट की तरह सीरिया जा रहा है तब मैं भी समझ नहीं पाया कि अचानक कैसे! पर वह हँसते हुए बोला– 'तेरा बहनोई बनूँ कि नहीं बनूँ, पर तेरी बहन का ख़याल बहुत रखूँगा। हमेशा।'

मैंने तब बहुत हैरान हो पूछा– 'जर्नलिस्ट! पर यह कैसे और कब-कब में कर लिया तूने?'

'छह महीने से यही सब किया पर कैसे किया, कब किया, यह छोड़। बस अब जा रहा हूँ मैं उसे बताने कि मेरी अँजुरी में भी प्रेम ही है, मोह नहीं।'

'मतलब?'

'मतलब कुछ नहीं। ले तू उसकी डायरी रख ले। अब मैं जाकर सब उसकी

ज़ुबानी ही सुनूँगा और मेरी डायरी भी तू ही रख ले। सुनाना यह दास्ताँ अपने बच्चों को। मैं और क़ितारा रहें, चाहे न रहें।'

'फ़ालतू की बात मत कर। कुछ नहीं होगा तुम दोनों को। पर यार सुन... एक दिक़्क़त है।'

'क्या ?'

'सॉरी यार! तुझे बता नहीं पाया उसने तो शादी कर ली। इतने साल बीत गए... वह भी कब तक इंतज़ार करती यार!'

"मेरे यह कहते ही उसका चेहरा एक पल के लिए फक्क सफ़ेद हुआ जैसे फ्रीज़ हो गया। फिर ज़ोर से ठहाका मारकर बोला– 'होने को तो दुनिया में सब कुछ हो सकता है दोस्त, पर यह नहीं हो सकता। स्साला वाक़ई हर एक दोस्त कमीना होता है।' तब हम दोनों गले लगकर हँस दिए और आँख भर आई। पहले तो मैं मज़ाक़ कर रहा था सायशा, पर फिर मैंने त्रिजल को सच बताया।"

"कैसा सच ?"

"मैंने कहा उसे– 'त्रिजल, तू तो जानता ही है यार, सीरिया के हालात क्या हैं। वहाँ ज़िंदगी हर पल मौत के साए में साँस लेती है। क़ितारा भी यक़ीनन कहीं जूझ रही होगी। इन ढाई सालों में उसके साथ और क्या कुछ नहीं हो गया होगा! बहुत समझाया, बहुत क़समें दीं, पर वह नहीं रुकी। सीरिया औरतों के रहने लायक़ रहा कहाँ है! क़ितारा का भी कोई एक ठिकाना नहीं है। वह कभी अलेप्पो से फोन करती है, कभी दमिश्क, कभी होम्स तो कभी इदलिब से। वह लगातार वहाँ के बच्चों और औरतों की ज़िंदगी बचाने के लिए भागदौड़ कर रही है। वर्ल्ड हेल्थ ऑर्गनाइजेशन के साथ मिल कर वहाँ की मेडिकल इमरजेंसिस हैंडल करती है। जब भी फोन करती है, हर बार लगता है कहीं आख़िरी बार तो बात नहीं हो रही! फोन भी जैसे वह सिर्फ़ तेरी ख़ैर-ख़बर लेने के लिए करती है! जैसे तेरी सलामती में ही उसकी भी जान अटकी हुई है। हमारा कॉल तो कभी-कभी बहुत दिनों तक लग ही नहीं पाता। जाने तब वह किन परिस्थितियों में होती है। उसकी आवाज़ अक्सर इतनी मायूस होती है कि मैं सिहर जाता हूँ। वह यहाँ लौटने को मानती ही नहीं। मेरे पास उसका कोई स्थायी पता भी नहीं है। तू उसको ढूँढ़ेगा कैसे त्रिजल ? उससे बात हुए दो महीने हो चुके हैं। मैं तो पूरी तरह से यह भी नहीं कह सकता कि वह है भी कि...'

"यह कहते हुए मेरी ज़ुबान छिल रही थी सायशा, पर सच तो बोलना ही था। पर त्रिजल ने मेरी बात पर बहुत शांत स्वर में कहा- 'मुझे नहीं पता आदित्य कि मैं उसे कैसे ढूँढूँगा, पर मुझे पूरा यक़ीन है वह मुझे मिलेगी ज़रूर। और इसी जन्म में मिलेगी। और जब तक हम एक और दफ़ा मिल नहीं जाते, न उसकी साँस टूटेगी न मेरी। तू बस एक काम करना। इस बार जब उसका फ़ोन आए तो उसको बता देना कि मैं सीरिया में ही हूँ। मुझे वहाँ के लिए एक लोकल नंबर भी इशू किया गया है जो वहाँ जाते ही एक्टिवेट हो जाएगा। तू बस मेरा वो नंबर उसे दे देना। बाक़ी वो मोहब्बत ही क्या जो इम्तिहान न ले!'

"और वह चला गया सायशा। जाने क़िताारा से कब मिलेगा! पता नहीं कभी मिल भी सकेगा कि नहीं! पर वह चला गया अपनी मोहब्बत की मिट्टी में फ़ना होने। तुम्हीं बताओ सायशा, उसकी इस दीवानों-सी मोहब्बत पर हँस दूँ कि फ़ख़्र करूँ!"

"दोनों।" सायशा ने छलछलाती आँखों से कहा।

"अच्छा, त्रिजल की डायरी का आख़िरी पन्ना नहीं सुनोगी!"

"सुनाओ न।"

त्रिजल डायरी

तुम्हारे होने से सब कुछ भर गया था। सब कुछ मतलब, सब कुछ। आत्मा भी, देह भी और मन हो गया था संपूर्ण।

अब सब ख़ाली है। मेरा होना, तुम्हारा होना ढूँढ़ रहा है। आँखें एक चेहरा बीन रही हैं, अँगुलियाँ हवा में हर पल कुछ टटोल रही हैं। मेरे पैर जैसे अधर में अधूरे हैं। मेरी पीठ साँस लेते हुए, साँस लेना भूल रही है। मेरा सीना एक तपिश के लिए जो तुम्हारी धड़कनों की आवाज़ से आँच लेता था, इस समय बेहद सर्द है। यह कौन-सा मौसम चला आया है! यह जो भी मौसम है... यह मौसम असहनीय है। यह मौसम ठहर तो न जाएगा!

जैसे किसी कस्तूरी मृग की कस्तूरी... उसके प्रतिबिंब की नाभि में छूट गई

है। वह हिरण अकुलाहट से भरा अब मासूम बच्चे-सा टुकुर-टुकुर इधर-उधर बस देख रहा है। समझ कुछ नहीं आ रहा उसे कि यह हुआ क्या है! बस यही हाल मेरा है तुम बिन मेरी जानाँ... मेरी ख़ुशबू... मेरी क़ितराह...